Assembler

Grundlagen der PC-Programmierung

Von
Ernst-Wolfgang Dieterich

5., überarbeitete Auflage

Oldenbourg Verlag München Wien

Prof. Dr. Ernst-Wolfgang Dieterich, Fachhochschule Ulm, Fachbereich Elektrotechnik.

Bibliografische Information Der Deutschen Bibliothek

Die Deutsche Bibliothek verzeichnet diese Publikation in der Deutschen Nationalbibliografie; detaillierte bibliografische Daten sind im Internet über <http://dnb.ddb.de> abrufbar.

© 2005 Oldenbourg Wissenschaftsverlag GmbH
Rosenheimer Straße 145, D-81671 München
Telefon: (089) 45051-0
www.oldenbourg.de

Lektorat: Margit Roth
Herstellung: Anna Grosser
Umschlagkonzeption: Kraxenberger Kommunikationshaus, München
Gedruckt auf säure- und chlorfreiem Papier
Druck: Grafik + Druck, München
Bindung: R. Oldenbourg Graphische Betriebe Binderei GmbH

ISBN 3-486-20001-1

Inhaltsverzeichnis

1   Vorwort

Vorwort zur 5. Auflage

Dieses Buch erscheint nun in seiner 5. Auflage. Für diese Auflage wurde der Text in das neue Oldenbourg-Format konvertiert, wobei der Text vom ventura-Format auf das TeX-Format überführt wurde. Der Autor hat sich bemüht – mit Unterstützung des Verlages – die gute Qualität des Textes mit möglichst wenigen Fehlern auf das neue Layout und das neue System zu übertragen. Der Autor dankt den TeX-Spezialisten des Verlags für die Unterstützung.

Vorwort zur 4. Auflage

Seit der 4. Auflage wird der Assembler für den Intel 8086-Prozessor unabhängig vom Hersteller behandelt.

Die Beispiele wurden mit den beiden Assemblern Turbo Assembler Version 3.1 und dem Microsoft Assembler MASM 5.0 getestet.

Die einzigen Teile des Buches, in denen sich der Autor auf eine spezielle Assembler-Version – nämlich den Turbo Assembler – bezieht, sind Kapitel 2 und Abschnitt 12.3: In Kapitel 2 wird anhand des Turbo Assemblers die Übersetzung und das Debuggen erläutert. In Abschnitt 12.3 wird die Schnittstelle zu Turbo Pascal behandelt, wobei auch spezielle Sprachkonstruktionen des Turbo Assemblers besprochen werden.

An wenigen Stellen unterscheiden sich Turbo Assembler und Microsoft Assembler; darauf wird explizit hingewiesen. Es wird folgende Schreibweise verwendet:

- TMASM: Turbo **und** Microsoft Assembler
- TASM: nur Turbo Assembler.

Die Beispiele stehen zum Download zur Verfügung (siehe letzte Seite). In der Beschreibung der Beispiele wird angegeben, welches Beispiel mit welchem Assembler übersetzt werden kann.

Vorwort zur 1. Auflage

Ist Assembler-Programmierung noch gefragt in einer Zeit, in der es immer bessere und benutzerfreundlichere Compiler für höhere Programmiersprachen wie Pascal, C oder

C++ gibt? Das ist wohl die zentrale Frage, die sich jeder schon oft gestellt hat, der ein
Buch wie dieses aufschlägt. Ein klares Ja oder Nein kann auf diese Frage sicherlich nicht
gegeben werden, so dass wir nur einige Vor- und Nachteile des Assemblers im Vergleich
zu höheren Programmiersprachen aufzählen und die Zielsetzung dieses Buches vorstellen
wollen.

Zuallererst muss klargestellt werden, dass es *den* Assembler überhaupt nicht gibt: Jeder Rechnertyp hat seinen eigenen Assembler, der den jeweiligen Befehlssatz und die
spezifischen Eigenschaften abdeckt. Dies kann man als Nachteil oder als Vorteil des
Assemblers beurteilen. Nachteilig ist sicherlich, dass man im Assembler keine portablen
Programme schreiben kann; das sind Programme, die auf unterschiedlichen Rechnern
laufen, ohne dass der Programm-Code verändert werden muss. Die Erstellung porta-
bler Programme ist die Domäne der höheren Programmiersprachen. Dies hat allerdings
zwangsläufig zur Folge, dass man in höheren Programmiersprachen keine speziellen
Eigenschaften des verwendeten Rechners bis ins Letzte berücksichtigen kann. Die Aus-
nutzung dieser Spezial-Eigenschaften ergibt aber immer ein effektiveres Programm mit
kürzerem Code und schnellerer Laufzeit. So werden auch heute noch viele Compiler –
wie z.B. der Turbo Pascal-Compiler – in großen Teilen in Assembler geschrieben. Auch
wenn es um zeitkritische Funktionen in einer Echtzeit-Umgebung geht, kann man meist
nur mit einem Assembler-Programm die Zeitschranken einhalten. Eine weitere Stärke
des Assemblers ist die hardware-nahe Programmierung, etwa die Erstellung von so genannten Treibern für Mess- und Steuergeräte, die über spezielle Schnittstellen an den
Computer angeschlossen sind.

Die Fülle an verschiedenartigen Rechnern mit ihren eigenen Assemblern birgt die Ge-
fahr in sich, dass man sehr viele verschiedene Assembler-Sprachen erlernen muss. Dieses Problem hat sich heute dadurch entschärft, dass sich gerade im PC-Bereich eine
Standardisierung des Rechnertyps durchgesetzt hat. Im vorliegenden Buch werden der
Turbo Assembler und der Microsoft Assembler behandelt, die die Maschinensprache
der IBM-PC's und der Kompatiblen ist, die alle einen Prozessor der Familie Intel 80x86
enthalten.

Ein weiterer Vorteil der höheren Programmiersprachen ist der Zwang zur strukturierten
Programmierung. Vor allem die Kontrollstrukturen zwingen den Programmierer, sauber
strukturierte und leicht lesbare Programme zu schreiben. Der Assembler ist hier viel
liberaler und lässt dem Programmierer alle Freiheiten, unstrukturierte und unlesbare
Programme zu erstellen. Diese „Freiheit" sollte man aber nicht auskosten. So wird im
vorliegenden Buch an vielen Stellen immer wieder gezeigt, wie man auch im Assembler
strukturierte Programme schreiben kann.

Zielsetzung des Buches

In den folgenden Kapiteln wird eine Einführung in das Programmieren im Assembler
gegeben, wobei ganz bewusst auf die Hardware nur soweit eingegangen wird, wie dies
zum Verständnis der einzelnen Befehle notwendig ist. Der Leser sollte bereits Erfah-
rung im Umgang mit seinem Computer besitzen und das Betriebssystem MS-DOS aus
Benutzersicht kennen. Die Kenntnis einer höheren Programmiersprache ist vorteilhaft,

insbesondere wenn man die Schnittstellen zwischen Assembler und höheren Programmiersprachen nutzen will.

Das Buch wendet sich an Leser,

- die ihren Computer besser verstehen wollen,

- die Wirkungsweise der Compiler für höhere Programmiersprachen besser kennenlernen wollen, indem sie die Ausgabesprache der Compiler erlernen,

- ihre Programme, die in einer höheren Programmiersprache geschrieben sind, durch Einbinden von Assembler-Modulen verbessern wollen,

- Systemprogramme erstellen wollen und dabei maschinennahe oder zeitkritische Teile im Assembler realisieren müssen.

Der erlernte Stoff sollte unbedingt auf einem Rechner nachvollzogen werden. Prägnante kleine Beispiele sollen die einzelnen Lernschritte festigen. Da man im Assembler jedes Detail ausprogrammieren muss, ist der Weg bis zum ersten lauffähigen Assembler-Programm recht weit. Um diesen Weg abzukürzen – und dadurch auch den Einstieg zu erleichtern und den Spaß am Assembler-Programmieren zu steigern – sind wichtige Standard-Aufgaben wie die Ein- und Ausgabe in ein hochsprachen-ähnliches Gewand gekleidet: Es werden so genannte Makros verwendet. In der Mitte dieses Buches wird auf das Innenleben von Makros eingegangen. Spätestens dann kann man auch den Assembler-Code verstehen, der hinter diesen Makros steckt und in Anhang A abgedruckt ist. Wer sich das Abtippen dieser Makros und der Beispiele ersparen möchte, kann die Programmtexte herunterladen. Auf der letzten Seite ist beschrieben, wie man an die Dateien herankommt.

Gliederung

Im nächsten Kapitel wird an einem einfachen Beispiel dargestellt, wie man von der Assembler-Quelle zum ablauffähigen Programm kommt. Dabei werden kurz die beteiligten Werkzeuge aus der Entwicklungsumgebung vorgestellt, die man zusammen mit dem Turbo Assembler kauft. Dieses Kapitel kann und will kein Ersatz für die guten und ausführlichen Handbücher sein, die u.a. diese Werkzeuge und ihre Bedienung ausführlich beschreiben.

Im Kapitel 3 wird anhand des Einführungsbeispiels besprochen, wie Assembler-Programme aufgebaut sind. Ferner wird die Aufruf-Schnittstelle der verwendeten Makros beschrieben.

Die arithmetischen Befehle und ihre Operanden, nämlich Konstante, Variable und Register, werden in den Kapiteln 4 und 5 behandelt.

In Kapitel 6 werden die Kontrollstrukturen der höheren Programmiersprachen im Assembler nachgebildet. Die vielfältigen Möglichkeiten der Adressierung von Speicherstellen ist Thema von Kapitel 7.

Die beiden folgenden Kapitel behandeln ähnliche Mechanismen zur Strukturierung von Assembler-Programmen: Kapitel 8 beschäftigt sich mit Makros, in Kapitel 9 werden Unterprogramme und die Schnittstelle zum Betriebssystem MS-DOS behandelt.

Die Speichergrenze von 64 KByte wird in Kapitel 10 gesprengt, wo wir uns mit der Segmentierung von Assembler-Programmen beschäftigen.

Die Modularisierung von Assembler-Programmen, die in Kapitel 11 besprochen wird, ist Voraussetzung für das Kapitel 12, das die Schnittstelle zwischen Assembler und höheren Programmiersprachen behandelt. Bisher haben wir uns vorwiegend auf die Strukturierung des Programm-Codes konzentriert. In Kapitel 13 wird gezeigt, wie man im Assembler auch Daten strukturieren kann.

Alle Assembler-Programme, die wir bis hierher besprochen haben, können auf allen Rechner der Familie Intel 80x86 ausgeführt werden, da die Mitglieder dieser Familie aufwärts kompatibel sind, d.h. ein Nachfolge-Modell kennt alle Befehle seines Vorgängers und noch ein paar weitere Befehle. Diese zusätzliche Befehle werden wir im abschließenden Kapitel 14 behandeln.

In Anhang A sind die im Buch verwendeten Makros aufgelistet, die ebenfalls in der elektronisch verfügbaren Beispielsammlung enthalten sind.

Danksagung

Abschließend möchte ich meinem Kollegen Prof. Dr. Max Riederle herzlich danken, der das gesamte Manuskript der 1. Auflage kritisch durchgesehen und viele Verbesserungsvorschläge eingebracht hat. Viele Leserbriefe haben sich sehr positiv darüber geäußert, dass es eigentlich keine Druckfehler in diesem Buch gibt. Dies ist der akribischen Durchsicht des Manuskripts durch Max Riederle zu verdanken. Dafür nochmals – auch und insbesondere in der 5. Auflage – vielen Dank.

2 Die Entwicklungsumgebung

Bevor wir die Details der Assembler-Programmierung besprechen, soll hier an einem einfachen Problem die Entstehung eines Programms von der Idee bis zum ablauffähigen Code betrachtet werden. Dabei wird die Entwicklungsumgebung des Turbo Assemblers benutzt. Der Microsoft Assembler zusammen mit Codeview arbeitet entsprechend. Im einzelnen werden wir wie folgt vorgehen (siehe Abbildung 2.1):

- Nach der genauen Beschreibung des Problems, das wir lösen wollen, muss das Assembler-Programm entworfen werden. Da uns hierzu noch die Kenntnisse fehlen, liefert uns ein guter Geist ein fertiges Assembler-Programm. Dieses Programm muss nun mit Hilfe eines *Texteditors* eingegeben und in einer Datei abgespeichert werden.

- Wie im vorigen Kapitel erwähnt, bietet die Assemblersprache eine recht komfortable Möglichkeit, die Maschinenbefehle, die ja nur aus Nullen und Einsen bestehen, in einer für den Menschen lesbaren Form zu beschreiben. Damit das Assembler-Programm auch vom Rechner verstanden wird, muss es in die Maschinensprache übersetzt werden. Man sagt: „Das Assembler-Programm wird assembliert". Hierzu steht eine Anwendung zur Verfügung, die ein in Assembler geschriebenes Programm in eine so genannte Objekt-Datei übersetzt. Häufig nennt man dieses Übersetzungsprogramm auch Assembler, also ebenso wie die Sprache. Damit hier keine Verwechslungen auftreten, nennen wir im Folgenden das Übersetzungsprogramm *TMASM*, die Programmiersprache *Assembler*. TMASM soll andeuten, dass hier sowohl der Turbo Assembler wie auch der Microsoft Assembler verwendet wird.

- Die Objekt-Datei muss in ein ablauffähiges Programm überführt werden. Dazu müssen wir den *Linker* aufrufen. Dieser Linker erzeugt eine so genannte EXE-Datei (executable = ausführbar).

- Nun kann das Programm gestartet werden und löst hoffentlich unser Problem. Leider wird dieses Ziel in der Realität nur selten beim ersten Anlauf erreicht. Zum leichteren Auffinden von logischen Programmierfehlern können wir einen *Debugger* verwenden.

- Nach der Lokalisierung unserer Programmierfehler müssen wir unser Assembler-Programm verbessern, wozu wir erneut den Texteditor aufrufen. Der beschriebene Zyklus beginnt nun wieder von vorn.

Problem-Stellung

Idee

Assembler-Programm

eingeben

Texteditor

Assembler-Programm
(.ASM)

TASM

Fehler-
meldungen

Objekt-Programm
(.OBJ)

Bibliothek

TLINK

eventuell

ablauffähiges
Programm
(.EXE)

weitere
Objekt-Dateien

Turbo
Debugger

Debug-Kommandos

Lokalisierung
von Fehlern
in der
Programmlogik

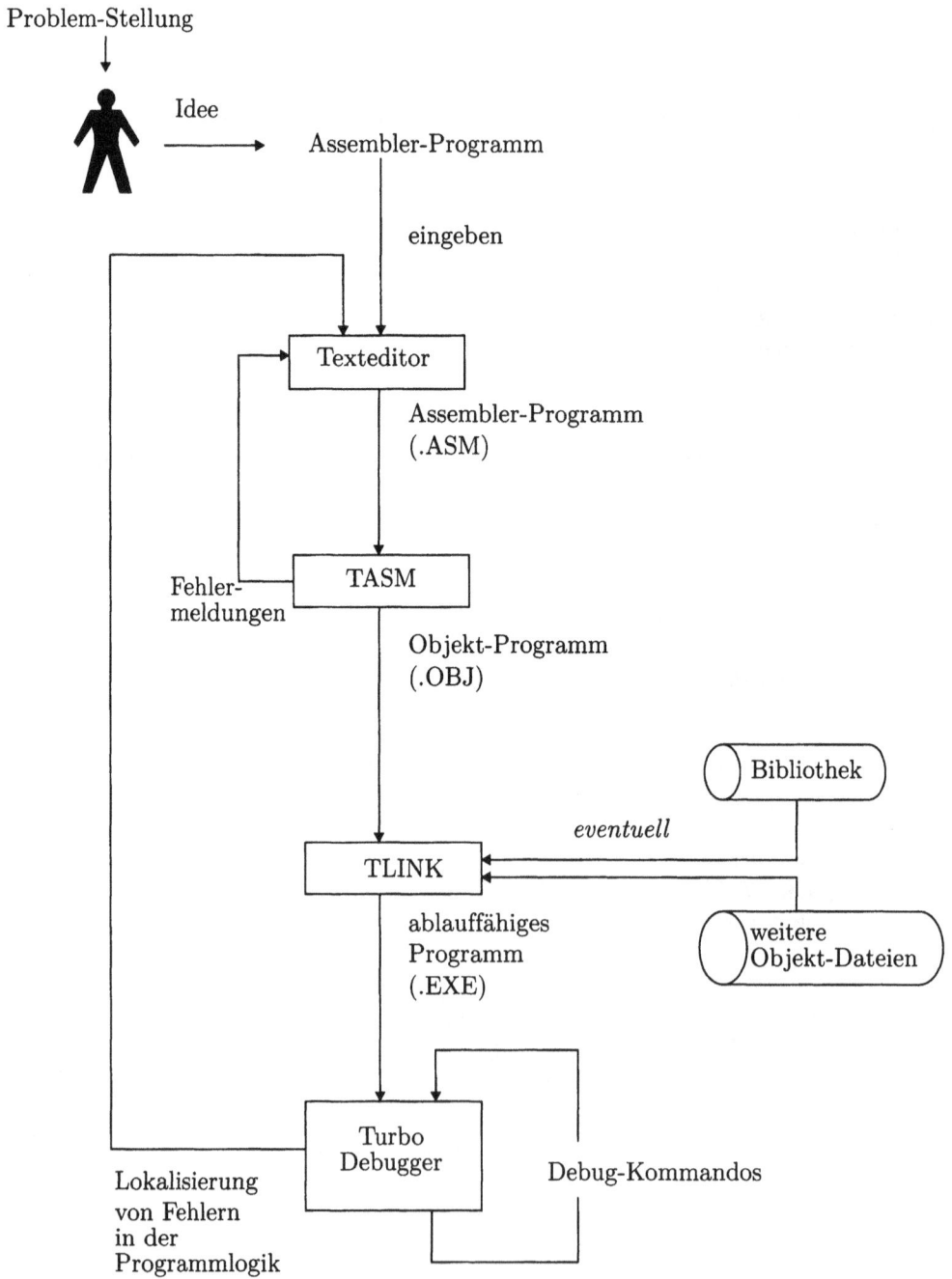

Abbildung 2.1: *Werdegang eines Programms*

2.1   Ein einfaches Beispiel

Unser erstes Assembler-Programm gibt auf dem Bildschirm einen Text aus:

```
**************************
*   Hallo, lieber Leser  *
**************************
```

Beim Studium dieses Buches werden wir lernen, welche Einzelschritte zum Erstellen dieses Programmes nötig sind. Im Moment soll ein fertiges Assembler-Programm vorgestellt werden, das mit einem Texteditor in den Rechner eingetippt und in eine Datei abgespeichert werden muss. Hierzu kann man jeden beliebigen Text-Editor verwenden. Das folgende Programm, das Sie jetzt eintippen sollten, löst unser Problem. Das Programm soll unter dem Namen GRUSS.ASM abgespeichert werden.

```
;**************************************
; unser erstes Assembler-Programm
;**************************************
        DOSSEG
        .MODEL  SMALL
        .STACK  100H
; jetzt kommen die Daten -------------
        .DATA
Hallo   db      10,13,10,13
        db      "**************************",10,13
Text    db      "*   Hallo, lieber Leser  *",10,13
        db      "**************************",10,13
Lnge    dw      3*28+4   ;Laenge des Textes


;jetzt kommt das Programm ------------
        .CODE
begin:  mov     ax,@Data
        mov     ds,ax
; Ausgabe des Textes 'Hallo' -----------
        mov     bx,1    ; Ausgabe auf Bildschirm
        mov     cx,Lnge ; Anz. auszugebende Zeichen
        mov     dx,Offset Hallo
; aus zugebende Zeichen-Reihe
        mov     ah,40h  ; Nr. der Ausgabe-Routine
        int    ·21h     ; Ausgabe starten

        mov     ax,4c00h
        int     21h     ; Programm beenden
        end     begin   ; Ende des Programm-Textes
```

Verglichen mit einem Pascal-Programm, das dieselbe Aufgabe löst, ist unser Assembler-Programm erschreckend lang. Das kommt einfach daher, dass wir jeden einzelnen Schritt beschreiben, den der Rechner ausführen muss. Bei der Eingabe haben wir im Editor die Tabulatortaste benutzt, um das Programm formatiert einzugeben. Dies ist nicht zwingend vorgeschrieben, da der Assembler formatfrei ist. Für die Übersichtlichkeit ist dies aber mindestens ebenso wichtig wie die Kommentare, die hinter einem Semikolon stehen. Das Programm werden wir uns im nächsten Kapitel noch genauer anschauen.

2.2   Assembler und Linker

Nachdem das Programm in die Datei GRUSS.ASM gespeichert wurde, müssen wir es assemblieren. Wir verwenden im Folgenden die Werkzeuge, die mit dem Turbo Assembler ausgeliefert werden. Es wird folgendes Kommando benutzt:

```
TASM /zi GRUSS
```

Dieser Aufruf startet den Turbo Assembler mit der Eingabe GRUSS.ASM, der eine so genannte Objekt-Datei namens GRUSS.OBJ generiert. Diese Datei enthält im wesentlichen nur die Übersetzung der für uns leichter lesbaren Befehle in das zugehörige binäre Format. So wird etwa

```
mov     ah,40h
```

in die binäre Form

```
1011 0100 0100 0000
```

übersetzt. Bei obigem Kommando wurde die Option /zi mit angegeben. Diese Option ist notwendig, damit der Turbo Assembler zusätzlich Informationen in die Objekt-Datei aufnimmt, die zum Arbeiten mit dem Turbo Debugger nötig sind (siehe unten). Die Objekt-Datei ist noch nicht das ablauffähige Programm. Hierzu muss man erst noch den Binder (oder englisch Linker) starten, der aus einer oder mehreren Objekt-Dateien ein fertiges Programm erzeugt und in einer Datei mit der Erweiterung EXE ablegt. In unserem Beispiel erfolgt dies durch das Kommando

```
TLINK /v GRUSS
```

Auch hier dient die Option /v der Generierung von Zusatzinformation, die der Debugger benötigt. Jetzt müsste eine Datei GRUSS.EXE existieren, die wir von der Kommandozeile mit dem Befehl

```
GRUSS
```

einfach starten können. Dieser problemlose Werdegang eines Programms ist eine äußerst seltene Ausnahme. Im Normalfall erhalten wir schon beim Assemblieren diverse Warnungen und Fehlermeldungen. Diese Meldungen beschreiben in Englisch das entdeckte Problem zusammen mit der Angabe der Zeilennummer, auf die sich die Meldung bezieht. Die Fehlermeldungen müssen wir verstehen und die Fehler in unserer Assembler-Quelle verbessern. Fehler müssen korrigiert werden. Warnungen weisen auf kleinere Probleme hin, die TMASM entdeckt hat; das Programm muss deshalb nicht unbedingt falsch sein.

Meistens hat TMASM jedoch recht in seiner vagen Vermutung, dass das entdeckte Problem ein Programmierfehler ist. Jedenfalls sollte man jeder Warnung genau nachgehen. Nach der Ausmerzung der ersten Fehler wird erneut assembliert; dieser Zyklus wird dann solange wiederholt, bis keine Fehlermeldung mehr auftritt.

2.3 Der Debugger

Wenn unser Programm bis hierher ohne Fehlermeldung bearbeitet wurde, heißt das natürlich noch lange nicht, dass es auch tatsächlich das gestellte Problem löst. Man kann versuchen, sich durch systematische Testläufe von der Richtigkeit des Programms zu überzeugen.

Eine andere Möglichkeit, logische Fehler (engl. bugs) in einem Programm zu finden, bietet die Verwendung eines Debuggers. Zusammen mit dem Turbo Assembler wird der sehr komfortable Turbo Debugger geliefert. Er wird mit dem Kommando

```
TD GRUSS
```

gestartet. Ab der Version 2.0 unterstützt der Turbo Debugger die Maus; er kann aber auch sehr bequem über Tasten bedient werden. Der Turbo Debugger verfügt über eine kontext-abhängige Hilfe-Funktion, die größtenteils das Handbuch ersetzt. Deshalb wird hier auf eine ausführliche Besprechung dieses Programms verzichtet. Im Folgenden werden die beim Debuggen wichtigsten Begriffe erläutert.

Fenster-Technik

Nach dem Start des Turbo Debuggers erscheinen auf dem Bildschirm zwei Fenster: Das Modul-Fenster enthält den Quelltext unseres Assembler-Programms, im unteren Watch-Fenster kann man den Wert von Variablen beobachten. Bei den meisten Befehlen öffnet der Turbo Debugger ein weiteres Fenster, in dem Informationen angezeigt werden oder ein Dialog mit dem Benutzer geführt wird. Man wechselt in ein anderes Fenster, indem man es mit der Maus anklickt oder zusammen mit der Alt-Taste die Ziffer eingibt, die in der rechten oberen Ecke des Fensters steht.

Wenn das ablaufende Programm nun selbst Ausgaben auf dem Bildschirm bringen will, könnte es mit dem Debugger, der ja schon den gesamten Bildschirm beansprucht, ins Gehege kommen. Dieses Problem wird vom Turbo Debugger so gelöst, dass er einen virtuellen Bildschirm verwaltet, den man sich nach Drücken der Tasten Alt+F5 anschauen kann. Mit einem weiteren beliebigen Tastendruck kommt man wieder zum Debugger zurück.

Variablen-Werte

In dem standardmäßig geöffneten Watch-Fenster kann man den Wert von Variablen ständig beobachten. Dazu muss man lediglich ins Watch-Fenster springen und den gewünschten Variablen-Namen eintippen.

Kompliziertere Datenstrukturen kann man über den Menü-Punkt *Data-Inspect* bis ins letzte Detail anschauen. Sollte man dabei feststellen, dass der Wert einer Variablen nicht stimmt, kann er über den Menü-Punkt *Data-Evaluate/modify* sogar verändert werden.

Haltepunkte

Eine der wesentlichen Aufgaben eines Debuggers ist es, die Abarbeitung eines Programms an einer bestimmten Stelle zu unterbrechen und dem Benutzer die Möglichkeit zum Eingreifen zu geben. Solche Unterbrechungsstellen heißen *Haltepunkt* oder *Breakpoint*. Der Turbo Debugger kennt zwei unterschiedliche Typen von Haltepunkten:

- *Unbedingte Haltepunkte* sind Programm-Stellen, an denen die Ausführung immer unterbrochen werden soll. Man kann hierbei noch festlegen, dass das Programm erst unterbrochen wird, nachdem die angegebene Programm-Stelle eine bestimmte Anzahl mal durchlaufen worden ist. Im Breakpoint-Menü werden unbedingte Haltepunkte über *Toggle* bzw. *At...* definiert.

- Ein *bedingter Haltepunkt* wird mit einer Bedingung gekoppelt. Das Programm wird nur dann angehalten, wenn die angegebene Bedingung zutrifft. Eine Standard-Aufgabe beim Debuggen ist das Auffinden der Programm-Stelle, an der eine bestimmte Variable unbeabsichtigt überschrieben wird. In diesem Fall gibt man den Variablen-Namen über den Menü-Punkt *Breakpoints-Changed memory global* ein. Will man wissen, an welcher Stelle eine Variable einen bestimmten Wert annimmt, kann man dies im Breakpoints-Menü unter dem Punkt *Expression true global* eingeben.

Einzelschritt

Wenn man noch überhaupt keine Ahnung hat, warum das Programm Mist macht, wird man sich die Abarbeitung Schritt für Schritt anschauen wollen. Mit der Taste F7 wird jeweils die nächste Programm-Zeile abgearbeitet – das ist die Zeile, die ganz links mit einem Dreieck markiert ist.

Will man sich das dauernde Drücken der Taste F7 ersparen, kann man sich die Abarbeitung des Programms wie einen Film Befehl für Befehl vorspielen lassen. Hierzu muss man nur im Menü *Run* den Punkt *Animate* anwählen und die gewünschte Geschwindigkeit einstellen. Ein beliebiger Tastendruck unterbricht die Film-Vorführung.

Das CPU-Fenster

In den nächsten Kapiteln werden wir uns mit den prozessor-nahen Komponenten wie den Registern und dem Keller beschäftigen. Diese Komponenten sind für einen Pascal- oder C-Programmierer meistens uninteressant. Deshalb zeigt der Turbo Debugger diese Interna des Rechners auch nur auf Wunsch, nämlich im CPU-Fenster. Dieses Fenster wird im Menü-Punkt *View-CPU* geöffnet. Es erscheint ein fünf-geteiltes Fenster:

- Im größten Teil des Fensters links oben erscheint wieder der Quelltext, diesmal aber versehen mit seltsamen Zahlen. Diese Zahlen geben die Positionen der Befehle im Speicher sowie ihre interne Verschlüsselung wieder. Der Aufbau entspricht der Form des Assembler-Listings, das wir in Abschnitt 3.7 besprechen werden.

- Im rechten oberen Teil sind die Register mit ihren Inhalten aufgeführt. Über Register werden wir in Kapitel 5 noch sprechen.

- Der interne Zustand des Rechners wird durch so genannte Flags beschrieben, deren Werte wir ganz rechts oben sehen.

- Im linken unteren Teil-Fenster kann man sich einen Ausschnitt des Speicher-Inhalts anschauen.

- Der rechte untere Teil zeigt das obere Ende des Kellers; das oberste Keller-Element ist mit einem Dreieck markiert. Der Keller wird intensiv bei Unterprogrammen benutzt, die wir in Kapitel 9 besprechen werden.

Mit der Tabulator-Taste oder der Maus kann man von einem Teilfenster zum anderen springen. Die Inhalte der Register kann man auch verändern. Dazu muss man das gewünschte Register mit der Maus oder den Pfeiltasten anwählen und den neuen Wert einfach eintippen.

Mit der Tasten-Kombination Alt-X wird der Turbo Debugger verlassen.

3 Allgemeiner Aufbau eines Assembler-Programms

Wie wir in unserem Beispiel aus dem vorigen Kapitel gesehen haben, sind Assembler-Programme zeilen-orientiert, d.h. die elementaren Einheiten sind Zeilen. Anders als in den meisten höheren Programmiersprachen, in denen in einer Zeile mehrere Anweisungen stehen können oder auch eine Anweisung sich über mehrere Zeilen erstrecken kann, enthält eine Zeile eines Assembler-Programms stets eine komplette Anweisung. Eine besonders lange Anweisung kann man auch über mehrere Zeilen schreiben: Dazu muss man am Ende der Zeile das Zeichen \ angeben, wenn die Anweisung auf der nächsten Zeile fortgesetzt werden soll. Übersetzt TMASM das Programm, so bearbeitet er eine Anweisung nach der anderen. Die Wirkung dieser Bearbeitung kann man in zwei Klassen unterteilen:

- Die erste Klasse von Assemblerzeilen erzeugt aus den Abkürzungen der Maschinenbefehle das entsprechende Bitmuster, das dann später, wenn das fertige Programm gestartet wird, vom Prozessor ausgeführt wird. Solche Assemblerzeilen wollen wir *Befehlszeilen* nennen.

- Die zweite Klasse von Assemblerzeilen steuert die Aktivitäten von TMASM, d.h. sie haben nur während der Übersetzungszeit eine Wirkung. Solche Assemblerzeilen werden wir *Direktivenzeilen* nennen.

Mit diesen beiden Begriffen können wir festhalten:

Ein Assembler-Programm ist eine Folge von Befehls- und Direktivenzeilen.

Diese Definition ist sicherlich noch nicht komplett. Für den Moment reicht sie uns aber, um den formalen Aufbau eines Assembler-Programms zu besprechen.

Obwohl der syntaktische Aufbau von Befehlen und Direktiven sehr ähnlich ist, wollen wir sie getrennt behandeln, um die Unterschiede klarer herausarbeiten zu können.

3.1   Bezeichner

Zur Benennung eines Speicherplatzes kann ein Bezeichner verwendet werden, der wie folgt aufgebaut ist:

Bezeichner:

besteht aus einer Folge von

- Buchstaben a bis z (ohne Umlaute und ß),
- Buchstaben A bis Z (ohne Umlaute),
- Zeichen @, $, _, ?,
- am Anfang eines Bezeichners darf ein Punkt vorkommen,
- Ziffern 0 bis 9.

Einschränkungen:

- Erstes Zeichen darf keine Ziffer sein.
- $ bzw. ? ohne ein weiteres Zeichen ist nicht erlaubt.
- Ein Bezeichner darf kein reserviertes Wort sein.
- Zwischen Groß- und Kleinschreibung wird nicht unterschieden.

Bemerkungen:

- Bezeichner können beliebig lang sein; Turbo Assembler unterscheidet sie alle. (Dagegen unterscheidet der Microsoft Assembler MASM nur maximal 31 Zeichen.)
- In einem Bezeichner darf kein Leerzeichen oder Zeilenwechsel vorkommen.

☐ **Beispiel 3.1.1**

Korrekte Bezeichner sind:

```
A
Wort
?Alles_klar?
@NaSowas
Erste_Variable
ERSTE_VARIABLE
```

Die letzten beiden Bezeichner sind für den Assembler identisch.

Keine Bezeichner sind:

```
1.Variable
'Name'
Lügenmärchen
MOV (reserviertes Wort)
```
∎

Bezeichner kommen im Assembler außer zur Benennung von Speicherplätzen noch an vielen anderen Stellen vor, die wir noch kennenlernen werden.

Im weiteren Verlauf des Buches werden wir viele neue Begriffe einführen, wobei wir ein einheitliches Schema verwenden. Das Schema hat folgende Form:

neuer Begriff:
definierende Regel
Wirkung: • Beschreibung der Wirkung des neuen Begriffs.
Bemerkung(en): • weitere Bemerkungen zum neuen Begriff.

Die Rubrik Wirkung erklärt, was der neue Begriff bewirkt. Die Rubrik Bemerkung(en) enthält Erläuterungen zu dem neuen Begriff. Jede dieser beiden Rubriken kann auch fehlen.

Für die definierenden Regeln wird folgende Notation festgelegt:

- *Terminale Symbole* sind solche, die in der angegebenen Form direkt im Assembler-Programm vorkommen; sie werden in der Schrift `Courier` geschrieben.

- *Nichtterminale Symbole* sind solche, die durch zusätzliche Schemata oder erklärenden Text weiter definiert werden.

- Alternativen werden durch den senkrechten Strich | getrennt.

- Optionale Teile werden in kursiven eckigen Klammern [...] eingeschlossen.

- Zur besseren Lesbarkeit können Teile mit kursiven runden Klammern (...) geklammert werden.

- Die Schreibweise $(\dots)^*$ bedeutet, dass der geklammerte Teil keinmal, einmal oder beliebig oft vorkommt.

- Die Schreibweise $(\dots)^+$ bedeutet, dass der geklammerte Teil mindestens einmal oder beliebig oft vorkommt.

3.2   Befehle

Eine Befehlszeile ist wie folgt aufgebaut:

```
Befehlszeile:

[Marke:] [Befehl [Operanden]] [;Kommentar]
```

Jede einzelne Komponente ist in eckige Klammern gesetzt, um auszudrücken, dass sie
auch fehlen kann. Fehlen alle Komponenten, haben wir eine *Leerzeile*; fehlt alles außer
dem Kommentar, so haben wir eine *Kommentarzeile*.

Zwischen den einzelnen Komponenten stehen einige Leerzeichen. Der Assembler verlangt hier lediglich, dass zwischen zwei vorkommenden Komponenten mindestens ein
Leerzeichen oder Tabulatorzeichen stehen muss. Es empfiehlt sich jedoch aus Gründen
der Lesbarkeit, für die einzelnen Komponenten einer Befehlszeile möglichst feste Spalten einzuhalten. Eine Kommentarzeile darf und wird häufig mit einem Semikolon auf
Spalte 1 beginnen.

Nun zu den Komponenten der Befehlszeile:

- Eine **Marke** ist ein Bezeichner, gefolgt von einem Doppelpunkt. Sie kennzeichnet eine Speicherstelle im Befehlsteil des Programms. Marken werden meist als
  Sprungziele verwendet. Folglich darf es keine zwei Marken-Definitionen mit demselben Bezeichner geben. Eine Marke darf auch alleine auf einer Zeile stehen. In
  diesem Fall bezieht sich die Marke dann auf die nächste Befehlszeile.

- **Befehle** sind lesbare und leicht verständliche Kurzbezeichnungen für Befehle der
  Maschinensprache; sie gehören zu den reservierten Wörtern des Assemblers. Bei
  der Besprechung unseres Beispiels werden wir einige Befehle kennenlernen.

- Während der Befehl festlegt, *was* der Rechner tun soll, geben die **Operanden** an,
  womit dies getan werden soll. Operanden können u.a. Konstanten, Bezeichner
  für Variablen oder Register sein. Die Anzahl der Operanden hängt von der Art
  des Befehls ab; sie kann zwischen keinem und zwei variieren. Benötigt ein Befehl
  zwei Operanden, werden diese durch ein Komma getrennt. TMASM übersetzt
  den Befehl zusammen mit den notwendigen Operanden in einen Maschinenbefehl,
  dessen interne Bytelänge wieder vom Typ des Befehls abhängt.

- Hinter dem Befehl und seinen Operanden kann ein **Kommentar** folgen, der durch
  ein Semikolon eingeleitet wird und bis zum Zeilenende reicht. Der Kommentar
  wird von TMASM überlesen.

☐ **Beispiel 3.2.1**

```
Bsp1:    mov ah,Bu    ; weist ah Inhalt von Bu zu
         add ah,3     ; erhoeht ah um 3                          ■
```

3.3 Direktiven

Eine Direktivenzeile hat einen sehr ähnlichen formalen Aufbau wie eine Befehlszeile:

```
Direktivenzeile:

[[Name]    Direktive    [Operanden]]        [;Kommentar]
```

Auch hier sind wieder alle Komponenten optional; für die Trennung der einzelnen Komponenten gilt dieselbe Regel wie bei den Befehlszeilen. Fehlen alle Komponenten bis auf den Kommentar, so haben wir eine Kommentarzeile; fehlen alle Komponenten, so liegt eine Leerzeile vor. Die einzelnen Komponenten haben folgende Bedeutung:

- Ein **Name** ist ein Bezeichner, dem hier *kein* Doppelpunkt folgen darf. Je nach Direktive kennzeichnen solche Namen ebenfalls Speicherstellen, z.B. von Variablen, manchmal haben sie auch eine andere Bedeutung.

- Der Assembler kennt eine Fülle von **Direktiven**, die den Assemblierungsprozeß steuern. Die Direktiven gehören ebenfalls zu den reservierten Wörtern des Assemblers und sind im Register unter dem Stichwort Direktive zusammengestellt.

- Die Anzahl der auftretenden **Operanden** variiert hier viel stärker als in Befehlszeilen. Die einzelnen Operanden werden durch Kommata getrennt.

- Auch Direktivenzeilen können durch einen **Kommentar** abgeschlossen werden, der wieder durch ein Semikolon eingeleitet wird.

Direktiven werden wir noch häufig im Verlauf dieses Buches antreffen. Um eine ungefähre Vorstellung von der Einsatzbreite der Direktiven zu erhalten, wollen wir hier nur die Hauptaufgaben von Direktiven summarisch aufzählen und auf die Stellen verweisen, in denen diese Direktiven behandelt werden:

- Speicher-Reservierung und Konstanten-Definitionen (Kapitel 4).

- Organisation des Speichers für das gesamte Programm (Kapitel 10).

- Steuerung der Generierung einer Listing-Datei (Abschnitt 3.7).

- Steuerung der bedingten Assemblierung (Kapitel 8).

- Makro-Definitionen und -Aufrufe (Kapitel 8 und Abschnitt 3.6).

☐ **Beispiel 3.3.1**

```
Buchst  db   'A'     ; Speicherplatz fuer Buchstaben
        db   "BCD"   ; weiterer Speicherplatz
```

Während in der ersten db-Direktive genau ein Byte reserviert wurde, belegt die zweite drei Bytes, nämlich für jeden Buchstaben der angegebenen Zeichenreihe ein Byte. ∎

3.4   Ein Standard-Rahmen für Assembler-Programme

Fast alle unsere Beispiel-Programme haben einen festen Rahmen von Direktiven, die das Assembler-Programm klammern und die Übersetzung steuern. Wie in unserem Beispiel aus Kapitel 2 hat dieser Rahmen folgende Form:

```
DOSSEG
       .MODEL  SMALL
       .STACK  100H
; jetzt kommen die Daten -------------------------
       .DATA
; Datenvereinbarungen ...


; jetzt kommt das Programm----------------------
       .CODE
begin:

   ; hier stehen die Befehle ...


       end     begin    ; Ende des Programmtextes
```

Zur Erläuterung des Programm-Rahmens müssen wir etwas ausholen und auf die besondere Situation von 16 Bit-Rechnern eingehen. Die Speicherstellen unseres Rechners werden zum Abspeichern von Befehlen, Ergebnissen und Zwischen-Ergebnissen benutzt. Um auf den Speicher gezielt zugreifen zu können, muss jede einzelne Speicherstelle identifizierbar sein. Intern erhält jede Gruppe von 8 Bit (= 1 Byte) im Speicher ihre eigene *Hausnummer* oder *Adresse*. Wenn wir nun eine 16 Bit-Zahl für die Adressierung zur Verfügung haben, so stellen wir fest, dass wir damit genau $2^{16} = 65536$ verschiedene Bytes adressieren können. Dies ist eine Speichermenge von 64 KByte (Kilo-Byte). Nun hat aber unser Rechner, je nach Ausbau, zwischen 256 KByte und 640 KByte oder sogar noch mehr Speicher. Wie kann man auf die restlichen Speicherstellen zugreifen?

Eine Möglichkeit besteht darin, die Speicherung des Programms so aufzuteilen, dass die Befehle in einem ersten Speicherbereich, die Daten in einem zweiten und die Arbeitsdaten in einem dritten Speicherbereich untergebracht werden. Der Speicherzugriff kann dann über die 16 Bit-Adresse und mit dem Zusatz Befehl, Daten bzw. Arbeitsdaten erfolgen. Solche Speicherbereiche nennt man im Assembler *Segmente*.

Diese drei Segmente werden dann beim Übersetzen in einer bestimmten Reihenfolge in *einer* Datei, der EXE-Datei, abgespeichert. Da wir beim Assembler-Programmieren jedes Detail beschreiben können, haben wir auch auf die Festlegung dieser Reihenfolge Einfluss.

Nun zurück zu unserem Beispiel. Fast immer ist eine Reihenfolge ebenso gut wie eine andere, Hauptsache, das Programm kennt sich aus. Deshalb wurde eine Standard-Reihenfolge für die drei Segmente festgelegt, die wir in unserem Programm durch die Direktive

```
DOSSEG
```

ausgewählt haben. Die genaue Art der Adressierung legt die Direktive

```
.MODEL   SMALL
```

fest. Andere so genannte *Speichermodelle* werden wir in Kapitel 10 behandeln.

Um dem Assembler mitzuteilen, welche Assemblerzeilen in welchen Speicherbereich gehören, haben wir drei weitere Direktiven:

```
.DATA
```

zeigt an, dass die folgenden Zeilen in das Daten-Segment gehören. Die Direktive

```
.CODE
```

legt entsprechend fest, dass nun Anweisungen folgen, die ins Code-Segment gehören. Die Berechnung und Verwaltung von Arbeitsdaten werden von TMASM selbständig erledigt; wir müssen im Programm lediglich festlegen, wie viel Speicherplatz hierfür vorgesehen wird. Dafür sorgt die Direktive

```
.STACK   100h
```

die 100h Bytes = 256 Bytes hierfür reserviert. Diese Größe ist für praktisch jedes mittelgroße Assembler-Programm ausreichend.

In einem Programm können mehrere Direktiven .CODE und .DATA vorkommen; damit kann man zwischen den beiden Speicherbereichen umschalten. Andererseits darf es nur *eine* Direktive .STACK in einem Programm geben.

Jedes Assembler-Programm muss genau eine END-Direktive enthalten, die das Ende des Quelltextes kennzeichnet. Alle Zeilen, die hinter der END-Direktive stehen, werden vom Assembler ignoriert. Zusätzlich legt diese Direktive die *Startadresse* fest: Das ist in unseren Beispielen die Marke begin, die die Stelle bezeichnet, an der das Programm zur Ausführungszeit gestartet wird. Häufig ist dies die erste Anweisung hinter der Direktive .CODE. Fehlt bei der END-Direktive eine Marke, wird bei der ersten Anweisung des Assembler-Programms begonnen.

3.5   Befehle und Direktiven des Beispielprogramms

Im Folgenden soll eine informelle, aber ausführliche Erklärung unseres Beispielprogramms aus Kapitel 2 gegeben werden. Die Details werden wir in späteren Kapiteln genauer besprechen. Unser Beispiel enthält im Datenteil folgende Zeilen:

```
Hallo   db      10,13,10,13
        db      "*************************",10,13
Text    db      "*   Hallo, lieber Leser  *",10,13
        db      "*************************",10,13
Lnge    dw      3*28+4   ;Laenge des Textes
```

Dadurch werden drei Variable eingeführt: `Hallo`, `Text` und `Lnge`. Die Direktiven hinter den Variablen geben den Datentyp an: So können die Variablen `Hallo` und `Text` Zeichenreihen bzw. Folgen von Bytes aufnehmen, was durch die Direktive

> `db`   *(define Byte)*

angegeben wird. Die Variable `Lnge` kann ein oder mehrere Daten des Typs Wort (= 16 Bit) aufnehmen, was durch die Direktive

> `dw`   *(define Word)*

festgelegt wird.

Die Variablen sind hier alle initialisiert. Beginnen wir mit der Variablen `Text`: Sie erhält den Wert

> `*    Hallo, lieber Leser   *`

gefolgt von zwei Buchstaben mit den Werten 10 und 13. Diese beiden Werte sind im ASCII-Code, mit dem der Assembler arbeitet, die Zeichen Zeilenwechsel(Line feed = 10) und Wagenrücklauf (carriage return = 13). Die nächste Zeile mit den vielen Sternen gehört auch noch zu der Variablen `Text`.

Entsprechend ist der Inhalt von `Hallo` zweimal das Paar Zeilenwechsel, Wagenrücklauf, gefolgt von Sternen und nochmals Zeilenwechsel, Wagenrücklauf. Dabei taucht ein Problem auf: Wie viel Speicherplatz belegt nun eigentlich eine Variable? Anders als in höheren Programmiersprachen bezeichnen die obigen Variablen-Namen lediglich die Speicherstelle, an der ihr Inhalt *beginnt*. Wie lang die Zeichenreihe ist, wird extra angegeben. Hierzu verwenden wir die Variable `Lnge`, die mit der ganzen Zahl 3*28+4 (=88) vorbelegt ist.

Bevor wir den Befehlsteil genauer diskutieren, müssen wir uns kurz die Arbeitsweise unseres Prozessors Intel 8086 anschauen. Er besitzt einige *Register*. Das sind spezielle Speicherzellen, auf die sehr schnell zugegriffen werden kann. Im Moment reicht es zu wissen, dass es die 16-Bit Register `ax`, `bx`, `cx`, `dx` und `ds` gibt, wobei das letzte zur Adressierung der Daten benutzt wird. In unserem Beispiel kommt noch das Register `ah` vor; das ist nichts anderes als die linke Hälfte des Registers `ax`, die ein Byte aufnimmt. Eine vollständige Behandlung der Register folgt in Kapitel 5.

Nun zurück zu unserem Beispiel. Die ersten beiden Befehle

```
begin:  mov     ax,@Data
        mov     ds,ax
```

enthalten beide den Befehl `mov`, dessen Wirkungsweise wir deshalb zunächst allgemein besprechen wollen. Der Befehl

> `mov     ziel,quelle`

überträgt den Inhalt von `quelle` nach `ziel`. Dabei können `quelle` und `ziel` jeweils ein Register oder ein Name sein, der eine Speicherzelle benennt. Zusätzlich kann `quelle` auch direkt eine Konstante sein. Der Befehl `mov` realisiert also eine *Wertzuweisung*.

Damit können wir die beiden Befehle besprechen: Der erste Befehl weist dem Register
ax den Wert @Data zu; dies ist ein vom Assembler vordefinierter Bezeichner, der auf den
Anfang des Datenbereichs zeigt. Im zweiten Befehl wird nun der Wert von ax, nämlich
@Data, in das Segment-Register ds geladen.

Diese Befehlssequenz sieht etwas umständlich aus; man könnte doch gleich den Wert
von @Data an das Segment-Register zuweisen. Das lässt der Assembler aber nicht zu,
da der mov-Befehl ein paar Einschränkungen hat, die wir in Kapitel 5 genau besprechen
werden.

Die beiden oben angegebenen Befehle *müssen* am Anfang eines jeden Programmes stehen, wenn im Programm Daten vorkommen. Andernfalls können wir nämlich auf keine
Daten im Datenbereich zugreifen.

```
; Ausgabe des Textes 'Hallo' -----------------------
      mov    bx,1     ; Ausgabe auf Bildschirm
      mov    cx,Lnge ; Anz. auszugebende Zeichen
      mov    dx,Offset Hallo
                      ; auszugebende Zeichenreihe
      mov    ah,40h  ; Nr. der Ausgabe-Routine
      int    21h     ; Ausgabe starten
```

Das Schlüsselwort Offset gibt an, dass wir in dieser Befehlsfolge die Adresse der Variablen Hallo verwenden wollen. Der letzte Befehl hilft uns, ein Problem zu lösen: Wie
funktioniert der Zugriff auf den Bildschirm oder ein anderes Peripherie-Gerät? Dieses
Problem scheint, wenn wir an höhere Programmiersprachen wie z.B. Pascal denken,
recht trivial zu sein. In Pascal gibt es die Prozeduren write und writeln, die die als
Argument angegebene Zeichenreihe einfach auf den Bildschirm ausgeben.

Aber erinnern wir uns: Beim Assembler-Programmieren befinden wir uns ganz dicht am
Prozessor; jede seiner Aktivitäten muss programmiert werden. Wie weiß nun der Prozessor, ob und wo sich ein spezielles Peripheriegerät befindet und wie es anzusprechen
ist? Bei der Beantwortung dieser Frage hilft uns das Betriebssystem MS-DOS, unter
dem TMASM selbst läuft. MS-DOS hat nämlich dieselben Probleme wie wir und diese bereits durch spezielle Unterprogramme, die so genannten DOS-Funktionen, gelöst.
Diese Funktionen können wir mit

      int 21h

aufrufen. Die einzelnen DOS-Funktionen sind durchnumeriert; die Nummer der gewünschten Funktion ist stets vor dem Aufruf in das Register ah zu laden. In unserem Beispiel wollen wir eine Zeichenreihe ausgeben, was die DOS-Funktion 40h = 64
erledigt. Je nach Funktion werden weitere Angaben benötigt. In unserem Beispiel etwa:

- *Wohin soll ausgegeben werden?* Eine Codierung des Gerätes steht in bx, hier 1 für
  den Bildschirm. Lädt man nach bx den Wert 4, so wird der Drucker als Ausgabe-
  Gerät gewählt.

- *Was soll ausgegeben werden?* Hier geben wir hinter dem Schlüsselwort Offset
  den Namen der Variablen Hallo an, an der der auszugebende Text beginnt. Die
  DOS-Funktion erwartet die Adresse im Register dx.

- *Wie viel soll ausgegeben werden?* Diese Information erwartet die DOS-Funktion im Register cx, die wir mit dem Wert der Variablen Lnge laden.

Damit ist unser Problem bereits gelöst, und wir müssen nur noch unser Programm sauber beenden, so dass sich anschließend wieder das Betriebssystem meldet. Dies wird mit der DOS-Funktion 4Ch erledigt, die in der letzten Befehlsfolge aufgerufen wird. Man beachte, dass ah die linke Hälfte von ax ist, der mov-Befehl also die richtige Funktionsnummer lädt.

```
mov ax,4c00h
int 21h ; Programm beenden
end begin ; Ende des Programmtextes
```

Mit dieser Befehlsfolge muss jedes Assembler-Programm beendet werden. In unserem Beispiel haben wir zwei DOS-Funktionen verwendet. In Abschnitt 9.7 werden einige der wichtigsten DOS-Funktionen genauer behandelt.

3.6   Makro-Aufrufe

In unserem ersten Programm haben wir gesehen, dass man im Assembler jede Kleinigkeit ganz detailliert beschreiben muss. Um unsere weiteren Beispiele einigermaßen übersichtlich zu halten, haben wir für häufig wiederkehrende Standard-Aufgaben so genannte *Makros* definiert. Ein Makro sieht wie ein einzelner Befehl aus. Hinter ihm verbirgt sich aber eine mehr oder weniger lange Folge von Befehlen.

Im Anhang A sind die vollständigen Definitionen der Makros aufgelistet. In den herunterladbaren Programmbeispielen (siehe letzte Seite) sind sie in der Datei macros.mac zu finden. Nach dem Studium des Makro-Konzepts, das in Kapitel 8 besprochen wird, werden Sie diese Makro-Definitionen vollständig verstehen.

Im Folgenden wird beschrieben, wie die Makros verwendet werden und was sie leisten. An kurzen Beispielen – meist Erweiterungen unseres Beispiels aus Kapitel 2 – wird ihr Einsatz verdeutlicht.

Bei der Beschreibung der Makros sind die durch eckige Klammern [ ] eingeklammerten Parameter optional, d.h. diese Parameter können beim Aufruf angegeben werden oder nicht. Für jeden fehlenden optionalen Parameter ist ein bestimmter Wert vordefiniert.

3.6.1   Ausgabe von Text

Im Beispiel aus Abschnitt 2.1 wurde ein Text auf den Bildschirm ausgegeben. Dabei war, wie wir im vorigen Abschnitt besprochen haben, die Definition des Textes im Datenteil angegeben, die Befehle für die Ausgabe stehen im Programmteil. Diese beiden Stellen können in einem größeren Programm weit auseinander liegen. Es wäre sowohl bequemer wie auch der Lesbarkeit des Programmes förderlich, wenn der auszugebende Text und die Befehle für die Ausgabe an derselben Stelle angegeben werden könnten. Dies leistet das Makro print.

print	Ausgabe eines Textes ohne Zeilenwechsel
println	Ausgabe eines Textes mit Zeilenwechsel
nl	Ausgabe eines Zeilenwechsels

Aufruf:

	print	*Text[, Ausgabe]*
	println	*[Text][, Ausgabe]*
	nl	

Wirkung:

- Der *Text*, der in Apostrophs oder Anführungszeichen eingeschlossen sein muss, wird ausgegeben.

- Der Parameter *Ausgabe* bestimmt, wohin der Text ausgegeben wird. Es sind nur die beiden folgenden Werte erlaubt:

  1 : Bildschirm (Voreinstellung)

  4 : Drucker

- Wird println ohne den Parameter *Text* verwendet, wird nur ein Zeilenwechsel ausgegeben.

- nl gibt einen Zeilenwechsel auf dem Bildschirm aus.

Alle in diesem Abschnitt besprochenen Makros sind in der Datei `macros.mac` abgespeichert. Damit unsere Assembler-Programme die dort definierten Makros verwenden können, muss zu Beginn die Zeile

```
include macros.mac
```

angegeben werden.

Unter Verwendung der Makros print und println kann unser Beispiel aus Abschnitt 2.1 wie folgt umgeschrieben werden:

□ **Beispiel 3.6.1**

```
        DOSSEG
        .MODEL  SMALL
        .STACK  100H
Ausg    equ     1    ; fuer Bildschirm
        ; oder 4     fuer Drucker
include macros.mac
        .CODE
begin:  mov     ax,@Data
        mov     ds,ax

        println ,Ausg
        println "************************",Ausg
```

```
        println "*   Hallo, lieber Leser   *",Ausg
        println "**************************",Ausg

        mov     ax,4c00h
        int     21h
        end     begin
```
■

Ist die Zeichenreihe wie im Anfangsbeispiel definiert, haben wir ein Problem: Wir müssen der DOS-Funktion für die Ausgabe neben der Anfangsadresse der auszugebenden
Zeichenreihe auch deren Länge übergeben. Es wäre bequem, wenn diese Länge automatisch berechnet würde. Aber irgendwie muss man die Länge oder das Ende der Zeichenreihe kennzeichnen. Schielen wir zu den Compilern für Pascal und C++ hinüber, sehen
wir, dass jeder Compiler hierfür ein eigenes Verfahren benutzt. Wir wollen bei unseren
Makros die Konvention von C++ übernehmen:

Eine Zeichenreihe wird mit einem NUL-Byte (ASCII-Zeichen 0) abgeschlossen.

Das folgende Makro gibt solche NUL-terminierten Zeichenreihen aus.

writeS	Ausgabe einer Zeichenreihe
Aufruf:	
writeS	*TextVar[, Ausgabe]*

Wirkung:

- Der ab der Adresse *TextVar* stehende Text wird bis zum ersten NUL-Byte
  ausgegeben.
- Der Parameter *Ausgabe* bestimmt, wohin der Text ausgegeben wird. Es sind
  nur die beiden folgenden Werte erlaubt:

  1 : Bildschirm (Voreinstellung)
  4 : Drucker

☐ **Beispiel 3.6.2**

```
        DOSSEG
        .MODEL  SMALL
        .STACK  100H
include macros.mac
        .DATA
Hallo   db      10,13,10,13
        db      "**************************",10,13
Text    db      "*   Hallo, lieber Leser   *",10,13
        db      "**************************",10,13
```

```
        db     0        ; <<-- Text-Ende
        .CODE
begin:  mov    ax,@Data
        mov    ds,ax

        writeS  Hallo

        mov    ax,4c00h
        int    21h      ; Programm beenden
        end    begin    ; Ende des Programmtextes        ■
```

3.6.2   Einlesen von Text

Will man eine Zeichenreihe über die Tastatur einlesen, braucht man einen Speicherbereich, in den man die eingelesene Zeichenreihe abspeichern kann. Im folgenden Beispiel soll in den Speicherbereich, dessen Anfang mit Text gekennzeichnet ist und der mit

```
    *   Hallo, lieber Leser   *
```

initialisiert ist, etwas eingelesen werden. Dazu verwenden wir das folgende Makro.

readS	Zeichenreihe einlesen
Aufruf:	
readS	*TextVar[, [ELnge] [,ALnge]]*

Wirkung:

- Es werden Zeichen von der Tastatur eingelesen und in den Speicherbereich ab *TextVar* abgelegt. Die Tastatur-Eingabe wird mit der Taste RETURN abgeschlossen.
- Der optionale Parameter *ELnge* gibt an, wie viele Zeichen maximal eingelesen werden dürfen. Werden mehr Zeichen eingegeben, werden die überzähligen ignoriert. Voreinstellung für *ELnge* ist 255.
- Der optionale Parameter *ALnge* muss eine 16 Bit-Variable sein, die nach der Eingabe die Anzahl der tatsächlich eingegebenen Zeichen aufnimmt.

Bemerkung:

- Fehlt der Parameter *ELnge*, soll aber *ALnge* angegeben werden, müssen zwei Kommata geschrieben werden, z.B.: `readS name , , Lge`

☐ **Beispiel 3.6.3**

```
        DOSSEG
        .MODEL  SMALL
```

```
        .STACK  100H
include macros.mac
        .DATA
Hallo   db      10,13,10,13
        db      "*************************",10,13
Text    db      "*   Hallo, lieber Leser  *",10,13
        db      "*************************",10,13
        db      0        ; <<-- Text-Ende
Lnge    dw      ?
        .CODE
begin:  mov     ax,@Data
        mov     ds,ax

        print   "Bitte maximal 31 Zeichen eingeben : "
        readS   Text,31,Lnge
        writeS  Hallo
        mov     ax,4c00h
        int     21h     ; Programm beenden
        end     begin   ; Ende des Programmtextes
```

Werden mehr als 31 Zeichen eingelesen, werden die überzähligen Zeichen einfach abgeschnitten. Versuchen Sie einmal, beim Makro **readS** nur den ersten Parameter anzugeben und mehr als 31 Zeichen einzugeben. Aber geben Sie nicht zu viele Zeichen ein,
denn Ihr Programm könnte sonst abstürzen! ∎

3.6.3   Einlesen und Ausgeben von Zahlen

Im vorigen Beispiel wurde in der Variablen **Lnge** die Anzahl der tatsächlich eingegebenen Zeichen abgespeichert. Diesen Zahlenwert wollen wir auf dem Bildschirm ausgeben.
Er ist in einem 16 Bit-Wort als Dualzahl abgespeichert. Auf dem Bildschirm können
aber nur ASCII-Zeichen dargestellt werden. Um das Problem zu verdeutlichen, betrachten wir ein Beispiel: Wurden 13 Zeichen eingegeben, so enthält die Variable **Lnge** die
Dualzahl

        0000 0000 0000 1101

Wird dieser Wert mit **writeS** auf dem Bildschirm ausgegeben, so springt der Cursor
einfach nochmals an den Zeilenanfang. Was ist passiert? Die beiden Bytes von **Lnge**
werden einzeln auf dem Bildschirm dargestellt, und zwar zuerst das rechte Byte – also
13 bzw. Wagenrücklauf – dann das linke Byte – also 0 und damit Ende der Zeichenreihe.
Eigentlich wollten wir aber die beiden Ziffern '1' und '3' ausgeben, und zwar als
ASCII-Zeichen. Man muss also vor der Ausgabe den dualen Wert in eine Zeichenreihe
umwandeln. Dies erledigt das folgende Makro.

writeZ	Ausgabe einer Dezimalzahl
Aufruf:	
writeZ	*Zahl [, [Lnge] [, Ausgabe]]*

Wirkung:

- Es wird der Inhalt des 16 Bit-Wortes *Zahl* als Dezimalzahl ausgegeben.

- *Lnge* gibt an, mit wie vielen Zeichen die Zahl rechtsbündig ausgegeben wird. Ist der Zahlenwert negativ, wird als erstes Zeichen ein Minus ausgegeben. **Voreinstellung** für *Lnge* ist 8.

- *Ausgabe* bestimmt, wohin die Zahl ausgegeben wird (siehe Beschreibung von print).

Bemerkung:

- *Lnge* muss mindestens den Wert 3 haben. Wird *Lnge* kleiner gewählt, erscheint eine Laufzeit-Fehlermeldung.

- Wird *Lnge* so klein gewählt, dass der Zahlenwert nicht dargestellt werden kann, wird die Ausgabe einfach von links her abgeschnitten.

☐ **Beispiel 3.6.4**

```
        DOSSEG
        .MODEL  SMALL
        .STACK  100H
include macros.mac
        .DATA
Hallo   db      10,13,10,13
        db      "**************************",10,13
Text    db      "*   Hallo, lieber Leser  *",10,13
        db      "**************************",10,13
        db      0        ; <<-- Text-Ende
Lnge    dw      ?
        .CODE
begin:  mov     ax,@Data
        mov     ds,ax

        print   "Bitte maximal 31 Zeichen eingeben : "
        readS   Text,31,Lnge
        writeS  Hallo
        print   "Sie haben "
        writeZ  Lnge,4
        println " Zeichen eingegeben"
```

```
        mov     ax,4c00h
        int     21h     ; Programm beenden
        end     begin   ; Ende des Programmtextes                    ■
```

Wenn Zahlen eingelesen werden, mit denen das Programm weiterrechnen soll, müssen
diese von einer Zeichenreihe in eine Dualzahl umgewandelt werden. Dies erledigt –
symmetrisch zu `writeZ` – das Makro `readZ`.

readZ	Einlesen einer Dezimalzahl
Aufruf:	
readZ *Zahl*	

Wirkung:

- Über die Tastatur wird eine Zahl eingegeben und im 16 Bit-Wort *Zahl* als
  Dualzahl abgespeichert.

Bemerkungen:

- Maximal acht Zeichen – einschließlich Vorzeichen – werden berücksichtigt.
- Wird ein Zeichen eingegeben, das keine Ziffer ist, wird es als Ziffer 0 interpretiert.

Im folgenden Beispiel wird ein kleiner Taschenrechner realisiert, der zwei Zahlen addiert.
Man kann auch negative Zahlen eingeben.

☐ **Beispiel 3.6.5**

```
        DOSSEG
        .MODEL  SMALL
        .STACK  100H
include macros.mac
        zahl    dw      ?
        .CODE
begin:  mov     ax,@Data
        mov     ds,ax

        print   "Geben Sie den ersten Summanden ein : "
        readZ   ax
        print   "Geben Sie den zweiten Summanden ein: "
        readZ   zahl
        add     ax,zahl
        ;Addition der beiden eingelesenen Zahlen

        print   "Die Summe lautet -------->> : "
        writeZ  ax
        println
```

```
        mov    ax,4c00h
        int    21h
        end    begin                                              ■
```

3.6.4   Zufallszahlen-Generator

In einigen Beispielen brauchen wir einen Zufallszahlen-Generator, der bei jedem Aufruf
eine zufällige Zahl liefert. Damit nicht bei jedem Programmlauf dieselben „Zufallszahlen" erzeugt werden, muss beim Start des Programms von irgendwo her ein zufälliger
Wert berechnet werden. Das Makro **randomize** erledigt diese Aufgabe.

randomize	Zufallszahlen-Generator initialisieren
Aufruf: randomize	
Wirkung: • Dieses Makro initialisiert den Zufallszahlen-Generator.	

Das Makro **random** liefert bei jedem Aufruf eine zufällige ganze Zahl. Über die Parameter
gibt man an, in welchem Bereich diese Zahlen liegen sollen. Bei der Programmierung
eines Würfels wird man den Bereich zwischen 1 und 6 wählen.

random	nächste Zufallszahl erzeugen
Aufruf: random *von, bis*	
Wirkung: • Das Makro berechnet eine neue ganze Zufallszahl im Zahlenbereich zwischen *von* und *bis* – jeweils einschließlich – und legt sie im Register dx ab.	

Das folgende Programm gibt die Augenzahlen von zwei Würfen auf den Bildschirm aus.

□ **Beispiel 3.6.6**

```
        DOSSEG
        .MODEL  SMALL
        .STACK  100H
include macros.mac
        .CODE
begin:  mov     ax,@Data
```

```
        mov     ds,ax

        randomize       ;Startwert
        print   "1. Wurf : "
        random  1,6
        writeZ  dx,4
        print   "   2. Wurf : "
        random  1,6
        writeZ  dx,4
        println

        mov     ax,4c00h
        int     21h
        end     begin
```

3.7   Das Assembler-Listing

TMASM übersetzt die Quelle eines Assembler-Programms in eine Objekt-Datei (siehe Abbildung 2.1). Diesen Übersetzungsvorgang kann man sich in einer Listing-Datei protokollieren lassen. Die Listing-Datei kann man von TMASM anfordern, indem man einfach zwei Kommata an den Datei-Namen anhängt. Für unser Assembler-Programm GRUSS.ASM aus Kapitel 2 fordern wir die Listing-Datei GRUSS.LST mit folgender Kommando-Zeile an:

```
        TASM /zi GRUSS , ,
```

Im Folgenden werden wir den Aufbau der Listing-Datei an diesem Beispiel genau besprechen.

□ **Beispiel 3.7.1**

Die Listing-Datei GRUSS.LST hat folgendes Aussehen:

```
Turbo Assembler   Version 3.0    01/01/93 16:41:43 Page 1 gruss.ASM

     1                       ; *********************************
     2                       ;   Unser erstes Assembler-Programm  *
     3                       ; *********************************
     4                       DOSSEG
     5 0000                  .MODEL  SMALL
     6 0000                  .STACK  100H
     7                       ; jetzt kommen die Daten ------------------------
     8 0000                  .DATA
     9 0000   0A 0D 0A 0D    Hallo   db  10,13,10,13
    10 0004   2A 2A 2A 2A+           db  "*********************",10,13
    11         2A 2A 2A 2A+
    12         2A 2A 2A 2A+
    13         2A 2A 2A 2A+
    14         2A 2A 2A 2A+
    15         2A 2A 2A 2A+
    16         2A 2A 0A 0D
```

```
17 0020    2A 20 20 20+ Text     db   "*   Hallo, lieber Leser  *",10,13
18         48 61 6C 6C+
19         6F 2C 20 6C+
20         69 65 62 65+
21         72 20 4C 65+
22         73 65 72 20+
23         20 2A 0A 0D
24 003C    2A 2A 2A 2A+          db   "*************************",10,13
25         2A 2A 2A 2A+
26         2A 2A 2A 2A+
27         2A 2A 2A 2A+
28         2A 2A 2A 2A+
29         2A 2A 2A 2A+
30         2A 2A 0A 0D
31 0058    0058         Lnge     dw   3*28+4 ;L"ange des Textes
32                      ; jetzt kommt das Programm ----------------------
33 005A                         .CODE
34 0000    B8 0000s     begin:   mov  ax,@Data
35 0003    8E D8                 mov  ds,ax
36                      ; Ausgabe des Textes 'Hallo' --------------------
37 0005    BB 0001               mov  bx,1 ; Ausgabe auf Bildschirm
38 0008    8B 0E 0058r           mov  cx,Lnge ; Anz.auszugebende Zeichen
39 000C    BA 0000r              mov  dx,Offset Hallo
40                      ; auszugeb. Zeichenreihe
41 000F    B4 40                 mov  ah,40h ; Nr. der Ausgabe-Routine
42 0011    CD 21                 int  21h    ; Ausgabe starten
43
44 0013    B8 4C00               mov  ax,4c00h
45 0016    CD 21                 int  21h    ; Programm beenden
46                               end  begin  ; Ende des Programmtextes
```

```
Turbo Assembler Version 3.0    01/01/93 16:41:43 Page 2 Symbol
Table

Symbol Name     Type     Value

??DATE          Text     "01/01/93"
??FILENAME      Text     "gruss "
??TIME          Text     "16:41:42"
??VERSION       Number   0300
@32BIT          Text     0
@CODE           Text     _TEXT
@CODESIZE       Text     0
@CPU            Text     0101H
@CURSEG         Text     _TEXT
@DATA           Text     DGROUP
@DATASIZE       Text     0
@FILENAME       Text     GRUSS
@INTERFACE      Text     00H
@MODEL          Text     2
@STACK          Text     DGROUP
@WORDSIZE       Text     2
BEGIN           Near     _TEXT:0000
HALLO           Byte     DGROUP:0000
LNGE            Word     DGROUP:0058
TEXT            Byte     DGROUP:0020

Groups & Segments   Bit Size Align  Combine Class

DGROUP          Group
  STACK         16  0100 Para     Stack  STACK
  _DATA         16  005A Word     Public DATA
  _TEXT         16  0018 Word     Public CODE
```

Die Listing-Datei besteht aus zwei Teilen: dem erweiterten Quell-Code und der Symbol-Tabelle.

3.7.1   Der erweiterte Quell-Code

In diesem ersten Teil der Listing-Datei sehen wir die Assembler-Quelle, wie wir sie in die Quell-Datei GRUSS.ASM eingegeben haben. Links davon hat TMASM zusätzliche Informationen eingefügt. Bei fehlerhaften Programmen schiebt TMASM Fehlermeldungen und Warnungen positionsgerecht in den Quelltext ein.

Die Zeilen der Listing-Datei haben folgenden Aufbau:

```
Tiefe   Zeilen-Nr.   Offset   Maschinen-Code Assembler-Quelle
```

- Die *Tiefe* gibt die Verschachtelung von `include`-Dateien und Makros an. Näheres dazu in Abschnitt 8.4 Da wir in unserem Beispiel beides nicht haben, wird als Tiefe in jeder Zeile ein Leerzeichen ausgegeben.

- Die *Zeilen-Nummern* zählen die Zeilen des Assembler-Listings fortlaufend durch. Wie man sieht, erzeugt TMASM manchmal für eine Assembler-Quellzeile mehrere Zeilen im Listing. Die hier angegebenen Zeilen-Nummern entsprechen also nicht den Zeilen-Nummern in der Quell-Datei GRUSS.ASM.

- *Offset* gibt die Adresse der zugehörigen Quell-Zeile an. Diese Adresse wird im Daten- und Code-Bereich jeweils von 0 an gezählt.

- Als *Maschinen-Code* wird in hexadezimaler Form der Code angegeben, den TMASM aus der entsprechenden Quellzeile erzeugt.

- Daran anschließend wird als *Assembler-Quelle* der Original-Text der Quell-Datei angegeben.

Die ersten drei Zeilen sind Kommentar-Zeilen, die überhaupt keinen Code erzeugen. Dies sieht man auch daran, dass hier die Spalten *Offset* und *Maschinen-Code* keinen Eintrag enthalten.

In unserem Beispiel sehen wir weiter, dass der Bezeichner `Hallo` im Daten-Bereich den Offset 0 hat; die angegebenen Daten umfassen vier Byte, die nachfolgend hexadezimal mit

```
0A 0D 0A 0D
```

angegeben sind und offensichtlich der dezimal angegebenen Vorbesetzung 10,13,10,13 entsprechen. In der folgenden Zeile ist

```
**************************,10,13
```

definiert. Wir haben hier 26 Sterne; der ASCII-Code von '*' ist 42 oder hexadezimal 2A. Als Maschinen-Code muss dafür 26-mal die Verschlüsselung 2Ah angegeben werden. Dafür reicht aber der Platz nicht aus. Im Listing sieht man, dass die Codierung einfach in den folgenden Zeilen fortgesetzt wird; das Zeichen '+' am Ende der Maschinen-Code-Spalte zeigt dies an.

Aus dem Offset kann man leicht ablesen, wie viel Speicherplatz belegt wird. So benötigt die in Zeile 10 definiert Zeichenreihe einschließlich der Zeichen 10,13 genau

```
20h - 04h = 1Ch = 28 Byte
```

Man beachte, dass Offset und Maschinen-Code immer hexadezimal angegeben sind.

Betrachten wir noch die Zeile 31. Dort steht die Vereinbarung

```
Lnge    dw  3*28+4
```

Der Offset dieser Zeile ist 58h. In der nächsten Zeile steht der Offset 5Ah. Also belegt Lnge die Differenz, nämlich 5Ah - 58h = 2 Byte. Im Maschinen-Code sieht man, dass Lnge den Anfangswert 58h = 88 erhält. TMASM rechnet also auch den angegebenen Ausdruck

```
3*28+4
```

gleich aus.

Nun zu zwei Beispielen aus dem Code-Bereich: In Zeile 34 steht der Befehl

```
mov ax,@Data
```

Wie wir in Abschnitt 3.5 besprochen haben, bezeichnet @Data die *Anfangsadresse des Daten-Segments*. Aus diesem Befehl macht TMASM den folgenden Maschinen-Code:

```
B8 0000
```

Im Listing wird ein s angehängt um anzuzeigen, dass der Befehl auf eine *Segment-Adresse* zugreift. Wie man aus der hexadezimalen Schreibweise erkennt, belegt obiger Maschinen-Code 3 Byte (2 hexadezimale Ziffern belegen nämlich ein Byte). Diese Länge kann man auch leicht aus den angegebenen Offsets errechnen: Der Befehl in Zeile 34 beginnt beim Offset 0000h, der folgende Befehl beim Offset 0003h.

In Zeile 38 wird der Maschinen-Code mit einem r abgeschlossen. Im Befehl

```
mov cx,Lnge
```

taucht die Variable Lnge auf, die intern als *Offset* oder *Relativ-Adresse* im Daten-Segment zu interpretieren ist. Man sieht, dass vor dem r die Zahl 0058h steht – das ist der Offset von Lnge (siehe Zeile 31). Dieser Befehl ist 4 Byte lang.

Neben s und r gibt es weitere Abkürzungen im Maschine-Code-Teil des Assembler-Listings, deren Bedeutung erst später verständlich wird. Der Vollständigkeit halber sind alle Abkürzungen in der folgenden Tabelle zusammengefasst.

Abkürzung	Bedeutung
r	Relativ-Adresse
s	Segment-Adresse
sr	Relativ- und Segment-Adresse
e	Referenz auf externes Symbol (siehe Kap. 11)
se	Adresse eines externen Symbols
so	Referenz auf ein Segment
+	Objektcode wird auf der nächsten Zeile fortgesetzt

3.7.2   Die Symbol-Tabelle

Der zweite Teil des Listings enthält eine Auflistung aller verwendeten Symbole und eine Zusammenstellung der Gruppen- und Segment-Namen, auf die wir in Kapitel 10 zurückkommen werden. Bei der Auflistung der Symbole wird zu jedem Namen auch sein Typ und sein Wert angegeben.

Bei unserem kleinen Beispiel-Programm erkennt man leicht, dass nur die folgenden vier Bezeichner von uns definiert wurden:

      `BEGIN, HALLO, LNGE, TEXT`

Alle anderen Bezeichner sind so genannte vordefinierte Symbole des Assemblers.

Eine Gruppe dieser Symbole wird bei der Segmentierung von Assembler-Programmen gebraucht; wir werden sie in Kapitel 10 behandeln. Von den anderen vordefinierten Symbolen sind die wichtigsten in der folgenden Tabelle erklärt.

`@CPU`	Zahlenwert, der den verwendeten Prozessor beschreibt (siehe Abbildung 3.1). Ist ein Bit auf 1 gesetzt, sind Befehle für den jeweiligen Prozessor erlaubt.
`@FileName`	liefert als Bezeichner-Name den Namen der assemblierten Datei (ohne Datei-Erweiterung).
`??FileName`	liefert als Zeichenreihe den Namen der assemblierten Datei (ohne Datei-Erweiterung) – Turbo Assembler.
`??Date`	liefert Zeichenreihe mit dem Datum der Assemblierung – Turbo Assembler.
`??Time`	liefert Zeichenreihe mit der Uhrzeit der Assemblierung – Turbo Assembler.
`??Version`	liefert Versionsnummer des Turbo-Assemblers: Version 1.5 liefert z.B. 0105h – Turbo Assembler.

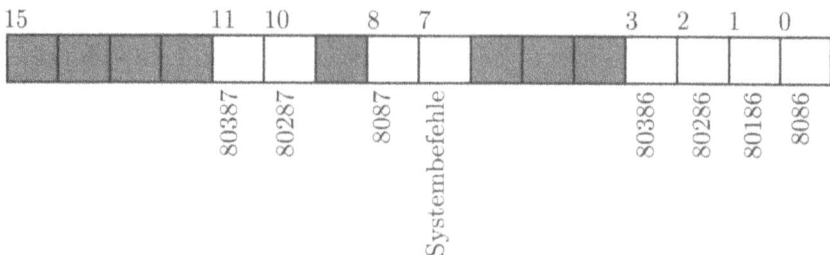

Abbildung 3.1: Der verwendete Prozessor

Das folgende Beispiel zeigt die Verwendung dieser vordefinierten Symbole im Turbo Assembler. Der Microsoft Assembler kennt diese Symbole nicht.

☐ **Beispiel 3.7.2**

```
          DOSSEG
          .MODEL   SMALL
          .STACK   100H
include macros.mac
          .CODE
begin:    mov      ax,@Data
          mov      ds,ax
          print    "Diese Datei heisst   "
          print    ??FileName
          print    " und wurde am "
          print    ??Date
          print    " um "
          print    ??Time
          println  " übersetzt."
          mov      ax,4c00h
          int      21h
          end      begin
```
■

3.7.3   Die Cross-Referenz-Liste

Mit der Option /C erzeugt TMASM in der Listing-Datei eine so genannte Cross-Referenz-Liste. Das ist die Symbol-Tabelle, bei der zu jedem Symbol die Zeilen-Nummern angegeben sind, in denen es definiert bzw. verwendet wird. Die Definitionszeilen sind mit # gekennzeichnet.

☐ **Beispiel 3.7.3**

Die Kommando-Zeile

```
    TASM /zi /C GRUSS , ,
```

liefert den erweiterten Quell-Code, wie er in Beispiel 3.7.1 angegeben ist, sowie anstelle der Symbol-Tabelle folgende Cross-Referenz-Liste:

Symbol Name	Type	Value	Cref (defined at #)		
??DATE	Text	"01/01/93"			
??FILENAME	Text	"gruss			
" ??TIME	Text	"16:43:15"			
??VERSION	Number	0300			
@32BIT	Text	0	#5		
@CODE	Text	_TEXT	#5	#5	#33
@CODESIZE	Text	0	#5		
@CPU	Text	0101H			
@CURSEG	Text	_TEXT	#8	#33	
@DATA	Text	DGROUP	#5	34	
@DATASIZE	Text	0	#5		

```
@FILENAME          Text    GRUSS
@INTERFACE         Text    00H          #5
@MODEL             Text    2            #5
@STACK             Text    DGROUP       #5
@WORDSIZE          Text    2            #8  #33
BEGIN              Near    _TEXT:0000   #34 #46
HALLO              Byte    DGROUP:0000  #9  #39
LNGE               Word    DGROUP:0058  #31 #38
TEXT               Byte    DGROUP:0020  #17

Groups & Segments  Bit Size Align  Combine Class   Cref (defined at #)
DGROUP             Group                            #5  5  34
  STACK            16  0100 Para    Stack   STACK   #6
  _DATA            16  005A Word    Public  DATA    #5  #8
_TEXT              16  0018 Word    Public  CODE    #5  5 #33 33
```

3.7.4 Steuerung der Listing-Ausgabe

Mit einer Fülle von Direktiven kann man im Assembler-Programm die Form und den
Inhalt der Listing-Datei steuern. Im Folgenden werden einige der wichtigsten Direktiven
besprochen. (In Abschnitt 8.5 werden weitere Direktiven zur Steuerung der Listing-
Ausgabe behandelt.)

Für viele Direktiven gibt es zwei gleichbedeutende Schreibweisen, um einerseits die
Kompatibilität zum Microsoft Assembler zu gewährleisten und andererseits den Regeln
des Ideal-Modus des Turbo Assemblers zu genügen. In der folgenden Tabelle enthält die
Spalte *MAsm* die von Microsoft verwendeten Bezeichner, die auch der Turbo Assembler
versteht. In der zweiten Spalte *TAsm* sind die im Turbo Assembler eingeführten Bezeichner angegeben. Ist in der Spalte *MAsm* kein Eintrag vorhanden, wird die Direktive
vom Microsoft Assembler (Version 5.1) nicht unterstützt.

MAsm	TAsm	Bedeutung
.list	%list	Die folgenden Quellzeilen werden ins Listing aufge-nommen. Dies ist die Voreinstellung für das Listing.
.xlist	%nolist	Schaltet die Ausgabe ins Listing aus.
title	%title	Mit title Text bzw. %title "Text" definiert man einen Text, der in der Kopfzeile jeder Seite erscheint. Diese Direktive darf nur einmal im Programm vorkommen.

MAsm	TAsm	Bedeutung
subtitle	%subtitle	Mit subtitle Text bzw. %subtitle "Text" wird ein Untertitel in die Kopfzeile übernommen. Es können mehrere solcher Direktiven vorkommen. Sie verändern den Untertitel der nächsten Seite.
page	%newpage	Neue Seite im Listing
	%pushlctl	Sichert die momentan eingestellte Form der Listing-Ausgabe.
	%poplctl	Stellt die vorher gesicherte Form der Listing-Ausgabe wieder ein.

Die beiden letzten Direktiven sind nützlich, wenn ein Assembler-Programm über die include-Direktive weitere Programm-Teile einliest, die ihrerseits die Listing-Ausgabe verändern. So schaltet z.B. unsere Makro-Bibliothek gleich zu Beginn die Listing-Ausgabe aus. Am Ende kann nun nicht die Listing-Ausgabe einfach wieder eingeschaltet werden; beginnt das Hauptprogramm z.B. mit %nolist, so würde der Programm-Teil hinter

    include macros.mac

trotzdem gelistet. So kann im Turbo Assembler am Anfang von macros.mac mit %pushlctl der eingestellte Zustand gesichert und am Ende mit %poplctl wieder hergestellt werden.

4   Konstanten und Variablen

Im Arbeitsspeicher unseres Rechners werden neben den Befehlen auch die Daten und Zwischenergebnisse abgespeichert. Alle diese Informationen werden als Folgen von Nullen und Einsen, so genannte Bitfolgen, dargestellt. Dabei ist die Länge der Bitfolgen üblicherweise in Raster von je 8 Bit oder 1 Byte eingeteilt.

In einem Assembler-Programm beschreiben wir einen Befehl durch den Mnemocode, der meist aus drei Buchstaben besteht und – wie wir in den nächsten Kapiteln sehen werden – die auszuführende Aktion in leicht verständlicher Form abkürzt.

Die Daten, mit denen gerechnet werden soll, werden entweder im Programm angegeben oder in das Programm eingelesen, meist über die Tastatur. In diesem Kapitel wollen wir besprechen, wie solche Daten dargestellt und interpretiert werden. Dabei werden wir zwischen Zahlen und Texten unterscheiden.

4.1   Ganze Zahlen

Ganze Zahlen werden intern als Dualzahlen dargestellt. Im Assembler können ganze Zahlen in der uns vertrauten dezimalen Schreibweise geschrieben werden. Da man beim Assembler-Programmieren häufig auf die binäre Darstellung Bezug nimmt, können ganze Zahlen auch in der dualen, oktalen oder hexadezimalen Form geschrieben werden. Um diese Formen von der dezimalen unterscheiden zu können, werden die verschiedenen Zahldarstellungen mit einem kennzeichnenden Buchstaben abgeschlossen, wie folgende Regeln zeigen:

ganzeZahl:
[+	-] vorzeichenloseZahl
vorzeichenloseZahl:
DualZahl	OktalZahl	DezZahl	HexZahl
DualZahl:
(DualZiffer)$^+$ [b	B]
OktalZahl:
(OktalZiffer)$^+$ [o	O	q	Q]

| DezZahl: |
| (DezimalZiffer)$^+$ [d \| D] |
| HexZahl: |
| Dezimalziffer (HexZiffer)* + [h \| H] |
| DualZiffer: |
| 0 \| 1 |
| OktalZiffer: |
| 0 \| 1 \| 2 \| 3 \| 4 \| 5 \| 6 \| 7 |
| DzimalZiffer: |
| OktalZiffer \| 8 \| 9 |
| HexZiffer: |
| DezimalZiffer \|a\|b\|c\|d\|e\|f\|A\|B\|C\|D\|E\|F |
| Bemerkung:
 • Eine HexZahl muss mit einer Dezimalziffer beginnen, damit TMASM sie von einem Bezeichner unterscheiden kann. Notfalls verwendet man eine führende Null. |

Wird eine Zahl nicht durch einen Buchstaben abgeschlossen, so wird sie als Zahl der eingestellten Standard-Zahlenbasis betrachtet, die mit 10 voreingestellt ist. Mit der Direktive

        .radix   Zahl

kann man die Standard-Zahlenbasis im Turbo Assembler explizit auf einen der Werte 2, 8, 10 oder 16 einstellen. Im Microsoft Assembler können auch andere Werte verwendet werden.

Ganze Zahlen können ein Vorzeichen haben. Im Rechner werden negative Zahlen im *Zweierkomplement* dargestellt, wobei die vorderste Stelle als Vorzeichenstelle betrachtet wird. Ist diese Stelle 1, ist die Zahl negativ, sonst ist sie positiv. Das Zweierkomplement wird gebildet, indem jede Bitstelle der Dualzahl invertiert – d.h. aus 1 wird 0 und aus 0 wird 1 – und anschließend der Wert 1 hinzuaddiert wird.

□ **Beispiel 4.1.1**

Zweierkomplement für 8 Bit-Zahlen:

        123 = 0111 1011
       -123 = 1000 0100 + 1 = 1000 0101

Zweierkomplement für 16 Bit-Zahlen

```
   123 = 0000 0000 0111 1011
  -123 = 1111 1111 1000 0100 + 1 = 1111 1111 1000 0101

 20000 = 0100 1110 0010 0000
-20000 = 1011 0001 1101 1111 + 1 = 1011 0001 1110 0000
```

□ **Beispiel 4.1.2**

Das folgende Programm demonstriert die Verwendung der Direktive .radix. Im Kommentar sind jeweils die zugehörigen hexadezimalen bzw. dezimalen Zahlen angegeben; beachten Sie die Interpretation als vorzeichenbehaftete Zahlen!

```
; 16 Bit-Zahlen in verschiedenen Zahlensystemen
pos10   dw      7000    ;       1B58h
neg10   dw      -7000   ;       0E4A8h
.radix  8       ; OKTAL ------------------
pos8    dw      7000    ;       0E00h
neg8    dw      -7000   ;       0F200h
.radix  2       ; DUAL ------------------
pos2    dw      1100111 ;       0067h
neg2    dw      -1100111;       0FF99h
        .radix  16      ; HEXADEZIMAL ------------
pos16   dw      7000    ;       7000h
neg16   dw      -7000   ;       9000h
; 16 Bit-Zahlen
positiv dw      7000h   ; dezimal : 28672
negativ dw      0A000h
                ; dezimal mit Vorzeichen: -24576
                ; dezimal vorzeichenlos: 40960
; 8 Bit-Zahlen
pos82   db      12h             ; dezimal : 18
neg82   db      85h
; dezimal mit Vorzeichen: -123
                ; dezimal vorzeichenlos: 133
; 32 Bit-Zahlen
pos3    dd      12345678h
                ; dezimal : 305 419 896
neg3    dd      87654321h
; dezimal
; mit Vorzeichen: -2 023 406 815
; vorzeichenlos: 2 271 560 481
```

Im Assembler können ganze Zahlen mit 8 Bit, 16 Bit oder 32 Bit dargestellt werden. Je nachdem, wie viele Stellen wir haben und ob wir die vorderste Stelle als Vorzeichen

betrachten, erhalten wir verschieden große Wertebereiche. Ob man ein Bitmuster als
ganze Zahl mit oder ohne Vorzeichen betrachtet, ist nur eine Frage der Interpretation
und geht aus dem Zusammenhang hervor.

Breite	Typ	mit Vorzeichen	ohne Vorzeichen
8 Bit	Byte	-128 ... 128	0 ... 255
16 Bit	Wort	-32 768 ... 32 767	0 ... 65 535
32 Bit	Doppelwort	-2 147 483 648 ... 2 147 483 647	0 ... 4 294 967 295

Der Zusammenhang zwischen den einzelnen Zahlensystemen ist in der folgenden Tabelle
zusammengestellt.

dezimal	dual	oktal	hexadezimal
0	0	0	0
1	1	1	1
2	10	2	2
3	11	3	3
4	100	4	4
5	101	5	5
6	110	6	6
7	111	7	7
8	1000	10	8
9	1001	11	9
10	1010	12	A
11	1011	13	B
12	1100	14	C
13	1101	15	D
14	1110	16	E
15	1111	17	F
16	10000	20	10
17	10001	21	11

4.2   Zeichen und Zeichenketten

Ein Zeichen wird im Assembler entsprechend dem ASCII-Zeichensatz (siehe Anhang
B) als Bit-Folge in einem Byte abgespeichert. Man kann diese Zeichen direkt angeben,
indem man sie in einfachen oder doppelten Hochkommata einschließt.

Eine Alternative ist die Angabe des ASCII-Wertes für das Zeichen; diese Schreibweise
wird insbesondere bei den nicht druckbaren Zeichen des ASCII-Codes verwendet, wie
wir es in unserem Beispiel aus Kapitel 2 für Zeilenwechsel bereits gesehen haben.

Folgen von Zeichen bilden Zeichenketten, die ebenfalls in einfachen oder doppelten
Hochkommata eingeschlossen sein müssen. Eine Zeichenkette muss in einer Assembler-
zeile angegeben werden, d.h. es darf kein durch die ENTER-Taste eingegebener Zeilenwechsel vorkommen. Soll ein Text einen Zeilenwechsel enthalten, so muss man diesen

über die ASCII-Nummern 10 (für Zeilenwechsel) und 13 (für Wagenrücklauf) angeben. Innerhalb von Zeichenreihen hat das Zeichen '\' auch nicht die Bedeutung, dass die Zeichenreihe auf der nächsten Zeile weitergeht. Das Zeichen ist ganz einfach das Zeichen „backslash“.

Zeichen und Zeichenketten werden also jeweils durch ein Paar von einfachen oder doppelten Hochkommata eingeschlossen. Soll dieses klammernde Zeichen selbst in einer Zeichenkette vorkommen, so muss man es doppelt angeben.

☐ **Beispiel 4.2.1**

Zeichenkonstante sind:

```
'A', '1', ' '
```

aber auch

```
65, 31h, 40q
```

Die beiden obigen Zeilen sind gleichbedeutend. Zeichenketten sind:

```
'ABCDEFGH'"
"Das Zeichen ' ist ein Apostroph"
'Wie war''s?'
"Ein Zeilenwechsel ist: ",10,13
"Ich heisse ""Fritz"""
```

■

4.3 Vereinbarung von Variablen

Wie in höheren Programmiersprachen setzt sich eine Variable auch im Assembler aus vier Komponenten zusammen:

- Name,
- Adresse,
- Datentyp,
- Wert.

Der Assembler kennt 5 verschiedene Basis-Datentypen, die die Größe des benötigten Speichers festlegen:

SpDirektive	Bedeutung	reservierter Speicherplatz
db	define byte	ein Byte
dw	define word	ein Wort = 2 Byte
dd	define double word	ein Doppelwort = 4 Byte
dq	define quadword	ein Quadwort = 8 Byte
dt	define tenbyte	10 Byte

Speicherplatz wird mit folgender Direktive vereinbart:

Speicherplatz-Reservierung:

[Name] SpDirektive Wert

- Der optionale *Name* ist eine Bezeichnung für die Adresse der Variablen; mit dem Namen kann man im Assembler-Programm auf den Speicherplatz zugreifen. Der Name muss eindeutig sein; d.h. er darf in keiner zweiten Speicherplatz-Reservierung vorkommen. Er muss auch verschieden sein von allen anderen Bezeichnern, die im Assembler möglich sind: Dies sind Bezeichner für konstante Ausdrücke, Marken, Makros und Unterprogramme, die wir alle später noch genauer kennenlernen werden.

- Die Speicherdirektive *SpDirektive* legt gemäß der obigen Tabelle fest, wie viel Speicherplatz für die Variable reserviert wird.

- Die Variable wird mit dem angegebenen *Wert* initialisiert. Der Wert muss mit dem Datentyp verträglich sein und in den zugehörigen Speicherplatz passen; andernfalls liefert TMASM beim Assemblieren eine Fehlermeldung.

Die folgende Tabelle gibt für jeden Datentyp die erlaubten Werte an.

SpDirektive	zugelassene Werte
db	Zahlen im 8 Bit-Bereich ASCII-Zeichen Zeichenreihen (Folgen von ASCII-Zeichen und Zahlen)
dw	Zahlen im 16 Bit-Bereich
dd	Zahlen im 32 Bit-Bereich und Dezimalbrüche
dq	Zahlen im Bereich $-2^{63} \ldots 2^{63} - 1$ und Dezimalbrüche
dt	Zahlen im Bereich $-2^{79} \ldots 2^{79} - 1$ und Dezimalbrüche

Hinweis:

- Die Änderung der Standard-Zahlenbasis mit der Direktive `.radix` wirkt nur auf Zahlen, die mit den SpDirektiven `db` und `dw` vereinbart werden.

Soll in einer Variablen nur ein Ergebniswert gespeichert werden, so macht eine Initialisierung keinen Sinn; der Anfangswert würde ja sofort wieder überschrieben. In einem solchen Fall kann man eine Variable mit dem speziellen Symbol ? *initialisieren*, was bedeutet, dass zwar Speicherplatz für eine Variable reserviert wird, ihr Inhalt aber *undefiniert* ist, d.h. der Wert der Variablen hat einen Zufallswert. Das Symbol ? ist mit allen Speicher-Direktiven verträglich.

☐ **Beispiel 4.3.1**

```
Buchstabe  db   'A'                   ;[0] 1 Byte
kurzeZahl  db   125                   ;[1] 1 Byte, 0..255
undefByte  db   ?                     ;[2] 1 undef. Byte
zahl       dw   1991                  ;[3] 1 Wort
langeZahl  dd   124516                ;[5] Doppelwort=4 Byte
kurze      dd   -12                   ;[9]
Intern     dd   40000000h            ;[13]
lang       dq   +123456              ;[17]
lang2      dq   123456789abcdef0h    ;[25]
undefQuad  dq   ?                     ;[33] undef. Quadwort
ganzLang   dt   1234q                 ;[41] legt Oktalzahl in 10 Byte
Ende       db   ?                     ;[51]                              ■
```

Die Variablen werden in der angegebenen Reihenfolge im Speicher abgelegt. Die Speicherplätze sind byteweise durchnumeriert. Wenn die erste Variable

```
Buchstabe
```

bei der Übersetzung die Adresse 0 erhält, so ergeben sich für die anderen Variablen die im Kommentar in eckigen Klammern angegebenen Adressen. Diese Adressen, die man sich im Assembler-Listing direkt anschauen kann, bezeichnen also jeweils das erste Byte der Variablen. Manchmal ist es wichtig zu wissen, wie der Assembler die längeren Daten genau im Speicher ablegt. Hier folgen die Prozessoren Intel 80x86 einer strikten Regel, die man sich unbedingt merken sollte:

> Alle Bytes einer Speicher-Direktive werden in der Reihenfolge vom niederwertigen zum höherwertigen Byte im Speicher abgelegt:

```
Variable                          im Speicher
-----------------------------------------------------------------
zahl    dw   1991                 C7 07
intern  dd   40000000h            00 00 00 40
lang2   dq   123456789ABCDEF0h    F0 DE BC 9A 78 56 34 12
```

Eine Variable kann auch mit einer *Folge von Werten* initialisiert werden:

```
ganzFeld      dw  1,2,3,4,5
```

Diese Direktive reserviert 5 Worte im Speicher und initialisiert sie mit den angegebenen Werten. Auf diese Weise können wir Felder definieren. Der Name `ganzFeld` bezeichnet dabei die Adresse des *ersten* Eintrags. Auf die anderen Feldelemente können wir dann relativ zu dieser Anfangsadresse zugreifen. Aber Achtung: Adressen sind in unserem Prozessor immer Byte-Adressen! Also erreichen wir das Wort mit dem Wert 3 über die Adresse `ganzFeld+4`.

Will man eine initialisierte Matrix deklarieren, so erhöht es die Übersichtlichkeit, wenn wir die Anfangswerte der Matrix gleich zeilenweise angeben. Dies erlaubt der Assembler, da bei der Variablenvereinbarung der Name auch fehlen kann:

```
Matrix   db   11,12,13,14
         db   21,22,23,24
         db   31,32,33,34
         db   41,42,43,44
```

Soll ein Feld mit sehr vielen Elementen vereinbart werden, so kann man die Direktive dup verwenden:

```
grossesFeld dw  300 dup (-1)
```

Diese Anweisung reserviert einen Speicherplatz von 300 Worten, die alle mit dem in Klammern angegebenen Wert -1 initialisiert sind. Das erste dieser Worte erhält den Namen grossesFeld.

Hinter dup *muss* ein Klammerpaar kommen, das den Initialisierungswert einschließt. Dieser Wert kann selbst wieder kompliziert aufgebaut sein, etwa mehrere durch Kommata getrennte Werte oder sogar ein weiterer dup-Ausdruck.

```
Muster      db  20 dup (5 dup ('A'),5 dup ('B'))
```

reserviert 200 Byte, und zwar 20-mal ein Muster, bestehend aus den 10 Buchstaben 'AAAAABBBBB'. Damit erhalten wir folgende allgemeine Regel:

Speicherplatz-Reservierung:

[Name] SpDirektive InitWert (, InitWert)*

InitWert:

Konstante | konstAusdruck | ? |
dezZahl dup *(InitWert (, InitWert))**

Konstante:

ganzeZahl | $ | Zeichen | Zeichenkette

Bemerkungen:

- konstAusdruck wird in Abschnitt 4.4 beschrieben.
- Die Angabe ? besagt, dass kein spezieller Wert zugewiesen wird. Der Wert ist also undefiniert.
- Die Konstante $ liefert die Relativ-Adresse der Speicherstelle, an der sie hingeschrieben ist.

Aneinanderreihung und dup-Konstruktion können auf alle Datentypen des Assemblers
angewendet werden; Zeichenreihen können nur in Verbindung mit der db-Direktive vereinbart werden. Dies ist eigentlich klar, da ja Zeichenreihen Folgen von Zeichen sind,
die ihrerseits in Bytes abgespeichert werden.

```
Text    db  'G','u','t','e','n',' ','T','a','g'
```

Mit dieser Direktive wird eine Variable Text eingeführt, die 9 Byte lang ist und mit
dem Text "Guten Tag" initialisiert wurde. Solche Vereinbarungen kann man auch kürzer
schreiben, indem man direkt die Zeichenkette angibt:

```
Text2   db  "Guten Tag"
Text3   db  "Name ",9,"Vorname"
```

In der letzten Vereinbarung haben wir die Aneinanderreihung verwendet, wobei die Zahl
9 dem ASCII-Zeichen 9 (Tabulator) entspricht.

4.4   Konstante Ausdrücke

Der Assembler verfügt über ein sehr leistungsfähiges Konzept, Konstanten oder Konstanten-Namen mit Operatoren zu recht komplizierten Ausdrücken zu verknüpfen, die
man überall dort verwenden kann, wo Konstanten erlaubt sind. Diese Operatoren umfassen die üblichen arithmetischen Operationen wie + und − ebenso wie logische Operatoren und Operatoren zur Beeinflussung der Adressierung von Variablen. Allen solchen
Ausdrücken, die wir im Folgenden genauer besprechen werden, ist eines gemeinsam:
Sie müssen zur *Assemblierzeit* ausgewertet werden können und einen konstanten Wert
liefern. Damit unterscheiden sie sich gravierend von den Befehlen, die erst zur Laufzeit
des Programms ausgeführt werden.

Kommen in einem Ausdruck mehrere Operatoren vor, muss genau feststehen, in welcher
Reihenfolge sie auf die Operanden angewendet werden. Hierzu werden den Operatoren
Prioritätsstufen zugeordnet und die Ausdrücke nach folgenden Regeln ausgewertet:

- Operatoren mit höherer Priorität werden vor Operatoren mit niedrigerer Priorität
  ausgewertet.

- Operatoren mit derselben Priorität werden von links nach rechts ausgewertet.

- Wie üblich kann man durch runde Klammern die Priorität verändern; bei ge-
  schachtelter Klammerung wird der Ausdruck von innen nach außen abgearbeitet.

In der folgenden Tabelle sind alle im Assembler verfügbaren Operatoren mit ihrer Prio-
rität zusammengestellt. Einige der Operatoren betreffen Sprachkonstrukte, die erst spä-
ter besprochen werden. In der letzten Spalte ist angegeben, wo dies geschieht. Da der
Turbo Assembler andere Prioritäten festlegt als der Microsoft Assembler, enthält die
Tabelle zwei Prioritätsspalten TAsm (für Turbo Assembler) und MAsm (für Microsoft
Assembler).

Alle Operationen werden mit einer Genauigkeit von 16-Bit berechnet. Nur wenn man
mit dem Prozessor 80386 und der Anweisung .386 oder .386P arbeitet, werden die
Ausdrücke mit 32 Bit berechnet.

Priorität		Operator	Typ	behandelt
TAsm	MAsm			in
13	13	length	unär	7.2
		size	unär	7.2
		width	unär	13.3
		mask	unär	13.3
		( )	Klammern	4.4
		[ ]	Klammern	7.2
		< >	Klammern	8.1
12	12	. (bei Strukturen)	binär	13
11	9	high, low	unär	
10	8	+, - (Vorzeichen)	unär	4.4.1
9	11	: (Segmentvorgabe)	binär	10
8	10	offset	unär	7.3
		ptr	binär	7.4
		seg	unär	10.1
		this	unär	10.1
		type	unär	7.2
7	7	*, /, mod	binär	4.4.1
		shl, shr	binär	4.4.2
6	6	+, -	binär	4.4.1
5	5	eq, ge, gt, le, lt, ne	binär	4.4.4
4	4	not	binär	4.4.3
3	3	and	binär	4.4.3
2	2	or, xor	binär	4.4.3
1	1	short	unär	
		.type	unär	

In der vorletzten Spalte wird zwischen unären Operatoren, die nur *einen* Operanden
haben, den binären Operatoren, die *zwei* Operanden haben, und Klammern unterschieden. Mit dieser Klassifizierung kann man den allgemeinen Aufbau von konstanten
Ausdrücken wie folgt beschreiben:

---

konstAusdruck:

Konstante | *Bezeichner* | *unärerOperator konstAusdruck* |
konstAusdruck binärerOperator konstAusdruck |
(*konstAusdruck*) | [*konstAusdruck*] [konstAusdruck] |
< *konstAusdruck* >

Bemerkung:

- Alle Operanden eines *konstAusdruck*s müssen zur Assemblierzeit ausgewertet werden können.

- Ein *Bezeichner* kann also wieder nur ein Name für einen *konstAusdruck* sein.

4.4.1   Arithmetische Operatoren

Neben den Vorzeichen + und − sind die üblichen arithmetischen Operationen +, −, ∗ und / verfügbar. Dabei liefert die Operation / die ganzzahlige Division. Den Rest der ganzzahligen Division liefert die Operation mod.

□ **Beispiel 4.4.1**

Mit Hilfe der Direktiven equ kann man Abkürzungen für konstante Ausdrücke definieren. Einzelheiten zu dieser Direktive werden in Abschnitt 4.5 besprochen.

```
K1      equ   13
K2      equ   4
PLUS    equ   K1 + K2 + 3     ;  liefert 20
MIXED   equ    -K1+ K2 + 3    ;  liefert -6
DIV1    equ   K1 / K2         ;  liefert 3
REST    equ   K1 mod K2       ;  liefert 1
MAL     equ   K2 * 10         ;  liefert 40
AUSDR   equ    (K1 + K2) mod (K1 / K2) ; liefert 2                    ■
```

In Beispiel 4.4.1 haben wir mit den Konstanten K1 und K2 sowie mit Zahlen gerechnet. Man kann aber auch mit Variablen-Namen Ausdrücke bilden. In diesem Fall wird dann aber nicht der Wert der Variablen (dieser steht ja erst zur Laufzeit fest), sondern die Adresse der Variablen genommen, die ja schon zur Assemblierzeit feststeht. Allerdings sind mit den Adressen der Variablen – angegeben durch den Variablennamen – nur folgende Operationen möglich:

- Auf eine Adresse darf ein konstanter Wert addiert werden. Man erhält wieder eine Adresse.

- Von einer Adresse darf ein konstanter Wert subtrahiert werden. Man erhält wieder eine Adresse.

- Man darf zwei Adressen voneinander abziehen. Dies liefert einen konstanten Wert, nämlich den Abstand der beiden Adressen.

Warum ist die Addition zweier Adressen verboten? Dazu müssen wir uns den hier schon oft verwendeten Begriff *Adresse* noch etwas genauer anschauen. Auf die einzelnen Speicherstellen greift man über Adressen zu. Jetzt tritt folgendes Problem auf: Bevor das übersetzte Programm abgearbeitet werden kann, muss es in den Arbeitsspeicher geladen werden, und zwar in einen Bereich, der noch nicht von einem anderen Programm benutzt wird. Die Anfangsadresse dieses freien Arbeitsspeichers ist keine konstante Adresse; sie verschiebt sich z.B. immer dann, wenn man so genannte speicherresidente Hilfsprogramme geladen hat.

Also ist völlig klar, dass TMASM beim Übersetzen gar nicht mit der echten Speicheradresse arbeiten kann. Stattdessen beginnt er seine interne Adresszählung an der Adresse 0 und zählt von dieser Stelle an so weiter, wie wir es in Beispiel 4.3.1 diskutiert haben. Da die Adressen relativ zu einem gedachten Anfang gezählt werden, nennt man sie *Relativ-Adressen.*

Bevor das Programm ausgeführt werden kann, muss es in den Arbeitsspeicher *geladen* werden. Das dafür zuständige Programm, der *Lader*, kennt die Anfangsadresse des freien Speichers, die so genannte Ladeadresse, und legt das Programm ab dieser Stelle im Arbeitsspeicher ab. Damit das Programm nun zur Laufzeit auf die richtige Adressen zugreift, wird vom Lader auf jede im Programm verwendete Adresse die Ladeadresse hinzuaddiert (vgl. Abbildung 4.1).

Nun zurück zu unserer Anfangsfrage: Würde man zwei Adressen addieren, z.B. in

```
sp1     dw      ?
sp2     dw      ?
sum     dw      sp1+sp2
```

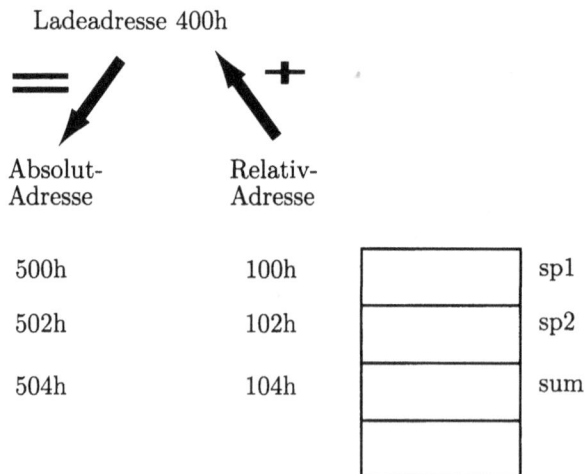

Abbildung 4.1: Relativ- und Absolut-Adresse

so hieße dies zur Laufzeit des Programms mit den Werten von Abbildung 4.1, dass in der Speicherzelle **sum** der Wert

    (400h+100h) + (400h+102h)

abgespeichert würde; es wäre also *zweimal* die Ladeadresse hinzuaddiert worden. Das macht offensichtlich Probleme, zumal bei einem anderen Programmlauf vielleicht eine andere Ladeadresse verwendet wird. Wie wirkt sich nun die Ladeadresse bei den drei Operationen aus, die mit Adressen erlaubt sind? Dazu betrachten wir wieder das Beispiel aus Abbildung 4.1:

- Schreibt man im Programm den Ausdruck

      sp2+2

  so soll dies zur Laufzeit des Programms auf die Speicherstelle zeigen, die zwei Byte hinter **sp2** liegt. Der Assembler wertet diesen Ausdruck aus (das ergibt die Relativadresse 104h) und muss ihn als *Adressausdruck* kennzeichnen; nur so kann ihn der Lader um die Ladeadresse erhöhen.

- Bei der Subtraktion

      sp2-4

  ist die Situation entsprechend: Man erhält die Relativadresse FEh.

- Werden zwei Adressen subtrahiert, etwa

      sum-sp1

  müßte man zur Laufzeit folgendes ausrechnen:

      (104h+Ladeadresse)-(100h+Ladeadresse)

  d.h.: Die Ladeadressen heben sich auf, und wir erhalten den Wert 4. Dies ist dieselbe Differenz wie die der Relativadressen; also kann der Assembler bereits die Differenz der Relativadressen berechnen.

Im Assembler kann man also konstante Ausdrücke bilden, die als Werte Relativadressen liefern, und solche, die Zahlenwerte ergeben.

☐ **Beispiel 4.4.2**

```
Var1     dw    ?
Var2     dd    10 dup (?)
Var3     db    ?
Laenge   dw    Var3-Var2
Zweites  EQU   Var2+4                                                  ■
```

Die Länge einer Variablen kann man erstaunlich einfach mit dem vordefinierten Symbol $ bestimmen, das stets die aktuelle Adresse der Zeilen enthält, in der es auftritt.

☐ **Beispiel 4.4.3**

```
Ueberschrift         db   "Das ist die Überschrift"
UEB_LAENGE           equ  ($ - Ueberschrift)
```

Man überzeuge sich, dass `UEB_LAENGE` die Länge der Zeichenreihe in Byte enthält, die unter `Ueberschrift` abgelegt ist.

Die Klammerung des Ausdrucks ist nicht notwendig, aber auch nicht verboten. Sie erhöht die Übersichtlichkeit. Auch sollte man stets von der Klammerung Gebrauch machen, wenn man sich über die Prioritäten der Operatoren nicht ganz sicher ist!   ∎

4.4.2   Schiebeoperatoren

Die Schiebeausdrücke haben folgenden Aufbau:

SchiebeAusdruck:
konstAusdruck1 `shl` *konstAusdruck2* *konstAusdruck1* `shr` *konstAusdruck2*
Wirkung: • Das Bitmuster, das sich nach der Auswertung von *konstAusdruck1* ergibt, wird um so viele Stellen nach links bzw. rechts verschoben, wie der *konstAusdruck2* angibt; dabei werden Nullen nachgezogen. Werden mehr als 15 Stellen (bzw. 31 beim 80386) geschoben, ergibt sich also der Wert 0. • *SchiebeAusdruck* ist ein spezieller *konstAusdruck*.

☐ **Beispiel 4.4.4**

```
nibble3 =    7FFFh shl 12    ;  liefert F000h
byte0   =    7FFFh shr 8     ;  liefert 007Fh
```
∎

Häufig werden die Schiebeoperatoren zum Multiplizieren und ganzzahligen Dividieren mit Zweierpotenzen verwendet. Aber Achtung: Dies geht nur dann immer gut, wenn wir *vorzeichenlose* Zahlen betrachten.

☐ **Beispiel 4.4.5**

Wenn wir im Folgenden immer vorzeichenbehaftete Zahlen betrachten, gilt das im Kommentar Angegebene. Die einzelnen Operationen sind in Abbildung 4.2 dargestellt.

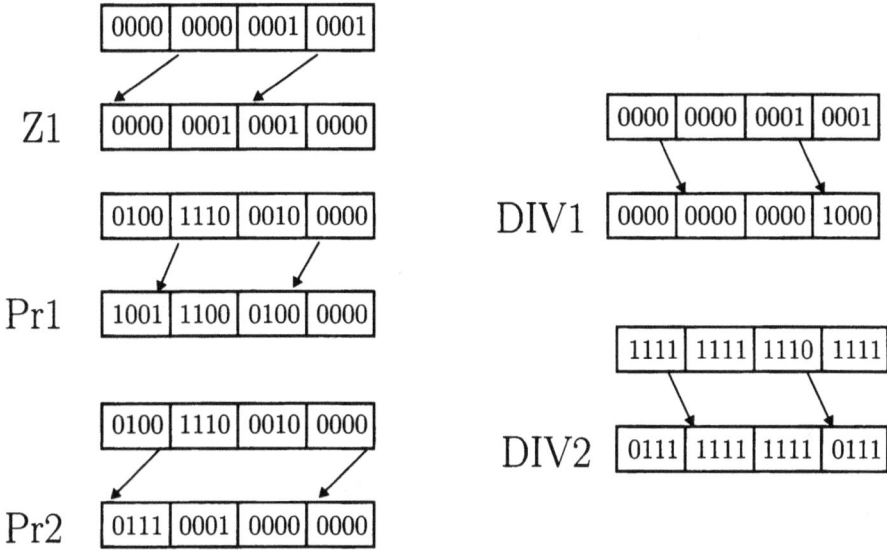

Abbildung 4.2: *Schiebeoperatoren*

```
Z1    equ      17 shl 4      ; liefert 17*16=272
Pr1   equ      20000 shl 1   ;liefert NICHT 2*20000,
                             ; sondern eine NEGATIVE Zahl
Pr2   equ      20000 shl 3 ; ist NICHT 8*20000,
                             ; es gehen Stellen verloren
DIV1     equ     17 shr 1   ; liefert 17/2
DIV2     equ    -17 shr 1 ; ist NICHT -17/2,
                             ; sondern eine POSITIVE Zahl
```

4.4.3   Logische Operatoren

Für einzelnen Bits sind die logischen Operationen wie folgt definiert:

A	B	not A	A and B	A or B	A xor B
0	0	1	0	0	0
0	1	1	0	1	1
1	0	0	0	1	1
1	1	0	1	1	0

Erweitert man die logischen Operationen auf Folgen von 16 Bit, so erhält man die logischen Operatoren NOT, AND, OR und XOR des Assemblers.

---

logischerAusdruck:

not *konstAusdruck1* |
konstAusdruck1 (and | or | xor) *konstAusdruck2*

Bemerkung:

- *logischerAusdruck* ist ein spezieller *konstAusdruck*.

□ **Beispiel 4.4.6**

Im Beispiel werden die Bits Nr. 7 und 8 der Konstanten MUSTER ganz nach rechts geschoben; die Stellen links davon werden auf Null gesetzt.

```
MUSTER   equ   0ABCDh
links    equ   7
Maske    equ   03h
Wert     equ   (MUSTER shr links) and Maske
```

4.4.4   Vergleichsoperatoren

Zum Vergleich von zwei Ausdrücken gibt es im Assembler 6 Operatoren:

VergleichsAusdruck:

konstAusdruck1 VerglOperator konstAusdruck2

VergleichsOperator:

eq { = (equal) } | ne { ≠ (not equal) } |
lt { < (less than) } | le { ≤ (less or equal) } |
gt { > (greater than) } | ge { ≥ (greater or equal) }

Wirkung:

- Die Operatoren liefern den Wert -1 (für "wahr"), falls der Vergleich zutrifft, und den Wert 0 (für "falsch") sonst.
- *VergleichsAusdruck* ist ein spezieller *konstAusdruck*

Bemerkung:

- In Klammern sind die jeweiligen Bedeutungen angegeben.

□ **Beispiel 4.4.7**

```
Eins      equ   1
Elf       equ   11
jawohl    equ   Eins lt Elf ; liefert -1
nein      equ   Eins eq Elf ; liefert 0                            ■
```

4.5   Konstanten-Vereinbarung

Bei allen Variablen-Vereinbarungen stehen als Initialisierungswerte stets Konstanten oder das Symbol ?. Sind die verwendeten Konstanten recht kompliziert aufgebaut, – etwa eine Konstante mit vielen Ziffern wie die Zahl π oder ein komplizierter konstanter Ausdruck – ist es bequemer, wenn man dafür Abkürzungen einführt. Dies kann man im Assembler mit Hilfe von verschiedenen Konstanten-Vereinbarungen tun, die ein *Synonym* für einen konstanten Ausdruck einführen. Sind die Namen für die Synonyme geeignet gewählt, so können sie erheblich die Lesbarkeit von Assembler-Programmen erhöhen.

Die Direktiven zur Vereinbarung von solchen Abkürzungen haben folgende Form:

Konstanten-Vereinbarung:
Name equ   *konstAusdruck* *Name* =   *konstAusdruck* *Name* equ   [<] *String* [>]

Bevor wir auf die Unterschiede zwischen den drei Formen eingehen, wollen wir die gemeinsamen Eigenschaften dieser Direktiven besprechen.

- *Name* ist ein Bezeichner, der als Synonym für den rechts angegebenen *konstAusdruck* bzw. *String* eingeführt wird.

Wenn nun der *Name* irgendwo im Programm vorkommt, so wertet TMASM den *konstAusdruck* aus und ersetzt *Name* durch diesen Wert. Es ist wohl selbstverständlich, dass der angegebene Name eindeutig sein muss, also nicht als Name einer anderen Konstanten oder als Name in einer Variablen-Vereinbarung auftreten darf.

□ **Beispiel 4.5.1**

```
Zeilen       equ   10
Spalten      equ   5
; Wir wollen die Variable Matrix mit
; 10 Zeilen und 5 Spalten vereinbaren
Matrix       db    Zeilen dup (Spalten dup (0) )
```

```
TextEnde    equ   '$'
Titel       equ   "Auch das ist erlaubt"

Text        db    Titel,TextEnde                                      ■
```

Wie sieht es aber mit einer *Umdefinition* der Konstanten im Verlauf des Programms
aus? Genau hier liegt der Hauptunterschied zwischen den besprochenen Direktiven.

Als erstes wollen wir festhalten, dass man Konstanten für Zeichenreihen *nur* mit der
equ-Direktive definieren kann. Diesem Namen kann dann später mit einer weiteren
equ-Direktive ein anderer String-Wert zugeweisen werden.

Im Gegensatz dazu kann man eine numerische Konstante, die man mit **equ** definiert
hat, *nicht* mehr neu definieren. Verwendet man aber die =-Direktive, kann dem Namen
später ein neuer konstanter Wert zugewiesen werden.

Mit Hilfe von spitzen Klammern (< >) kann man festlegen, dass der konstante Ausdruck
als Text eingesetzt und nicht vorher ausgewertet wird. Ein kleines Beispiel soll diese
Feinheit verdeutlichen.

□ Beispiel 4.5.2

```
Wert1    =     123h
Wert2    =     5
Eq1      equ   Wert1+Wert2
               ; hier wird Eq1 der Wert 128h zugeordnet
Eq2      equ   <Wert1+Wert2>
               ; hier wird Eq2 der Text "Wert1+Wert2"
               ; zugewiesen

V1       dw    Eq1    ;  also 128h
V2       dw    Eq2    ;  ebenfalls 128h

Wert2    =     -5
               ; Wert2 wird umdefiniert
V3       dw    Eq1    ;  immer noch 128h
V4       dw    Eq2    ;  ist jetzt 11Eh
```

Hier werden die Variablen V1, V2 und V3 alle mit dem Wert 128h initialisiert:

- Eq1 ist ein Synonym für den Wert von Wert1+Wert2=128h.

- Bei der Vereinbarung von V2 wird Eq2 diesmal als Text ersetzt, also durch
  Wert1+Wert2 ersetzt und dann ausgewertet; dies ergibt wieder 128h.

- Bei V3 ergibt sich nichts Neues: Es wird der bereits berechnete Zahlenwert für Eq1
  eingesetzt.

- Bei der Variablen `V4` passiert aber etwas anderes: Der Name `Eq2` wird wieder durch den Text `Wert1+Wert2` ersetzt und dann ausgewertet. In der Zwischenzeit wurde aber die Konstante `Wert2` umdefiniert und man erhält den Zahlenwert `123h-5 = 11Eh`.   ■

5 Arithmetische Befehle

In diesem Kapitel werden wir die arithmetischen Befehle des Assemblers behandeln. Anders als die im vorigen Kapitel behandelten konstanten Ausdrücke werden diese Befehle *zur Laufzeit* des Programms ausgeführt.

Alle Befehle des Assemblers werden vom Prozessor unseres Computers bearbeitet. Dabei konzentrieren wir uns zunächst auf die Prozessoren 8086 und 8088, die in den IBM-XT-Computern und den Kompatiblen verwendet werden. Diese beiden Prozessoren sind bis auf die Breite des Datenbusses identisch: der 8088 besitzt einen 8 Bit breiten Datenbus, der 8086 einen 16 Bit breiten. Dadurch hat der 8086 einen etwas schnelleren Datenzugriff. Die weiteren Mitglieder der Intel-80x86-Familie verstehen alle den Assembler des 8086 sowie einige prozessorspezifischen Erweiterungen. Die Unterschiede und die Spezialbefehle der einzelnen Prozessoren werden wir im Kapitel 14 besprechen.

5.1 Die Register

Eine zentrale Rolle in der Assembler-Programmierung spielt der interne Speicher des Prozessors, die so genannten *Register*. Wir können uns die Register als Speicherstellen vorstellen, auf die der Prozessor sehr schnell zugreifen kann. Alle Register sind 16 Bit breit. Einige von ihnen können in zwei 8 Bit breite Register unterteilt werden. Darüber hinaus hat jedes Register spezielle Eigenschaften.

Die Register werden in folgende Kategorien unterteilt:

- allgemeine Register,
- Indexregister,
- Zeiger-Register,
- Segment-Register,
- Befehlszeiger und
- Status-Register.

5.1.1 Die allgemeinen Register

Der 8086-Prozessor besitzt vier allgemeine Register, die die Namen ax, bx, cx und dx tragen. Sie werden in den meisten Befehlen verwendet, wo sie Zwischen-Ergebnisse oder

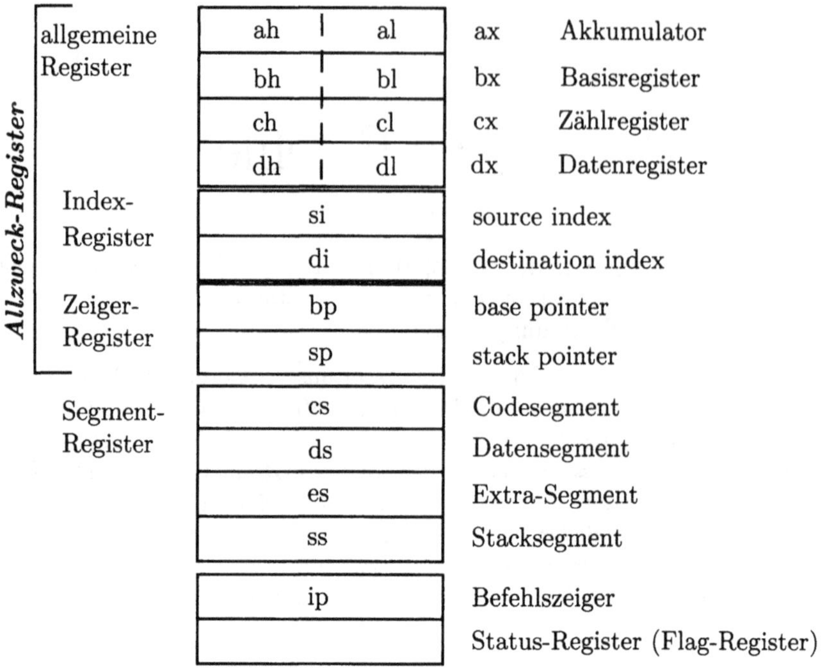

Allzweck-Register

allgemeine Register	ah	al	ax	Akkumulator
	bh	bl	bx	Basisregister
	ch	cl	cx	Zählregister
	dh	dl	dx	Datenregister
Index-Register	si			source index
	di			destination index
Zeiger-Register	bp			base pointer
	sp			stack pointer
Segment-Register	cs			Codesegment
	ds			Datensegment
	es			Extra-Segment
	ss			Stacksegment
	ip			Befehlszeiger
				Status-Register (Flag-Register)

Abbildung 5.1: *Die Register des 8086*

Zeiger für Adress-Bereiche aufnehmen können oder als Zähler verwendet werden. Diese vier Register *und nur diese* lassen sich in zwei 8 Bit-Register aufteilen; der höherwertige Teil heißt *high*-Register und trägt anstelle des Buchstabens x den Buchstaben h, der niederwertige Teil heißt *low*-Register und wird mit dem Buchstaben l bezeichnet (siehe Abbildung 5.1).

Die einzelnen Register haben spezielle Eigenschaften, die meist nur im Zusammenhang mit bestimmten Befehlen zum Tragen kommen. Im Folgenden werden diese Eigenschaften zusammengestellt. Bei der Behandlung der Befehle werden wir näher darauf eingehen.

Der Akkumulator ax

Der Akkumulator ist das meistbenutzte Register. Viele Operationen arbeiten zusammen mit dem Akkumulator etwas schneller als mit anderen Registern. Multiplikation und Division können nur zusammen mit dem Akkumulator ausgeführt werden.

Das Basisregister bx

Das Basisregister kann als Zeiger in einen Speicherbereich verwendet werden. Der Name kommt daher, dass dieser Zeiger meist die Anfangsadresse oder die *Basis* eines Datenbereichs ist, auf den noch ein Abstand (Offset) hinzuaddiert wird.

Das Zählregister cx

Die Spezialität des cx-Registers ist seine Verwendung als Zähler (counter) in Schleifen. Wir werden bei der Behandlung des loop-Befehls, der Sprünge und der rep-Befehle darauf zurückkommen.

Das Datenregister dx

Das Datenregister spielt bei der Multiplikation und Division eine besondere Rolle, wo es Teile der Operanden und des Ergebnisses aufnimmt.

5.1.2   Die Index-Register

Die beiden Index-Register si und di werden zum indizierten Zugriff auf Speicherbereiche verwendet. Sie können aber auch ebenso wie die allgemeinen Register als Operanden für die meisten arithmetischen Befehle verwendet werden.

Bei den Stringbefehlen, mit denen man ganze Speicherblöcke effizient manipulieren kann, wird das si-Register (si = source index) zur Quell-Adressierung, das di-Register (di = destination index) zur Ziel-Adressierung herangezogen.

5.1.3   Die Zeiger-Register

Die beiden Zeiger-Register bp und sp unterstützen die Adressierung von Speicherzellen. Im Gegensatz zu den Registern bx, si und di, die in Befehlen normalerweise auf Adressen im *Datenbereich* zeigen, arbeiten die Zeiger-Register bp und sp im Bereich des *Kellers* – auch Stack genannt –, der die Arbeitsdaten aufnimmt und nach dem LIFO-Prinzip arbeitet (<u>l</u>ast <u>in</u> – <u>f</u>irst <u>o</u>ut). Das bedeutet, dass der Wert, der als letzter auf den Keller gelegt wird, als erster wieder abgeholt wird.

Das Register bp (base pointer) werden wir wieder antreffen, wenn wir den Parameter-Mechanismus bei Unterprogrammen behandeln. Die Compiler für Hochsprachen – wie etwa Pascal, C oder C++ – machen bei der Behandlung der Parameter ganz intensiv von diesem Register Gebrauch. Man kann das Register bp aber auch wie die allgemeinen Register zum Speichern von ganz normalen Daten verwenden.

Das Register sp (stack pointer) zeigt immer auf die Spitze des Stacks. Es wird durch die Befehle push (Datum auf Keller ablegen) und pop (Datum vom Keller holen) verändert. Man kann den Inhalt von sp auch mit den üblichen arithmetischen Befehlen verändern; dies sollte man aber nur dann tun, wenn man *genau* weiß, was passiert. Mehr dazu werden wir bei der Behandlung der Unterprogramme in Kapitel 9 besprechen.

5.1.4   Die Segment-Register

Der 8086 kann einen Speicherbereich von 1 MByte = 1 048 576 Byte = 2^{20} Byte verwalten. Hierzu braucht man 20 Bit breite Adressen. Da die Register des 8086 aber alle nur 16 Bit breit sind, verwendet man Registerpaare zur Adressierung von Speicherzellen. Dabei betrachtet ein Programm drei logisch unterscheidbare Speicherbereiche, deren Anfang über eines der Segment-Register adressiert wird:

- Die *Befehle* eines Programms liegen im *Codesegment*, das über das Register cs adressiert wird.

- Die *Daten* werden üblicherweise im *Datensegment* abgelegt, dessen Anfangsadresse das Register ds enthält.

- Der *Keller* liegt im *Stacksegment*, auf das über das Register ss zugegriffen wird.

- Zusätzlich kann der 8086 noch ein *Extra-Segment* verwalten, für das das Register es zuständig ist. Dieses Register wird u.a. bei den so genannten Stringbefehlen verwendet.

Diese starre Speicheraufteilung kann auf viele unterschiedliche Arten durchbrochen werden. Die zugehörige Programmierung und weitere Details über die Segment-Adressierung des 8086 werden wir im Kapitel 10 behandeln.

5.1.5   Der Befehlszeiger

Der Befehlszeiger ip (instruction pointer) enthält immer den Zeiger auf den Befehl, der als nächster auszuführen ist. Wird der Befehl ausgeführt, rückt der Befehlszeiger automatisch zum nachfolgenden Befehl vor.

Es gibt keinen Befehl, mit dem man den Befehlszeiger auf einen bestimmten Wert setzen kann. Mit einigen Befehlen kann man den Wert des Befehlszeigers indirekt verändern; dazu gehören u.a. Sprünge und Unterprogramm-Aufrufe.

5.1.6   Das Status-Register

Das Status-Register enthält Informationen, die den gegenwärtigen Zustand des Prozessors widerspiegeln oder seine Arbeitsweise steuern. Es überrascht wohl nicht, dass man das Status-Register nicht direkt ändern oder lesen kann. Hierzu gibt es Spezialbefehle. Ferner verändern die arithmetischen Befehle einzelne Bits. Die Bits des Status-Registers werden auch *Flags* genannt. Deshalb heißt das Status-Register häufig auch Flag-Register. Enthält ein Flag den Wert 1, so sagt man, das Flag ist *gesetzt*; hat ein Flag den Wert 0, heißt es *gelöscht*. Bei der Beschreibung der einzelnen Befehle werden wir immer angeben, welche Flags vom Befehl beeinflusst werden.

Von den 16 Bit des Status-Registers haben nur 9 eine feste Bedeutung (vgl. Abbildung 5.2). Da sie in der Assembler-Programmierung sehr wichtig sind, wollen wir die einzelnen Flags im Folgenden kurz besprechen.

Das Carry-Flag (C)

wird gesetzt, wenn bei einer Operation ein Übertrag aus dem höchstwertigen Bit hinaus erfolgt (etwa bei der Addition) oder wenn ein Borgen in das höchstwertige Bit hinein erfolgt (etwa bei der Subtraktion); andernfalls wird es gelöscht.

Das höchstwertige Bit ist das am weitesten links stehende Bit; bei einem Byte also das Bit Nr. 7, bei einem Wort das Bit Nr. 15.

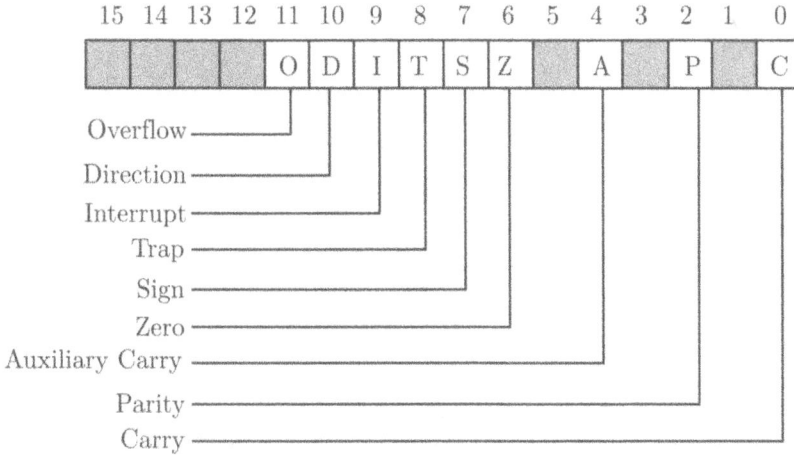

Abbildung 5.2: *Das Status-Register – die so genannten Flags*

☐ **Beispiel 5.1.1**

Zur Erläuterung des Carry-Flags verwenden wir zwei Zahlen, die in einem Byte abgespeichert sind.

```
+120              =>      0111 1000b
+154              =>    + 1001 1010b
        Uebertrag      1 1111
                       -----------------
                       1 0001 0010b
                       ^
                       Ueberlauf: Carry-Flag gesetzt


 +120             =>      0111 1000b
-(+154)           =>    - 1001 1010b
        Uebertrag      1    11 11
                       -------------
                         1101 1110b
                       ^
                       Borgen: Carry-Flag gesetzt
```

Das Parity-Flag (P)

wird gesetzt, wenn nach einer Operation im niederwertigen Byte des Ergebnisses die Anzahl der auf 1 gesetzten Bits gerade ist; andernfalls wird es gelöscht.

Das Auxiliary-Carry-Flag (A)

wird gesetzt, wenn bei einer Operation ein Übertrag über Bit Nr. 3 hinaus oder ein Borgen in Bit Nr. 3 hinein erfolgt; andernfalls wird es gelöscht. Dieses Flag wird bei der Arithmetik von so genannten BCD-Zahlen verwendet.

Das Zero-Flag (Z)

wird gesetzt, wenn ein Ergebnis nach einer Operation gleich 0 ist; andernfalls wird es gelöscht. Dieses Flag ist bei der Programmierung von Kontrollstrukturen sehr wichtig; wir werden es im nächsten Kapitel wieder antreffen.

Das Sign-Flag (S)

ist gleich dem höchstwertigen Bit des Ergebnisses einer Operation. Es zeigt also das Vorzeichen des Ergebnisses an.

Das Trap-Flag (T)

steuert die Arbeitsweise des Prozessors. Ist es gesetzt, so wird der Prozessor im Einzel-schritt-Modus betrieben; dieser Modus wird von Debuggern benutzt, um das Programm befehlsweise ablaufen zu lassen.

Das Interrupt-Flag (I)

dient ebenfalls der Prozessor-Steuerung. Ist es gesetzt, können externe Signale – etwa vom Drucker oder von der Tastatur – eine Unterbrechung (Interrupt) des gerade laufenden Programms bewirken.

Das Direction-Flag (D)

wird in Verbindung mit String-Befehlen verwendet, die wir in Abschnitt 7.6 behandeln werden. Ist es gesetzt, so wird der angesprochene Speicherbereich mit absteigenden Adressen verarbeitet, andernfalls mit aufsteigenden.

Das Overflow-Flag (O)

ist nur bei *Arithmetik mit vorzeichenbehafteten Operanden* von Interesse. Es gibt an, ob es einen Überlauf aus dem zulässigen Zahlenbereich heraus gegeben hat. Dies kann z.B. dann passieren, wenn sich bei der Addition von zwei vorzeichengleichen Werten das Vorzeichenbit ändert: Bei der Addition zweier positiver Zahlen wird dann der positive Zahlenbereich überschritten, bei der Addition zweier negativer Zahlen wird der negative Zahlenbereich unterschritten.

☐ **Beispiel 5.1.2**

Wir betrachten Im Folgenden vorzeichenbehaftete 8 Bit-Zahlen.

Addition

```
                         Vorzeichen
                         |
     67        =>        0 100 0011b
    +94        =>       +0 101 1110b
    Uebertrag           1  11 11
                        -------------
   161 (>127)           1 010 0001b
                        ^
                        Overflow-Flag gesetzt
```

Addition zweier negativer Zahlen

```
                         Vorzeichen
                         |
    -67        =>        1 011 1101b
   +(-94)      =>        1 010 0010b
    Uebertrag           1 1
                        -------------
  -161 (< -128)        10 101 1111b
                        ^
                        Overflow-Flag gesetzt                              ■
```

5.2   Zuweisung, Addition und Subtraktion

In diesem Abschnitt werden wir nun endlich damit beginnen, die einzelnen Befehle des Assemblers zu besprechen. Jeder neu eingeführte Befehl wird dabei in der folgenden Form beschrieben:

Befehl	Z,Q	Typ	Z:=Ausdruck
veränderte Flags: Auflistung aller veränderten Flags			
Bemerkung(en): • weitere Erläuterungen (optional)			

- In der ersten Box der Titelzeile steht der `Befehl`, der im Normalfall aus drei Buchstaben besteht.

- In der zweiten Box stehen die Operanden, die meist paarweise angegeben sind. Dabei bezeichnet der erste Operand `Z` (Ziel) die Stelle, in der das Ergebnis abgelegt wird. Der zweite Operand Q (Quelle) kommt ebenso wie das Ziel in dem zu berechnenden **Ausdruck** vor. Die Operanden können sein:

- ein *Register*, im Schema abgekürzt durch "r". Da Segment-Register nur bei drei Befehlen als Operanden erlaubt sind, dürfen für "r" *keine Segment-Register* verwendet werden;

- eine *Speicherstelle*, die meist durch einen Variablennamen angegeben ist, im Schema abgekürzt durch "s";

- eine *Absolutkonstante*, im Schema abgekürzt durch "a".

- Mehrere Angaben bezeichnen Alternativen. Ferner gilt bei allen Befehlen die strikte Regel:

Bei jedem Befehl darf *höchstens ein Operand* eine Speicherstelle sein.

- In der dritten Box wird angegeben, von welchem Typ die Operanden sein dürfen:

- W steht für Operanden vom Typ *Wort*, also 16 Bit,

- B steht für Operanden vom Typ *Byte*, also 8 Bit.

- Die vierte Box beschreibt die Wirkung des Befehls: Der **Ausdruck** rechts von := wird ausgewertet, das Ergebnis wird in Z gespeichert.

- In der zweiten Zeile werden die vom Befehl veränderten Flags angegeben, wobei die in Abschnitt 5.1 eingeführten Buchstaben verwendet werden. Wird dabei das Flag durch den Befehl auf einen bestimmten Wert gesetzt, wird er hinter dem Flag angegeben. Ist der Wert ? angegeben, ist der Inhalt des Flags undefiniert. Ist kein Wert angegeben, wird das Flag abhängig vom Ergebnis der Operation gesetzt.

- Die Überschrift *Bemerkungen* leitet zusätzliche Erläuterungen zum eingeführten Befehl ein. Dieser Teil wird häufig fehlen.

Der wohl wichtigste Befehl ist der **mov**-Befehl, der der Zuweisung in höheren Programmiersprachen entspricht:

mov	rs,rsa	B&W	rs:=rsa
veränderte Flags: keine			
Bemerkungen:			
• *Ein* Operand kann auch ein Segment-Register sein.			
• Segment-Register können nicht mit Absolutkonstanten kombiniert werden.			

□ **Beispiel 5.2.1**

```
        .DATA
. . .
Bu1    db    'A'    ; 41h
Bu2    db    'B'    ; 42h
Wort   dw    ?
. . .
        .CODE
. . .
        mov  ah,Bu1
        ;laedt Inhalt von Bu1, also 'A', nach ah
        mov  al,Bu2
        ;laedt Inhalt von Bu2, also 'B', nach al
        mov  Wort,ax
        ;laedt Inhalt von ax nach Wort
        ;jetzt steht 4142h in Wort
```

Die ersten beiden Befehle bewegen *Bytes*, was durch die beiden Register **ah** und **al** festgelegt ist; deshalb *müssen* die beiden anderen Operanden Bu1 und Bu2 auch vom Typ Byte sein, was in der Vereinbarung über die Direktive **db** festgelegt wurde. Hätte man im ersten Befehl statt Bu1 etwa die Variable Wort verwendet, hätte TMASM beim Assemblieren eine Fehlermeldung ausgegeben.

Nach der Ausführung der obigen Befehle enthalten die Speicherstellen Bu1 und Bu2 nach wie vor die Werte 'A' bzw. 'B', da der **mov**-Befehl den Inhalt der Quell-Operanden nicht verändert. ■

Der Befehl **xchg** (exchange) vertauscht die Werte zweier Speicherstellen oder Register.

xchg	rs1,rs2	B&W	temp:=rs1; rs1:=rs2; rs2:=temp
veränderte Flags: keine			

Wie bereits oben erwähnt, können in keinem Befehl zwei Speicheroperanden vorkommen. Will man nun den Inhalt einer Speicherstelle in eine andere Speicherstelle bringen, kann man dies nicht mit einem einzigen **mov**- oder **xchg**-Befehl erledigen. Man muss den Wert in einem Register zwischenspeichern.

□ **Beispiel 5.2.2**

```
;       der folgende Programmausschnitt zeigt:
;       Bu3 nach Bu4 speichern
;       Bu1 mit Bu2 tauschen
        .DATA
Bu1    db    'A'
Bu2    db    'B'
Bu3    db    'C'
```

```
Bu4     db    ?
  . . .
        .CODE
begin:mov    ax,@Data
      mov    ds,ax

      mov    ah,Bu3
             ; Bu3 nach Bu4 speichern über ah
      mov    Bu4,ah
  . . .
      mov    bh,Bu1
             ; Bu1 und Bu2 vertauschen über bh
      xchg   bh,Bu2
      mov    Bu1,bh                                              ■
```

Es folgen nun die Befehle für die beiden elementaren arithmetischen Operationen Addition und Subtraktion. Der Additionsbefehl hat folgende Form:

add	rs,rsa	B&W	rs:=rs+rsa
veränderte Flags: O,S,Z,A,P,C			

Ganz analog ist der Subtraktionsbefehl aufgebaut:

sub	rs,rsa	B&W	rs:=rs-rsa
veränderte Flags: O,S,Z,A,P,C			

□ **Beispiel 5.2.3**

```
        .DATA
zahl1 dw    32
zahl2 dw    -4563
zahl3 dw    1234
erg   dw    ?
;;. . .
        .CODE
begin:mov    ax,@Data
      mov    ds,ax
;;. . .
      mov    ax,zahl1    ; ax := zahl1
      add    ax,zahl2    ; ax := ax+zahl2
      sub    ax,zahl3    ; ax := ax-zahl3
      mov    erg,ax      ; erg := ax
```

Anstatt von einer Zahl eine zweite zu subtrahieren, kann man natürlich auch des Negative der zweiten Zahl zur ersten addieren.

Der folgende Befehl bildet das Negative bzw. das Zweierkomplement seines Operanden:

neg	rs	B&W	rs:=0-rs

veränderte Flags: O,S,Z,A,P,C

Im Folgenden wollen wir die Zahlenrechnung aus Beispiel 5.1.2 programmieren und dabei die Werte der Register und der Flags genau beobachten. Wenn das Programm unter der Regie des Turbo Debuggers läuft, können die im Beispiel angegebenen Werte der Register und Flags verfolgt werden.

□ **Beispiel 5.2.4**

```
        DOSSEG
        .MODEL  SMALL
        .STACK  100H
        .DATA
d1      db      67
d2      db      94
        .CODE
BEGIN:  mov     ax,@Data
        mov     ds,ax   ;Programm-Beginn
                ; Werte der Flags:  C Z S O P A
        mov     ah,d1   ;ah=43h  |0|0|0|0|0|0|
        add     ah,d2   ;ah=A1h  |0|0|1|1|0|1|
                ;                 | | | | | | |
        mov     al,d1   ;al=43h  |0|0|1|1|0|1|
        neg     al      ;al=BDh  |1|0|1|0|1|1|
        sub     al,d2   ;al=5Fh  |0|0|0|1|1|1|
                ;                 | | | | | | |
        mov     al,d1   ;al=43h  |0|0|0|1|1|1|
        sub     al,d2   ;al=E5h  |1|0|1|0|0|1|

        mov     ax,4c00h
        int     21h     ;Rückkehr zu DOS

        end     begin   ;Programm-Ende
```

■

Häufig muss man einen Wert um 1 erhöhen oder erniedrigen, etwa einen Schleifenzähler oder die Adressen von Feld-Elementen, wenn man ein ganzes Datenfeld bearbeiten will. Aus diesem Grund kennt der Assembler zwei spezielle Befehle für *erhöhe um 1* (Inkrementieren) und *erniedrige um 1* (Dekrementieren):

inc	rs	B&W	rs:=rs+1

veränderte Flags: O,S,Z,A,P

Bemerkung:

- Anders als die Addition verändert inc das Carry-Flag nicht.

dec	rs	B&W	rs:=rs-1

veränderte Flags: O,S,Z,A,P

Bemerkung:

- Anders als die Subtraktion verändert dec das Carry-Flag nicht.

Warum gibt es für die Addition bzw. Subtraktion mit 1 extra Befehle? Zum einen kommen bei der Programmierung solche Wertveränderungen um 1 häufig vor, so dass die kürzere Schreibweise bequem ist. Zum anderen – und das ist der wesentliche Punkt – können die hier besprochenen Befehle inc und dec im Maschinencode wesentlich kompakter dargestellt werden und haben darüber hinaus noch kürzere Laufzeiten als Addition bzw. Subtraktion.

□ **Beispiel 5.2.5**

```
        .DATA
b       db    12
w       dw    -10
. . .
        .CODE
begin:mov   ax,@Data
      mov   ds,ax
. . .
      mov   ax,65
      dec   b      ; dekrementiert das Byte b
      inc   w      ; inkrementiert das Wort w
      dec   bl
      ; dekrementiert das  8 Bit-Register bl
      inc   ax
      ; inkrementiert das 16 Bit-Register ax
```

5.3   Schiebebefehle

Der 8086-Prozessor kennt eine ganze Fülle von Befehlen, die den Inhalt eines Registers oder einer Speicherstelle nach links oder rechts schieben. Bei der Behandlung der Schiebeoperatoren (Abschnitt 4.4.2) haben wir bereits erwähnt, dass die Verschiebung einer Dualzahl um eine Stelle nach rechts der ganzzahligen Division durch 2, eine Verschiebung um eine Stelle nach links der Multiplikation mit 2 entspricht. Hierbei können Probleme auftreten, wenn wir vorzeichenbehaftete Zahlen verwenden. Diese Probleme werden durch die so genannten arithmetischen Schiebebefehle berücksichtigt, die in Abschnitt 5.3.2 besprochen werden.

Manchmal möchte man beim Schieben herausfallende Bitstellen aufbewahren; dies kann man mit den in 5.3.3 besprochenen Rotationsbefehlen tun.

Alle Schiebebefehle haben ein *einheitliches* Format:

Schiebebefehl	rs,1 rs,cl	B&W	

Bemerkungen:
• Der Inhalt von rs wird geschoben.
• Der zweite Operand beschreibt, um wie viele Stellen geschoben werden soll.
   – Bei Verschiebung um eine Stelle kann man hier direkt die Zahl 1 eingeben.
   – Soll um mehr als eine Stelle verschoben werden, muss man die Anzahl zuvor ins Register cl laden und dann den Schiebebefehl mit diesem Register aufrufen.			

5.3.1   Die logischen Schiebebefehle

Der logische Linksshift shl verschiebt den Inhalt des ersten Operanden nach links, wobei von rechts her Nullen nachgezogen werden. Die Stellen werden dabei über das Carry-Flag nach links hinausgeschoben, so dass hier die zuletzt hinausgeschobene Bitstelle gemerkt wird. Das Carry-Flag ist somit eine weitere Bitstelle für das Ergebnis.

Der logische Rechtsshift shr arbeitet entsprechend nach rechts, wobei wieder über das Carry-Flag geschoben wird.

shl	rs,1 rs,cl	B&W	Wirkung: siehe unten
veränderte Flags: O,S,Z,A=?,P,C			

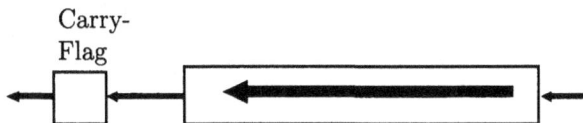

Carry-Flag

shr	rs,1 rs,cl	B&W	Wirkung: siehe unten
veränderte Flags: O,S,Z,A=?,P,C			

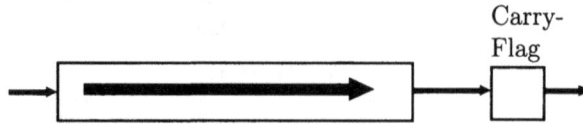

Die logischen Schiebebefehle haben dieselben Abkürzungen wie die Schiebeoperatoren. Trotzdem darf und kann man sie nicht verwechseln: Die Schiebeoperatoren kommen nur in konstanten Ausdrücken (also in Spalte 3) vor und werden zur Assemblierzeit ausgewertet. Die logischen Schiebebefehle stehen auf Befehlsposition und werden vom Prozessor zur Laufzeit ausgewertet. In Abbildung 5.3 werden diese beiden Befehle veranschaulicht.

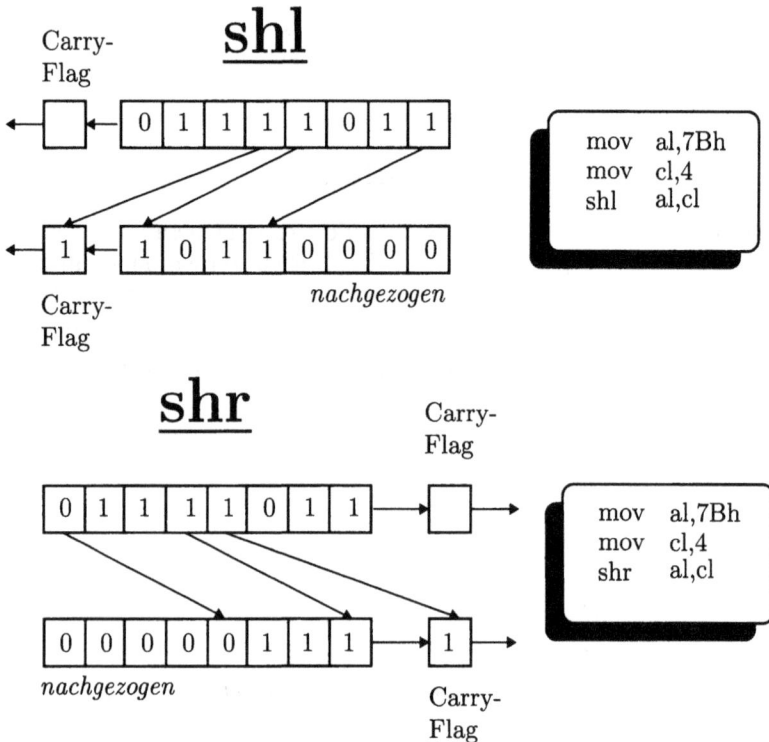

Abbildung 5.3: *logische Schiebebefehle*

5.3.2   Die arithmetischen Schiebebefehle

Will man mit Schiebebefehlen vorzeichenbehaftete Zahlen multiplizieren oder dividieren, muss das Vorzeichenbit speziell behandelt werden. Dies erledigen die arithmetischen Schiebebefehle.

Soll eine *negative* Zahl über einen Rechtsshift um 1 durch 2 dividiert werden, so muss das Vorzeichen erhalten bleiben und – entsprechend der Definition des Zweierkomplements – eine 1 nachgezogen werden. Bei positiven Zahlen gibt es hier offensichtlich keine Probleme: Es kann diesmal die Null nachgezogen werden.

In beiden Fällen muss also beim Rechtsschieben *das Vorzeichen beibehalten und das Vorzeichenbit nachgezogen werden*. Genau dieses liefert der arithmetische Rechtsshift **sar**.

sar	rs,1 rs,cl	B&W	Wirkung: siehe unten
veränderte Flags: O,S,Z,A=?,P,C			

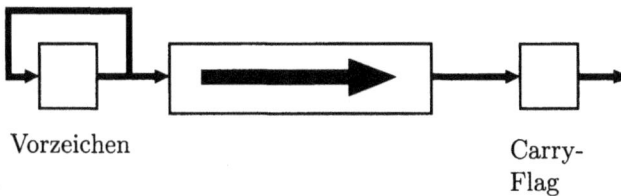

Vorzeichen   Carry-
                                                       Flag

Beim Multiplizieren mit Hilfe des Linksshifts treten Probleme nur dann auf, wenn der Zahlenbereich über- oder unterschritten wird. In beiden Fällen kann man mit der vorgegebenen Stellenzahl nicht mehr vernünftig weiterrechnen. Deshalb gibt es zwar den Befehl **sal** für den arithmetischen Linksshift, dieser Befehl tut aber nichts anderes als der logische Linksshift.

sal	rs,1 rs,cl	B&W	Wirkung: identisch zu shl
veränderte Flags: O,S,Z,A=?,P,C			

5.3.3   Rotationsbefehle

Sollen die Bitstellen, die beim Schieben auf der einen Seite herausfallen, auf der anderen
Seite gleich wieder abgespeichert werden, kann man die Rotationsbefehle benutzen.
Neben den Befehlen, die Bytes oder Worte kreisartig schieben, gibt es noch solche, die
das Carry-Flag als zusätzliche Bitstelle behandeln.

ror (rotate right)	rs,1 rs,cl	B&W	Wirkung: siehe unten
veränderte Flags: O,C			

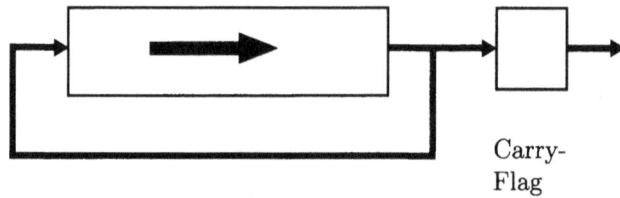

Carry-
Flag

rol (rotate left)	rs,1 rs,cl	B&W	Wirkung: siehe unten
veränderte Flags: O,C			

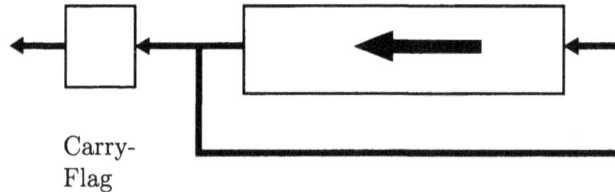

Carry-
Flag

rcr (rotate carry right)	rs,1 rs,cl	B&W	Wirkung: siehe unten
veränderte Flags: O,C			

Carry-
Flag

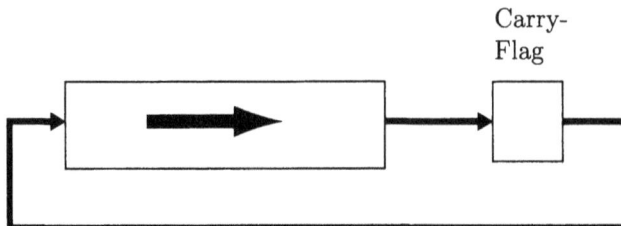

rcl (rotate carry left)	rs,1 rs,cl	B&W	Wirkung: siehe unten
veränderte Flags: O,C			

Carry-
Flag

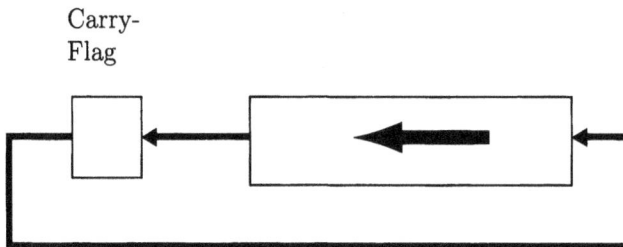

□ Beispiel 5.3.1

Die folgende Befehlsfolge multipliziert die in dem Registertripel `ax:bx:cx` gespeicherte
48 Bit-Zahl mit 2, indem sie das gesamte Registertripel um 1 nach links schiebt. Das aus
`bx` bzw. `cx` herausgeschobene Bit landet im Carry-Flag, mit dem Carry-Rotate-Befehl
schaufelt man es im nächsten Register wieder auf die niederwertige Bitstelle – das ist
die ganz rechte Bitstelle.

```
; ax:bx:cx-Tripel mit 2 multiplizieren
        shl    cx,1
        rcl    bx,1
        rcl    ax,1                                                     ■
```

5.4   Multiplikation

Der 8086 verfügt über Befehle zur Multiplikation und Division ganzer Zahlen. Anders als
bei Addition und Subtraktion gibt es hier gravierende Unterschiede bei der Arithmetik
mit vorzeichenlosen und vorzeichenbehafteten Operanden. Dieser Unterschied wird im
folgenden Beispiel erläutert.

□ Beispiel 5.4.1

In einem Assembler-Programm stehen zwei 8 Bit-Zahlen, die wir miteinander multiplizieren wollen. Dabei werden wir die Bitmuster einmal als ganze Zahlen *ohne* Vorzeichenstelle behandeln, anschließend als ganze Zahlen *mit* Vorzeichenstelle.

```
d1   db   43h ; = 67
d2   db   8Ch ; = 140 bzw. -116
```

a) Vorzeichenlose Behandlung

Wir wollen die beiden Zahlen schriftlich multplizieren, und zwar im Dualsystem. Das
ergibt:

```
    4   3 h *   8   C h
  0100 0011 * 1000 1100

  ------------------------------
  01000011                  1
   00000000                 0
    00000000                0     zweiter
     00000000               0     Operand
      01000011              1
       01000011             1
        00000000            0
         00000000           0

  ------------------------------
  0010010010100100
    2   4   A   4  h
```

Mit **24A4h** = 9380 erhalten wir das korrekte Ergebnis. Wir stellen aber folgendes fest:

- Das gestaffelte Rechensystem benötigt nur die beiden Operationen Addition und Schieben. Dabei wird entweder 0 oder der entsprechend verschobene Wert des ersten Faktors addiert, abhängig von der Dualstelle des zweiten Operanden.

- Das Produkt benötigt mehr als 8 Bitstellen. Das gestaffelte Rechensystem überzeugt uns leicht von der Tatsache, dass das Produkt höchstens doppelt so viele Dualstellen haben kann wie die einzelnen Faktoren.

b) Zahlen mit Vorzeichen

Werden die beiden Zahlen **43h** und **8Ch** als 8 Bit-Zahlen mit Vorzeichen betrachtet, so hat **8Ch** den negativen Dezimalwert -116, **43h** ist positiv und hat den Dezimalwert 67. Bekanntlich liefert das Produkt einer positiven mit einer negativen Zahl eine negative Zahl. Das oben ausgerechnete Produkt ist aber sicher eine positive Zahl, wenn wir sie als 16 Bit-Zahl betrachten; die Bitstelle ganz links ist nämlich eine Null, was dem positiven Vorzeichen entspricht.

Das korrekte hexadezimale Ergebnis wäre **E1A4h**; man kann es aus dem obigen Ergebnis durch Addition einer Korrekturgröße berechnen. Die genaue Behandlung dieses Algorithmus würde uns aber zu weit vom Thema dieses Buches wegbringen. ■

Das Beispiel zeigt uns also:

- Das Ergebnis der Multiplikation ist doppelt so lang wie die einzelnen Faktoren.
- Bei negativen Faktoren muss das Ergebnis nachgebessert werden.

Dies erklärt bereits, dass es zwei unterschiedliche Multiplikationsbefehle geben muss:

- einen Befehl **mul** für die Multiplikation von vorzeichenlosen Operanden und
- einen Befehl **imul** für die Multiplikation von vorzeichenbehafteten Operanden.

Das Problem der Länge des Ergebnisses wird durch folgende *feste Register-Zuordnung* gelöst:

- Werden *zwei Bytes* multipliziert, ist das Ergebnis 16 Bit lang; es fällt immer im Register ax an.

- Werden *zwei Worte* multipliziert, ist das Ergebnis 32 Bit lang; es fällt dann im *Registerpaar* dx:ax an, wobei in dx der höherwertige Teil steht.

Die letzte Frage ist noch: Wo müssen vor der Multiplikation die Operanden abgespeichert sein?

- Bei der Byte-Multiplikation muss sich der erste Operand im Register al befinden, der zweite Operand kann in einem der Byte-Register oder in einer db-Speicherstelle stehen. Nur dieser zweite Operand wird dann beim Multiplikationsbefehl angegeben.

- Bei der Wort-Multiplikation muss sich der erste Operand im Register ax befinden, der zweite kann in einem der anderen 16 Bit-Register oder in einer dw-Speicherstelle stehen und wird beim Multiplikationsbefehl angegeben.

Der Multiplikationsbefehl *weiß* also von vornherein, wo vor der Operation ein Operand und wo nach der Operation das Ergebnis steht. Ob eine Byte- oder eine Wort-Multiplikation vorliegt, bestimmt der zweite Operand. Somit haben wir bei der Multiplikation drei Aktivitäten:

- Vorbereitende Ablage des einen Operanden in al bzw. ax.

- Multiplikation mit dem zweiten Operanden.

- Abholen des Ergebnisses aus ax bzw. dx:ax.

Die erste und letzte Aktion kann mit einem mov-Befehl realisiert werden; für die eigentliche Multiplikation haben wir folgende Befehle:

Multiplikation für vorzeichenlose Operanden			
mul	rs	B W	ax:=al*rs (dx:ax):=ax*rs
veränderte Flags: S=?,Z=?,A=?,P=?,O,C			

Multiplikation für vorzeichenbehaftete Operanden			
imul	rs	B W	ax:=al*rs (dx:ax):=ax*rs
veränderte Flags: S=?,Z=?,A=?,P=?,O,C			

Man beachte: Es ist nicht möglich, bei der Multiplikation als zweiten Operanden einen konstanten Ausdruck zu verwenden. Will man mit einer Konstanten multiplizieren, muss man sie zuerst in ein Register oder eine Speicherstelle laden und damit den Multiplikationsbefehl aufrufen.

☐ **Beispiel 5.4.2**

```
        .DATA
;   Daten
f1      db    43h   ; = 67
f2      db    8Ch   ; = 140 bzw. -116
fw1     dw    12h   ; = 18
fw2     dw    8765h     ; = 34661 bzw. = -30875
        .CODE
begin:mov   ax,@Data
        mov   ds,ax
.  .  .

; vorzeichenlose Byte-Multiplikation
        mov   al,f1
        mul   f2    ; ax = 24A4h = 9380

; vorzeichenbehaftete Byte-Multiplikation
        mov   al,f1
        imul f2     ; ax = E1A4h = -7772

; vorzeichenlose Wort-Multiplikation
        mov   ax,fw1
        mul   fw2   ; dx:ax = 0009h:851Ah = 623898

; vorzeichenbehaftete Wort-Multiplikation
        mov   ax,fw1
        imul fw2    ; dx:ax = FFF7h:851Ah = -555750
.  .  .
```

In den Flags O und C wird nach der Multiplikation angezeigt, ob das Produkt zweier Bytes bzw. zweier Worte wieder in einem Byte bzw. einem Wort Platz hat. Im folgenden Beispiel wird dieser Sachverhalt verdeutlicht.

☐ **Beispiel 5.4.3**

Am Beispiel von 8 Bit-Zahlen werden wir untersuchen, wann die höherwertigen 8 Bit, die die Multiplikation in **ah** ablegt, *relevante Informationen* enthalten.

a) Vorzeichenlose Multiplikation

Das Produkt der beiden Zahlen 4 und 60 mit dem Befehl **mul** liefert

        04h * 3Ch = 0F0h = 240

Das Ergebnis wird im 16 Bit-Register **ax** abgelegt als

    00F0h

Das Register **ah** enthält also nur die führenden Nullen, die am Ergebnis F0h nichts ändern. Die beiden Flags O und C werden gelöscht. Dagegen liefert das Produkt

    08h * 03Ch = 01E0h

eine Zahl, die nicht mehr alleine in **al** darstellbar ist: Der Inhalt von **ah** ist von Null verschieden. Die beiden Flags O und C werden gesetzt.

b) Vorzeichenbehaftete Multiplikation

Wir betrachten wieder das Produkt der beiden positiven Zahlen 4 und 60, diesmal aber als 8 Bit-Zahlen *mit* Vorzeichen, und multiplizieren mit dem Befehl **imul**. Das Ergebnis ist wieder

    00F0h

also eine positive 16 Bit-Zahl mit dem Dezimalwert 240. Was würde aber herauskommen, wenn wir wieder nur die rechten 8 Bit – also den Inhalt von **al** – betrachten, diesmal aber interpretiert als Zahl *mit* Vorzeichen? Die 8 Bit-Zahl

    0F0h = 1111 0000h

ist offensichtlich negativ, da die Bitstelle ganz links gleich 1 ist. Der Zahlenwert dieser vorzeichenbehafteten 8 Bit-Zahl ist

    -10h = -16

Von dieser Multiplikation werden also die Flags O und C gesetzt, obwohl der Inhalt von **ah** gleich Null ist. Woher kommt das? Offensichtlich muss man noch das Vorzeichenbit von **al** betrachten:

- Ist das Vorzeichenbit von **al** ebenso wie ganz **ah** gleich Null, enthält **al** das richtige Ergebnis als 8 Bit-Zahl.

- Ist das Vorzeichenbit von **al** gleich 1 und enthält **ah** lauter Einsen, also

    ah = 0FFh

  so enthält **al** das korrekte Ergebnis als 8 Bit-Zahl.

Betrachten wir dazu noch folgendes Zahlenbeispiel:

    -2 * 60

liefert hexadezimal

    FEh * 3Ch = FF88h = -120

Die vorzeichenbehaftete 8 Bit-Zahl 88h ist negativ, ihr Dezimalwert ist -120, also das korrekte Ergebnis. Die Flags O und C werden bei dieser Multiplikation gelöscht.

In Kapitel 6 werden wir bedingte Sprünge behandeln; damit können wir dann in Beispiel 6.1.2 einen Multiplikationsüberlauf abfangen. ∎

5.5   Division

Als Umkehrung der Multiplikation arbeitet die Division mit einem doppelt langen ersten Operanden. Ferner kennt der 8086 wieder zwei Divisionsbefehle: div für vorzeichenlose und idiv für vorzeichenbehaftete Zahlen.

☐ **Beispiel 5.5.1**

Wir wollen zwei Zahlen im Dualsystem schriftlich dividieren.

Der Dividend ist doppelt lang, hier also 16 Bit; der Divisor ist 8 Bit lang.

```
0010010010101101 : 01000011 = 10001100
-01000011                     ganzzahliger Quotient
---------
 000001100101
     -1000011
     --------
      1000101
     -1000011
     --------
       000001001    <- ganzzahliger Rest
```

Unsere Division liefert also einen Quotienten und einen Rest; beide sind ganzzahlig. ∎

Wie bei der Multiplikation sind auch für die Division wieder die Register ax und dx zuständig. In der folgenden Regel bezeichnet der Operator / die *ganzzahlige Division*, der Operator mod den *ganzzahligen Rest*.

Division für vorzeichenlose Operanden			
div	rs	B	al:=ax / rs ah:=ax mod rs
		W	ax:=(dx:ax) / rs dx:=(dx:ax) mod rs
veränderte Flags: S=?,Z=?,A=?,P=?,O=?,C=?			

Division für vorzeichenbehaftete Operanden			
idiv	rs	B	`al:=ax / rs` `ah:=ax mod rs`
		W	`ax:=(dx:ax) / rs` `dx:=(dx:ax) mod rs`
veränderte Flags: S=?,Z=?,A=?,P=?,O=?,C=?			
Bemerkungen: • Der Rest hat dasselbe Vorzeichen wie der Dividend (= erster Operand). • Der Quotient ist positiv, wenn beide Operanden dasselbe Vorzeichen haben; sonst ist er negativ.			

Ein ganz gravierender Fehler tritt bei der Division dann auf, wenn der Teiler gleich Null ist. In diesem Fall kann der Prozessor nur noch die Notbremse ziehen und die Meldung

```
Divisionsueberlauf
```

ausgeben. Danach wird das Programm abgebrochen. Genauer gesagt ruft der Prozessor eine speziell für diese Situation reservierte Notroutine auf, den *Interrupt 0*.

Bereits ein weniger kritischer Fall löst bei der Division auch diesen Interrupt 0 aus, nämlich wenn der Quotient nicht in den vorgesehenen 8 Bit bzw. 16 Bit Platz hat. Dann liegt ein *Quotientenüberlauf* vor, der auch einen Aufruf des Interrupt 0 auslöst. Einzelheiten über den Interrupt 0 findet man in Abschnitt 9.8.

□ Beispiel 5.5.2

Der folgende Programmausschnitt berechnet unter Verwendung der Byte-Arithmetik den Wert

```
(100 * 60) / 3
```

Das Ergebnis 2000 ist in 8 Bit nicht darstellbar; es kommt zu einem Quotientenüberlauf.

```
        DOSSEG
        .MODEL SMALL
        .STACK 100h
        .DATA
z1      db    100
z2      db    60
;;. . .
        .CODE
begin:mov  ax,@Data
        mov  ds,ax
;;. . .
        mov  al,z1
```

```
        mul  z2    ; Produkt in ax
        mov  bh,3
        div  bh    ; al soll Quotienten enthalten,
                   ; ist hier = 2000, zu groß !
;;. . .
        mov  ax,4c00h
        int  21h
        end  begin
```

Zur Vorbereitung für die Division muss der Dividend doppelt lang in ax bzw. (dx:ax) bereitgestellt werden. Wie erledigt man dies? Hier tritt ein weiterer Unterschied zwischen der vorzeichenlosen und vorzeichenbehafteten Division zutage.

Die Wortbreite einer *vorzeichenlosen Zahl* vergrößert man offensichtlich einfach dadurch, dass man vorne Nullen anfügt. Den Inhalt von al erweitert man also mit dem Befehl

```
    mov ah,0
```

auf ein 16 Bit-Wort. (Etwas schneller geht dies mit dem Befehl xor, der im nächsten Abschnitt eingeführt wird.) Ganz analog erweitert man ax mit dem Befehl

```
    mov dx,0
```

in eine wertgleiche vorzeichenlose 32 Bit-Zahl, die im Registerpaar dx:ax abgespeichert ist.

Bei *vorzeichenbehafteten Operanden* muss man bei positivem Vorzeichen wieder führende Nullen anfügen; bei negativem Vorzeichen müssen vorn lauter Einsen eingefügt werden, wenn man den ursprünglichen Zahlenwert nicht verändern will.

Man erweitert in beiden Fällen einfach mit dem Vorzeichen. Für diese Erweiterung von vorzeichenbehafteten Zahlen von 8 Bit auf 16 Bit bzw. von 16 Bit auf 32 Bit gibt es die beiden Befehle cbw bzw. cwd.

cbw (change byte to word)	keine Operanden	B	Vorzeichenerweiterung von ah nach ax
veränderte Flags: keine			

cwd (change word to double)	keine Operanden	W	Vorzeichenerweiterung von ax nach dx:ax
veränderte Flags: keine			

☐ **Beispiel 5.5.3**

Im folgenden Programm-Ausschnitt werden die beiden Variablen f1 und f2 dividiert.
Der Wert von f2 ist je nach Interpretation 161 oder -95.

```
.  .  .
        .DATA
f1      db      04h
f2      db      0A1h
        .CODE
begin:  mov     ax,@Data
        mov     ds,ax
.  .  .
; vorzeichenlose Division
        mov     al,f2
        mov     ah,0
        div     f1
; vorzeichenbehaftete Division
        mov     al,f2
        cbw
        idiv    f1
.  .  .                                                                 ■
```

5.6   Logische Befehle

Die vier logischen Operationen **not**, **and**, **or** und **xor**, die wir in Abschnitt 4.4.3 bereits bei der Behandlung der konstanten Ausdrücke besprochen haben, kommen im
Assembler auch als Befehle vor. Diese Befehle haben wieder dieselben Abkürzungen wie
die logischen Operatoren. Es sei nochmals eindringlich auf den Unterschied zwischen
Operatoren und Befehlen hingewiesen:

- Operatoren werden zur Assemblierzeit ausgewertet und liefern einen konstanten
  Wert. Ausdrücke, die mit Operatoren gebildet werden, könnten also auch schon
  vom Programmierer berechnet werden.

- Befehle werden zur Laufzeit ausgewertet und liefern damit – je nach dem aktuellen
  Wert der Operanden – von einem Programmlauf zum anderen unterschiedliche
  Werte.

Es folgen die Beschreibungen der logischen Befehle:

not	rs	B&W	rs:=not rs
			überall 0 und 1 vertauschen
veränderte Flags: keine			

and	rs,rsa	B&W	rs:=rs and rsa
or	rs,rsa	B&W	rs:=rs or rsa
xor	rs,rsa	B&W	rs:=rs xor rsa

veränderte Flags: O=0,S,Z,A=?,P,C=0

Die logischen Befehle werden in der Praxis meist verwendet, um

- bestimmte Bits eines Operanden zu isolieren; (man sagt, die Bits werden maskiert);

- bestimmte Bits eines Operanden zu setzen oder zu löschen;

- den Inhalt eines Registers auf 0 zu setzen;

- festzustellen, in welchen Bitstellen sich die beiden Operanden unterscheiden.

□ **Beispiel 5.6.1**

```
        .DATA
Wert   db    17h
;        .
;        .
        .CODE
begin:mov   ax,@Data
        mov   ds,ax
;        .
;        .
        and   al,01001101b
                ; falls Bit 0,2,3 und 6 gesetzt,
                ; ist al ungleich 0, sonst =0
        or    al,01001101b
                ; die Bits 0,2,3 oder 6 werden auf
                ; 1 gesetzt, die andern bleiben
                ; unverändert
        mov   al,Wert
                ; Inhalt von 'Wert' laden
        xor   al,ah
                ; falls al=0, ist Inhalt von
                ; 'Wert'=Inhalt von ah;
                ; sonst steht in al an den Bitstellen
                ; eine 1, an denen sich ah und
                ; 'Wert' unterscheiden
        xor   bx,bx ; bx auf 0 setzen
                ; schneller und kürzer als
                ; mov bx,0
```

■

□ **Beispiel 5.6.2**

Häufig werden Groß- und Kleinbuchstaben nicht unterschieden, z.B. bei Bezeichnern im
Assembler (vgl. Abschnitt 3.1) oder bei Kommandos und deren Argumenten unter MS-
DOS. Deshalb normiert man solche Begriffe häufig, indem man all ihre Kleinbuchstaben
in Großbuchstaben konvertiert. Das folgende kleine Assembler-Programm liest einen
Kleinbuchstaben von der Tastatur und gibt den entsprechenden Großbuchstaben auf
dem Bildschirm aus.

In der ASCII-Tabelle (siehe Anhang B) sieht man, dass die Großbuchstaben um 20h
= 100000b kleiner als die Kleinbuchstaben sind. Wenn wir also das Bit 5 löschen,
erhalten wir aus einem kleinen einen großen Buchstaben.

```
; Konvertiere Kleinbuchstaben in Grossbuchstaben
; Buchstaben dürfen keine Umlaute sein
        DOSSEG
        .MODEL  SMALL
        .STACK  100H
include macros.mac
        .DATA
Eing    db      10,13,"Gib Zeichen ein: ",0
text    db      10,13,"Großbuchstabe  : "
gross   db      ?,0
        .CODE
begin:  mov     ax,@Data
        mov     ds,ax

        writeS  Eing
        mov     ah,1    ; Tastatureingabe
        int     21h     ; Aufruf DOS-Funktion

        and     al,0DFh ; Bit 5 löschen
        mov     gross,al

        writeS  text

        mov     ax,4c00h
        int     21h
        end     begin
```

In diesem Programm wird noch nicht überprüft, ob das eingegebene Zeichen überhaupt
ein Kleinbuchstabe war; beim Testen des Programms sollte man also vorsichtig sein. Im
nächsten Kapitel werden wir in der Lage sein, diese Lücke zu schließen (siehe Beispiel
6.3.1).   ■

In höheren Programmiersprachen wie Pascal gibt es den Standard-Datentyp BOO-
LEAN, der als Wert einen der beiden *Wahrheitswerte* TRUE oder FALSE annehmen
kann. Solche Wahrheitswerte können mit den logischen Operationen verknüpft werden.

Unter den Datentypen, die wir im vorigen Kapitel behandelt haben, fehlt der Typ BOO-LEAN; er ist im Assembler, wie übrigens auch in der Programmiersprache C, tatsächlich nicht vorhanden. Häufig wollen wir aber mit solchen Wahrheitswerten rechnen, so dass wir uns einen Ersatz dafür überlegen müssen.

Zur Speicherung eines der beiden Wahrheitswerte genügt eigentlich ein einziges Bit. Die kleinste Speichereinheit, auf die wir zugreifen können, ist aber ein Byte. Also werden wir für einen Booleschen Wert ein Byte spendieren und werden einen der 256 Zahlenwerte als TRUE und einen anderen als FALSE vereinbaren. Welche Zahlenwerte sind hierfür am geeignetsten? Doch wohl sicherlich die, mit denen die logischen Operationen am einfachsten auszuführen sind. Man kann sich leicht überlegen, dass mit den beiden Zuordnungen

```
FALSE    entspricht    0 = 00000000b
TRUE     entspricht   -1 = 11111111b
```

alle vier logischen Operationen direkt funktionieren.

□ Beispiel 5.6.3

Hier einige Beispiele für logische Verknüpfungen mit den Booleschen Konstanten TRUE und FALSE.

```
        DOSSEG
        .MODEL  SMALL
        .STACK  100H
        .DATA
TRUE    equ     0FFh
FALSE   equ     0h
        .CODE
begin:  mov     ax,@Data
        mov     ds,ax

        ; AND ------------------------------
        mov     ah,TRUE
        and     ah,FALSE        ; ah=FALSE=0h
        ; XOR ------------------------------
        mov     ah,TRUE
        xor     ah,FALSE        ; ah=TRUE=0FFh
        ; OR -------------------------------
        mov     al,FALSE
        or      al,TRUE         ; al=TRUE=0FFh

        mov     ax,4c00h
        int     21h
        end     begin
```

5.7   Keller-Befehle

Der Keller ist ein Speicherbereich, dessen Größe mit der `.STACK`-Direktive eingestellt wird und auf den man mit zwei ganz speziellen Befehlen zugreifen kann. Der englische Name *stack* (= Stapel) verdeutlicht die erlaubten Zugriffsarten schon recht klar: Man kann auf einen Stapel immer nur

- ein Element oben drauflegen und

- das oberste Element wegnehmen.

Genau diese Struktur wird im Stack-Speicher nachgebildet. Auf das oberste Element zeigt der Kellerzeiger **sp**.

Die Verwaltung des Stacks auf unseren Prozessoren 80x86 – wie übrigens bei vielen anderen Prozessoren auch – ist gewissermaßen auf den Kopf gestellt: je höher der Stapel ist, desto niedriger ist die Adresse des "obersten" Keller-Elements (siehe Abbildung 5.4).

Hier ist das Analogon zum Keller treffender: Je mehr Elemente man hat, desto tiefer steigt man in den Keller.

Mit dem Befehl **push** wird ein Element auf den Keller gelegt. Man beachte, dass bei den Keller-Befehlen nur 16 Bit-Operanden erlaubt sind.

push	rs	W	oberstes stack-Element:=rs
			sp:=sp-2
veränderte Flags: keine			

Da **sp** eine Byte-Adresse enthält, der Befehl **push** aber ein Wort auf den Keller speichert, muss **sp** um 2 erniedrigt werden.

hohe Adresse

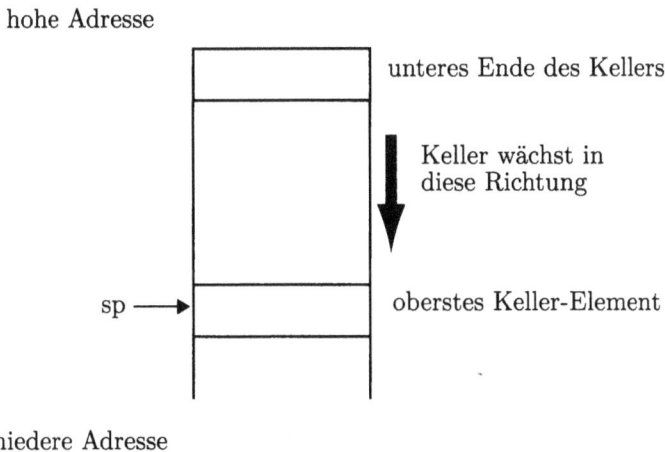

Abbildung 5.4: Aufbau des Kellers

Der Befehl **pop** holt das oberste Element vom Keller und speichert es im angegebenen
Operanden ab.

pop	rs	W	rs:=oberstes stack-Element sp:=sp+2
veränderte Flags: keine			

Auf das Status-Register kann man nicht direkt zugreifen. Den Wert des Status-Registers
kann man mit den folgenden Befehlen sichern und wiederherstellen.

pushf		W	oberstes stack-El.=Status-Reg sp:=sp-2
veränderte Flags: keine			

popf		W	Status-Reg.=oberstes stack-El. sp:=sp+2
veränderte Flags: keine			

☐ **Beispiel 5.7.1**

Im folgenden Programm-Ausschnitt wird das Auxiliary-Flag gesetzt.

```
pushf              ;Status-Register auf stack
pop     ax         ;und zurück nach ax
or      ax,10h     ;Bit 4 auf 1 setzen
push    ax         ;ax auf stack
popf               ;und zurück in Status-Flag
```

6 Kontrollstrukturen im Assembler

Bisher haben wir Programme geschrieben, die die Befehle immer in der aufgeschriebenen Reihenfolge ausführen. Solche Programme leisten bestenfalls das, was Taschenrechner auch können. In diesem Kapitel werden wir Befehle kennen lernen, mit denen man – abhängig von der zur Laufzeit aktuellen Situation – an andere Stellen im Programm springen kann.

Diese Fähigkeit liefern höhere Programmiersprachen wie Pascal oder C++ durch die so genannten Kontrollstrukturen, wie sie bei der *strukturierten Programmierung* verwendet werden.

Eine der Kontrollstrukturen ist die *Sprunganweisung* oder *goto-Anweisung*, die direkt an die angegebene Programmstelle verzweigt. Sie ist allerdings ebenso einfach wie unter den Programmierern verpönt, da sie das Schreiben von total unübersichtlichem *Spaghetti-Code* fördert. In den frühen 70er-Jahren entbrannte darüber ein heftiger Disput mit dem Ergebnis, dass heute jeder ernst zu nehmende Programmierer einer höheren Programmiersprache die goto-Anweisung vermeidet. Moderne Programmiersprachen wie z.B. Java bieten die Sprunganweisung gar nicht mehr an.

Bei der Assembler-Programmierung stehen uns aber nur diese Sprunganweisungen zur Verfügung. Um aus dem Dilemma herauszukommen, nicht lesbare Assembler-Programme zu schreiben, kann und muss man sich strenge Programmier-Richtlinien auferlegen. Deshalb werden wir die Sprunganweisung in den folgenden Abschnitten so einführen, dass wir die klassischen Kontrollstrukturen, wie sie in Pascal und C++ vorliegen, im Assembler nachpogrammieren werden. Auf diese Art erhalten wir auch hier lesbare und leicht verständliche Programme.

Diese Vorgehensweise kommt auch der Tatsache entgegen, dass man bei der Entwicklung von Algorithmen für komplexere Probleme in solchen Strukturen denkt und sie im so genannten *Pseudocode* formuliert, bevor man die einzelnen Assembler-Zeilen niederschreibt.

In diesem Pseudocode kommen dann Sprechweisen vor wie

> ≫   *falls* eine Bedingung gilt, *dann* tue dies, *sonst* tue jenes,
> ≫   *solange* eine Bedingung gilt, *tue folgendes* . . .
> ≫   *für* folgende Werte *tue folgendes* . . .

In den folgenden Abschnitten werden wir solche inzwischen standardisierte Sprechweisen einführen und diese dann systematisch mit den Sprachmitteln des Assemblers ausdrücken.

Die einzelnen Kontrollstrukturen wollen wir anhand des folgenden kleinen **Ratespiels** einführen, das wir in verschiedenen Ausbaustufen programmieren werden:

Der Rechner denkt sich ein druckbares ASCII-Zeichen aus (zwischen dem ASCII-Zeichen Nr. 20h = 32, dem Zwischenraum, und bis zum letzten druckbaren ASCII-Zeichen Nr. 7Eh = 126, dem Zeichen '~'). Dabei verwenden wir die beiden Makros **randomize** und **random**, die in Abschnitt 3.6.4 beschrieben wurden.

Über die Tastatur können wir ein Zeichen eingeben und erhalten die Antwort, ob wir getroffen haben.

Die Basisversion des Spiels wird dann schrittweise erweitert, bis wir in der Schlussfassung solange wiederholt raten können, bis wir getroffen haben.

6.1   Die einseitige Verzweigung

Die erste Fassung des Ratespiels lautet im Pseudocode wie folgt:

☐ **Pseudocode 6.1.1**

> ≫   Programm starten.
> ≫   Rechner denkt sich ein Zeichen aus.
> ≫   Er speichert es in der Variablen **meinZeichen**.
> ≫   Ausgabe: **"Rate mein Zeichen :"**
> ≫   Eingabe eines Zeichens.
> ≫   *falls* **meinZeichen = gelesenesZeichen**, *dann*
> ≫   Ausgabe: **"Zeichen erraten. Prima!"**
> ≫   Programm beenden.   ■

Als neue Konstruktion haben wir hier die *einseitige Verzweigung* verwendet, die allgemein folgendes Aussehen hat:

> ≫   *falls* Bedingung, *dann*
> ≫   Befehle

Dieser Pseudocode hat folgende Bedeutung:

- Die Bedingung wird berechnet. Fast immer ist dies ein *Vergleich*.

- Trifft die Bedingung zu, werden die folgenden Befehle ausgeführt; andernfalls werden sie übersprungen.

Im Assembler wird nach der Ausführung eines Befehls automatisch der nächste Befehl bearbeitet; d.h. falls die berechnete Bedingung zutrifft, wird das Programm wie gehabt fortgesetzt. Was wir hier brauchen, ist also ein Befehl, der *hinter* den angegebenen Anweisungen fortsetzt, falls die Bedingung *nicht* zutrifft.

Hierzu benötigen wir zwei neue Sprachelemente des Assemblers:

- Vergleich zweier Operanden,

- Überspringen einer Befehlsfolge, falls der angegebene Vergleich *nicht* zutrifft.

Der Vergleich zweier Operanden erfolgt über den Vergleichsbefehl `cmp`.

cmp	rs,rsa	B&W	berechnet rs-rsa und setzt Flags entsprechend
veränderte Flags: O,S,Z,A,P,C			
Bemerkungen: • Es wird die Differenz gebildet, *ohne* das Ergebnis im Zieloperanden abzuspeichern. Die Flags im Statusregister werden entsprechend dem Ergebnis dieser Subtraktion gesetzt. • Wie bei der Subtraktion darf höchstens ein Operand eine Speicherstelle sein.			

Um nun abhängig vom Ergebnis dieses Vergleichs an eine Programmstelle springen zu können, kennt der Assembler etliche *bedingte Sprungbefehle*. Alle diese Befehle inspizieren die im `cmp`-Befehl gesetzten Flags des Status-Registers und springen an das angegebene Sprungziel, falls bestimmte Flag-Kombinationen vorliegen.

In unserem Beispiel wird gesprungen, falls der Vergleich *ungleich* ergab, also die Subtraktion einen Wert ungleich Null lieferte. In diesem Fall ist das Zero-Flag Z gelöscht.

Andere arithmetische Vergleiche kann man über Kombinationen der Statusflags herausbekommen. Ist z.B. nach dem Befehl

    cmp ax,154

das Zero-Flag gleich 1 oder das Carry-Flag gleich 1, so weiß man, dass

    ax ≤ 154

zutraf: Bei Gleichheit hat man bei der Subtraktion wieder Null erhalten; ist **ax** kleiner als 154, etwa 120, so muss von einer Stelle außerhalb des Operanden geborgt werden, d.h. das Carry-Flag wird gesetzt (siehe Beispiel 5.1.1).

Aber keine Angst, so kompliziert bleibt das Assembler-Programmieren nicht. Der Assembler sieht nämlich für jeden nur denkbaren Vergleich einen eigenen bedingten Sprungbefehl vor. Die zugehörigen Flag-Kombinationen werden dann automatisch vom Rechner überprüft.

Hinter dem bedingten Sprungbefehl wird nur noch die Marke angegeben, die bei dem Befehl definiert ist, an dem weitergemacht werden soll, wenn die im Sprungbefehl angegebene Bedingung zutrifft. Andernfalls wird der Befehl einfach ignoriert und bei dem textuell folgenden Befehl weitergemacht.

Bevor wir die Tabelle sämtlicher bedingter Sprungbefehle angeben, noch drei Bemerkungen:

- Unterschiedliche arithmetische Vergleiche führen manchmal auf dieselbe Flagkombination; z.B. ist ein Vergleich auf *größer gleich* äquivalent zu *nicht kleiner*. Dies ist in der Tabelle in der Spalte *Synonym* vermerkt.

- Man kann auch abhängig vom Wert eines einzelnen Flags springen, etwa nach einem Bereichsüberlauf.

- Vergleiche auf größer oder kleiner setzen bei *vorzeichenbehafteten* Operanden andere Flags als bei *vorzeichenlosen* Operanden. Deshalb gibt es unterschiedliche Sprungbefehle für diese Operanden-Typen, die in gesonderten Tabellen angegeben sind.

Bei den bedingten Sprüngen sind die Tabellen wie folgt zu lesen: Nach dem Befehl

        cmp op1,op2

wird gesprungen, wenn zwischen op1 und op2 der angegebene Vergleich zutrifft.

Die restlichen bedingten Sprünge fragen jeweils genau ein Flag ab. Dieses Flag kann auch von einem anderen Befehl als dem cmp-Befehl gesetzt werden, z.B. durch einen Überlauf nach einer Addition.

bedingte Sprünge für beliebige Operanden			
Befehl	Synonym	Springe, wenn ...	Flag-Bedingung
jc	jb,jnae	Carry-Flag gesetzt	C=1
je	jz	= (Zero-Flag gesetzt)	Z=1
jnc	jae,jnb	Carry-Flag nicht gesetzt	C=0
jne	jnz	$\neq$ (Zero-Flag nicht gesetzt)	Z=0
jno		Overflow-Flag nicht gesetzt	O=0
jnp	jpo	Parity-Flag nicht gesetzt (parity odd)	P=0
jns		Sign-Flag nicht gesetzt	S=0
jnz	jne	Zero-Flag nicht gesetzt ($\neq$)	Z=0
jo		Overflow-Flag gesetzt	O=1
jp	jpe	Parity-Flag gesetzt (parity even)	P=1
js		Sign-Flag gesetzt	S=1
jz	je	Zero-Flag gesetzt (=)	Z=1
jcxz		cx=0	
veränderte Flags: keine			

bedingte Sprünge für vorzeichenbehaftete Operanden				
Befehl	Synonym	Springe, wenn ...		Flag-Bedingung
jg	jnle	$>$	nicht $\leq$	Z=0 und S=0
jge	jnl	$\geq$	nicht $<$	S=0
jl	jnge	$<$	nicht $\geq$	S$\neq$0
jle	jng	$\leq$	nicht $>$	Z=1 oder S$\neq$0
veränderte Flags: keine				

bedingte Sprünge für vorzeichenlose Operanden				
Befehl	Synonym	Springe, wenn ...		Flag-Bedingung
ja	jnbe	$>$	nicht $\leq$	C=0 und S=0
jae	jnb,jnc	$\geq$	nicht $<$	C=0
jb	jnae,jc	$<$	nicht $\geq$	C=1
jbe	jna	$\leq$	nicht $>$	Z=1 oder C=1
veränderte Flags: keine				

Wie bereits erwähnt, dienen die vielen gleichwertigen Befehle lediglich der flexibleren Programmierung; intern werden gleichwertige Befehle in denselben Befehlscode übersetzt.

Kommen wir nun zurück zu unserem Ratespiel. Bei der Umsetzung des angegebenen Pseudocodes im Assembler wollen wir systematisch vorgehen. Zunächst müssen wir beachten, dass im Assembler-Programm gesprungen werden soll, wenn die im Pseudocode angegebene Bedingung *nicht* erfüllt ist. Ferner werden wir *charakteristische Markennamen* einführen, um die verwendeten Kontrollstrukturen auch im Assembler-Programm leicht wiedererkennen zu können.

Zur Umsetzung der einseitigen Verzweigung im Assembler werden wir, zunächst wieder im Pseudocode, ein Schema angeben. In einem weiteren Schritt kann man dies dann ganz einfach in die entsprechenden Assemblerbefehle *übersetzen.*

Nach ähnlichen Schemata übersetzen auch Compiler für Pascal, C oder C++ die Kontrollstrukturen in Maschinencode. Damit lernen wir ganz nebenbei einen Teil der Arbeitsweise von Compilern kennen.

Schema für einseitige Verzweigung

falls Bedingung, *dann*
    Befehle
weitere Befehle

wird übersetzt in

```
falls:
    falls NICHT Bedingung, dann
        springe nach fallsEnde
    Befehle
fallsEnde:
    weitere Befehle
```

Die Markennamen `falls` und `fallsEnde` klammern die einseitige Verzweigung. Da man Marken üblicherweise ab Spalte 1 schreibt, stechen sie besonders ins Auge, und man findet leicht die gesamte Verzweigung im Programmtext wieder.

Kommen in einem Programmtext mehrere Verzweigungen vor, müssen natürlich *unterschiedliche* Markennamen verwendet werden; wir werden in unseren Beispielen die Marken durchnummerieren, indem wir an die Marken Ziffern anhängen.

☐ Beispiel 6.1.1

In Kommentarform wird der ursprüngliche Pseudocode angegeben. Baut man sich in Gedanken das obige Übersetzungsschema dazwischen, so ergeben sich fast unmittelbar die Assemblerbefehle.

```
        DOSSEG
        .MODEL  SMALL
        .STACK  100H
include macros.mac
        .DATA  ; Text und Daten -----------------
meinZeichen db      ?
Gruss   db      10,13,"Rate mein Zeichen : ",0
Erfolg  db      10,13,"Zeichen erraten. Prima!",0
        .CODE  ; ------------------------------
        ; >>>> Programm starten ------------------
begin:  mov     ax,@Data
        mov     ds,ax
        ; >>>> Rechner denkt sich ein Zeichen aus -
        randomize
        random  20h,7Eh
        ; >>>> speichern in 'meinZeichen' ---------
        mov     meinZeichen,dl
        ; >>>> Ausgabe: "Rate mein Zeichen" -------
```

```
          WriteS   Gruss
          ; >>>> Eingabe eines Zeichens -------------
          mov      ah,1     ;Tastatureingabe mit Echo
          int      21h      ;Aufruf DOS-Funktion
                            ;gelesenes Zeichen in al
falls:    ; >>>> falls meinZeichen=gelesenesZeichen -
          cmp      al,meinZeichen
          jne      fallsEnde
          ; >>>> Ausgabe: "Zeichen erraten.Prima!" --
          WriteS   Erfolg
fallsEnde:
          ; >>>> Programm beenden --------------------
          mov      ax,4c00h
          int      21h
          end      begin                                    ∎
```

Nun sind wir auch in der Lage, bei der Multiplikation einen Überlauf abzufangen. Die numerische Erklärung wurde bereits in Beispiel 5.4.3 gegeben.

□ **Beispiel 6.1.2**

```
; Abfangen eines Ueberlaufs bei Multiplikation
; (vgl. Beispiel 5.4.3)
          DOSSEG
          .MODEL  SMALL
          .STACK  100H
include macros.mac
          .DATA
z1        db       04h
z2        db       3Ch
z3        db       08h
z4        db       0FEh
          .CODE
begin:    mov      ax,@Data
          mov      ds,ax
          ; vorzeichenlose Multiplikation
          mov      al,z1
          mul      z2
falls1:   jnc      weiter1
          println "Überlauf 1"
weiter1:
          mov      al,z3
          mul      z2
          jnc      weiter2
          println "Überlauf 2"
weiter2:
          ;vorzeichenbehaftete Multiplikation
```

```
        mov     al,z1
        imul    z2
falls3: jno     weiter3
        println "Überlauf 3"
weiter3:
        mov     al,z4
        imul    z2
        jno     weiter4
        println "Überlauf 4"
weiter4:
        println "Programmende"
        mov     ax,4c00h
        int     21h
        end     begin
```

Das Programm gibt wie besprochen folgendes aus:

```
Überlauf 2
Überlauf 3
Programmende                                                                    ■
```

Jetzt wollen wir die Arbeitsweise der bedingten Sprungbefehle ganz genau besprechen.

Der Befehlszähler ip zeigt *automatisch* immer auf den Befehl, der im Programmtext hinter dem gerade bearbeiteten Befehl steht. Im Normalfall zeigt also ip auf den Befehl, der auch als nächster auszuführen ist. Die Sprungbefehle haben gerade die Aufgabe, diese streng sequentielle Abarbeitungsweise zu durchbrechen.

Ein bedingter Sprung muss nun, falls die angegebene Bedingung erfüllt ist, den Inhalt des Befehlszeigers verändern. Und dies wird auf eine ganz spezielle Weise erledigt: Die Marke, die beim bedingten Sprung als Sprungziel angegeben wird, wird vom Assembler in einen *Abstand* zwischen Sprungziel und aktuellem Wert des ip übersetzt. Zur Laufzeit des Programms wird dann dieser Abstand einfach auf den Befehlszeiger addiert.

Bei der internen Codierung eines bedingten Sprungs ist für den Abstand nur ein Byte vorgesehen. Wenn man berücksichtigt, dass *Rückwärtssprünge* durch einen *negativen Abstand* und *Vorwärtssprünge* durch einen *positiven Abstand* dargestellt werden, ist eigentlich schon klar, dass hier folgende unangenehme *Einschränkung* gilt:

Das Sprungziel eines bedingten Sprungs darf höchstens 128 Bytes vor und 127 Bytes nach dem Befehl stehen, der auf den bedingten Sprung folgt (siehe Abbildung 6.1). Ein solcher Sprung heißt auch relativer oder kurzer Sprung.

Wie man diese einengende Grenze durchbrechen kann, wird in Abschnitt 6.3 besprochen.

In Beispiel 5.6.2, in dem Kleinbuchstaben in Großbuchstaben konvertiert wurden, wurde noch nicht überprüft, ob das eingegebene Zeichen überhaupt verändert werden muss, d.h. ob es ein Kleinbuchstabe war. Dies wollen wir jetzt nachholen und das Programm zunächst im Pseudocode formulieren.

Adresse   **Assembler-Programm**

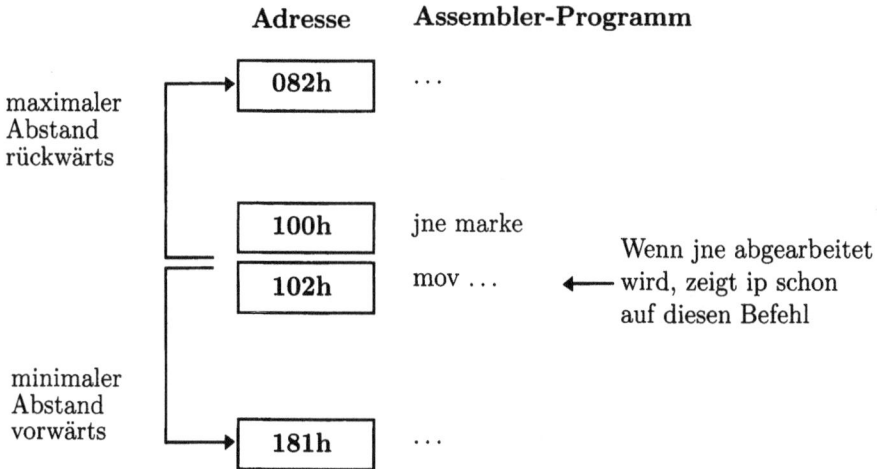

Abbildung 6.1: *So weit darf ein relativer Sprung sein*

□ Pseudocode 6.1.2

>>   *falls* (eingelesenesZeichen >= 'a')
>>   UND (eingelesenesZeichen <='z'),
>>   *dann*
>>   wandle eingelesenesZeichen in Großbuchstaben   ■

Hier haben wir ein Beispiel dafür, dass die Bedingung nicht nur aus einem Vergleich besteht, sondern aus einer Kombination von Vergleichen, die mit logischen Operationen verknüpft sind. Wie ist dies nun zu übersetzen? Wenn wir die Verknüpfungstafel für UND in Abschnitt 4.4.3 zu Rate ziehen, ist klar: Nur wenn beide Vergleiche zutreffen, wird gewandelt. Aber Vorsicht: Die angegebene Codefolge wird übersprungen, wenn nicht beide Bedingungen erfüllt sind. Nach kurzem Überlegen finden wir hierfür das folgende Übersetzungsschema:

Schema für einseitige Verzweigung mit UND-Bedingung
falls Bedingung1 UND Bedingung2, *dann*   Befehle weitere Befehle
wird übersetzt in

falls:
     falls NICHT Bedingung1, dann
          springe nach fallsEnde
     falls NICHT Bedingung2, dann
          springe nach fallsEnde
     Befehle
fallsEnde:
     weitere Befehle

☐ **Beispiel 6.1.3**

```
; Konvertierung in Grossbuchstaben
; (ohne Umlaute und scharfes s)
        DOSSEG
        .MODEL  SMALL
        .STACK  100H
include macros.mac
        .DATA
Aufford db      10,13,"Gib Zeichen ein: ",0
Gross   db      10,13,"Groábuchstabe  : "
Zei     db      ?,0
        .CODE
        ; >>>> Programm starten -------------------
begin:  mov     ax,@Data
        mov     ds,ax
        ; >>>> Bildschirmausgabe -------------------
        WriteS  Aufford
        ; >>>> Eingabe eines Zeichens -------------
        mov     ah,1
        int     21h     ; Zeichen einlesen
falls:
        ; >>>> falls kleiner 'a', springe ---------
        cmp     al,'a'
        jb      fallsEnde
        ; >>>> falls groesser 'z', springe --------
        cmp     al,'z'
        ja      fallsEnde
        ; >>>> Konvertierung in Grossbuchstaben ---
        and     al,0DFh
fallsEnde:
        ; >>>> Bildschirmausgabe -------------------
        mov     Zei,al
        WriteS  Gross
        ; >>>> Programm beenden --------------------
        mov     ax,4c00h
        int     21h
        end     begin
```

■

6.2 Die zweiseitige Verzweigung

Die erste Version unseres Ratespiels gibt nur dann eine Mitteilung auf dem Bildschirm aus, wenn wir das richtige Zeichen erraten haben. Andernfalls springt es unhöflich stumm ins Betriebssystem zurück. Wir wissen nicht einmal, welches Zeichen sich der Rechner ausgedacht hat. Dies soll nun geändert werden; dazu ersetzen wir die einseitige Verzweigung aus Pseudocode 6.1.1 durch folgenden Pseudocode:

☐ **Pseudocode 6.2.1**

≫   *falls* meinZeichen = eingelesenesZeichen, *dann*
≫   Ausgabe *"Zeichen erraten.Prima!"*
≫   *sonst*
≫   Ausgabe *"Schade, nicht erraten. Es war das Zeichen ..."*
≫   Programmende   ■

Hier haben wir die *zweiseitige Verzweigung* verwendet, die für die beiden Fälle der Bedingung unterschiedliche Befehlsfolgen ausführt. Ihre allgemeine Form und ihre Bedeutung sollen gleich am Übersetzungsschema erklärt werden.

Schema für zweiseitige Verzweigung

falls Bedingung, *dann*
        Befehle1
sonst
        Befehle2
weitere Befehle

wird übersetzt in

```falls:```
    falls NICHT Bedingung, dann
        springe nach sonst
        Befehle1
        springe unbedingt nach fallsEnde
sonst:
        Befehle2
fallsEnde:
    weitere Befehle

Die Markennamen `falls`, `sonst` und `fallsEnde` strukturieren die zweiseitige Verzweigung. Im Schema tritt ein neuer Begriff auf: der *unbedingte Sprung*. Dieser wird im Assembler durch folgenden Befehl realisiert:

jmp	*Marke*		ip:=ip+Abstand zu Marke
veränderte Flags: keine			
Bemerkung:			

- Der Befehlszähler wird mit der Adresse geladen, an der die *Marke* im Programm steht.

Der Abstand zum Sprungziel *Marke* wird beim unbedingten Sprung in einem 16 Bit-Wort gespeichert. Daher kann hier – anders als bei bedingten Sprüngen – das Sprungziel an irgendeiner Stelle im Programm stehen, also auch weiter als 128 Byte vom Sprungbefehl entfernt.

Den oben angegebenen Pseudocode unseres Beispiels programmieren wir damit wie folgt:

□ **Beispiel 6.2.1**

```
falls:   ; >>>> falls meinZeichen=gelesenesZeichen -
         cmp     al,meinZeichen
         jne     sonst
         ; >>>> Ausgabe: "Zeichen erraten.Prima!" --
         WriteS  Erfolg
         jmp     fallsEnde
sonst:   ; >>>> Ausgabe:"Schade, nicht erraten." ---
         WriteS  Misserf
         ;'meinZeichen' ist Teil der Ausgabe
fallsEnde:
```
■

6.3   Bedingungsschleifen

Die Chance, bei nur einem Rate-Versuch das Zeichen zu erraten, ist sehr klein. In diesem Abschnitt soll unser Spielprogramm so weiterentwickelt werden, dass wir mehrmals raten können. Das Programm endet nach einem Treffer. Wollen wir entnervt vorher aussteigen, kann die ESCAPE-Taste gedrückt werden. Dabei verrät uns der Rechner wieder das Zeichen, das er sich ausgedacht hat.

Um die Abbruchbedingung einfach zu gestalten, wird vor jeder Wiederholung geprüft, ob ESCAPE gedrückt wurde. Sollte man vorher treffen, wird die Eingabe des ESC-Zeichens simuliert, und das Programm merkt sich in einer Booleschen Variablen, dass wir getroffen haben. Diese wird dann bei der Verabschiedung verwendet.

Der modifizierte Pseudocode lautet dann:

☐ **Pseudocode 6.3.1**

>> Programm starten
>> `getroffen := false`
>> Rechner denkt sich ein Zeichen aus.
>> Er speichert es in der Variablen `meinZeichen`.
>> *Wiederhole folgendes*
>>   Ausgabe: `"Rate oder ESC : "`
>>   Eingabe eines Zeichens
>>   *falls* `meinZeichen = eingelesenesZeichen`, *dann*
>>   `getroffen := true`
>>   `eingelesenesZeichen := ESC`
>> *solange, bis* `eingelesenesZeichen = ESC`
>> *falls* getroffen, *dann*
>>   Ausgabe: `"Zeichen erraten. Prima!"`
>> *sonst*
>>   Ausgabe: `"Schade, mein Zeichen war .."`
>> Programm beenden   ■

Dieses Programm ist schon ziemlich komplex. Die einzige neue Konstruktion ist aber nur

>>   *Wiederhole folgendes*
>>   Befehle
>>   *solange, bis* Bedingung

Dies ist eine *Schleife mit Überprüfung am Ende*. Ihre Bedeutung geht eigentlich schon aus der deutschen Formulierung hervor. Wer es genauer haben möchte, soll sich folgendes Übersetzungsschema ansehen. Wir können nämlich schon alles programmieren!

Schema für Schleife mit Überprüfung am Ende
Wiederhole folgendes   Befehle1 *solange, bis* Bedingung weitere Befehle
wird übersetzt in

`Wdh`:
      Befehle
      falls NICHT Bedingung, dann
          springe nach `Wdh`
`WdhEnde`:
      weitere Befehle

Hinweis für Pascal-, C- und C++-Programmierer

Die Schleife mit Überprüfung am Ende entspricht in Pascal der Konstruktion

> repeat Anweisungen until Bedingung ;

in C und C++ der Konstruktion

> do Anweisung while (!Bedingung) ;

Anders als in unserem Schema und in Pascal wird in C und C++ allerdings wiederholt, falls die Bedingung wirklich gilt.

□ **Beispiel 6.3.1**

Das Pseudocode-Programm 6.3.1 übersetzt man in folgendes Assembler-Programm:

```
        DOSSEG
        .MODEL  SMALL
        .STACK  100H
include macros.mac
        .DATA
ESCape  equ     27
TRUE    equ     0FFh
FALSE   equ     0h
Rate    db      "Rate mein Zeichen oder "
        db      "Abbruch mit ESC : ",0
Misserf db      "Schade, mein Zeichen war "
meinZeichen     db      ?,10,13,0
getroffen       db      FALSE
        .CODE
begin:  ; >>>> Programm starten --------------------
        mov     ax,@Data
        mov     ds,ax
        ; >>>> Rechner denkt sich ein Zeichen aus ---
        randomize
        random  20h,7Eh
        ; >>>> speichern in 'meinZeichen' ---------
        mov     meinZeichen,dl
Wdh:    ; Wiederhole folgendes -------------------
        ; >>>> Ausgabe: "Rate oder ESC." ----------
        writeS  Rate
        ; >>>> Eingabe eines Zeichens -------------
        mov     ah,1
        int     21h
        nl              ; neue Zeile
falls1: ; >>>> falls al=meinZeichen, dann ---------
        cmp     al,meinZeichen
        jne     fallsEnde1
        ; >>>> getroffen:=TRUE --------------------
```

```
          mov     getroffen,TRUE
          ; >>>> al:=ESC -----------------------------
          mov     al,ESCape
fallsEnde1:
          cmp     al,ESCape
          jne     Wdh
WdhEnde:; >>>> solange, bis al = ESC --------------
falls2: ; >>>> falls getroffen, dann --------------
          cmp     getroffen,TRUE
          jne     sonst2
          ; >>>> Ausgabe "erraten .."----------------
          print   "Zeichen erraten. Prima!"
          jmp     fallsEnde2
sonst2: ; >>>> sonst -----------------------------
          ; >>>> Ausgabe "Schade, mein Zeichen war.."
          writeS  Misserf
fallsEnde2:
          ; >>>> Programm beenden -------------------
          mov     ax,4c00h
          int     21h
          end     begin                                    ■
```

Kontrollstrukturen können ineinander geschachtelt werden, d.h. innerhalb einer Schleife kann z.B. wieder eine Schleife oder auch eine Verzweigung vorkommen. Von dieser Möglichkeit wird jetzt Gebrauch gemacht: Der Rechner soll bei jedem missglückten Rateversuch sagen, ob das Zeichen zu groß oder zu klein war. Die Größe bezieht sich hier natürlich auf den Zahlenwert des ASCII-Zeichens. Dies liefert folgenden Pseudocode:

□ **Pseudocode 6.3.2**

≫   Programm starten
≫   Rechner denkt sich ein Zeichen aus.
≫   Er speichert es in der Variablen `meinZeichen`.
≫   Ausgabe: "Rate mein Zeichen : "
≫   Eingabe eines Zeichens
≫   *solange* (`meinZeichen` ≠ `eingelesenesZeichen`)
≫   UND (`eingelesenesZeichen` ≠ ESC), *wiederhole*
≫   *falls* `eingelesenesZeichen` > `meinZeichen`,
≫   *dann* Ausgabe " zu groß"
≫   *sonst* Ausgabe " zu klein"
≫   Ausgabe "Leider falsch! Nochmals oder ESC"
≫   Eingabe eines Zeichens.
≫   *WdhEnde:*
≫   *falls* `eingelesenesZeichen` = `meinZeichen`, *dann*
≫   Ausgabe " getroffen"
≫   *sonst*
≫   Ausgabe " Schade! Mein Zeichen war .."
≫   Programm beenden   ■

Dies ist eine *Schleife mit Überprüfung am Anfang*, deren Übersetzungsschema wie folgt aussieht:

Schema für Schleife mit Überprüfung am Anfang
solange Bedingung, *dann wiederhole*   Befehle *WdhEnde:* weitere Befehle
wird übersetzt in

`solange`:
    falls NICHT Bedingung, dann
            springe nach `WdhEnde`
            Befehle
    springe unbedingt nach `solange`
`WdhEnde`:
    weitere Befehle

Hinweis für Pascal-, C- und C++-Programmierer

Die Schleife mit Überprüfung am Anfang entspricht in Pascal der Konstruktion

```
while  Bedingung do Anweisung ;
```

in C und C++ der Konstruktion

```
while ( Ausdruck )  Anweisung ;
```

☐ **Beispiel 6.3.2**

Das folgende Programm ist logisch korrekt; dennoch gibt es bei der Assemblierung ein Problem, das wir im Anschluss an das Beispiel besprechen werden.

```
        DOSSEG
        .MODEL  SMALL
        .STACK  100H
include macros.mac
        .DATA
ESCape  equ     27
TRUE    equ     0FFh
FALSE   equ     0h
Rate    db      "Rate mein Zeichen."
        db      "Abbruch mit ESC ",0
Misserf db      "Schade, mein Zeichen war "
meinZeichen     db      ?,10,13,0
getroffen       db      FALSE
```

```
        .CODE
begin:  ; >>>> Programm starten -------------------
        mov    ax,@Data
        mov    ds,ax
        ; >>>> Rechner denkt sich ein Zeichen aus -
        randomize
        random 20h,7Eh
        ; >>>> speichern in 'meinZeichen' ---------
        mov    meinZeichen,dl
        ; >>>> Ausgabe "Rate mein Zeichen" --------
        writeS Rate
        ; >>>> Eingabe eines Zeichens -------------
        mov    ah,1
        int    21h
solange:; >>>> solange (al<<>>meinZeichen) UND ------
        ;     (al<<>>ESC) wiederhole ---------------
        cmp    al,meinZeichen
        je     WdhEnde
        cmp    al,ESCape
        je     WdhEnde
falls1: ; >>>> falls al>>meinZeichen, dann ---------
        cmp    al,meinZeichen
        jl     sonst1
        ; >>>> Ausgabe "zu gross" -----------------
        print  " -->>>>>> zu gross"
        jmp    fallsEnde1
sonst1: ; >>>> sonst -----------------------------
        ; >>>> Ausgabe "zu klein" -----------------
        print  " -->>>>>> zu klein"
fallsEnde1:
        nl
        ; >>>> Ausgabe "Nochmals .. " -------------
        print  "Falsch! Nochmals oder ESC  :  "
        ; >>>> Eingabe nach al --------------------
        mov    ah,1
        int    21h
        jmp    solange
WdhEnde:; >>>> Wdh-Ende ---------------------------
falls2: ; >>>> falls al = meinZeichen, dann -------
        cmp    al,meinZeichen
        jne    sonst2
Treffer:; >>>> Ausgabe "getroffen"  ---------------
        print  " getroffen"
        nl
        jmp    fallsEnde2
sonst2: ; >>>> sonst -----------------------------
        ; >>>> Ausgabe "Schade, es war .." --------
Abbruch:writeS Misserf
fallsEnde2:
        ; >>>> Programm beenden -------------------
        mov    ax,4c00h
        int    21h
        end    begin
```

Wenn dieses Beispiel wie angegeben übersetzt wird, erhält man zweimal die Fehlermeldung

```
Relative jump out of range by ... bytes
```

Erinnern wir uns an die Diskussion aus Abschnitt 6.1, wo wir die maximale Distanz, die ein bedingter Sprung überspringen kann, mit −128 Byte bzw. +127 Byte angegeben haben. Hier tritt nun der Fall auf, dass das Sprungziel WdhEnde weiter als 127 Byte von der Absprungstelle entfernt liegt.

Was können wir tun? Mit einem unbedingten Sprung kann man bekanntlich beliebig weit springen; bei der Umschreibung des bedingten Sprungs verwendet man dies wie folgt:

Anstelle des Befehls

```
    je  WdhEnde
```

schreibt man einfach

```
    jne weiter
    jmp WdhEnde
weiter:
```

Damit ist unser Problem schon gelöst! Wenn das so einfach ist, könnte diese Umsetzung doch schon TMASM durchführen. Der Turbo Assembler TASM macht das auch, wenn man ihn darum bittet. (Der Microsoft Assembler MASM ist hier nicht so kooperativ). Man muss lediglich irgendwo vor dem bedingten Sprung – am besten am Anfang des Programms – die Direktive

```
    jumps
```

angeben. So wird TASM angewiesen, bei jedem bedingten Sprung zu überprüfen, ob das Ziel innerhalb des Bereichs −128 Byte bis +127 Byte liegt. Ist dies nicht der Fall, wird der bedingte Sprung beim Assemblieren automatisch so in einen bedingten Sprung und einen unbedingten Sprung übersetzt, wie wir es oben angegeben haben. Mit der Direktive

```
    nojumps
```

schaltet man diese automatische Sprunganpassung wieder aus.

In Beispiel 6.3.2 haben wir den Pseudocode 6.3.2 stur nach den angegebenen Übersetzungsschemata übersetzt. Bei genauerem Hinsehen stellt man fest, dass das Programm etwas holprig ist. So wird die Schleife abgebrochen, falls

- das Zeichen getroffen wurde, d.h. eingelesenesZeichen = meinZeichen oder

- ESC eingegeben wurde.

Gleich anschließend wird erneut überprüft, was nun eigentlich eingelesenesZeichen für einen Wert hat, um die korrekte Endemeldung auszugeben.

Ein Pascal- oder C-Compiler arbeitet prinzipiell stur nach solchen Übersetzungsschemata; er erzeugt also einen Code wie im obigen Beispiel. Wir können unser Assembler-Programm aber noch optimieren, ohne dabei die Programmstruktur zu verwischen.

□ **Beispiel 6.3.3**

Die Befehle dieses Beispiels ersetzen den Programmteil von Beispiel 6.3.2, der zwischen der Marke solange und falls1 steht. Die hierbei verwendeten Sprungziele wurden bereits im Programmtext von Beispiel 6.3.2 vorgesehen. Ferner kann man sich die erneute Überprüfung mit den beiden Befehlen vor Treffer sparen. Dadurch wird das Programm um 9 Byte kürzer und natürlich auch etwas schneller.

```
solange:; >> solange (al<>meinZeichen) UND ------
        ;    (al<>ESC) wiederhole ---------------
        cmp     al,meinZeichen
        je      Treffer
        cmp     al,ESCape
        je      Abbruch
falls1: ; >> falls al>meinZeichen, dann ---------   ■
```

6.4   Zählschleifen

Häufig weiß man zu Beginn einer Schleife bereits, wie oft sie durchlaufen werden soll, z.B. beim Berechnen des Durchschnitts von 10 Zahlen.

Wir wollen unser Ratespiel so ändern, dass man 10 Rateversuche hat. Also wird 10-mal eingelesen und mit der Variablen meinZeichen verglichen. Im Pseudocode sieht der entsprechende Teil so aus:

□ **Pseudocode 6.4.1**

```
≫    ...
≫    Wiederhole 10-mal
≫        Ausgabe: "Rate ..."
≫        Eingabe eines Zeichens
≫        falls (meinZeichen = eingelesenesZeichen) dann
≫            Ausgabe: "Zeichen eraten. Prima!"
≫        wdhEnde:
≫    ...                                             ■
```

Eine solche Konstruktion heißt *Zählschleife*, bei deren Programmierung wir das Zählre-
gister cx als Schleifenzähler benutzen wollen.

☐ **Beispiel 6.4.1**

```
        ; Wiederhole 10-mal
        mov    cx,10
mal:    ; >> Ausgabe "Rate" --------------------
        WriteS  Rate
        ; >> Eingabe eines Zeichens -------------
        mov    ah,1
        int    21h
falls:  ; >> falls (meinZeichen=al), dann -------
        cmp    al,meinZeichen
        jne    fallsEnde
        print   " getroffen"
fallsEnde:
```
■

Um diese häufig vorkommende Zählschleife schneller zu machen, kennt der Assembler
einen speziellen Befehl

```
    loop mal
```

der die beiden Befehle

```
    dec cx
    jnz mal
```

realisiert. Dieser loop-Befehl ist nicht nur im Programmtext kürzer als die beiden anderen Befehle, sondern er läuft auch schneller, da er wirklich *ein einziger* Prozessorbefehl
ist.

loop	Marke	cx:=cx-1
		falls cx != 0, springe nach Marke
veränderte Flags: keine		
Bemerkung: • Die Marke muss mit einem kurzen Sprung erreichbar sein. Die jumps-Direktive kann hier *keine* automatische Sprunganpassung machen!		

Das Programm 6.4.1 ist ziemlich unfair: wenn man das Zeichen schon vor dem 10.
Versuch erraten hat, wird trotzdem penetrant weitergefragt. Eigentlich sollte die Modi-
fikation ja besagen: Man darf *maximal* 10-mal raten; hat man früher getroffen, ist das
Spiel natürlich aus.

Um dies zu programmieren, müssen wir zusätzlich zum Wert von cx noch abfragen,
ob bereits ein Treffer vorliegt, bevor die nächste Wiederholungsschleife gestartet wird.
Hierzu gibt es loop-Befehle, die zusätzlich zum Wert von cx auch noch das Ergebnis
eines vorangegangenen Vergleiches abfragen.

loope (loop if equal)	Marke	springe nach Marke, falls Zero-Flag=1 und cx !=0
veränderte Flags: keine		
Bemerkung: • loopz (loop if zero) arbeitet identisch.		

loopne (loop if not equal)	Marke	springe nach Marke, falls Zero-Flag=0 und cx !=0
veränderte Flags: keine		
Bemerkung: • loopnz (loop if not zero) arbeitet identisch.		

Damit lautet unsere verbesserte Schleife:

☐ **Beispiel 6.4.2**

```
        ; Wiederhole 10-mal
        mov     cx,10
mal:    ; >>>> Ausgabe "Rate" --------------------
        writeS  Rate
        ; >>>> Eingabe eines Zeichens ------------
        mov     ah,1
        int     21h
        ; >>>> falls ('meinZeichen'<>al),
        cmp     al,meinZeichen
        loopne  mal
        ; >>>> dann,wiederhole
WdhEnde:
```

Bemerkung für Pascal-, C- und C++-Programmierer

Die Zählschleifen entsprechen den **for**-Schleifen von Pascal, C und C++. Für die beiden Formen der **for**-Schleifen in Pascal mit **to** und **downto** läßt sich die Anzahl der Schleifendurchgänge zu Beginn der Schleife berechnen. Dies gilt allerdings nur unter der Voraussetzung, dass die Zählvariable im Schleifenrumpf nicht verändert wird, was beim sauberen Programmieren selbstverständlich sein sollte.

Die **for**-Schleifen in C und C++ sind wesentlich allgemeiner als die in Pascal. In typischen Anwendungen kann man aber auch hier die Anzahl der Schleifendurchgänge im voraus berechnen. Andernfalls ist die **for**-Anweisung eine verkappte Form der allgemeinen Wiederholungsschleife, wie sie im vorigen Abschnitt besprochen wurde.

7 Adressierungsarten

Die meisten arithmetischen Befehle haben zwei Operanden, die festlegen, *womit* der Prozessor die im Befehl angegebenen Aktionen ausführen soll. In Kapitel 5 haben wir hierfür die Abkürzung

```
rs,rsa
```

eingeführt. Damals sagten wir, dass es sich bei den Operanden um Register (r), Speichervariablen (s) oder Absolutkonstanten (a) handelt.

In diesem Kapitel wollen wir besprechen, auf welch unterschiedliche Arten der Prozessor 8086 die Werte ermitteln kann, auf die letztendlich die Operation angewendet wird.

7.1 Die unmittelbare und die direkte Adressierung

Die einfachste Art, den Wert eines Operanden im Programm anzugeben, ist, ihn einfach hinzuschreiben. In den Anweisungen

```
mov ax,-150
add ax,127+5*3
```

haben wir solche Fälle. Der konstante Ausdruck 127+5*3 wird zur Assemblierzeit ausgerechnet, was den konstanten Wert 142 liefert. Dieser Wert steht dem Additionsbefehl zur Laufzeit also unmittelbar zur Verfügung; ebenso wird bei der Zuweisung von -150 an ax der Zahlenwert unmittelbar angegeben. Man spricht von *unmittelbarer Adressierung*.

Wenn ein Operand in einer Speicherzelle steht, deren Adresse beim Befehl direkt angegeben ist, spricht man von *direkter Adressierung*. Dazu betrachten wir den folgenden Programmausschnitt:

```
        .
        .
Zahl    dw  17
        .
        .
        mov ax,Zahl
```

Was hier gemeint ist, kennen wir natürlich schon: Lade den Inhalt von Zahl ins Register ax. Man beachte den folgenden wichtigen Unterschied: Wird in einem Befehl ein Variablennamen hingeschrieben, heißt dies, dass man auf den *Inhalt* der Variablen zugreifen will. Im Gegensatz dazu bezeichnet ein Variablenname in einem konstanten Ausdruck die *Adresse* der Variablen (vgl. Abschnitt 4.4.1).

Im Assembler sieht man dem Befehl

```
mov ah,Bezeichner
```

nicht an, ob auf eine Absolutkonstante oder auf den Inhalt einer Variablen zugegriffen wird. Um hier zwischen unmittelbarer und direkter Adressierung unterscheiden zu können, muss man die – vielleicht viele Programmseiten entfernt liegende – Vereinbarung von **Bezeichner** zu Rate ziehen.

☐ **Beispiel 7.1.1**

```
;unmittelbare                  ;direkte
;Adressierung                  ;Adressierung
;================              ;================
Bezeichner   EQU   81          Bezeichner   db    "Turbo"
     ..                             ..
mov    ah,Bezeichner           mov    ah,Bezeichner
;lädt 81 nach ah               ; lädt den Buchstaben 'T' nach ah
```

■

Um im Programmtext zwischen diesen beiden Adressierungen unterscheiden zu können, *darf* man im Assembler einen Variablennamen in eckige Klammern setzen, um anzuzeigen, dass der *Inhalt* der *Variablen* gemeint ist; also:

```
     .
     .
Zahl    dw   17
     .
     .
     mov ax,[Zahl]
     .
     .
```

Der Assembler zwingt uns allerdings nicht dazu, diese Klammern zu verwenden, so dass der Befehl

```
mov ax,Zahl
```

den völlig identischen Maschinencode liefert. Schlimmer noch: Wenn man aus Versehen eine Konstante mit eckigen Klammern versieht, erhält man beim Assemblieren nur eine Warnung, dass die eckigen Klammern wohl nicht ernst gemeint waren:

```
     .
     .
Konst   EQU 17
```

```
          .
          .
     mov bx,[Konst]
Warning: [constant] assumed to mean immediate constant
          .  .  .
```

Durch direkte Adressierung wurde auch bei allen bisher verwendeten Sprungbefehlen
das Sprungziel festgelegt – die im Sprungbefehl angegebene Marke bezeichnet direkt
den Abstand zur Programmadresse, an der weitergearbeitet werden soll. Es versteht
sich wohl von selbst, dass man bei Sprüngen keine unmittelbare Adressierung brauchen
kann und diese daher auch verboten ist.

7.2 Die Index-Adressierung

In einem Assembler-Programm sei folgende Zeichenreihe vereinbart:

```
;Indizes der Buchstaben
;Platznummer:             1
;               012345678901234
Bezeichner  db  'Turbo Assembler'
```

Um etwa den zehnten Buchstaben dieser Zeichenreihe nach **ah** zu laden, schreibt man
einfach

```
     mov ah,Bezeichner+10
```

Der Assembler nimmt die Adresse von **Bezeichner**, addiert 10 auf diesen Wert und hat
damit die Adresse des gewünschten Buchstabens. Zur Laufzeit des Programms wird nun
der *Inhalt* dieser Speicherzelle – nämlich 'm' – nach **ah** geladen. Achtung: Die Zählung
der Buchstaben beginnt immer bei 0!

Können wir die Platznummer des Buchstabens erst zur Laufzeit bestimmen, versagt das
angegebene Verfahren. Schielen wir einmal kurz zu den höheren Programmiersprachen
hinüber und schauen, wie dort das Problem gelöst wird: Es wird über den Namen der
Zeichenreihe und den Index (das ist die Platznummer) des Buchstabens zugegriffen.
Dieser Index kann eine Variable sein. Auch im Assembler gibt es diese bequeme Adressierungsart: Um auf den i-ten Buchstaben unseres Beispielwortes zuzugreifen, kann man
einfach folgendes schreiben:

```
i  dw  ?
      .  .  .
;hier wird i besetzt
      .  .  .
     mov di,i
     mov ah,Bezeichner[di]
```

Diese Adressierungsart heißt *Index-Adressierung*, bei der wir im Assembler allerdings
nur spezielle Register verwenden dürfen: die Index-Register **si** bzw. **di**. Beim Befehl

```
     mov ah,Bezeichner[di]
```

wird im einzelnen Folgendes gemacht:

- Der Inhalt von **di** wird auf die Adresse **Bezeichner** addiert; dies liefert eine Adresse.
- Der Inhalt dieser Adresse wird nach **ah** geladen.

Den obigen Befehl kann man im Assembler auch so schreiben:

```
mov ah,[Bezeichner+di]
```

Wir werden im Folgenden die erste Schreibweise bevorzugen.

Unser Beispiel verdeckt ein Problem bei der Index-Adressierung: Die Adressen werden im Assembler immer als *Byte-Adressen* angegeben. Soll im Feld

```
feld    dw   20 dup (?)
```

auf das 5. Feldelement zugegriffen werden – wobei die Zählung immer ab Null beginnt –, müssen wir die richtige Byte-Adresse bestimmen: Da in dem angegebenen Feld jedes Element 2 Byte = 1 Wort lang ist, lädt man mit

```
mov ax,feld+5*2
```

das 5. Feldelement nach **ax**. Es sei nochmals darauf hingewiesen, dass **feld+5*2** ein konstanter Ausdruck ist, der zur Assemblierzeit ausgewertet wird und eine Adresse ergibt.

Beim Feld

```
feld4   dq   10 dup (?)
```

muss man den Feldindex entsprechend mit der Bytebreite 8 der Feldelemente multiplizieren.

Woher kennt man nun die Elementbreite? Klar, sie wurde bei der Deklaration durch eine Speicher-Direktive festgelegt. Wenn wir nicht jedesmal selber in der Deklaration nachschauen wollen, können wir dies auch TMASM für uns tun lassen; hierzu gibt es den Operator **type**:

```
mov ax,feld+5*type feld
```

Allgemein hat der Operator **type** folgende Form:

type *Ausdruck*
Wirkung:
• Liefert die Anzahl der von *Ausdruck* benötigten Bytes, und zwar wie folgt: Byte   1   Word   2   DWord 4   QWord 8   TByte 10

Wenn der Index des Feldelements erst zur Laufzeit des Programms bekannt ist, muss man ganz entsprechend vorgehen: Man muss dann den Index mit der Bytebreite der Elemente multiplizieren, bevor man auf das Element zugreifen kann.

☐ **Beispiel 7.2.1**

Im folgenden Programm wird ein Feld-Element auf dem Bildschirm angezeigt, dessen Index über die Tastatur eingegeben wird.

```
            DOSSEG
            .MODEL  SMALL
            .STACK  100H
include macros.mac
            .DATA
; Vorbelegte Felder
wfeld   dw      0,1,2,3,4,5,6,7,8,9,10         ;Worte
index   dw      ?
buchst  db      ?,0


            .CODE
begin:  mov     ax,@Data
        mov     ds,ax               ;Programmstart

        print   "Geben Sie einen Index ein :"
        readZ   index               ;Index einlesen

; Zugriff auf Feld mit Hilfe von type
        mov     ax,type wfeld
        mul     index
        mov     si,ax               ;Index in Bytes
        mov     bx,wfeld[si]        ;auf Feldelement
        writeZ  bx                  ;zugr. und drucken
        nl                          ;neue Zeile

        mov     ax,4c00h            ;Programm beenden
        int     21h
        end     begin               ;Programmende
```

Der indizierte Zugriff, wie er hier programmiert ist, läuft nun bei Feldern mit unterschiedlichen Element-Typen korrekt ab. Mit der bedingten Assemblierung, die wir im nächsten Kapitel besprechen, ist eine wesentlich effizientere Programmierung der Index-Berechnung möglich. Das obige Beispiel soll nur die Verwendung der neuen Direktive demonstrieren. ■

Das obige Beispiel liefert nur dann ein vernünftiges Ergebnis, wenn es tatsächlich auf ein Element des Feldes zugreift. Dazu muss der Index einen *legalen Wert* haben; er darf also nicht vor das nullte und nicht hinter das letzte Element zeigen. Da im Assembler stets ab 0 aufwärts indiziert wird, darf der Index also nicht negativ sein. Wie aber erkennt man, ob der Index hinter das letzte Element zeigt?

Falls das Feld mit einer nicht geschachtelten dup-Anweisung vereinbart wurde, kann man mit den Operatoren **Length** und **Size** arbeiten, die wie folgt definiert sind:

Length *Name*

Wirkung:

- Ist *Name* über dup deklariert, liefert Length den vor dup angegebenen Faktor, andernfalls liefert Length immer den Wert 1.

Bemerkungen:

- Length liefert also nicht die Länge eines Elements in der Form *Anzahl der reservierten Elemente*, wie der Operatorname vermuten läßt.
- Es werden weder geschachtelte dup-Anweisungen noch Werte-Listen innerhalb von dup-Klammern berücksichtigt.

☐ **Beispiel 7.2.2**

```
            DOSSEG
            .MODEL SMALL
            .STACK 100h

                .DATA
feld    dw      30 dup (4)
feld2   db      40 dup (1,2,3)
feld3   dd      20 dup ( 30 dup ('A'))
            .CODE
begin:  mov     ax,@Data
        mov     ds,ax

        mov     ax,Length feld   ;ax=30
        mov     bx,Length feld2  ;bx=40 !!!
        mov     cx,Length feld3  ;cx=20 !!!

        mov     ax,4c00h
        int     21h
        end     begin
```
■

Size *Name*
Wirkung: • Liefert den von *Name* beanspruchten Speicherplatz in Byte nach der Formel Length * Type. Dabei gelten die bei Length angegebenen Einschränkungen.

☐ **Beispiel 7.2.3**

```
 . . .
        .DATA
feld    dw      30 dup (4)
feld2   db      40 dup (1,2,3)
feld3   dd      20 dup ( 30 dup ('A'))
        .CODE
 . . .
        mov     ax,Size feld  ;ax=60
        mov     bx,Size feld2 ;bx=40 !!!
        mov     cx,Size feld3 ;cx=80 !!!
```
■

☐ **Beispiel 7.2.4**

Im folgenden Programm wird ein Zahlenfeld mit Zufallszahlen gefüllt und auf dem Bildschirm ausgegeben. Danach wird ein Index von der Tastatur eingelesen und, falls er legal ist, das entsprechende Element auf dem Bildschirm ausgegeben; andernfalls wird eine Fehlermeldung erzeugt.

```
        DOSSEG
        .MODEL  SMALL
        .STACK  100H
        jumps
include macros.mac
        .DATA
ANZAHL  EQU     79
feld    dw      ANZAHL dup (?)
index   dw      ?
lnge    EQU     Length feld
        .CODE
begin:  mov     ax,@Data
        mov     ds,ax   ;Programmstart

        randomize       ;Init. Zufall
        mov     cx,lnge
        xor     di,di
;  Feld mit Zufallszahlen besetzen
```

```
;      --------------------------------
init:   random  0,0ffffh
        mov     feld[di],dx
        inc     di
        inc     di
        loop    init
; Feld ausgeben
;      -------------
        print   "Ausgabe des Feldes"
        nl
        mov     cx,lnge
        xor     di,di
ausschl:writeZ  feld[di]
        inc     di
        inc     di
        loop    ausschl
        nl
; Index eingeben
;      --------------
        print   "Geben Sie Index zwischen 0 und "
        writeZ  lnge-1
        print   "  ein : "
        readZ   index
; Ist eingegebener Index legal ??
;      ----------------------------
        cmp     index,lnge  ;Elementzahl von feld
        jge     Fehler      ;wenn größer, Fehler
        cmp     index,0
        jl      Fehler      ;wenn negativ, Fehler
; Elementzugriff
;      --------------
        mov     ax,type feld
        mul     index
        mov     di,ax
        print   "Gesuchtes Element ist : "
        writeZ  feld[di]
        nl
        jmp     Finis
Fehler: print   "Illegaler Index !!"
        nl
Finis:  mov     ax,4c00h    ;Programmende
        int     21h
        end     begin
```

Häufig verwendet man initialisierte Felder, die in folgender Form vereinbart werden:

```
feld    dw  1,2,3,4,5,6
```

Da diese Vereinbarung nicht die **dup**-Direktive verwendet, liefern die Operatoren **Length** und **Size** nicht die gewünschten Ergebnisse. Was können wir tun? Wir können die Feldlänge direkt vom TMASM berechnen lassen (siehe Beispiel 4.4.3):

```
feld    dw   1,2,3,4,5,6,....
Lnge    EQU  $-feld
```

In höheren Programmiersprachen kann man sehr einfach mit zweidimensionalen Feldern oder Matrizen arbeiten, indem man zwei Indizes verwendet: einen für die Zeile und einen für die Spalte.

Wir wollen uns nun dem Problem widmen, wie man im Assembler mit solchen Datenstrukturen arbeitet. Man kann die Frage auch anders stellen: Wie übersetzt ein Compiler – etwa ein Pascal-Compiler – den Zugriff auf ein Matrix-Element, das in der i-ten Zeile und der j-ten Spalte steht (siehe Abbildung 7.1)?

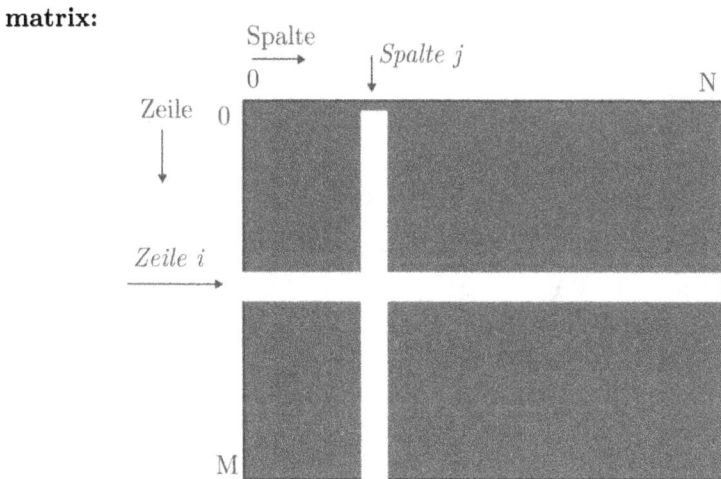

Abbildung 7.1: Matrix

Da im Speicher die Elemente linear hintereinander abgelegt sind, muss die zweidimensionale Datenstruktur **matrix** im Speicher linear abgelegt werden. Am nächstliegenden ist es, eine Zeile hinter der anderen im Speicher abzulegen (siehe Abbildung 7.2)

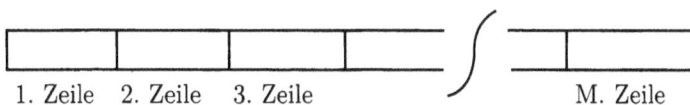

Abbildung 7.2: Zeile

□ Beispiel 7.2.5

Der Einfachheit halber zählen wir die Spalten und Zeilen ab 0. Anhand der Abbildungen kann man sich leicht klarmachen, dass das folgende Programm auf das Matrix-Element in der i-ten Zeile und der j-ten Spalte zugreift.

```
        DOSSEG
        .MODEL SMALL
        .STACK  100H
include macros.mac
        .DATA
;   Daten
Matrix  dw      00,01,02,03,04,05
        dw      10,11,12,13,14,15
        dw      20,21,22,23,24,25
        dw      30,31,32,33,34,35
        dw      40,41,42,43,44,45
        dw      50,51,52,53,54,55
N       =       6
i       dw      ?
k       dw      ?
        .CODE
BEGIN:  mov     ax,@Data
        mov     ds,ax           ;Programmbeginn
        print   "Gib Zeilenindex i ein : "
        readZ   i               ;Lies Zeilenindex ein
        print   "Gib Spaltenindex j ein : "
        readZ   k               ;Lies Spaltenindex ein
; Adressberechnung : Matrix + i*N + k
; ----------------------------------
        mov     ax,[i]
        mov     cx,N
        mul     cx              ;dx:ax enthält i*N
        add     ax,[k]          ;          ... + k
        mov     si,ax
        shl     si,1            ;Matrix besteht aus Worten
        writeZ  Matrix[si]      ;si muß Byte-Index sein
        nl                      ;Element ausgeben
        mov     ax,4c00h        ;Programmende
        int     21h
        end     begin
```

7.3 Die indirekte Adressierung

Jetzt stellen wir uns die Aufgabe, die Elemente einer Matrix nacheinander auf dem Bildschirm auszugeben. Auf die einzelnen Matrix-Elemente kann man so zugreifen, wie es in Beispiel 7.2.5 gezeigt wurde. Diese Zugriffsart ist aber wegen der dort verwendeten Multiplikation recht aufwendig. Im vorliegenden Problem, bei dem immer ein Element nach dem anderen bearbeitet wird, könnte man an die Matrix-Elemente auch einfacher gelangen: Wenn man das Anfangselement kennt, erreicht man das nächste einfach dadurch, dass man im Speicher so viele Bytes weiterschaltet, wie ein Matrix-Element belegt, in unserem Beispiel also 2.

Dies kann man über die *indirekte Adressierung* programmieren, bei der die Adresse einer Variablen in einem Register steht. Mit diesem Registerinhalt kann man rechnen, etwa den Wert weiterschalten. Dazu muss man auf die *Adresse einer Variablen* zugreifen können, was man mit dem Operator `offset` erledigt:

---

offset *Ausdruck*

Wirkung:

- Liefert die Adresse (den Offset) innerhalb eines Segments als die Anzahl der Bytes zwischen dem Segment-Anfang und der durch *Ausdruck* festgelegten Speicherstelle.

Der folgende Programm-Ausschnitt speichert die *Anfangsadresse* des Speicherbereichs von 5*5 Worten = 50 Bytes in das Register **bx**.

```
        . . .
matrix  dw  5 dup (5 dup (?))
        . . .
        mov bx,Offset matrix
```

Auf den *Inhalt* der Speicherstelle, deren Adresse im Register **bx** steht, greift man zu, indem man das Register in eckige Klammern setzt:

```
    mov ax,[bx]
```

Wenn wir uns an die speziellen Fähigkeiten der Register unseres Intel-Prozessors erinnern (siehe Abschnitt 5.1), überrascht es nicht, dass die indirekte Adressierung nur mit speziellen Registern erlaubt ist: Auf Variable, die im Datenbereich liegen, kann man zur indirekten Adressierung nur die Register **bx**, **si** und **di** verwenden. Für die indirekte Adressierung von Variablen, die auf dem Keller (stack) liegen, verwendet man das Register **bp**. Mit Variablen auf dem Keller werden wir uns noch intensiv im Kapitel 9 beschäftigen.

☐ **Beispiel 7.3.1**

Das folgende Programm gibt den Inhalt einer Matrix zeilenweise auf dem Bildschirm
aus.

```
        DOSSEG
        .MODEL SMALL
        .STACK  100H
include macros.mac
        .DATA
;  Daten
Matrix  dw      00,01,02,03,04,05
        dw      10,11,12,13,14,15
        dw      20,21,22,23,24,25
        dw      30,31,32,33,34,35
        dw      40,41,42,43,44,45
        dw      50,51,52,53,54,55
N       =       6
element dw      ?
puffer  db      8 dup (?),0
groesse dw      8
        .CODE
BEGIN:  mov     ax,@Data
        mov     ds,ax

        mov     cx,N            ;Elemente pro Zeile
        xor     dx,dx           ;zählt Zeilen
        mov     bx,Offset matrix
schl1:  writeZ  [bx]            ;Matrix-Elemente
        add     bx,TYPE matrix  ;zeilenweise
        loop    schl1
        nl                      ;auf
        inc     dx              ;nächste Zeile
        mov     cx,N            ;schalten
        cmp     dx,N
        jl      schl1

        mov     ax,4c00h        ;Programmende
        int     21h
        end     begin
```

■

7.4 Die basis-indizierte Adressierung

Kombiniert man die indizierte und die indirekte Adressierung, so erhält man die komplexeste Art der Adressierung: die *basis-indizierte Adressierung*.

Hier ergibt sich die Adresse eines Operanden aus der Addition des Inhalts zweier Register und einer Konstanten. Wie im Assembler üblich, sind hierbei wieder nur spezielle Register erlaubt; Abbildung 7.3 zeigt das allgemeine Format der basis-indizierten Adressierung.

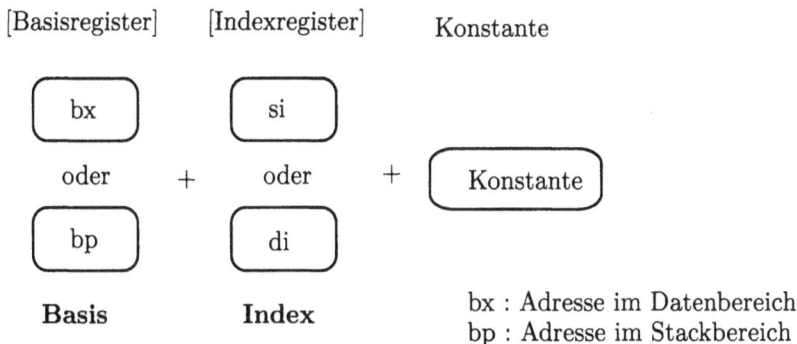

Abbildung 7.3: basis-indizierte Adressierung

Die Summe, die sich aus dem Ausdruck errechnet, muss eine Speicher-Adresse ergeben; d.h. einer der Summanden muss eine Adresse bezeichnen. Dass die Addition zweier Adressen keinen Sinn macht, wurde schon ausführlich in Abschnitt 4.4.1 besprochen.

Bezüglich der Schreibweise solcher Operanden-Ausdrücke lässt uns der Assembler große Freiheiten: Wie in Abbildung 7.3 angegeben, kann jedes Register mit eckigen Klammern geklammert werden; man kann die Register aber auch innerhalb eines Paares eckiger Klammern mit dem +-Operator addieren. Auch die Reihenfolge der angegebenen Komponenten ist weitgehend beliebig. So sind z.B. alle folgenden Befehle gleichbedeutend:

```
mov    ax,matrix[bx][di]
mov    ax,matrix[bx+di]
mov    ax,[matrix][bx+di]
mov    ax,[matrix][bx][di]
mov    ax,[bx]+matrix[di]
mov    ax,[matrix+bx][di]
mov    ax,[matrix+bx+di]
mov    ax,[bx+matrix+di]
```

Damit noch nicht genug: In dem in Abbildung 7.3 angegebenen Ausdruck kann jeder der drei möglichen Summanden auch fehlen, solange sich noch ein vernünftiger Ausdruck ergibt; damit ist auch klar, dass *nicht alle* Summanden gleichzeitig fehlen dürfen.

Nach der letzten Regel sind alle bisher behandelten Adressierungsarten Spezialfälle der basis-indizierten Adressierung. Insgesamt kennt der Assembler 17 verschiedene Adressierungsarten:

```
      [bx]                    [bp]
      [si]                    [di]
      [bx+si]                 [bp+si]
      [bx+di]                 [bp+di]
      [bx+Konstante]          [bp+Konstante]
      [bx+si+Konstante]       [bp+si+Konstante]
      [bx+di+Konstante]       [bp+di+Konstante]
      [si+Konstante]          [di+Konstante]
      [Konstante]
```

□ **Beispiel 7.4.1**

Das folgende Programm gibt wieder eine Matrix zeilenweise auf den Bildschirm aus.
Anders als in Beispiel 7.3.1 verwenden wir hier als Zeilenindex das Register bx, als
Spaltenindex das Register di.

```
          DOSSEG
          .MODEL SMALL
          .STACK   100H
          jumps
include macros.mac
          .DATA
;  Daten
Matrix dw      00,01,02,03,04,05
          dw      10,11,12,13,14,15
          dw      20,21,22,23,24,25
          dw      30,31,32,33,34,35
          dw      40,41,42,43,44,45
          dw      50,51,52,53,54,55
N         =       6
          .CODE
BEGIN:    mov     ax,@Data
          mov     ds,ax

          xor     bx,bx        ;Elemente pro Zeile
          xor     di,di        ;Anzahl Zeilen
schl1:    writeZ  matrix[bx][di]
                               ;Matrixelement ausgeben
          add     di,Type matrix
                               ;erhöhe Index typgerecht
          cmp     di,N*Type matrix;Zeile fertig ?
          jl      schl1
          nl                          ;neue Zeile
          add     bx,N*Type matrix
                               ;bx auf nächste Zeile
          xor     di,di        ;Spaltenindex auf 0
          cmp     bx,N*N*Type matrix
                               ;ganze Matrix fertig?
          jl      schl1
```

```
        mov     ax,4c00h    ;Programmende
        int     21h
        end     begin
```
∎

Bei der indirekten und basis-indizierten Adressierung taucht plötzlich ein Problem auf: Im Assembler sind alle Befehle mit einem bestimmten Datentyp verbunden; intern heißt dies, dass der Rechner wissen muss, mit wie vielen Bit er zu rechnen hat. Dies wird in den Operanden eines Befehls direkt oder indirekt angegeben. So weiß der Rechner etwa, dass er beim Befehl

```
    mov ah,bl
```

einen 8 Bit-Wert übertragen muss, da beide Operanden halbe Register sind. Von TMASM wird überprüft, ob beide Operanden eines Befehls gleiche Bitbreite haben. Der Befehl

```
    mov ah,Wert
```

wird z.B. nur dann ohne Fehlermeldung übersetzt, wenn `Wert` entweder eine Konstante ist, die in einem Byte darstellbar ist, oder über die Direktive `db` als Bytevariable definiert ist. Ansonsten gibt TMASM eine entsprechende Fehlermeldung aus.

Wenn nun auf eine Speicherstelle indirekt zugegriffen wird, so kommt TMASM bei der Typ-Überprüfung in Schwierigkeiten. Betrachten wir hierzu ein Beispiel.

☐ **Beispiel 7.4.2**

TMASM gibt bei der Übersetzung des folgenden Programms eine Warnung aus, die man beachten sollte. Wenn Sie dieses kleine Programm unter der Regie des Turbo Debuggers ablaufen lassen, sollten Sie den Inhalt der Variablen `VarB` und `VarW` beobachten. Einzelheiten dazu werden im Anschluss an das Beispiel diskutiert.

```
        DOSSEG
        .MODEL  SMALL
        .STACK  100H
        .DATA
VarB    db      0FFh
VarW    dw      116Fh
        .CODE
begin:  mov     ax,@Data
        mov     ds,ax
;Beobachten Sie Inhalt von 'VarW' im TDebug
        mov     bx,offset VarB
        inc     [bx]
        ;hier müßte "BYTE ptr [bx]" stehen
        mov     ax,4c00h
        int     21h
        end     begin
```
∎

Im Befehl

    inc [bx]

soll der Inhalt der Speicherstelle, deren Adresse in **bx** steht, um 1 erhöht werden. Im Beispiel ist dies die Adresse der Byte-Variablen **VarB**, die den Wert 0FFh hat. Da TMASM nicht weiß, ob ein Byte oder ein Wort inkrementiert werden soll, gibt er ein Warnung aus:

Warning: Argument needs type override

Nach einer solchen Warnung kann das Programm weiterübersetzt, gebunden und gestartet werden. Wenn das Programm dann im Turbo Debugger gestartet wird, sollten die Variablen **VarB** und **VarW** im Watch-Fenster beobachtet werden. Dazu gibt man nach Ctrl F7 den ersten Variablennamen ein und wiederholt dies mit dem zweiten. Wird das Programm mit F7 schrittweise abgearbeitet, sieht man vor dem **inc**-Befehl folgende Inhalte:

    VarB   byte   ' ' 255 (FFh)
    VarW   word   4463   (116Fh)

Jetzt wird der **inc**-Befehl ausgeführt, und man sieht im Watch-Fenster folgendes:

    VarB   byte   ' ' 0 (0h)
    VarW   word   4464   (1170h)

Was ist passiert? Nun, der **inc**-Befehl hat die Adresse in **bx**, nämlich die Anfangsadresse der Bytevariablen **VarB**, als Anfangsadresse eines *Wortes* betrachtet (daher die Warnung). Da die einzelnen Bytes eines Wortes im Speicher "falsch herum" stehen (siehe Abschnitt 4.3), hat der Speicher das in Abbildung 7.4 angegebene Aussehen.

Der **inc**-Befehl inkrementiert also das *Wort*, das bei **VarB** sein low-Byte und beim low-Byte von **VarW** sein high-Byte hat. Dieses Wort hatte vor der Erhöhung den Wert

    6FFFh

der um 1 erhöht wird und somit den Wert

    7000h

VarB	FFh	einziges Byte
VarW	6FH	low Byte
	11h	high Byte

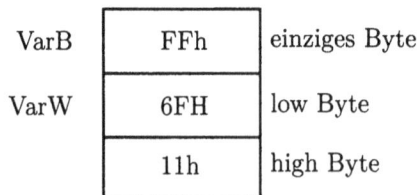

Abbildung 7.4: Speicherinhalt

erhält. Der Turbo Debugger zeigt die Variablenwerte im Watchfenster aber genau so an, wie wir es im Assembler-Programm definiert haben. Damit hat jetzt die Variable VarW den Wert

> 1170h

Wie kann man das Programm korrigieren? Der inc-Befehl muss wissen, dass nur ein Byte erhöht werden darf, d.h. dass sein Operand vom Typ *Byte* ist. Dies wird im Assembler durch den Operator ptr angegeben.

Type ptr *Ausdruck*

Wirkung:

- Erzwingt den als *Typ* angegebenen Datentyp für den *Ausdruck*.

Bemerkung:

- Als *Typ* kann angegeben werden:
  - für Daten: byte, word, dword, qword, tbyte
  - für Code-Marken (siehe Kapitel 9): proc, near, far

Mit dem Operator ptr wird also ein Operand mit einem Datentyp versehen. Man kann damit aber auch vorhandene Datentypen überschreiben, wie folgendes Beispiel zeigt.

☐ **Beispiel 7.4.3**

Im folgenden Programm-Ausschnitt wird mit Hilfe des Operators ptr auf Teile des Quadwortes quad zugegriffen.

```
        .DATA
quad    dq      1122334455667788h
        .CODE
begin:  mov     ax,@Data
        mov     ds,ax

        mov     al,byte ptr quad
        ;lädt das niederwertigste Byte
        ;nach al, also 88h
        mov     bx,word ptr quad+1
        ;lädt das zweit- und drittniedrigste Byte
        ;nach bx, also 6677h
```

7.5   Die index-indirekte Adressierung

Nachdem wir nun alle Adressierungsmöglichkeiten des Assemblers kennengelernt haben, wollen wir in diesem Abschnitt noch zwei interessante Anwendungsbeispiele behandeln. Beiden Beispielen ist gemeinsam, dass in einem Feld keine Konstanten, sondern Adressen gespeichert werden (siehe Abbildung 7.5). Diese Adressierungsart heißt *index-indirekte Adressierung*.

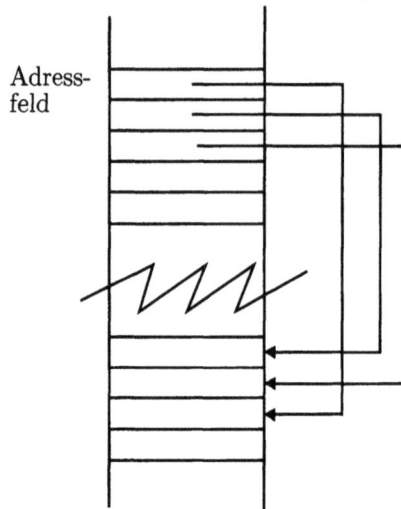

Abbildung 7.5: *index-indirekte Adressierung*

Im ersten Beispiel soll eine Folge von Zeichenreihen, die wahllos eingegeben wurde, sortiert werden. Anstatt nun die Zeichenreihen im Speicher umzusortieren, werden wir Zeiger auf die Zeichenreihen einführen und nur diese Zeiger umsortieren. Diese Technik wird in Datenbanken verwendet, wenn die Datensätze nach einem speziellen Kriterium sortiert werden. Die eingeführten Zeiger heißen *Schlüssel*. Mit verschiedenen Schlüssellisten kann man eine Datenbank nach unterschiedlichen Kriterien sortieren, ohne die Datensätze kopieren zu müssen.

Im zweiten Beispiel werden wir eine Lücke schließen, die im vorigen Kapitel bei den Kontrollstrukturen noch offengeblieben ist: Es wird die Fallunterscheidung realisiert.

☐ Beispiel 7.5.1

Eine Folge von Zeichenreihen soll sortiert auf dem Bildschirm ausgegeben werden. Dazu werden wir ein Zeigerfeld verwenden; das ist ein Feld, das die Adressen der Anfänge der Texte in der gewünschten Reihenfolge enthält. Da wir uns auf die index-indirekte Adressierung konzentrieren wollen, wird das Zeigerfeld in unserem Beispiel gemäß Abbildung 7.6 direkt im Programm angegeben.

Platznummer

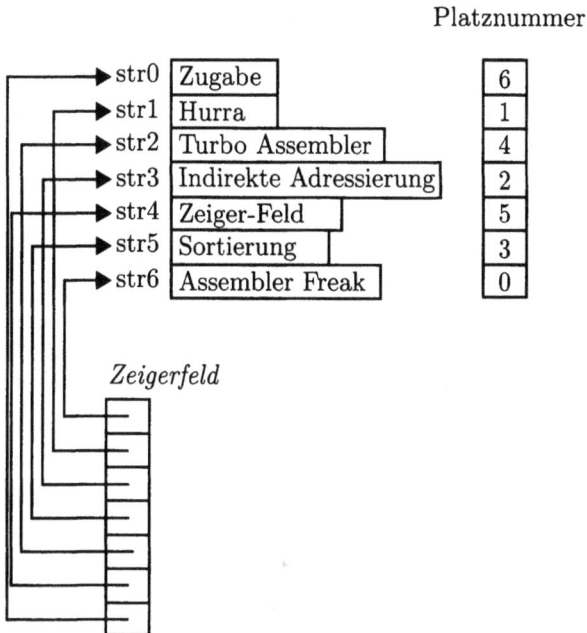

Abbildung 7.6: index-indirekte Adressierung: Zeigerfeld

```
          DOSSEG
          .MODEL   SMALL
          .STACK   100H
include macros.mac
          jumps
          .DATA
str0      db       "Zugabe",0
str1      db       "Hurra",0
str2      db       "Turbo Assembler",0
str3      db       "Indirekte Adressierung",0
str4      db       "Zeiger-Feld",0
str5      db       "Sortierung",0
str6      db       "Assembler-Freak",0

zeiger    dw       str6,str1,str3,str5,str2,str4,str0
ZLge      EQU      $-zeiger

          .CODE
begin:    mov      ax,@Data
          mov      ds,ax    ;Programmbeginn

          xor      di,di
Schl:     write    zeiger[di]
```

```
      nl                   ;String ausgeben
      inc    di
      inc    di            ;Index weiterschalten
      cmp    di,ZLge
      jl     Schl
      mov    ax,4c00h;Programmende
      int    21h
      end    begin                                              ∎
```

In Kapitel 6 wurden die Kontrollstrukturen höherer Programmiersprachen im Assembler nachgebildet. Damals wurde eine wichtige Kontrollstruktur ausgeklammert: die *Fallunterscheidung*. Dies wollen wir jetzt nachholen. In einem kleinen Beispiel soll ein Programm-Menü realisiert werden.

Abhängig von dem eingegebenen Buchstaben wird ein spezieller Menüpunkt angesprungen, der im Beispiel durch eine kurze Bildschirm-Ausgabe realisiert wird. Wird eine falsche Taste gedrückt, wird dies gemeldet.

Das Programm wird zunächst im Pseudocode angegeben.

☐ **Pseudocode 7.5.1**

≫   Programm starten.
≫   Ausgabe "Geben Sie eine Ziffer (1...4) ein "
≫   Eingabe eines Zeichens.
≫   *Abhängig von* Zeichen *tue Folgedes*
≫   *für* '1': Ausgabe "eins"
≫   *für* '2': Ausgabe "zwei"
≫   *für* '3': Ausgabe "drei"
≫   *für* '4': Ausgabe "vier"
≫   *sonst* Ausgabe "falsche Eingabe !"
≫   *Fall-Ende*
≫   Programm beenden.   ∎

Im vorliegenden Beispiel treffen wir die angenehme Eigenschaft an, dass die Werte für die einzelnen Fälle aufeinanderfolgende Werte (ASCII-Zeichen) sind. In solchen Fällen kann man die Fallunterscheidung so effizient realisieren, wie dies im folgenden Beispiel gezeigt wird: Das Programm springt indirekt über eine *Verteilerliste* an den entsprechenden Fall. Aus dem Wert der Auswahlvariablen kann man unmittelbar den Index in die Verteilerliste berechnen.

☐ **Beispiel 7.5.2**

```
      DOSSEG
      .MODEL  SMALL
      .STACK  100H
      jumps
include macros.mac
```

```
           .DATA
puffer   db       8 dup (?)
groesse  dw       8
zahl     dw       ?
case     dw        eins, zwei, drei, vier
           .CODE
begin:   mov      ax,@Data
         mov      ds,ax    ;Programmanfang

         print    "Geben Sie eine Zahl (1..4) ein : "
         readZ    zahl     ;lies 'zahl' ein
         mov      bx,zahl
         dec      bx       ;Index ab 0
         shl      bx,1     ;1 Wort=2 Byte
         cmp      zahl,1
         jl       sonst
         cmp      zahl,4
         jg       sonst
         jmp      case[bx];Index legal
eins:    print    "Eins"
         jmp      EndCase
zwei:    print    "Zwei"
         jmp      EndCase
drei:    print    "Drei"
         jmp      EndCase
vier:    print    "Vier"
         jmp      EndCase
sonst:   print    "falsche Eingabe"
EndCase:mov       ax,4c00h;Programmende
         int      21h
         end      begin
```

Sind die Werte der einzelnen Fälle nicht so schön aufeinander folgend wie im obigen Beispiel, sondern wild durcheinander gewürfelt, wird die Fallunterscheidung am besten durch eine Folge von zweiseitige Bedingungen realisiert. Diese Technik wird übrigens generell von Pascal-, C- und C++-Compilern gewählt.

7.6   Die Stringadressierung

Die mächtigsten Befehle des 8086 sind die so genannten Stringbefehle. Mit einem einzigen Stringbefehl kann man auf einen Speicherbereich zugreifen, wobei die verwendeten Zeiger automatisch weitergeschaltet werden. Ein solcher Speicherbereich kann bis zu 64 KByte groß sein. Der Name Stringbefehl deutet an, dass diese Befehle häufig bei der Verarbeitung von Zeichenreihen (Strings) Verwendung finden. Die Anwendung von Stringbefehlen ist aber nicht auf Zeichenreihen beschränkt.

Wir unterteilen die Stringbefehle in die folgenden drei Klassen:

- Stringbefehle zum Datentransport zwischen Registern und Speicherbereich bzw. zwischen zwei Speicherbereichen;

- Stringbefehle zum Durchsuchen eines Speicherbereichs nach einem Wert, der in einem Register steht;

- Stringbefehle zum Vergleich zweier Speicherbereiche.

Bevor wir die einzelnen Stringbefehle besprechen, wollen wir zunächst ihre typischen Eigenschaften zusammenstellen. Ähnlich wie beim Multiplikationsbefehl haben die Stringbefehle *fest vorgegebene Operanden*, und zwar liegen hier *alle* Operanden fest. Für alle Stringbefehle gilt folgendes einheitliche Schema:

- Wird ein Registeroperand verwendet, ist dies immer das Register `ax` für ein Wort bzw. `al` für ein Byte.

- Die Speicherbereiche werden stets über die Registerpaare

  ```
  ds:si      (Quellbereich)
  ```

  und

  ```
  es:di      (Zielbereich)
  ```

adressiert. Wegen dieser Eigenschaft haben die beiden Index-Register ihre Namen: `si` heißt *source index* oder Quell-Index-Register und `di` *destination index* oder Ziel-Index-Register.

Meistens werden die Speicherbereiche in Richtung aufsteigender Adressen durchlaufen. Manchmal kann es aber auch bequem oder notwendig sein, in der umgekehrten Richtung vorzugehen. Entsprechend müssen dann die beteiligten Index-Register `si` und `di` erhöht bzw. erniedrigt werden. Welche Richtung für die automatische Zeiger-Fortschaltung zu wählen ist, legt das *Direction-Flag* des Status-Registers fest: Ist es *nicht gesetzt*, werden die Index-Register erhöht; d.h. man arbeitet mit *aufsteigenden* Adressen. Andernfalls werden die Index-Register erniedrigt. Um die gewünschte Richtung auswählen zu können, muss man das Direction-Flag verändern können. Hierzu dienen die beiden folgenden Befehle:

cld			(Clear direction flag)
veränderte Flags: D			
Bemerkung • Direction-Flag wird auf 0 gesetzt (aufsteigende Reihenfolge).			

std			(Store direction flag)
veränderte Flags: D			
Bemerkung: • Direction-Flag wird auf 1 gesetzt (absteigende Reihenfolge).			

Nachdem die Richtung der Zeiger-Fortschaltung geklärt ist, muss noch die Frage beantwortet werden, ob um ein Byte oder ein Wort weitergeschaltet werden soll. Dies wird einfach dadurch gelöst, dass an den Befehl ein b (für Byte) bzw. ein w (für Wort) angehängt wird.

In den folgende Abschnitten werden die einzelnen Stringbefehle besprochen.

7.6.1   Stringbefehle zum Datentransport

Die Befehle stosw und stosb übertragen den Inhalt von ax bzw. al in einen Speicherbereich:

stosb stosw		B W	
veränderte Flags: keine			
Wirkung: • Der Inhalt von al bzw. ax wird in den Speicherbereich übertragen, der über es:di adressiert ist. • Das Ziel-Index-Register di wird um 1 bzw. 2 erhöht, falls das Direction-Flag nicht gesetzt ist; andernfalls wird es erniedrigt.			

Den stosb-Befehl kann man bequem zum Initialisieren von Speicherbereichen verwenden.

☐ Beispiel 7.6.1

Der Zielbereich für den stos-Befehl muss über das Registerpaar es:di adressiert werden. Da bei uns im Moment alle Daten in *einem* Datenbereich liegen, muss das es-Register denselben Wert wie ds haben. Beim mov-Befehl darf aber *höchstens ein* Operand ein Segment-Register sein (siehe Abschnitt 5.2). Deshalb braucht man hier die zwei unten angegebenen mov-Befehle zum Besetzen des es-Registers.

Das folgende Programm initialisiert die Elemente von Feld mit den Werten 0,1,2 usw.

```
        DOSSEG
        .MODEL   SMALL
        .STACK   100H
include macros.mac
        .DATA
ANZAHL  EQU      10000
```

```
Feld    dw      ANZAHL dup (?)
        .CODE
begin:  mov     ax,@Data
        mov     ds,ax
;Einstellen der Register auf Feld
        mov     ax,ds
        mov     es,ax           ;es vorbesetzen
        mov     di,Offset Feld  ;di vorbesetzen
;Richtung einstellen
        cld                     ;aufsteigend
;weitere Initialisierungen
        mov     cx,ANZAHL       ;Zähler
        xor     ax,ax
;Initialisierungsschleife
Schl:   stosw
        inc     ax
        loop    Schl            ;Schleife
        mov     ax,4c00h        ;Programmende
        int     21h
        end     begin                                    ∎
```

Symmetrisch zu stos holt man mit den Befehlen lodsw und lodsb aus einer bestimmten Stelle des Speicherbereichs einen Wert in ein Register.

lodsb lodsw		B W	
veränderte Flags: keine			
Wirkung: <ul><li>Ein Byte bzw. Wort wird von der durch ds:si adressierten Speicherstelle nach al bzw. ax übertragen.</li><li>Das Quell-Index-Register si wird um 1 bzw. 2 erhöht, falls das Direction-Flag nicht gesetzt ist; andernfalls wird es erniedrigt.</li></ul>			

Mit diesen neuen Befehlen wollen wir Beispiel 7.2.2 verbessern, wo ein Zahlenfeld mit Zufallszahlen besetzt und auf dem Bildschirm ausgegeben wurde.

☐ **Beispiel 7.6.2**

Das folgende Programm gibt ein mit Zufallszahlen initialisiertes Feld aus (vgl. Beispiel 7.2.4). Die verwendeten String-Befehle sind mit <<-- gekennzeichnet.

```
DOSSEG
.MODEL  SMALL
.STACK  100H
jumps
```

```
include macros.mac
        .DATA
ANZAHL  EQU     79
feld    dw      ANZAHL dup (?)
lnge    EQU     Length feld
        .CODE
begin:  mov     ax,@Data
        mov     ds,ax   ;Programmanfang
        randomize
        mov     cx,lnge
        mov     ax,ds
        mov     es,ax   ;es vorbesetzen
        mov     di,Offset feld
;  Feld mit Zufallszahlen besetzen
;  ------------------------------
init:   random  0,0ffffh
        mov     ax,dx
        stosw                   ;<<<<--
        loop    init
; Feld ausgeben
; --------------------------------------------
        print   "Ausgabe des Feldes"
        nl
        mov     cx,lnge
        mov     si,Offset Feld
ausschl:lodsw                   ;<<<<--
        writeZ  ax,8
        loop    ausschl
        nl
; --------------------------------------------
        mov     ax,4c00h                ;Programmende
        int     21h
        end     begin
```

Sollen Speicherbereiche kopiert werden, so verwendet man die Befehle movsw oder movsb.

movsb		B	
movsw		W	
veränderte Flags: keine			
Wirkung:			

- Ein Byte bzw. Wort wird von der durch ds:si adressierten Speicherstelle an die über es:di adressierte Speicherstelle übertragen.
- Die Index-Register si und di werden um 1 bzw. 2 erhöht, falls das Direction-Flag nicht gesetzt ist; andernfalls wird es erniedrigt.

☐ Beispiel 7.6.3

Das folgende Programm fügt in ein Zahlenfeld an einer bestimmten Stelle einen neuen
Eintrag ein. Dazu müssen zuerst alle dahinterliegenden Feld-Elemente um eine Position nach hinten geschoben werden. Hierbei muss beim letzten Feld-Element begonnen
werden, wenn man nicht den gesamten Feldinhalt zerstören will. Der Befehl movsw, der
mit <<-- markiert ist, leistet dabei die Hauptarbeit.

```
        DOSSEG
        .MODEL  SMALL
        .STACK  100H
include macros.mac
        .DATA
ANZAHL  EQU     40
feld    dw      ANZAHL dup (?)
puffer  db      8 dup (?)
groesse dw      8
index   dw      ?
zahl    dw      ?
        .CODE
begin:  mov     ax,@Data
        mov     ds,ax               ;Programmanfang
; Einstellen der Register auf Feld
        mov     ax,ds
        mov     es,ax               ;es vorbesetzen
        mov     di,Offset Feld      ;di vorbesetzen
; Richtung einstellen
        cld                         ;aufsteigend
; weitere Initialisierungen
        mov     cx,ANZAHL           ;Zähler
        xor     ax,ax
; Initialisierungsschleife
Schl1:  stosw
        inc     ax
        loop    Schl1

        print   "Gib Index an : "
        readZ   index
        print   "Gib neue Zahl an : "
        mov     groesse,8
        readZ   zahl
; Verschieben des Bereichs von index ... ANZAHL-1
; letztes Element wird überschrieben
        mov     ax,ds
        mov     es,ax   ;es vorbesetzen
        mov     di,ANZAHL
        dec     di
        shl     di,1    ;Wortadresse
        add     di,Offset feld;letztes Feldelement
```

```
        mov     si,di
        sub     si,2     ;vorletztes Feldelement
        mov     cx,ANZAHL
        sub     cx,index;verschiebende Elemente
        dec     cx
        std              ;abwärts
Schl2:  movsw            ; <<<<--
        loop    Schl2
;di enthält schon Adresse der einzufügenden Zahl
        mov     ax,zahl
        mov     [di],ax ;Zahl einfügen

        mov     ax,4c00h;Programmende
        int     21h
        end     begin
```

Beim Einfügen des neuen Elements wurde im obigen Beispiel auf ein typisches Problem im Zusammenhang mit Stringbefehlen hingewiesen: Im Befehl movsw werden die Zeiger si und di um 2 heruntergezählt und zeigen somit schon auf die Worte, die im nächsten Schleifendurchgang bearbeitet werden sollen. Wir haben die Anzahl der Schleifendurchgänge so berechnet, dass Platz für das einzufügende Element auf Position i gemacht wird. Der letzte Schleifendurchgang kopiert also das i-te Element, auf das si zeigt, an die (i+1)-te Position, auf die di zeigt. Anschließend soll das neue Element auf die i-te Position kopiert werden. Im movsw-Befehl wurden die Zeiger aber bereits heruntergezählt, so dass jetzt di auf die Einfügestelle zeigt.

Dieser *Zeigervorlauf* ist eine typische und tückische Falle bei der Verwendung von Stringbefehlen, wenn man nach einem Schleifendurchgang die Zeiger weiterverwenden will. Fast immer muss man diesen Zeigervorlauf mit einem Additions- bzw. Subtraktionsbefehl korrigieren.

Im obigen Beispiel fällt weiter auf: Die Vorbereitung eines Stringbefehls ist recht aufwendig. Beim movsw-Befehl sind dies:

* Vorbesetzen der Register es und di für die Startadresse des Zielbereichs;
* Vorbesetzen des Registers si für die Startadresse des Quellbereichs. Das zugehörige Segmentregister ds hat normalerweise schon den gewünschten Wert;
* Berechnung der Anzahl der Schleifendurchgänge und Speichern in cx;
* Festlegung der Durchlaufrichtung.

Danach genügt eine einfache loop-Schleife für den Datentransport. Diese letzte Befehlssequenz kann man im Assembler sogar noch weiter abkürzen, indem man den Befehl movsw mit der Vorsilbe rep versieht:

rep			Vorsilbe für Stringbefehle
veränderte Flags: keine			

Wirkung:

- Der hinter **rep** stehende Stringbefehl wird mit **cx** als Schleifenzähler wiederholt. Ist $cx \neq 0$, wird der Stringbefehl ausgeführt und **cx** dekrementiert. Dies wird so lange wiederholt, bis $cx = 0$ ist.

Bemerkung:

- Die Vorsilbe **rep** macht nur bei den Stringbefehlen **movs** und **stos** Sinn.

Damit können wir im Beispiel 7.6.3 die Befehle

```
Schl2:  movsw
        loop    Schl2
```

durch

```
    rep    movsw
```

ersetzen. Dieser Befehl ist nicht nur kürzer zu schreiben als die obigen zwei Befehle; er wird auch wesentlich schneller ausgeführt als die **loop**-Schleife. Der Grund ist einfach der, dass die Vorsilbe **rep** eine so genannte *Hardware-Schleife* startet: Der Befehl **movsw** wird einmal aus dem Arbeitsspeicher in den Prozessor geladen und dann wiederholt ausgeführt. Bei der Schleife mit **loop** wird dagegen in jedem Schleifendurchgang zuerst der Befehl **movsw** und dann der Befehl **loop** geladen, was etwa doppelt so viel Zeit kostet wie der Befehl mit **rep**.

Bisher haben wir bei den Stringbefehlen die Formen verwendet, bei denen der angehängte Buchstabe **b** bzw. **w** bestimmt, ob byte- oder wortweise gearbeitet wird. Es gibt im Assembler auch noch die Form *ohne* diesen Buchstaben; hier müssen dann aber Operanden angegeben werden, aus deren Typ der Assembler erkennt, ob er den Byte- oder den Wortbefehl anwenden muss.

Das allgemeine Format der bisher behandelten Befehle ist:

movs [[es:]Zielangabe,] [SegReg:]Quellangabe
stos [es:]Zielangabe
lods [SegReg:]Quellangabe

Aus der Zielangabe bzw. der Quellangabe muss der Datentyp des Operanden hervorgehen. Wird hier z.B. ein Variablenname angegeben, so erkennt der Assembler aus der verwendeten Direktive in der zugehörigen Deklaration den Datentyp: Byte bei **db** und Wort bei **dw**. Andere Datentypen sind bei Stringbefehlen nicht erlaubt. Werden Quell- *und* Zielangaben verwendet, müssen diese natürlich vom selben Typ sein.

Aber Achtung: Die angegebenen Operanden verwendet der Assembler ausschließlich zur Feststellung, ob er den Byte- oder den Wortbefehl verwenden soll. Zur Adressierung der Operanden verwendet der Stringbefehl immer das `si`- bzw. `di`-Register!

7.6.2 Stringbefehle zum Durchsuchen

Zum Durchsuchen eines Speicherbereichs nach einem bestimmten Wert steht der String-befehl `scas` zur Verfügung:

`scasb`		B
`scasw`		W
`scas`	`[es:]Zielangabe`	B&W

veränderte Flags: O,S,Z,A,P,C

Wirkung:

- Es wird der Inhalt des Operanden, der über `es:di` adressiert wird, vom Inhalt von `al` bzw. `ax` abgezogen. Das Ergebnis wird nicht gespeichert, nur die Flags werden geändert.
- Das Ziel-Index-Register `di` wird um 1 bzw. 2 erhöht, falls das Direction-Flag nicht gesetzt ist; andernfalls wird es erniedrigt.

Nach der Ausführung des Befehls kann mit bedingten Sprungbefehlen abhängig von den gesetzten Flags gesprungen werden.

In unseren Makros, die in den Beispielen verwendet werden, werden Zeichenreihen durch ein Byte mit dem Wert 0, einem so genannten NUL-Byte, abgeschlossen. Um die Länge eines solchen Textes zu berechnen, muss man die Buchstaben vom Anfang bis zum ersten Auftreten eines NUL-Bytes zählen. Das folgende Beispiel zeigt eine Lösung dieser Aufgabe:

☐ **Beispiel 7.6.4**

Der folgende Programm-Ausschnitt berechnet die Länge eines NUL-terminierten Strings. Diese Befehlsfolge wird im Makro **Laenge** aus unserer Makro-Bibliothek **macros.mac** verwendet.

```
        DOSSEG
        .MODEL SMALL
        .STACK 100H
include macros.mac

        .DATA
Text    db      "Das ist ein langer Text",0
lge     dw      ?
        .CODE
begin:  mov     ax,@Data
        mov     ds,ax
```

```
        mov     ax,@Data
        mov     es,ax
        mov     di,Offset Text
        mov     bx,di
        xor     al,al     ; Null-Byte suchen
        mov     cx,256    ; maximal 256 Zeichen
        cld
Suchschleife:
        scasb
        je      gefunden
        loop    Suchschleife
; nicht gefunden
        mov     ax,-1
        jmp     M_Ende
gefunden:
        dec     di
        mov     ax,di
        sub     ax,bx
M_Ende:
        mov     lge,ax
        print   "Die Länge des folgenden Textes beträgt "
        writeZ  lge
        nl
        writeS  Text

        mov     ax,4c00h
        int     21h
        end     begin
```

Auch hier kann man den loop-Befehl wieder durch eine effizientere Hardware-Schleife ersetzen. Das Abbruchkriterium der Schleife ist hier aber etwas allgemeiner als beim movs-Befehl: Die Schleife soll spätestens dann aufhören, wenn der Schleifenzähler cx=0 wird. Die Suche war dann erfolglos. Falls aber vorher das gesuchte Zeichen gefunden wurde, sind wir ja auch fertig, und zwar erfolgreich.

Zur Behandlung dieses allgemeineren Abbruchkriteriums steht die Vorsilbe

> repne   (repeat while not equal)

zur Verfügung. Überprüft man das Nichtvorhandensein eines Zeichens, so braucht man die Vorsilbe

> repe   (repeat while equal)

Wie bei den bedingten Sprüngen gibt es auch hier wieder die Synonyme repnz bzw. repz.

repe (Synonym: repz)
  [repeat while zero]
repne (Synonym: repnz)
  [repeat while not zero]
	Vorsilben für
	Stringbefehle

veränderte Flags: keine	

Wirkung:

- Der hinter der Vorsilbe stehende Stringbefehl wird wiederholt, bis entweder cx = 0 ist oder die Bedingung *equal* bzw. *not equal* nicht mehr gilt. cx wird in jedem Schleifendurchgang dekrementiert.

Bemerkung:

- Die Vorsilben sind nur bei den Stringbefehlen scas und dem später behandelten cmps sinnvoll.

Mit dieser Vorsilbe kann die Befehlssequenz

```
Suchschleife:
        scasb
        je      gefunden
        loop    Suchschleife
```

aus Beispiel 7.6.4 so geschrieben werden:

```
        repne   scasb
        je      gefunden
```

□ **Beispiel 7.6.5**

Das folgende Programm soll in einem Text ein bestimmtes Zeichen durch ein anderes ersetzen. Hierbei muss die Suchschleife nach jeder Ersetzung fortgesetzt werden. In diesem Beispiel tritt auch wieder das bereits diskutierte Problem der vorauslaufenden Zeiger auf.

```
        DOSSEG
        .MODEL  SMALL
        .STACK  100H
include macros.mac
        .DATA
text    db      256 dup (?)
zei     db      2 dup (?)
lnge    dw      256
        .CODE
begin:  mov     ax,@Data
        mov     ds,ax    ;Programmanfang

        print   "Geben Sie einen Text ein :"
```

```
         nl
         readS   text,lnge,lnge
         mov     cx,lnge ;Länge merken
         print   "Suchzeichen : "
         mov     lnge,1
         readS   zei,lnge
         mov     al,zei    ;Suchzeichen in al

         print   "Ersatzzeichen : "
         mov     lnge,1
         readS   zei,lnge
         mov     ah,zei  ;Ersatzzeichen in ah

         mov     dx,ds
         mov     es,dx
         mov     di,Offset Text
         ;; cx   : siehe oben
Schl:    repne   scasb
         jne     Ende    ;dann war cx = 0
         dec     di      ;auf Trefferzeichen setzen
         mov     [di],ah
         inc     di
         jmp     Schl    ;weitermachen

Ende:    print   "Ersetzter Text"
         nl
         writes  text
         nl

         mov     ax,4c00h ;Programmende
         int     21h
         end     begin
```

7.6.3   Stringbefehle zum Vergleich von Speicherbereichen

Will man zwei Speicherbereiche Byte für Byte oder Wort für Wort vergleichen, verwendet man den Stringbefehl cmps.

cmpsb		B	
cmpsw		W	
cmps	[es:]Ziel,]	B&W	
	[SegReg:]Quelle]		

veränderte Flags: O,S,Z,A,P,C

Wirkung:

- Es wird der Inhalt des Operanden, der über es:di adressiert wird, vom Inhalt des Operanden abgezogen, der über ds:si adressiert wird. Das Ergebnis wird nicht gespeichert, nur die Flags werden geändert.

- Die Index-Register si und di werden um 1 bzw. 2 erhöht, falls das Direction-Flag nicht gesetzt ist; andernfalls wird es erniedrigt.

Wie beim Befehl scas können die veränderten Flags mit den bedingten Sprungbefehlen und den bedingten rep-Befehlen (repe, repne) abgefragt werden.

□ **Beispiel 7.6.6**

Das folgende Programm überprüft zwei Zahlenfelder auf Gleichheit. Dabei wird zunächst das feld nach kopie kopiert und ein zufälliges Element von kopie mit einem Zufallswert überschrieben. Damit ist kopie fast immer von feld verschieden.

Versuchen Sie auch mal, die Gleichheit zu testen. Dazu müssen Sie nur die Befehle, die kopie verändern, als Kommentar markieren.

```
        DOSSEG
        .MODEL SMALL
        .STACK  100H
include macros.mac
        .DATA
ANZAHL EQU     15
MAXZAHL EQU    50
feld    dw      ANZAHL dup (?)
kopie   dw      ANZAHL dup (?)
lnge    EQU     Length feld
        .CODE
begin:  mov     ax,@Data
        mov     ds,ax     ;Programmanfang

        randomize
        mov     cx,lnge
        xor     di,di
; Feld mit Zufallszahlen besetzen
```

```
;      ------------------------------
        mov     ax,ds
        mov     es,ax           ;'es' besetzen
        mov     di,Offset feld  ;Zieladresse
init:   random  0,MAXZAHL
        mov     ax,dx
        stosw
        loop    init

        cld                     ;<<<<-- aufwärts
        mov     cx,lnge         ;Feld-Länge
        mov     ax,ds           ;NICHT erlaubt:
        mov     es,ax           ;SegReg ->> SegReg

        mov     si,OFFSET feld  ;kopiere von feld
        mov     di,OFFSET kopie ;nach   kopie
        rep     movsw

        random  0,ANZAHL-1      ;Zufallsindex
        mov     di,dx           ;nach 'di'
        shl     di,1            ;Wortindex
        random  0,MAXZAHL       ;Zufallszahl in dx
        mov     kopie[di],dx    ;in die Kopie
;========  VERGLEICH von Feld und Kopie =======
        mov     ax,ds
        mov     es,ax           ;'es' besetzen
        mov     di,Offset Feld  ;Anf.adr. von Feld
        mov     si,Offset Kopie ;Anf.adr. von Kopie
        mov     cx,lnge         ;Anzahl Elemente
; Vergleich: [es:di] - [ds:si]
; es werden Flags gesetzt wie bei Subtraktion
        repe    cmpsw
        jne     verschieden
                        ;Unterschied festgestellt
Gleich: print   "Speicherbereiche sind gleich"
        jmp     Ende
verschieden:
        print   "Untersch. im Elem. mit Index :"
        mov     ax,lnge-1   ; letzter Index
        sub     ax,cx
        writeZ  ax,8
        nl
; ===============================================
Ende:   mov     ax,4c00h        ;Programmende
        int     21h
        end     begin
```

8 Makros und bedingte Assemblierung

In diesem Kapitel wollen wir einen weiteren Schritt in Richtung *strukturierte Programmierung im Assembler* gehen: Wir werden eine Folge von Assembler-Anweisungen mit einem Namen versehen und anschließend nur noch diesen Namen anstelle der Anweisungsfolge verwenden. Eine solche Verwendung des Namens heißt *Aufruf*. Zum flexibleren Einsatz können Codestücke auch noch mit *Parametern* versehen sein.

Es gibt nun zwei prinzipiell verschiedene Methoden, wie man einen Aufruf realisiert (siehe Abbildung 8.1):

- Eine Möglichkeit kennt man aus den höheren Programmiersprachen wie Pascal oder C als Prozedur- oder Funktionsaufruf: Hier wird an die Befehlsfolge, die unter dem definierenden Namen steht, verzweigt; nach Abarbeitung der Befehlsfolge wird dann hinter der Aufrufstelle weitergearbeitet. Diese Methode ist unter dem Namen *Unterprogramm-Technik* bekannt; wir werden sie im nächsten Kapitel behandeln.

- Man kann einen Aufruf aber auch so verstehen, dass an die Aufrufstelle der gesamte Text kopiert wird, der unter dem aufrufenden Namen definiert ist. Diese Methode heißt *Makroprinzip* und wird in diesem Kapitel ausführlich besprochen.

Im folgenden Abschnitt 8.1 werden wir sehen, wie man Makros im Assembler definiert und aufruft.

Der Assembler kennt spezielle Standardmakros, die wir in Abschnitt 8.2 behandeln werden.

Die Ersetzung eines Makro-Aufrufs durch die Anweisungen, die unter dem Makro-Namen definiert sind, nennt man *Makro-Expansion*. Dies ist eine reine Textverarbeitungsfunktion, die der Assembler beim Lesen des Assembler-Quellprogramms durchführt. Daneben kennt der Assembler noch andere Anweisungen, die die Textersetzung steuern: die Anweisungen zur bedingten Assemblierung. Diese werden in Abschnitt 8.3 behandelt. Makros können auch ineinander geschachtelt aufgerufen werden. Welche Probleme hier auftreten können, wird in Abschnitt 8.4 besprochen. Im abschließenden Abschnitt 8.5 werden weitere Direktiven zur Steuerung der Listing-Ausgabe vorgestellt, die nur im Zusammenhang mit Makros von Interesse sind.

(a) Unterprogramm-Technik

(b) Makro-Prinzip   expandierter Code

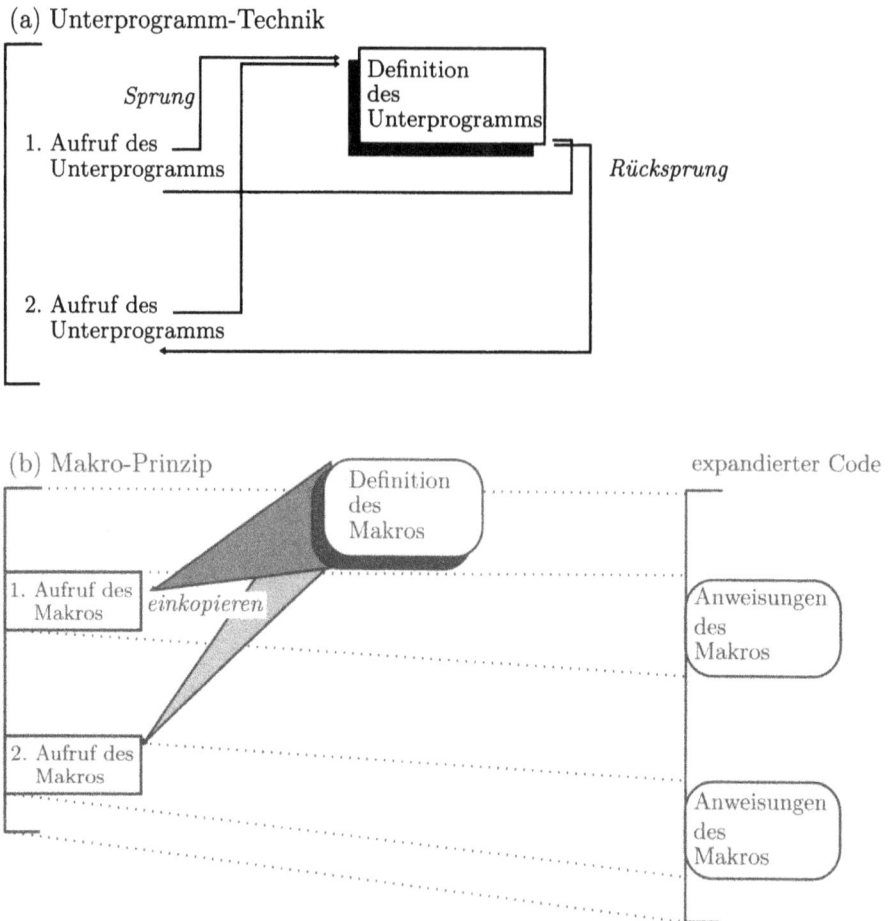

Abbildung 8.1: *Unterprogramm-Technik und Makro-Prinzip*

8.1   Makro-Definition und Makro-Aufruf

Makros sind bequeme und komfortable Hilfsmittel, Assembler-Programme übersichtlich und leicht lesbar zu gestalten: Anweisungsfolgen, die eine bestimmte Teilaufgabe erledigen, werden mit Namen versehen. An den Anwendungsstellen muss dann nur noch dieser Name in der Form eines Befehls angegeben werden.

In unseren bisherigen Beispielen wurde diese Technik schon ausgiebig benutzt, wenn wir z.B. schrieben:

```
writeZ  zahl ; gibt 'zahl' auf Bildschirm aus.
```

Kommt eine Befehlsfolge in einem Programmtext mehrfach vor, bieten Makros neben der übersichtlicheren Programmstruktur eine echte Erleichterung beim Programm-Erstellen. Mehr noch: Auch die *Wartung* des Programms wird vereinfacht. Enthält nämlich die Befehlsfolge eines Makros einen Fehler, so muss dieser nur in der Makro-Definition und nicht an allen Anwendungsstellen behoben werden.

Ein Makro wird im Assembler wie folgt definiert:

```
Name    Macro
        . . .
        Anweisungen
        . . .
        EndM
```

Dabei legt die erste Zeile mit der Direktive `Macro` den Namen des Makros fest; das Ende der Makro-Definition wird durch die Direktive `EndM` angezeigt.

Ein Makro ruft man einfach dadurch auf, dass man den Makro-Namen wie einen Assemblerbefehl hinschreibt. Im folgenden Beispiel wird das Makro `nl` aus unserer Makro-Bibliothek vorgestellt, das einen Zeilenvorschub auf dem Bildschirm ausführt.

□ **Beispiel 8.1.1**

```
        . . .
nl      Macro           ;;<<-- Makro-Definition
        mov     ah,2
        mov     dl,10   ;;LF
        int     21h
        mov     dl,13   ;;CR
        int     21h
        EndM            ;;<<-- Makro-Ende
        . . .
        print   "1. Zeile"
        nl              ;;<<--1. Makro-Aufruf
        nl              ;;<<--2. Makro-Aufruf
        print   "2. Zeile"
        . . .
```

Das Makro `nl` wird zweimal aufgerufen. Was TMASM aus diesen Aufrufen macht, sieht man direkt, wenn man sich das Assembler-Listing anschaut. Wir betrachten den Ausschnitt, der die beiden Aufrufe betrifft:

```
        82                      nl              ;;<<--1. Makro-Aufruf
1       83 0091 B4 02           mov     ah,2
1       84 0093 B2 0A           mov     dl,10   ;
1       85 0095 CD 21           int     21h
1       86 0097 B2 0D           mov     dl,13   ;
1       87 0099 CD 21           int     21h
        88                      nl              ;;<<--2. Makro-Aufruf
1       89 009B B4 02           mov     ah,2
1       90 009D B2 0A           mov     dl,10   ;
1       91 009F CD 21           int     21h
1       92 00A1 B2 0D           mov     dl,13   ;
1       93 00A3 CD 21           int     21h                     ■
```

Bei der Behandlung von Makro-Definition und -Aufruf geht TMASM wie folgt vor:

- Die Anweisungen einer Makro-Definition werden beim Assemblieren unter dem angegebenen Namen im Arbeitsspeicher zwischengespeichert.

- Tritt ein Makro-Name auf Befehlsposition auf, wird er durch die gespeicherten Anweisungen ersetzt.

Der Assembler lässt uns die Freiheit, Makro-Definitionen im Programmtext *irgendwo* vor dem ersten Aufruf zu definieren. Trotzdem sollten aus Gründen der Übersichtlichkeit die verwendeten Makros gemeinsam am Anfang des Programms stehen. Wir werden unsere Makros stets vor den Daten definieren.

Mit dem Makro-Mechanismus kann man also den Befehlsvorrat des Assemblers beliebig vergrößern. In unseren bisherigen Beispielen haben wir bereits einen vergrößerten Befehlsvorrat des Assemblers verwendet. Die Definitionen dieser erweiterten Befehle waren im Grunde Makros, die in einer Makro-Definitionsdatei beschrieben sind. Diese Datei ist in Anhang A aufgelistet.

Die verwendete Makro-Definitionsdatei kann man nun mit Hilfe eines Editors an den Anfang eines jeden Assembler-Programms kopieren. Anstatt aber nun selbst aktiv zu werden, können wir wieder TMASM beauftragen, die Makro-Definitionsdatei dem Assembler-Programm bekannt zu machen. Hierfür gibt es die Direktive `include`.

`include` *Dateiname*	Text aus Datei einfügen

Wirkung:

- TMASM setzt die Assemblierung mit dem Inhalt der angegebenen Datei fort. Bei Erreichen des Endes der Datei wird hinter der `include`-Direktive weiterassembliert.

- Der *Dateiname* kann den gesamten Suchweg mit Laufwerk und Pfad gemäß der DOS-Konvention enthalten. Ist keine Erweiterung angegeben, wird ".ASM" als Erweiterung verwendet.

- `include`-Direktiven können beliebig tief geschachtelt werden, d.h. in einer Datei, die über `include` eingefügt wird, können wieder `include`-Direktiven vorkommen.

Assembler-Programme sollen stets ausführlich kommentiert werden, damit sie leicht verständlich sind. Da der Makro-Mechanismus eine sture Textersetzung ist, werden auch die Kommentare mit den Befehlszeilen zusammen expandiert – sofern man beim Programmieren nichts anderes sagt. Werden in Makro-Definitionen nämlich Kommentare mit zwei Strichpunkten eingeleitet, weist man den Assembler damit an, diesen Kommentar bei der Expansion *nicht* in das zu assemblierende Programm und die Listing-Datei zu kopieren.

Damit kommen wir zu einem weiteren Problem: Soll bei der Expansion der erweiterte Text eigentlich immer in die Listing-Datei kopiert werden? Es ist sicherlich langweilig und verursacht eine enorme Papierverschwendung, wenn im Programm-Listing jeder

Makro-Aufruf in seiner expandierten Form erscheint, auch wenn das Makro bereits zig-mal aufgerufen wurde. Umgekehrt ist es manchmal sehr wichtig, die Machenschaften von TMASM bei der Makro-Expansion zu kontrollieren. Wie man hier die Ausgabe in die Listing-Datei geeignet steuern kann, wird in Abschnitt 8.5 besprochen werden.

Aus der Technik der Makro-Expansion können wir eine weitere Folgerung ziehen: In ei-nem Makro kann ein anderes Makro aufgerufen werden. Dieses Thema wird in Abschnitt 8.4 weiterdiskutiert.

Im folgenden Beispiel wollen wir ein Makro schreiben, das ein beliebiges Zeichen auf dem Bildschirm ausgibt. Bei der Definition wollen und können wir uns noch nicht festlegen, welches Zeichen dies ist. Eine solche Freiheit wird durch Parameter ausgedrückt. Ein *formaler Parameter*, der bei der Makro-Definition angegeben wird, ist ein Platzhalter für einen Textteil, der erst beim Aufruf konkret festgelegt wird. Dieser Textteil heißt *aktueller Parameter*. Bei der Expansion des Makro-Aufrufs an der Aufrufstelle wird jeder formale Parameter durch den entsprechenden aktuellen Parameter ersetzt.

☐ **Beispiel 8.1.2**

```
; Ausgabe eines Zeichens, Makro mit Par.
        DOSSEG
        .MODEL  SMALL
        .STACK  100H
include macros.mac
Zeichen Macro   Z           ;;<<<<--Makro mit Par.
        mov     ah,2        ;;DOS-Fkt.
        mov     dl,Z        ;;welches Zei.
        int     21h         ;;DOS-Aufruf
        EndM                ;;<<<<--Makro-Ende
        .CODE
begin:  mov     ax,@Data
        mov     ds,ax

        Zeichen 'A'     ;Makro-Aufruf
        Zeichen 'B'     ;Makro-Aufruf

        mov     ax,4c00h
        int     21h
        end     begin
```

Die Makro-Expansion liefert dann folgende Code-Folge, die wir uns in der Listing-Datei anschauen können:

```
1                       ; Ausgabe eines Zeichens, Makro mit Par.
2                               DOSSEG
3 0000                          .MODEL  SMALL
4 0000                          .STACK  100H
5                       include macros.mac
```

```
1     6
1     7
      8                    Zeichen Macro    Z          ;;<<<<--Makro mit Par.
      9                            mov      ah,2       ;;DOS-Fkt.
     10                            mov      dl,Z       ;;welches Zei.
     11                            int      21h        ;;DOS-Aufruf
     12                            EndM                ;;<<<<--Makro-Ende
     13 004F                       .CODE
     14 004F  B8 0000s     begin:  mov      ax,@Data
     15 0052  8E D8                mov      ds,ax
     16
     17                    Zeichen 'A'         ;Makro-Aufruf
1    18 0054  B4 02                mov      ah,2      ;
1    19 0056  B2 41                mov      dl,'A'    ;
1    20 0058  CD 21                int      21h       ;
     21                    Zeichen 'B'         ;Makro-Aufruf
1    22 005A  B4 02                mov      ah,2      ;
1    23 005C  B2 42                mov      dl,'B'    ;
1    24 005E  CD 21                int      21h       ;
     25
     26 0060  B8 4C00              mov      ax,4c00h
     27 0063  CD 21                int      21h
     28                            end      begin              ■
```

Ein Makro kann mehrere Parameter haben. Bei der Makro-Expansion ersetzt dann der erste aktuelle Parameter den ersten formalen, der zweite aktuelle den zweiten formalen usw.

Eine Makro-Definition hat folgenden formalen Aufbau:

Makro-Definition

Name   **macro**   *[formParam1 [, formParam2,...]]*

   . . .

     Assembler-Direktiven und Anweisungen, in denen auch die formalen
     Parameter vorkommen

   . . .

   endm

Bemerkungen:

- Die formalen Parameter sind Bezeichner (siehe Abschnitt 3.1).
- Der zugehörige Makro-Aufruf hat die Form
  Name [aktParam1 [,aktParam2, ...]]
  Er muss in einer Zeile angegeben werden.
- Die aktuellen Parameter bestehen aus beliebigem Text.
- Die formalen und aktuellen Parameter werden durch Kommata, Zwischenräume oder Tabulatorzeichen getrennt.

Die formalen Parameter können im Makro an beliebigen Stellen verwendet werden. Wenn ein formaler Parameter allerdings als Teil eines Bezeichners oder in einer Zeichenreihe vorkommt, stellt sich die Frage, ob auch hier der formale Parameter durch den aktuellen ersetzt werden soll oder nicht. Beide Möglichkeiten sind denkbar. Damit der Programmierer wählen kann, kann ein formaler Parameter mit dem makro-spezifischen Operator **&** eingeleitet oder geklammert werden.

&Name   Substitution eines Parameters
&Name&

Wirkung:

- Der formale Parameter Name wird durch den aktuellen Parameter ersetzt. Der Substitutionsoperator **&** ist notwendig, wenn man einen Parameter innerhalb einer Zeichenreihe oder in einem zusammengesetzten Bezeichner ersetzen will.

In Beispiel 8.1.3 findet man eine Anwendung des Operators **&**.

Was passiert nun, wenn man ein Makro mit zu vielen oder zu wenig aktuellen Parametern versorgt? Wie zu erwarten, passiert zunächst nichts besonderes: Die aktuellen Parameter, die zu viel angegeben sind, werden einfach ignoriert; sind zu wenig aktuelle Parameter angegeben, wird für die fehlenden Positionen einfach *kein* Zeichen eingesetzt – es ist ja hierfür auch nichts angegeben.

Im folgenden Beispiel soll dies an einem Makro **MAC** mit zwei formalen Parametern demonstriert werden. Dieses Makro meldet sich mit seinem Namen und den aktuellen Parametern des jeweiligen Aufrufs. Dazu wird in **MAC** das Makro **print** aus unserer

Makro-Definitionsdatei verwendet, wo die formalen Parameter innerhalb der auszugebenden Zeichenreihe ersetzt werden sollen. Man muss also den formalen Parameter mit
dem Operator & markieren.

□ **Beispiel 8.1.3**

```
        DOSSEG
        .MODEL  SMALL
        .STACK  100H
include macros.mac
MAC     macro   eins,zwei   ;;<<<<--Makro-Definition
        print   "MAC mit Parametern(&eins,&zwei)"
        nl
        endm                ;;<<<<--Makro-Ende
        .CODE
begin:  mov     ax,@Data
        mov     ds,ax
;;----- Aufruf mit 2 Parametern -----------------
        mac     Turbo,Assembler
;;----- Aufruf mit 1 Parameter ------------------
        mac     Ulm
;;----- Aufruf nur mit 2. Parameter -------------------
        mac     ,München
;;----- Aufruf mit keinem Parameter -------------
        mac
;;----- 2 Aufrufe mit zuvielen Parametern --------
        mac     Berlin,Paris,London
        mac     1,2,3

        mov     ax,4c00h
        int     21h
        end     begin
```

Nach dem oben Gesagten kann man sich klarmachen, dass das Programm folgendes auf
dem Bildschirm ausgibt:

```
MAC mit Parametern (Turbo,Assembler)
MAC mit Parametern (Ulm,)
MAC mit Parametern (,München)
MAC mit Parametern (,)
MAC mit Parametern (Berlin,Paris)
MAC mit Parametern (1,2)
```
■

Anders als bei den Unterprogrammen höherer Programmiersprachen kann bei den Makros kein Datentyp-Vergleich zwischen den formalen und den aktuellen Parametern
erfolgen, da es sich hier um reine Textersetzung handelt. Die formalen Parameter werden textuell einfach durch die Zeichenreihen ersetzt, die als aktuelle Parameter beim
Aufruf angegeben werden.

Wie wir im vorigen Beispiel gesehen haben, überprüft TMASM nicht einmal, ob die
Anzahl der aktuellen Parameter beim Aufruf mit der Anzahl der formalen Parameter
übereinstimmt. Erst nach der Makro-Expansion überprüft TMASM, ob der expandierte
Text einen sinnvollen Assembler-Code ergibt. Falls dies nicht der Fall ist, erscheint eine
Fehlermeldung, die sich auf den bereits expandierten Assembler-Code bezieht. Häufig
rühren diese Fehler von der Tatsache her, dass das Makro falsch aufgerufen wurde. Vielleicht wurde ein aktueller Parameter nicht übergeben, der vom Makro zwingend erwartet
wird. Dann ist es meist schwierig, diesen Sachverhalt aus der angegebenen Fehlermeldung zu erkennen. Es wäre sicherlich wesentlich einfacher, wenn man die Aufrufzeile
vor der Expansion überprüfen und bei fehlerhaftem Aufruf eine gezielte Fehlermeldung
ausgeben könnte, in der besprochenen Situation etwa

```
unbedingt notwendiger aktueller Parameter fehlt!
```

Wie man dies im Assembler programmieren kann, wird in Abschnitt 8.3 besprochen.

Soll in einem Makro-Aufruf ein aktueller Parameter verwendet werden, der selbst Kommata, Zwischenräume oder Tabulatorzeichen enthält, so muss man angeben, dass man
diese Zeichen nicht als Trennzeichen zwischen zwei aktuellen Parametern interpretiert
haben möchte. Dies drückt man im Assembler dadurch aus, dass man einen solchen
aktuellen Parameter in spitze Klammern (< , >) setzt.

<Text>	Einfügen von Texten in Makros
Wirkung:	

- Der angegebene *Text* wird als ein einziger Parameter betrachtet, auch wenn er
  Kommata, Zwischenräume oder Tabulatorzeichen enthält. Mit diesen Klammern kann man auch Sonderzeichen wie dem Semikolon zur ursprünglichen
  Bedeutung verhelfen; so ist <;> ein echtes Semikolon, nicht die Einleitung eines Kommentars.

☐ **Beispiel 8.1.4**

Wir wollen die folgenden Makro-Aufrufe in das Programm von Beispiel 8.1.3 einsetzen:

```
mac       <Turbo Assembler>,<ist schön>
mac       <Komma:,|>,<Tab |>
```

Dies liefert die folgende Bildschirm-Ausgabe:

```
MAC mit Parametern (Turbo Assembler,ist schön)
MAC mit Parametern (Komma:,|,Tab  |)
```

Die Makro-Expansion ist eine reine Text-Ersetzung. Auch wenn wir als aktuellen Parameter die Zeichenreihe

```
2+3*4
```

übergeben, wird sie textuell ersetzt und erst bei der Assemblierung an der Aufrufstelle
ausgewertet. Soll die Auswertung eines Parameters bereits bei der Makro-Expansion
erfolgen, muss man den Operator % verwenden.

%Ausdruck	Auswertung eines Ausdrucks
Wirkung:	

- Der *Ausdruck*, der als aktueller Parameter einem Makro übergeben wird, wird
  ausgewertet. Das Ergebnis ersetzt den formalen Parameter.

□ **Beispiel 8.1.5**

Das folgende Makro gibt einen konstanten Ausdruck zuerst textuell und dann als Zahl
aus. Man beachte, dass print eine Zeichenreihe als Parameter erwartet; man muss
hier also wieder den Substitutionsoperator & verwenden, andernfalls wird der Text
''expr = '' ausgedruckt.

```
        DOSSEG
        .MODEL  SMALL
        .STACK  100H
include macros.mac
;; -------------------------------------------------
ausdruck macro   expr     ;;<<--Makro-Definition
        print   "&expr = " ;;Substitution
        writeZ  %(expr),4  ;;Auswertung
        nl
        endm             ;;<<--Makro-Ende
;; -------------------------------------------------
        .CODE
begin:  mov     ax,@Data
        mov     ds,ax

        ausdruck 2+4*25-6
        ausdruck <5 mod 2>
        ausdruck <2+4*25 mod 6>
        ausdruck <(2+4*25) mod 6>

        mov     ax,4c00h
        int     21h
        end     begin
```

Die Bildschirm-Ausgabe sieht folgendermaßen aus:

```
2+4*25-6 =     96
5 mod 2 =     1
2+4*25 mod 6 =     6
(2+4*25) mod 6 =     0
```                                                                  ■

Soll bei einem Makro-Parameter eines der Sonderzeichen <, >, ;, % oder & in seiner
Original-Bedeutung verwendet werden, muss man das Fluchtsymbol ! davor setzen.
Dies gilt natürlich auch für das Fluchtsymbol selbst.

!Zeichen	Fluchtsymbol
Wirkung:	
• Das *Zeichen* (z.B. ; oder &) wird in seiner ursprünglichen Bedeutung verwendet.	

□ **Beispiel 8.1.6**

Das folgende Programm gibt der Reihe nach die Sonderzeichen <, >, &, % und ! auf dem
Bildschirm aus.

```
; Ausgabe der Makro-Sonderzeichen
        DOSSEG
        .MODEL  SMALL
        .STACK  100H
include macros.mac
Zeichen Macro   Z
        mov     ah,2
        mov     dl,'&Z'
        int     21h
        EndM
        .DATA
; keine Daten nötig
        .CODE
begin:  mov     ax,@Data
        mov     ds,ax

        Print   "Sonderzeichen bei Makros : "
        Zeichen !<
        Zeichen !>
        Zeichen !@
        Zeichen !%
        Zeichen !!
```

```
        mov     ax,4c00h
        int     21h
        end     begin                                         ■
```

Bisher haben wir nur Makros behandelt, die keine Sprünge enthielten. Da ein Makro
ein in sich abgeschlossener Programmtext sein soll, erlauben wir nur Sprünge, die sich
innerhalb des Makros bewegen. Die Sprungziele werden bekanntlich durch Marken bezeichnet; wir wissen auch, dass ein Marken-Name in einem Programm *eindeutig* sein
muss. Bei jedem Makro-Aufruf werden aber alle Zeilen der Makro-Definition expandiert.
Werden in einem Makro Marken verwendet, so kommen im expandierten Programm bei
jedem Aufruf dieselben Marken-Namen vor. Das hat zur Folge, dass TMASM dann an
der Stelle des zweiten Makro-Aufrufs eine Fehlermeldung ausgeben wird.

Zur Lösung dieses Problems steht die Direktive local zur Verfügung, mit der man
lokale Marken vereinbaren kann.

local *Name* (, *Name*)*	Definition lokaler Namen

Wirkung:

- In einem Makro werden die hinter local angegebenen *Name*n als makro-lokale
  Namen vereinbart. Auf diese Namen kann man nur im zugehörigen Makro
  zugreifen.

- TMASM ersetzt bei jeder Makro-Expansion diese Namen durch einen eindeutigen Namen der Form ??Zahl.

Bemerkung:

- In einem Makro können mehrere local-Direktiven vorkommen. Sie müssen
  aber alle unmittelbar hinter der Zeile mit der macro-Direktive stehen. Es dürfen
  auch keine Leer- oder Kommentarzeilen dazwischen vorkommen.

Neben lokalen Marken können in einem Makro auch lokale Variable vorkommen. Um
hier wieder keine Doppeldeklarationen bei mehrfachen Makro-Aufrufen zu erhalten,
kann die Direktive local auch auf Variablen-Namen angewendet werden.

□ Beispiel 8.1.7

Das Makro write aus unserer Makro-Definitionsdatei gibt eine Zeichenreihe aus, deren
Adresse als Parameter übergeben wird. Der zweite Parameter gibt das Ausgabegerät
an, wobei der Wert 1 für den Bildschirm steht. Das Makro print hat als ersten Parameter eine Zeichenreihen-Konstante; diese wird in eine lokale Variable gespeichert, deren
Adresse dann einfach an write weitergereicht wird.

```
print   Macro   Text,Ausgabe
        local   _T
;; ---------------------------------------------------
        .DATA
```

```
_T        db        Text,0
          .CODE
          Write     <Offset _T>,Ausgabe
          EndM                                            ■
```

Wenn in einem Programm sehr viele Makros definiert sind, benötigt TMASM auch entsprechend viel Arbeitsspeicher. Die Makro-Definitionen werden ja alle für eine eventuelle Makro-Expansion zwischengespeichert. Steht bei der Assemblierung zu wenig Speicherplatz zur Verfügung, kann man die Makro-Definitionen, die man nicht mehr benötigt, mit der Direktive **purge** aus dem Arbeitsspeicher löschen.

purge *Name* (, *Name*)*	Löschen von Makro-Namen

Wirkung:

- Die Direktive löscht die angegebenen Makros aus dem Arbeitsspeicher. Danach kann das Makro nicht mehr aufgerufen werden, andernfalls erfolgt eine Fehlermeldung. Hatte das gelöschte Makro einen reservierten Namen, erhält dieser nach dem Löschen wieder seine ursprüngliche Bedeutung.

Bemerkung:

- Soll ein existierendes Makro neu definiert werden, braucht es vorher nicht gelöscht zu werden.

8.2   Blockwiederholungen

Der Assembler kennt drei vordefinierte Makros mit den Namen **rept**, **irp** und **irpc**, die alle die gleiche Zielsetzung verfolgen: eine bestimmte Folge von Assembler-Anweisungen mehrfach zu expandieren. Ferner enthält TMASM ein weiteres vordefiniertes Makro namens **while**. Ihrer Aufgabe entsprechend heißen diese Makro-Direktiven *Blockwiederholungen*.

Die Anweisungsfolgen werden wie Makros durch die Direktive **endm** abgeschlossen. Ferner können Parameter übergeben werden, und man kann lokale Marken innerhalb solcher Wiederholungsblöcke verwenden. Zusammen mit Konstanten, die über die =-Direktive vereinbart sind, stellen sie ein mächtiges Hilfsmittel bei der Assembler-Programmierung dar.

Die Blockwiederholungsbefehle unterscheiden sich im Prinzip nur in den Typen der Parameter. Die erste Blockwiederholung hat folgende Form:

> rept *Ausdruck*
>   *Anweisungen*
> endm

Wirkung:

- Der *Ausdruck* wird ausgewertet und muss eine vorzeichenlose 16 Bit-Zahl ergeben. Diese Zahl gibt an, wie oft die *Anweisungen* innerhalb des Wiederholungsblocks expandiert werden.

☐ Beispiel 8.2.1

Im folgenden·Programm wird ein Feld von 40 Worten vereinbart und mit den Werten
0 bis 39 initialisiert:

```
        DOSSEG
        .MODEL  SMALL
        .STACK  100H

        .DATA
dummy   dw      123
ANZAHL  EQU     40
wert    =       0
feld    label   word
        rept    ANZAHL
        dw      wert
wert    =       wert+1
        endm
        .CODE
begin:  mov     ax,@Data
        mov     ds,ax

;....

        mov     ax,4C00h
        int     21h
        end     begin
```

Hierbei tritt ein kleines Problem auf: Innerhalb der Blockwiederholung kann kein Name
angegeben werden, da er dadurch mehrfach definiert würde. Wird dagegen ein lokaler
Name eingeführt, kann man nicht von außen darauf zugreifen. Die angegebene Direktive

```
feld    label   word
```

definiert einen Namen und ordnet ihm die Offset-Adresse der ersten dw-Direktive der
Blockwiederholung zu.

Will man nicht nur die Anzahl der Wiederholungen, sondern auch noch die Parameter-Werte für jede Wiederholung individuell festlegen, verwendet man die irp-Direktive, die folgende Syntax hat:

---

irp *parameter,<argument(,argument)*>*
  Anweisungen, in denen *parameter* vorkommt
endm

Wirkung:

- Die *Anweisungen* innerhalb des Wiederholungsblocks werden einmal für jedes Element der in spitzen Klammern angegebenen Argumentliste wiederholt.

- Der *parameter* ist dabei ein Platzhalter, der durch das jeweils aktuelle *argument* ersetzt wird.

- Die *argumente* können Namen, Zeichenreihen oder numerische Konstanten sein.

Mit der irp-Direktive können wir das folgende Problem lösen, das wir im vorigen Abschnitt bei den Makros noch ausgeklammert haben:

Ein Makro hat immer eine klar umrissene Aufgabe, die an jeder Aufrufstelle gleichermaßen zuverlässig erfüllt werden soll. Das bedeutet, dass ein Makro keine anderen Variablen- oder Register-Inhalte verändert als diejenigen, die in seiner Aufgaben-Beschreibung festgelegt sind. Nun verlangt aber fast jeder Assembler-Befehl ein Register als Operand. Wenn also innerhalb eines Makros ein Register-Inhalt verändert wird, muss man beim Verlassen des Makros wieder den ursprünglichen Wert vorfinden; andernfalls könnten nachfolgende Befehle falsch arbeiten.

Was man hier tun muss, ist klar: Im Makro muss man zuallererst alle Register, die man verwenden will, in einem geeigneten Speicherbereich sichern und am Ende des Makros wieder restaurieren. Am besten eignet sich dazu der Keller. Aber Vorsicht: Die gesicherten Werte müssen in *umgekehrter* Reihenfolge restauriert werden.

Im folgenden Beispiel verwenden wir hierzu die irp-Direktive.

□ **Beispiel 8.2.2**

```
Bsp     macro   p1,p2 ;;<<--Makro-Definition
;;es werden z.B. die Register ax,cx,si,di benutzt
        irp     Regs,<ax,cx,si,di>
          push  Regs
        endm
        ...
        ...     eigentliche Makro-Befehle
        ...
;;Register restaurieren in umgekehrter Reihenfolge
        irp     Regs,<di,si,cx,ax>
          pop   Regs
```

```
        endm
        endm    ;;<<--Makro-Ende
```

Innerhalb des Makros können weitere Daten auf dem Keller zwischengespeichert werden. Es ist wohl klar, dass alle diese Daten wieder vom Keller entfernt sein müssen, bevor die gesicherten Register restauriert werden.   ■

Die dritte Makro-Direktive `irpc` arbeitet ähnlich wie `irp`. Der aktuelle Parameter ist hier eine Zeichenreihe; die Anweisungen der Blockwiederholung werden für jedes einzelne Zeichen des Parameters expandiert. Die Syntax von `irpc` hat folgendes Aussehen:

---

irpc *parameter, zeichenreihe*
  Anweisungen, in denen *parameter* vorkommt
endm

Wirkung:

- Die *Anweisungen* innerhalb des Wiederholungsblocks werden einmal für jedes Zeichen der *zeichenreihe* wiederholt.

- Der *parameter* ist ein Platzhalter, der durch das jeweils aktuelle Zeichen ersetzt wird.

- Die *zeichenreihe* kann aus beliebigen ASCII-Zeichen bestehen. Falls dabei ein Steuerzeichen, Zwischenraum oder Semikolon auftritt, muss diese *zeichenreihe* in spitze Klammern eingeschlossen werden; ferner müssen die Makro-Operatoren %, <, > und ! mit dem Fluchtsymbol ! eingeleitet werden.

Im folgenden Beispiel wird ein Makro definiert, das feststellt, ob das als Parameter übergebene Zeichen ein deutscher Spezialbuchstabe ist, also ein Umlaut oder ein scharfes s (ß).

☐ **Beispiel 8.2.3**

```
ist_dt_Zeichen  macro   c ;;<<--Makro-Definition
        local   deutsch,ende
        irpc    x,<äöüÄÜÖß>
          mov   al,c
          cmp   al,'&x'
          je    deutsch
        endm              ;;von irpc
        xor     ax,ax
        jmp     ende
deutsch:mov     ax,1
ende:   endm    ;;<<--Makro-Ende                          ■
```

□ Beispiel 8.2.4

Im folgenden Programm wird mit Hilfe der `irpc`-Direktive die Länge einer Zeichenreihen-Konstante berechnet. Man beachte, dass dies zur Assemblierzeit ausgeführt wird; dieses Makro kann man also nur auf Zeichenreihen-Konstante, nicht auf Zeichenreihen-Variable anwenden.

```
        DOSSEG
        .MODEL   SMALL
        .STACK   100H

lng     macro    s
l       =        0
        irpc     x,<s>
l       =        l+1
        endm
        endm


        .CODE
begin:  mov      ax,@Data
        mov      ds,ax

        %macs
        lng      <Das ist aber toll>
        mov      ax,l   ;lädt Länge nach ax

        mov      ax,4c00h
        int      21h
        end      begin
```

Der Turbo Assembler enthält eine vierte Makro-Direktive **while**, die folgende Syntax hat (der Microsoft Assembler kennt diese Direktive nicht):

```
while Ausdruck
   Anweisungen
endm
```

Wirkung:

- Der *Ausdruck* wird ausgewertet; liefert er einen von 0 verschiedenen Wert (= TRUE), werden die *Anweisungen* durchlaufen und der *Ausdruck* erneut ausgewertet.
- Die Makro-Direktive wird beendet, wenn der *Ausdruck* den Wert 0 ergibt.

Man achte hier besonders darauf, dass man keine unendlichen Makro-Expansionen erzeugt!

☐ **Beispiel 8.2.5**

Das folgende Programm initialisiert im Makro `init` ein Wort-Feld mit aufsteigenden ganzen Zahlen; der Startwert kann als Parameter angegeben werden.

```
        DOSSEG
        .MODEL  SMALL
        .STACK  100H

include macros.mac

lge     equ     20

init    macro   feld,start
index   =       start
        xor     di,di
            while   index-start lt lge
                mov     feld[di],index
                inc     di
                inc     di
                index = index+1
            endm    ;; while
        endm    ;; macro

        .DATA
array   dw      lge dup (?)

        .CODE
begin:  mov     ax,@Data
        mov     ds,ax

        init    array,12

        mov     ax,4C00h
        int     21h
        end     begin
```

8.3   Bedingte Assemblierung

In Kapitel 6 haben wir besprochen, wie Kontrollstrukturen im Assembler programmiert werden. Mit Hilfe dieser Kontrollstrukturen wird – abhängig von Bedingungen – zur *Laufzeit* des Programms entschieden, welche Assembler-Befehle auszuführen sind.

In diesem Abschnitt behandeln wir Sprachmittel des Assemblers, die stark an Kontrollstrukturen erinnern: die *Direktiven zur bedingten Assemblierung* (*Bedingungsblöcke*).

Ihre typische Form ist:

```
if Bedingung
    JaAnweisung
else
    NeinAnweisung
endif
```

Eine solche Konstruktion steuert die Assemblierung des Programms auf folgende Weise: Die **Bedingung** wird zur Assemblierungszeit ausgewertet. Abhängig vom Ergebnis werden dann entweder die **JaAnweisungen** oder die **NeinAnweisungen** assembliert. Die jeweils anderen Anweisungen werden bei der Assemblierung einfach übergangen. Wir haben hier also eine Kontrollstruktur, die zur *Assemblierungszeit* und nicht zur Laufzeit des Programms wirkt.

Auf diese Weise kann man in einem Assembler-Programm verschiedene Varianten eines Programmes schreiben.

So melden sich z.B. viele Programme auf dem Bildschirm mit dem Namen des Lizenznehmers. Der Lieferant des Programms hat also für jeden Kunden eine spezielle Variante, die sich im Begrüßungstext unterscheidet. Meist gibt es weitere Unterschiede wie z.B. die Anpassung an verschiedene Hardware oder unterschiedlicher Leistungsumfang. Die Programm-Varianten sind also an relativ wenigen Stellen verschieden. Diese Unterschiede kann man leicht und übersichtlich in Bedingungsblöcken beschreiben.

Mit Bedingungsblöcken kann man auch die Ausgaben von Testinformationen auf dem Bildschirm verwalten. Während der Testphase enthält nämlich ein Programm etliche Anweisungen, die Meldungen über den Programm-Verlauf oder den Inhalt einzelner Variablen ausgeben. In der ausgelieferten Fassung des Programms sollen diese Ausgaben natürlich nicht mehr erscheinen. Man kann nun die Testausgaben vor der Auslieferung des Programms aus dem Programmtext löschen. Da aber ein Programm nie fehlerfrei ist, müßte man bei einer erneuten Testphase die Testanweisungen wieder eintippen. Wesentlich bequemer ist es, diese Testanweisungen als Bedingungsblöcke zu formulieren.

Ein weiteres Einsatzgebiet von Bedingungsblöcken ist die Analyse von Makro-Aufrufen. Bei der Expansion von Makros können Probleme auftreten, wenn z.B. aktuelle Parameter nicht übergeben werden, für die das Makro einen Wert zwingend erwartet. In einem solchen Fall tritt dann natürlich bei der Assemblierung des expandierten Programms irgendwo ein Fehler auf. Dabei ist es meistens schwierig, aus der Stelle der Fehlermeldung die eigentliche Fehlerursache zu erkennen – etwa einen vergessenen aktuellen Parameter. Für solche Fälle stellt der Assembler spezielle Direktiven zur Verfügung, die bei der Assemblierung bestimmte Situationen beim Makro-Aufruf überprüfen. Diese Direktiven werden wir in Abschnitt 8.3.2 besprechen, nachdem wir im folgenden Abschnitt 8.3.1 die allgemeinen Bedingungsblöcke vorgestellt haben. Geschachtelte Bedingungsblöcke werden in Abschnitt 8.3.3 behandelt.

Alle Formen der Bedingungsblöcke haben eine einheitliche Struktur; sie unterscheiden sich nur in der **if**-Direktive. Die verschiedenen **if**-Direktiven legen fest, wie sich aus den angegebenen Argumenten der Wahrheitswert "wahr" bzw. "falsch" ergibt.

Im folgenden Schema wird allgemein beschrieben, wie die Assemblierung von diesem

Wahrheitswert beeinflusst wird. Für die speziellen `if`-Direktiven muss dann nur noch festgelegt werden, wie man aus den angegebenen Argumenten einen Wahrheitswert berechnet.

---

if *Bedingung*
  JaAnweisungen
[else
  NeinAnweisungen]
endif

Wirkung:

- Liefert die `if`-Direktive den Wahrheitswert wahr, werden die *JaAnweisungen* assembliert.

- Sonst werden die *NeinAnweisungen* assembliert; fehlt der `else`-Teil mit den *NeinAnweisungen*, wird nichts assembliert.

- Anschließend wird die Assemblierung hinter der `endif`-Direktive fortgesetzt.

- Die *JaAnweisungen* und *NeinAnweisungen* sind eine beliebige Folge gültiger Assembler-Befehle oder -Direktiven, einschließlich weiterer Bedingungsblöcke.

8.3.1 Allgemeine Bedingungsblöcke

Die hier vorgestellten Direktiven können in einem Assembler-Programm an beliebiger Stelle verwendet werden.

| if *konstAusdruck* | falls wahr |
| ife *konstAusdruck* | falls falsch |

Wirkung:

- Der *konstAusdruck* (vgl. Abschnitt 4.4) wird beim Assemblieren ausgewertet und ergibt einen ganzzahligen Wert.

- Die `if`-Direktive liefert den Wert wahr, wenn der Wert von *konstAusdruck* ungleich Null ist, sonst falsch.

- Die `ife`-Direktive liefert den Wert wahr, wenn der Wert von *konstAusdruck* gleich Null ist, sonst falsch.

Bemrkung:

- Der *konstAusdruck* darf keine Vorwärtsreferenz enthalten, d.h. alle verwendeten Namen müssen textuell vorher definiert sein.

□ Beispiel 8.3.1

Im folgenden Programm wird abhängig vom Wert der Konstanten `firma` ein spezieller Text ausgegeben.

```
        DOSSEG
        .MODEL SMALL
        .STACK 100h
firma   equ    1
;;Wert auch über TASM-Parameter definierbar
include macros.mac
        .DATA
Logo    label   byte
        if      firma eq 1
        db      "Fachhochschule Ulm"
        else
        if      firma eq 2
        db      "Oldenbourg-Verlag"
        else
        db      "illegaler Benutzer"
        endif
        endif
        db      0          ; Textende
        .CODE
begin:  mov     ax,@Data
        mov     ds,ax

        writeS  Logo

        mov     ax,4c00h
        int     21h
        end     begin
```

Soll der Wert der Konstanten `firma` geändert werden, so muss man dies vor der Übersetzung mit einem Editor tun. Es geht aber auch einfacher: Statt im Programm-Text kann man den Wert der Konstanten auch direkt beim Aufruf von TASM mit der Option /Dfirma=2 angeben. Dabei muss man aber die Konstantendeklaration für `firma` im Assemblertext löschen, da TASM sonst eine Doppelvereinbarung feststellt. ■

Die nächste Direktive überprüft, ob ein Name im Programm definiert ist oder nicht.

ifdef *Name* ifndef *Name*	falls Name definiert falls Name nicht definiert
Wirkung: • Die ifdef-Direktive liefert den Wert wahr, wenn *Name* als Marke, Variable oder Konstantenname definiert ist; sonst falsch. • Die ifndef-Direktive liefert den Wert wahr, wenn *Name* als Marke, Variable oder Konstantenname nicht definiert ist; sonst falsch.	

Mit der Direktive ifdef kann man z.B. über die Option /D von TASM bequem Test-Anweisungen ein- und ausschalten.

☐ **Beispiel 8.3.2**

```
. . .
Testversion      equ      0
. . .
        ifdef Testversion
          print "Stelle 'fall1' wurde durchlaufen"
        endif
. . .
```
■

Im folgenden Beispiel kann die Größe eines Feldes über die Option /D eingestellt werden; das Programm soll aber auch dann vernünftig laufen, wenn diese Option nicht angegeben wird, allerdings mit einem relativ kleinen Feld.

☐ **Beispiel 8.3.3**

Die Größe des Feldes feld kann über die Option /Dfeldgroesse=2048 auf 2048 Elemente eingestellt werden. Bei der Bearbeitung von feld wird auf diese Konstante häufig zugegriffen, etwa bei der Überprüfung, ob der Index beim Zugriff legal, also < feldgroesse, ist. Wird die Option beim Assemblieren nicht angegeben, soll das Programm trotzdem laufen, und zwar mit der Voreinstellung feldgroesse=128. Der folgende Programm-Ausschnitt leistet das Gewünschte.

```
. . .
ifndef  feldgroesse
   feldgroesse equ 128
endif
. . .


feld    db       feldgroesse dup ('A')
```
■

Wenn im vorigen Beispiel die Konstante `feldgroesse` über die `ifndef`- Direktive definiert wird, gibt TASM eine Warnung aus:

```
pass-dependent construction encountered.
```

Diese Meldung deutet darauf hin, dass die `ifndef`-Konstruktion vom Assembler-Lauf abhängig sein könnte. In diesem konkreten Fall können wir die Warnung einfach ignorieren. Allgemein sollte man aber die Warnung gründlich analysieren, wozu man allerdings folgendes wissen muss: Der Microsoft Assembler übersetzt ein Assembler-Programm in zwei Durchläufen: Im ersten Lauf sind Verweise auf später definierte Marken, so genannte *Vorwärtsreferenzen*, noch offen, im zweiten Lauf wird dann überprüft, ob diese offenen Marken inzwischen bekannt sind. Der Turbo Assembler übersetzt normalerweise ein Assembler-Programm in *einem* Durchlauf. Die obige Warnung wird immer dann ausgegeben, wenn TASM befürchtet, dass wegen dieser Übersetzungsstrategie das Programm anders funktionieren könnte, als wenn es mit dem Microsoft Assembler in zwei Durchläufen übersetzt worden wäre.

TASM kann auch mehrere Assemblier-Läufe ausführen, wenn man in der Kommandozeile die Option /m# angibt, wobei # die maximale Anzahl der Läufe bedeutet.

| if1 | falls 1. Lauf |
| if2 | falls 2. Lauf |

Wirkung:
- if1 ist wahr, wenn der 1. Assemblierungslauf durchgeführt wird.
- if2 ist wahr, wenn der 2. Assemblierungslauf durchgeführt wird.

Wird die Direktive `if1` oder `if2` verwendet, erscheint auch die obige Warnung; die beiden Direktiven sind natürlich laufabhängig.

8.3.2 Makro-spezifische Bedingungsblöcke

Die im Folgenden beschriebenen Direktiven können nur innerhalb von Makro-Definitionen verwendet werden. Mit ihnen kann man beschreiben, dass TMASM bei der Makro-Expansion – abhängig von der Form des Makro-Aufrufs – unterschiedlichen Code generiert oder Fehlermeldungen ausgibt. Die folgenden Direktiven überprüfen das Vorhandensein bzw. Fehlen von aktuellen Parametern.

| ifb < *parameter* > | falls *parameter* fehlt |
| ifnb < *parameter* > | falls *parameter* vorhanden |

Wirkung:

- Die `ifb`-Direktive (if blank) liefert wahr, wenn der angegebene *parameter* beim Aufruf fehlt.

- Die `ifnb`-Direktive (if not blank) liefert wahr, wenn der angegebene *parameter* beim Aufruf nicht fehlt.

In Beispiel 8.3.4 wird das Makro `write` aus unserer Makro-Definitionsdatei vorgestellt; `write` kann mit zwei Parametern aufgerufen werden:

- der erste Parameter enthält die Anfangsadresse der auszugebenden Zeichenreihe;

- der zweite Parameter beschreibt das Ausgabegerät über eine Nummer, wie es der DOS-Befehl 40h in Register `bx` erwartet; die Werte für die Ausgabegeräte sind dabei:

```
01h     für Bildschirm
02h     für Fehlerausgabe
03h     für serielle Schnittstelle
04h     für Standarddrucker
```

Wenn beim Aufruf der zweite Parameter fehlt, soll die Zeichenreihe auf dem Bildschirm ausgegeben werden. Fehlt dagegen der erste Parameter, so liegt ein echter Programmierfehler vor. Diese beiden Fälle können mit Hilfe der oben vorgestellten Direktiven beschrieben werden.

Welcher Code soll aber im Fehlerfall generiert werden? Am besten wäre es wohl, wenn wir genau so reagieren könnten, wie es TMASM im Fehlerfall selbst macht: Er erzeugt eine Fehlermeldung.

Es überrascht wohl nicht, dass der Assembler hierfür tatsächlich eine Direktive vorsieht. Mehr noch: Für jede Bedingung, die wir in diesem Abschnitt behandelt haben oder noch behandeln werden, gibt es eine eigene Direktive, die zur Assemblierzeit Fehlermeldungen generiert. Alle Bemerkungen in den Tabellen dieser Direktiven gelten sinngemäß auch für die Direktiven zur Generierung von Fehlermeldungen, die wir kurz `error`-Direktiven nennen wollen. Sie sind in der folgenden Tabelle zusammengefasst:

Direktive	erzwingt Fehlermeldung
.err	unbedingt
.err1	im Lauf 1
.err2	im Lauf 2
.errnz *konstAusdruck*	wenn *konstAusdruck* wahr ($\neq 0$)

`.erre` *konstAusdruck*	wenn *konstAusdruck* wahr (=0)
`.errdef` *Name*	wenn *Name* definiert
`.errndef` *Name*	wenn *Name* nicht definiert
`.errb` < *Parameter* >	wenn *Parameter* fehlt
`.errnb` < *Parameter* >	wenn *Parameter* vorhanden

Die `error`-Direktiven geben neben der Zeilennummer, in der die Fehlermeldung ausge-
löst wurde, alle denselben Fehlertext aus:

`user generated error`

Wollen wir dem Programmierer die Fehlersituation genauer mitteilen, etwa

`Makro 'write': erster Parameter fehlt`

können wir eine der beiden folgenden Direktiven verwenden:

`%out` *Text* `display` "*Text*"	Ausgabe von *Text* Ausgabe von *Text*

Wirkung:

- Während der Assemblierung wird *Text* auf dem Bildschirm ausgegeben.

Bemerkung:

- Die beiden Direktiven sind gleichwertig. Der einzige Unterschied ist der, dass
  `display` den *Text* in einfachen oder doppelte Anführungszeichen erwartet.

Damit sind wir nun in der Lage, das Makro `write` wie besprochen zu realisieren.

☐ **Beispiel 8.3.4**

```
. . .
WRITE   Macro   Text,Ausgabe;;<<--Macro-Definition
;;      ---------------------------------------------
        ifb     <Text>;;Fehlerbehandlung 1. Par.
        %out    >>>>>>> WRITE: 1. Parameter fehlt
        .err
        endif
        IFB     <Ausgabe>;;Fehlerbehandlung 2. Par.
        mov     bx,1    ;;Ausgabe auf Bildschirm
        ELSE
        mov     bx,Ausgabe   ;;PRN für Drucker
        ENDIF               ;;<<--Ende zu IFB
        Laenge  <Text>
```

```
        mov     cx,ax
        mov     dx,Text
        mov     ah,40h
        int     21h
        ENDM              ;;<<--Makro-Ende
 . . .                                                              ■
```

Im Makro **write** wird unnötig viel Code erzeugt, wenn als erster Parameter das Register
dx übergeben wird. Der dabei generierte Befehl

        mov dx,dx

ist offensichtlich überflüssig. Mit den folgenden Direktiven kann man solche Situationen
beeinflussen.

ifidn <*arg1*>,<*args*>	falls identisch
ifidni <*arg1*>,<*args*>	falls identisch
ifdif <*arg1*>,<*args*>	falls verschieden
ifdifi <*arg1*>,<*args*>	falls verschieden

Wirkung:

- Die ifidn-Direktive liefert wahr, wenn *arg1* und *arg2* identisch sind.
- Die ifdif-Direktive liefert wahr, wenn *arg1* und *arg2* verschieden sind.
- Das optionale i am Ende dieser Direktiven bedeutet, dass beim Vergleich von
  arg1 und *arg2* zwischen Groß- und Kleinschreibung nicht unterschieden wird.

Bemerkung:

- Die spitzen Klammern um die Argumente sind zwingend erforderlich.

☐ Beispiel 8.3.5

```
 . . .
write Macro Text,Ausgabe;;<<--Macro-Definition
;;------------------------------------------------
        ifb     <Text>;;Fehlerbehandlung 1. Par.
        %out    >>>>>>>> WRITE: 1. Parameter fehlt
        .err
        endif
        ifb     <Ausgabe>;;Fehlerbehandlung 2. Par.
        mov     bx,1    ;;Ausgabe auf Bildschirm
        else
        ifdif   <Ausgabe>,<bx>;;<<--Optimierung
;;...............................................
        mov     bx,Ausgabe    ;;PRN für Drucker
        endif
```

```
        endif             ;;<<--Ende zu IFB
          Laenge  <Text>
          mov     cx,ax
          ifdif   <Text>,<dx>   ;;<<--Optimierung
;;.....................................................
          mov     dx,Text
          endif
          mov     ah,40h
          int     21h
          endm              ;;<<--Makro-Ende
    . . .                                                      ■
```

Die bedingten Fehlermeldungen, die bei Identität oder Unterschied der Parameter generiert werden, lauten:

Direktive	erzwingt Fehlermeldung
.erridn <arg1>,<arg2>	falls Argumente identisch
.erridni <arg1>,<arg2>	falls Argumente identisch, zwischen Groß/ Klein-Schreibung wird nicht unterschieden
.errdif <arg1>,<arg2>	falls Argumente verschieden
.errdifi <arg1>,<arg2>	falls Argumente verschieden, zwischen Groß/ Klein-Schreibung wird nicht unterschieden

8.3.3   Geschachtelte Bedingungsblöcke

Wie bereits erwähnt, können bedingte Blöcke geschachtelt werden. Jede if-Direktive muss mit endif abgeschlossen werden. Sind viele bedingte Blöcke ineinandergeschachtelt, entsteht wegen der vielen endif's leicht ein unübersichtlicher Code. Betrachten wir dazu noch einmal einen Ausschnitt aus Beispiel 8.3.1:

```
Logo    label   byte
        if      firma eq 1
        db      "Fachhochschule Ulm"
        else
        if      firma eq 2
        db      "Oldenbourg-Verlag"
        else
        db      "illegaler Benutzer"
        endif
        endif
        db      0           ; Textende
```

Für eine solche Fallunterscheidung nach dem Wert von `firma` bietet der Assembler eine kürzere Schreibweise nach folgender Regel an:

- die beiden Direktiven `else` und `if` werden zu einem Wort verschmolzen, also zu `elseif`;
- das `endif`, das zu diesem verschmolzenen `if` gehört, entfällt.

Damit erhält man für obiges Beispiel folgenden Code:

```
Logo    label   byte
        if      firma eq 1
        db      "Fachhochschule Ulm"
        elseif  firma eq 2
        db      "Oldenbourg-Verlag"
;; ...............................
        else
        db      "illegaler Benutzer"
        endif
        db      0          ; Textende
```

Die angegebene Verschmelzungsregel kann auf jede der besprochenen `if`-Direktiven ange-wendet werden. Es sind also auch die folgenden verschmolzenen Direktiven möglich:

- `elseife`
- `elseifdef`
- `elseifndef`
- `elseif1`
- `elseif2`
- `elseifb`
- `elseifnb`
- `elseifidn`
- `elseifidni`
- `elseifdif`
- `elseifdifi`

8.4   Geschachtelte Makros

In einigen Beispielen haben wir bereits Makros innerhalb von Makros aufgerufen. In diesem Abschnitt wollen wir uns etwas genauer das Verhalten der Makro-Operatoren bei geschachtelten Makros anschauen.

Der Text-Operator `<>` wird beim Makro-Aufruf dazu verwendet, eine Zeichenreihe als *einen* Parameter zu behandeln. Bei der Makro-Expansion wird die Zeichenreihe *ohne* diese spitzen Klammern eingesetzt. Soll die Zeichenreihe wieder als *ein* Parameter an ein geschachtelt aufgerufenes Makro weitergereicht werden, müssen die spitzen Klammern dort wiederholt werden.

☐ **Beispiel 8.4.1**

Der folgende Auszug aus der Listing-Datei zeigt die Wirkung von <>: In Zeile 8 erfolgt ein Aufruf *ohne* <>, den expandierten Code sieht man in Zeile 17–18. Vergleichen Sie dazu Zeile 9 und 19–21.

```
      6 0000                    .DATA
      7                 decl    macro    kopf      ;;Deklarationsmakro
      8                         def      kopf      ;;Aufruf def-Makro ohne<>
      9                         def      <kopf>    ;;Aufruf def-Makro mit <>
     10                         endm
     11                 def     macro    werte     ;;Makro:Definitionen
     12                         irp      x,<werte>
     13                         dw       x
     14                         endm
     15                         endm
     16                         decl     <1,2>     ;;Aufruf Makro decl
  1  17                         def      1,2
  3  18 0000  0001   dw         1
  1  19                         def      <1,2>
  3  20 0002  0001   dw         1
  3  21 0004  0002   dw         2
     22                         end
```

Makros können auch *rekursiv* sein, d.h. sie können sich selbst aufrufen. Damit hierbei die Makro-Expansion irgendwann einmal aufhört, muss in einem Bedingungsblock eine Abbruch-Bedingung angegeben werden. Der Abbruch der Expansion kann durch die Direktive **exitm** beschrieben werden.

exitm	Makro verlassen
Wirkung:	
• Beendet die Expansion des Makros. Steht exitm in einem geschachtelten Makro oder Standardmakro, wird beim umgebenden Makro weiter gearbeitet.	

☐ **Beispiel 8.4.2**

Im folgenden Programm-Ausschnitt werden über ein rekursives Makro die aktuellen
Parameter zuerst in der angegebenen und anschließend in der umgekehrten Reihenfolge
ausgegeben.

```
            DOSSEG
            .MODEL SMALL
            .STACK 100H
            .DATA

vor_zurueck     macro   k1,k2,k3,k4,k5,k6
      ifb       <k1>
          exitm               ;;Rekursionsabbruch
      endif
          mov     ah,2
          mov     dl,'&k1'
          int     21h   ;;Zeichen ausgeben
;;----- rekursiver Aufruf ----------------------
          vor_zurueck   k2,k3,k4,k5,k6
;;----- rekursiver Aufruf zu Ende --------------
          mov     ah,2
          mov     dl,'&k1'
          int     21h   ;;Zeichen nochmals ausgeben
          endm                ;;<<--Makro-Ende

            .CODE
begin:  mov     ax,@Data
        mov     ds,ax

        vor_zurueck     A,B,C

        mov     ax,4c00h
        int     21h
        end     begin
```

Betrachten wir hier die Aktionen von TMASM bei der Makro-Expansion noch einmal
genauer. Zuerst wird der Makro-Aufruf

```
    vor_zurueck   A,B,C
```

durch den zugehörigen Rumpf ersetzt. Da der erste aktuelle Parameter das Zeichen A –
also vorhanden – ist, wird der ifb-Bedingungsblock übersprungen. Bei dieser Expansion
tritt ein erneuter Makro-Aufruf

```
    vor_zurueck   B,C
```

auf, der vor dem Rest des ersten Makro-Aufrufs expandiert wird. Dies wiederholt sich noch zweimal, bis der Makro-Aufruf

```
vor_zurueck
```

ohne Parameter aufgerufen wird. Jetzt wird der `ifb`-Bedingungsblock aktiv, der diese letzte Makro-Expansion über `exitm` beendet, ohne irgendetwas zu expandieren. Anschließend wird die dritte Expansion beendet, bei der `&k1` den aktuellen Wert C hat. Dies wiederholt sich dann für die beiden restlichen Aufrufe. Im Folgenden wird die gesamte Makro-Expansion veranschaulicht.

```
vor_zurueck A,B,C
mov     ah,2
mov     dl,'A'
int     21h
;----------------------
   vor_zurueck B,C
   mov     ah,2
   mov     dl,'B'
   int     21h
   ;----------------------
      vor_zurueck C
      mov     ah,2
      mov     dl,'C'
      int     21h
      ;----------------------
         vor_zurueck
         exitm
      ;----------------------
      mov     ah,2
      mov     dl,'C'
      int     21h
   ;----------------------
   mov     ah,2
   mov     dl,'B'
   int     21h
;----------------------
mov     ah,2
mov     dl,'A'
int     21h
```

■

Auch der Substitutionsoperator & wird bei der Makro-Expansion geschluckt. Soll bei geschachtelten Makros erst in einer tieferen Schachtelungstiefe der aktuelle Parameter ausgewertet werden, muss man für jede Stufe einen eigenen Substitutionsoperator & angeben.

☐ Beispiel 8.4.3

Im Folgenden wird die Generierung und Initialisierung von Variablen mit Hilfe von Makros demonstriert. Damit keine Namenskonflikte bei den deklarierten Variablen auftreten, wird hinter jedem Namen eine *neue* Zahl angehängt. Die hierfür verantwortliche Direktive irp hat zwei umgebende Makros, nämlich das eigentliche Makro sowie die irpc-Direktive. Damit tatsächlich erst ganz innen der Wert von count eingesetzt wird, sind drei & zur Verzögerung der Auswertung nötig.

```
          1                                      DOSSEG
          2 0000                                 .MODEL  SMALL
          3 0000                                 .STACK  100H
          4 0000                                 .DATA
          5        = 0000          count    =        0
          6                        reserv   macro    x,y
          7                                 irpc     z,<y>
          8                                 irp      n,<%count>
          9                        x&&&n    db       '&z'
         10                        count    =        count+1
         11                                 endm        ;;irp-Ende
         12                                 endm        ;;irpc-Ende
         13                                 endm        ;;Makro-Ende
         14
         15                                 reserv   hugo,abcd
   3     16 0000   61              hugo0    db       'a'
   3     17 0001   62              hugo1    db       'b'
   3     18 0002   63              hugo2    db       'c'
   3     19 0003   64              hugo3    db       'd'
         20                                 reserv   turbo,xy
   3     21 0004   78              turbo4   db       'x'
   3     22 0005   79              turbo5   db       'y'
         23                                 end
```

8.5 Weitere Direktiven zur Steuerung der Listing-Ausgabe

In den Beispielen dieses Kapitels haben wir häufig die Makro-Erweiterungen des Assemblers mit Hilfe der Listing-Datei kontrolliert. Dieses Vorgehen ist sicherlich dann sinnvoll, wenn wir die aufgerufenen Makros selbst geschrieben haben. Wird ein Makro in einem Programm sehr oft aufgerufen, liefert uns das Einkopieren des Makro-Rumpfes an den Aufrufstellen keine neuen Erkenntnisse mehr. Vollends überflüssig wird die Ausgabe der Expansion von Makros, die aus Makro-Bibliotheken stammen und die wir gar nicht selbst entwickelt haben.

Zur Steuerung der Informationen, die in die Listing-Datei aufgenommen werden soll, verfügt der Assembler über eine Fülle von Direktiven. Einige davon wurden schon in Abschnitt 3.7.4 behandelt. Im Folgenden werden Direktiven besprochen, welche die Listing-Ausgabe bei der Makro-Expansion und bei Bedingungsblöcken steuern. Die Protokollierung von Dateien, die über die Direktive include eingelesen werden, kann man mit den folgenden Direktiven ein- bzw. ausschalten:

%incl %noincl	Steuerung der Ausgabe von include-Dateien
Wirkung: • Nach %incl erscheinen Dateien, die über die Direktive include eingelesen werden, in der Listing-Datei. • %noincl schaltet die Ausgabe von include-Dateien in die Listing-Datei aus.	

Die Ausgabe von Makro-Aufrufen kann im Assembler in drei Ausprägungen im Listing erscheinen:

- der Makro-Aufruf zusammen mit allen Zeilen des Makro-Rumpfes, aber ohne die Kommentare, die durch zwei Semikolons eingeleitet werden,
- der Makro-Aufruf mit allen Quellzeilen des Makro-Rumpfes, die Code erzeugen,
- nur der Makro-Aufruf.

.lall (%macs) .xall .sall (%nomacs)	Steuerung der Ausgabe in der Listing-Datei bei der Makro-Expansion
Wirkung: • Nach der Direktive .lall werden bei einem Makro-Aufruf nach der Aufrufzeile alle Zeilen der Makro-Definition ins Listing kopiert mit Ausnahme der Kommentare, die durch zwei Semikolons eingeleitet sind. Die Direktive %macs, die nur der Turbo Assembler kennt, hat dieselbe Wirkung. • Nach der Direktive .xall werden nur die Zeilen der Makro-Definition ins Listing übernommen, die Code oder Daten erzeugen. So werden z.B. Kommentarzeilen und Konstanten-Definitionen unterdrückt. Dies ist die Standardeinstellung beim Start von TMASM. • Die Direktive .sall unterdrückt die Makro-Expansion; lediglich der Makro-Aufruf wird ins Listing übernommen. Die Direktive %nomacs, die nur der Turbo Assembler kennt, hat dieselbe Wirkung.	

Bedingungsblöcke steuern die Code-Generierung zur Assemblierungszeit. Abhängig von den angegebenen Bedingungen generiert TMASM also unterschiedliche Codesequenzen. Normalerweise tauchen in der Listing-Datei nur die Zeilen auf, die TMASM assembliert

hat. Mit den folgenden Direktiven kann man die Ausgabe bei der Assemblierung von
Bedingungsblöcken aber ändern.

`.sfcond` `(%noconds)` `.lfcon` `(%conds)` `.tfcond`	Steuerung der Ausgabe in der Listing-Datei bei Bedingungsblöcken

Wirkung:

- Die Direktive `.sfcond` überträgt bei Bedingungsblöcken nur die assemblierten Teile ins Listing. Die Direktive `%noconds` hat dieselbe Wirkung.

- Nach der Direktive `.lfcond` werden alle Anweisungen von Bedingungsblöcken in die Listing-Datei ausgegeben, also auch die Anweisungen, die nicht assembliert wurden. Die Direktive `%conds` hat dieselbe Wirkung.

- Normalerweise erscheinen Bedingungsblöcke nicht in der Listing-Datei. Wird TASM mit der Option /X gestartet, werden Bedingungsblöcke von Anfang an ins Listing übernommen. Mit der Direktive `.tfcond` kann man diesen Zustand *umschalten.*

9 Unterprogramme

Unterprogramme sind ähnlich aufgebaut wie die im vorigen Kapitel beschriebenen Makros: Eine Befehlsfolge wird mit einem Namen versehen und ihre Abarbeitung durch einen Aufruf angestoßen. Beim Aufruf unterscheiden sich die beiden Methoden aber grundlegend: Ein Makro-Aufruf ist eine Anweisung an TMASM, alle Befehle des Makro-Rumpfes zur Assemblierzeit an die Aufrufstelle zu kopieren. Dagegen bewirkt ein Unterprogramm-Aufruf zur Ausführungszeit des Programms einen Sprung an die Stelle, an der die Befehlsfolge steht (vgl. Abbildung 8.1). Gleichzeitig wird die Adresse des Rücksprungs aus dem Unterprogramm zwischengespeichert.

Nachdem wir in Abschnitt 9.1 die Sprachmittel des Assemblers für Definition und Aufruf von Unterprogrammen besprochen haben, widmen wir uns in Abschnitt 9.2 dem Problem, wie man ein klares Parameter-Übergabe-Konzept im Assembler programmieren kann. In Abschnitt 9.3 wird diskutiert, wie lokale Marken und lokale Variablen in Unterprogrammen behandelt werden. Die Rückgabe von Ergebnissen aus Unterprogrammen ist das Thema des nächsten Abschnitts 9.4. Zwei spezielle Direktiven, die nur im Zusammenhang mit Unterprogrammen verwendet werden können, besprechen wir in Abschnitt 9.5. Das vorgestellte Parameter-Übergabe-Konzept wird in Abschnitt 9.6 beim geschachtelten Aufruf von Unterprogrammen untersucht: Wir stellen dort ein rekursives Unterprogramm vor. Der Zugriff auf vorgefertigte Routinen des Betriebssystems wird im Abschnitt 9.7 unter dem Titel *Aufruf von Interrupt-Routinen* beschrieben. Hier wird endlich der Schleier einiger Makros in der laufend verwendeten Makro-Bibliothek `macros.mac` gelüftet. Wie man Betriebssystem-Routinen durch selbst geschriebene Routinen ersetzt, findet man in Abschnitt 9.8.

9.1   Definition und Aufruf von Unterprogrammen

Ein Unterprogramm wird gemäß folgender Syntax definiert:

Definition eines Unterprogramms

Name   proc [near | far]
            Anweisungen
            ret
[*Name*]   endp

Bemerkungen: • Die Direktiven proc und endp klammern die *Anweisungen* des Unterprogramms. Wird bei endp ein *Name* angegeben, muss es derselbe wie beim zugehörigen proc sein. • Der Befehl ret beendet das Unterprogramm und setzt die Bearbeitung hinter der Aufrufstelle fort. Ein Unterprogramm muss mindestens einmal den Befehl ret enthalten. • Die optionale Angabe **near** bzw. far legt fest, wie beim Aufruf die Unterprogramm-Adresse behandelt wird. Dies wird in Kapitel 10 behandelt. • Die erweiterte Form der Direktive proc wird in Abschnitt 9.5 ausführlich behandelt.

Für den Unterprogramm-Aufruf steht der Befehl call zur Verfügung. Eine zentrale Rolle spielt hierbei der *Keller* oder *Stack*, den wir in Abschnitt 5.7 besprochen haben.

call *Adress-Ausdruck*	Unterprogramm-Aufruf
veränderte Flags: keine	
Wirkung: • Der *Adress-Ausdruck* bezeichnet die Codestelle, an der das Unterprogramm definiert ist. Im einfachsten Fall ist dies direkt der Unterprogramm-Name. Man kann hier aber auch jede andere Adressierungsart verwenden (vgl. Kapitel 7). • Der aktuelle Wert des Befehlszeigers ip wird auf den Keller gespeichert. • Dem Befehlszeiger ip wird der Wert des *Adress-Ausdrucks* zugewiesen. • Eine erweiterte Form des call-Befehls wird in Abschnitt 9.5 besprochen.	

Ein call-Befehl kommt natürlich an den Stellen im Assembler-Programm vor, an denen man die Befehle des Unterprogramms ausführen will. Aber wo ist die Unterprogramm-Definition zu platzieren?

Halten wir noch einmal fest: Ein Unterprogramm-Aufruf ist u.a. ein *Sprung* an die

Definitionsstelle. Damit ist schon klar, dass die Unterprogramm-Definition im Code-Teil des Programms stehen *muss*. Man muss nur noch verhindern, dass man aus Versehen ohne Aufruf in das Unterprogramm gelangt. Dazu legen wir fest, dass Unterprogramme hinter der Direktive

    .Code

und vor der ersten auszuführenden Anweisung des Programms stehen, die mit der Marke **begin** versehen ist. Ganz wichtig ist natürlich auch, dass Unterprogramme als letzten Befehl stets **ret** enthalten, da sonst einfach beim nächsten Befehl hinter den Unterprogramm weitergemacht wird.

☐ **Beispiel 9.1.1**

Nach der Vorstellung des Programms wollen wir uns seine Abarbeitung schrittweise im Turbo Debugger anschauen.

```
        DOSSEG
        .MODEL  SMALL
        .STACK  100H
        .CODE
;--Hier folgen die Unterprogramm-Definitionen----
UP      proc                    ;Unterprogramm-Definition
        add     ax,bx
        add     ax,cx
        ret                     ;Rücksprung
UP      endp
;jetzt kommt das Hauptprogramm--------------------
begin:  mov     ax,@Data
        mov     ds,ax

        mov     ax,1
        mov     bx,2
        mov     cx,3
        call    UP

        mov     ax,4c00h
        int     21h
        end     begin
```

Das obige Programm B9_1_1.asm wird mit der folgenden Befehlsfolge übersetzt und unter der Regie des Turbo Debuggers gestartet:

```
TASM /zi B9_1_1
TLINK /v B9_1_1
TD B9_1_1
```

Um während der Abarbeitung den Befehlszeiger ip und den Kellerinhalt beobachten zu können, schalten wir mit *ALT V C* in das CPU-Fenster, sofern dies beim Laden nicht

automatisch geöffnet wird. Wir können uns nun mit wiederholtem Drücken der Taste
F7 bis an den Befehl

```
call up
```

vorarbeiten. Der Befehlszeiger `ip` hat jetzt einen bestimmten Wert, etwa 23h. Wenn
wir dann wieder F7 drücken, wird der Aufruf abgearbeitet. Im Einzelnen geschieht
Folgendes in der angegebenen Reihenfolge:

- Der Befehlszähler wird auf den nächsten Befehl gestellt, d.h. `ip` erhält einen um 3
  größeren Wert. (Der `call`-Befehl benötigt hier 3 Byte, wie wir aus dem Assembler-
  Listing ersehen können.)

- Dieser Wert von `ip` wird oben auf den Keller gespeichert.

- Der Befehlszeiger erhält als Wert die Adresse von `UP` zugewiesen.

Jetzt werden die beiden Befehle des Unterprogramms abgearbeitet. Bei der Abarbeitung
von `ret` wird der Wert des obersten Kellerelements – das ist der Wert, auf den der
Kellerzeiger `sp` zeigt – vom Keller geholt und dem Befehlszeiger zugewiesen. Dies ist
genau der Wert, der vom `call`-Befehl auf den Keller gespeichert wurde.

Die Programmausführung wird also an der Stelle *hinter* dem Unterprogramm-Aufruf
fortgesetzt, wovon wir uns nach Drücken von F7 überzeugen können.   ■

9.2   Parameter-Übergabe

Um Informationen von der Aufruf-Stelle in das Unterprogramm zu übergeben, können
in höheren Programmiersprachen wie Pascal und C Parameter verwendet werden. Um
die Übergabe der Parameter in die Funktion oder Prozedur kümmert sich der jewei-
lige Compiler. Im Assembler muss man sich dagegen die Parameter-Übergabe selbst
programmieren. Im Folgenden werden wir zwei unterschiedliche Methoden hierfür besprechen.

Häufig wird die *Parameter-Übergabe per Register* praktiziert: Die aktuellen Parameter
werden vor dem Unterprogramm-Aufruf einfach in Register geladen. Genau so haben wir
es in Beispiel 9.1.1 programmiert. Das Unterprogramm selbst muss dann genau wissen,
in welchem Register welcher aktuelle Parameter steht. Dieses Verfahren ist sehr schnell
und außerdem sehr einfach anzuwenden. Die Festlegung darüber, welcher Parameter
in welchem Register übergeben wird, muss bei jedem Unterprogramm einzeln exakt
festgelegt und beim Aufruf peinlich genau eingehalten werden. Um die Einhaltung dieser
Festlegung zu erleichtern, sollte jedes solche Unterprogramm als Kommentar enthalten,
welche Parameter in welchen Registern erwartet werden.

☐ **Beispiel 9.2.1**

Es wird ein Unterprogramm vorgestellt, das den ersten Parameter mit dem zweiten
potenziert. Die Parameter werden in den Registern `ax` und `cx` übergeben.

```
        DOSSEG
        .MODEL  SMALL
        .STACK  100H
include macros.mac
        .CODE


; --------Unterprogramme Anfang ----------------
expon   proc
;***************************
; ax hoch cx               *
;***************************
        push    bx      ;bx wird verändert
        dec     cx      ;zählt bis 0 runter!
        mov     bx,ax   ;2. Faktor
expon1: imul    bx      ;multipliziere
        jo      expon2  ;Abbruch, wenn Überlauf
        loop    expon1  ;bis cx=0
expon2: pop     bx      ;restauriere bx
        ret
        endp
; --------Unterprogramme Ende -----------------
begin:  mov     ax,@Data
        mov     ds,ax
        nl
        print   "Basis : "
        readZ   ax
        print   "Exponent : "
        readZ   cx
        call    expon
        jno     weiter
        jmp     Ueblauf
weiter: print   " = "
        writeZ  ax
        jmp     Ende
Ueblauf:print   "Überlauf !!!"
Ende:
        mov     ax,4c00h
        int     21h
        end     begin
```

Im Unterprogramm `expon` werden die beiden Operanden in den Registern `ax` und `cx` erwartet. Das Ergebnis der Operation "ax hoch cx" steht nach Verlassen des Unterprogramms im Register `ax`, das also sowohl Eingabe- als auch Ausgabe-Parameter ist.

Tritt bei der Multiplikation ein Überlauf auf, d.h. ist das endgültige Ergebnis *nicht* in `ax` einschließlich Vorzeichen darstellbar, wird das *Overflow-Flag* gesetzt. In diesem Fall wird das Unterprogramm sofort über den Sprung `jo` verlassen. Der Aufrufer kann danach durch Abfragen dieses Overflow-Flags entsprechend reagieren – im Beispiel wird eine Fehlermeldung ausgegeben.

Das Register bx wird bei der Multiplikation als zweiter Faktor verwendet. Weil der Aufrufer dieses Register eventuell für andere Zwecke verwendet, sollte es sicherheitshalber auf dem Keller zwischengespeichert werden. Aber Vorsicht: Es muss *vor* dem Rücksprung ret wieder vom Keller entfernt worden sein, da sonst an eine völlig falsche Rückkehr-Adresse – nämlich an den Inhalt von bx – zurückgesprungen würde. Ein solcher Fehler verursacht fast immer einen System-Absturz.

Das Register cx muss nicht gesichert werden, da ja der Aufrufer weiß, dass dies für die Parameter-Übergabe verwendet wird. Das Register ax darf nicht gesichert und restauriert werden, da es das Ergebnis zurückgibt.   ∎

Die Parameter-Übergabe in Registern wird von Assembler-Freaks gerne benutzt, weil sie einfach anzuwenden ist und sehr wenig Code benötigt. Diesen Vorteilen stehen allerdings gravierende Nachteile gegenüber:

- Die für die Parameter-Übergabe verwendeten Register müssen hierfür freigemacht werden. Falls vor dem Unterprogramm-Aufruf Werte in diesen Registern stehen, die später noch gebraucht werden, muss man sie zwischenspeichern.

- Wegen der beschränkten Anzahl der Register können an ein Unterprogramm nur wenige Parameter übergeben werden. Diese Register können innerhalb des Unterprogramms nicht anderweitig verwendet werden – außer man speichert ihre Inhalte in einem Zwischenspeicher ab.

- Vollends problematisch wird diese Technik, wenn Unterprogramme, die dieselben Register verwenden, ineinander geschachtelt aufgerufen werden. Auch hier hilft dann nur, die Registerinhalte zwischenzeitlich abzuspeichern.

In allen drei Fällen wurde als Ausweg empfohlen, die Register-Inhalte zwischenzuspeichern. Für diesen Zweck ist der Keller geradezu prädestiniert.

Nach diesen Feststellungen erhebt sich fast zwingend die Frage, ob es nicht einfacher ist, die aktuellen Parameter gleich auf den Keller zu legen, statt erst die Register-Inhalte zwischenzuspeichern und sie dann mit den aktuellen Parametern zu laden.

In der Tat verwendet eine zweite Programmiertechnik den Keller als Übergabe-Medium der Parameter an ein Unterprogramm. Diese Technik der *Parameter-Übergabe auf dem Keller* wird auch von den Compilern für höhere Programmiersprachen angewendet. Leider verwenden die Compiler für Pascal, C++ und andere höhere Programmiersprachen jeweils unterschiedliche Konventionen. Diese werden wir in Kapitel 12 gesondert behandeln.

Im Folgenden wird eine gängige Technik der Parameter-Übergabe mit Hilfe des Kellers vorgestellt, bei der wir zwar die Feinheiten der speziellen höheren Programmiersprachen ausklammern wollen, die aber die oben geschilderten Probleme löst.

Wie bei der Parameter-Übergabe in Registern müssen auch hier die aktuellen Parameter vor dem Unterprogramm-Aufruf übergeben werden, diesmal auf dem Keller. Jeder Parameter wird einzeln mit einem push-Befehl auf den Keller gespeichert.

Der `call`-Befehl selbst speichert seine Rückkehr-Adresse ebenfalls auf den Keller.

Wir wollen dies wieder am Beispiel des modifizierten Unterprogramms `expon` zur Potenzierung betrachten: `expon` erwartet die beiden Parameter `Basis` und `Exponent` auf dem Keller – beides können Konstante, Bezeichner oder Register sein. Die Aufrufsequenz lautet also:

```
mov     ax,Basis
push    ax
mov     ax,Exponent
push    ax
call    expon
```

Nach dieser Befehlsfolge ist der Inhalt des Kellers wie in Abbildung 9.1 angegeben.

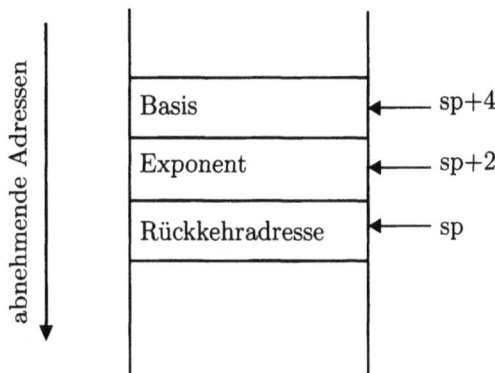

Abbildung 9.1: *Situation 1*

Um nun innerhalb des Unterprogramms auf die aktuellen Parameter im Keller zugreifen zu können, kann man – zumindest im Moment – den Kellerzeiger `sp` verwenden. So kann man den Wert von `Basis` über den Befehl

```
mov ax,[sp+4]
```

ins Register `ax` laden. Dies funktioniert aber nur dann, wenn der Kellerzeiger im Unterprogramm nicht verändert wird. Bereits beim Sichern der Register, die im Unterprogramm verwendet werden, ändert sich aber der Kellerzeiger. Also müssen wir uns *sofort* den momentanen Stand des Kellerzeigers merken. Jetzt machen wir uns die Spezial-Eigenschaften des Zeiger-Registers `bp` zunutze: Wenn in `bp` eine Adresse steht und wir über den Befehl

```
mov ax,[bp]
```

indirekt auf die Speicherstelle zugreifen, bezeichnet die Adresse stets eine Adresse des Kellerspeichers.

Um den gegenwärtigen Wert des Registers `bp` nicht zu verlieren, speichern wir ihn kurzerhand auch auf den Keller. (Wir werden sehen, dass wir diesen alten Wert tatsächlich noch brauchen.)

Also stehen am Anfang unseres Unterprogramms die Befehle

```
push    bp
mov     bp,sp
```

Danach zeigt der *neue* Inhalt von bp auf die Kellerzelle, in der wir uns den *alten* Wert von bp merken. Der Keller hat jetzt den in Abbildung 9.2 gezeigten Inhalt.

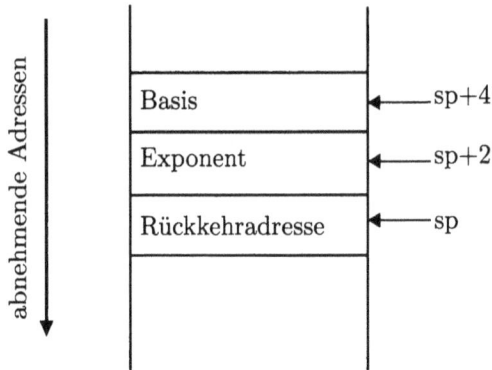

Abbildung 9.2: *Situation 2*

Werden jetzt weitere Daten auf den Keller gepusht, ändert sich nur sp; den Wert von bp lassen wir innerhalb des Unterprogramms unverändert. Damit können wir über das Zeigerregister bp innerhalb des Unterprogramms auf die aktuellen Werte der Parameter indirekt zugreifen, und zwar

- über [bp+4] auf Exponent,

- über [bp+6] auf Basis.

Vor Verlassen des Unterprogramms mit dem ret-Befehl muss sichergestellt sein, dass die Rückkehr-Adresse das *oberste* Kellerelement ist; andernfalls stürzt unser Programm ab. Wir müssen also bis zum Ende des Unterprogramms die Kellerbefehle, die wir am Unterprogramm-Anfang ausgeführt haben, wieder rückgängig gemacht haben. Dabei fällt uns ein, dass wir ja auch den ursprünglichen Wert des Zeiger-Registers bp restaurieren wollen.

Mit dem Befehl

```
mov sp,bp
```

stellen wir den Kellerzeiger genau auf die Position zurück, die zu Beginn des Unterprogramms nach der Sicherung von bp gültig war – egal, wie viele push's und pop's im Unterprogramm stattfanden. Nach dem Befehl

```
pop bp
```

haben wir wieder den ursprünglichen Wert in **bp**; gleichzeitig steht jetzt oben auf dem Keller garantiert die Rückkehr-Adresse des Unterprogramms. Der Befehl

    ret

springt nun hinter die Aufrufstelle zurück und löscht gleichzeitig die Rückkehr-Adresse vom Keller. Danach finden wir die in Abbildung 9.3 angegebene Kellersituation vor.

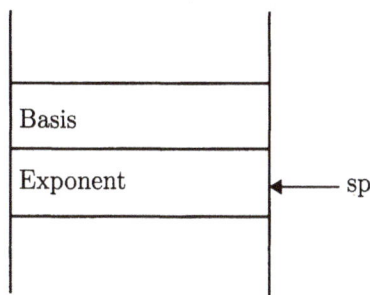

Abbildung 9.3: *Situation 3*

Die aktuellen Parameter **Basis** und **Exponent** haben jetzt ausgedient, und wir können sie auch vom Keller entfernen. Diese Aufgabe kann man dem Aufrufer aufbürden, der nach jedem

    call   expon

zwei **pop**-Befehle hinschreiben kann. Dies ist umständlich. Übrigens weiß ja auch derjenige, der das Unterprogramm schreibt, dass für ihn zwei aktuelle Parameter auf dem Keller hinterlegt sind. Diese aktuellen Parameter braucht man nach der Rückkehr i.a. nicht mehr. Deshalb sieht der Assembler beim **ret**-Befehl ein optionales Argument vor, das angibt, wie viele *Bytes* beim Rücksprung zusätzlich zur Rückkehr-Adresse vom Keller zu entfernen sind; in unserem Beispiel also

    ret 4

Man beachte, dass hier die Anzahl der Bytes angegeben werden muss, obwohl man im Assembler auf dem Keller immer nur Worte ablegen kann. Nach diesen Vorbemerkungen können wir unser Beispiel vollständig beschreiben.

☐ **Beispiel 9.2.2**

```
        DOSSEG
        .MODEL   SMALL
        .STACK   100H
include macros.mac
        .CODE
; --------Unterprogramme Anfang ----------------
expon   proc
;*******************************
; Parameter auf dem Keller      *
;   Basis              <<-- bp+6  *
;   Exponent           <<-- bp+4  *
; Rückkehr-Adresse     <<-- bp+2  *
; alter Wert von bp    <<-- bp    *
;*******************************
        push    bp         ;bp sichern
        mov     bp,sp      ;neuer Wert von bp
        push    cx         ;cx und
        push    bx         ;bx werden verändert
        mov     cx,[bp+4]
        dec     cx         ;zählt bis 0 runter!
        mov     ax,[bp+6]
        mov     bx,[bp+6] ;2. Faktor
expon1: imul    bx         ;multipliziere
        jo      expon2
        loop    expon1     ;bis cx=0
expon2: pop     bx         ;restauriere bx
        pop     cx         ;und cx
        mov     sp,bp      ;sp zurückstellen
        pop     bp         ;alter Wert von bp
        ret     4          ;4 Byte für Parameter
                           ;freigeben
        endp
; --------Unterprogramme Ende ------------------
begin:  mov     ax,@Data
        mov     ds,ax
        nl
        print   "Basis : "
        readZ   ax
        push    ax  ;<<-- 1. aktueller Parameter
        print   "Exponent : "
        readZ   ax
        push    ax  ;<<-- 2. aktueller Parameter
        call    expon
        jno     weiter
        jmp     Ueblauf
```

```
weiter: print   " = "
        writeZ  ax
        jmp     Ende
Ueblauf:print   "Überlauf !!!"
Ende:
        mov     ax,4c00h
        int     21h
        end     begin                                    ■
```

In höheren Programmiersprachen schreibt man für einen Aufruf einfach

```
ProzedurName(aktPar1,aktPar2,...)
```

Da auch im Assembler ein Unterprogramm-Aufruf immer denselben Aufbau hat, können
wir die obige Schreibweise mit Hilfe eines Makros **exec** fast wörtlich nachbilden:

```
exec    macro   procedure,parameterliste
;;-------------------------------------------
;;  rufe Prozedur "procedure" mit der
;;  "parameterliste" auf
;;-------------------------------------------
        irp     param,<parameterliste>
        mov     ax,param
        push    ax
        endm
        call    procedure
        endm
```

Dieses Makro, das in unserer Makro-Bibliothek **macros.mac** enthalten ist, erledigt die
Parameter-Übergabe auf dem Keller und den Unterprogramm-Aufruf. Unter Verwendung dieses Makros lautet dann der Aufruf aus Beispiel 9.2.2 einfach

```
exec        expon,<Basis,Exponent>
```

In unserem Exponenten-Beispiel liefert das Unterprogramm **expon** ein Ergebnis, das im
Register **ax** zurückgegeben wird. Was passiert nun, wenn ein Unterprogramm mehrere
Ergebnisse liefert oder den Wert eines Parameters verändert? Man kann dies natürlich
so programmieren, dass die Ergebnisse bzw. die geänderten Werte wieder in Registern
stehen – falls man genügend Register hat.

Wenn wir etwa ein Unterprogramm schreiben sollen, das ein vorgegebenes Feld von
einigen 100 Elementen der Größe nach sortiert, können wir die sortierten Elemente
natürlich nicht der Reihe nach in Registern zurückgeben. Dazu reicht die Anzahl der
Register unseres Rechners nicht aus. Außerdem soll das sortierte Feld im selben Speicherplatz stehen, in dem vor dem Unterprogramm-Aufruf das unsortierte Feld stand.

Wir müssen also dem Unterprogramm mitteilen, wo das zu sortierende Feld im Speicher beginnt und wie lang es ist. Die erste Information erhält das Unterprogramm durch einen aktuellen Parameter, der die *Adresse* des Feldes enthält. Diese Parameter-Übergabe kennt man aus höheren Programmiersprachen als *Referenz-Übergabe* oder *call by reference*. Auf die Feld-Elemente muss man dann natürlich doppelt indirekt zugreifen: Einmal greift man über **bp** indirekt auf die Adresse zu; ein zweiter indirekter Zugriff liefert das Feld-Element.

Der zweite Parameter für die Angabe der Feld-Länge wird einfach als ganze Zahl übergeben, wie wir es bisher schon gemacht haben. Diese *normale* Übergabe-Technik wird in der Literatur *Wert-Übergabe* oder *call by value* genannt.

Diese beiden Parameter-Übergaben sollen an einem Beispiel demonstriert werden. Dazu wählen wir eines der vielen Sortierverfahren, nämlich die *Auswahlsortierung*.

Das Verfahren ist recht einfach und schnell erklärt:

- Zuerst wird im gesamten Feld das größte Element gesucht.

- Dann wird dieses größte Element mit dem letzten Element des Feldes getauscht.

- Dasselbe Verfahren wird wiederholt, allerdings nur mit dem Feld vom ersten bis zum vorletzten Element; das letzte Element ist ja das größte und hat schon seinen richtigen Platz gefunden.

- Dieses Verfahren wird solange für immer kleinere Teilfelder wiederholt, bis man nur noch zwei Elemente im letzten Teilfeld sortieren muss. Dann ist man fertig.

Das Verfahren der Auswahlsortierung soll an einem kleinen Zahlenbeispiel dargestellt werden: Das Feld hat zu Beginn die folgenden vier Elemente:

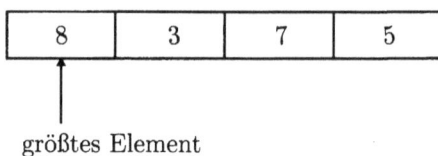

8	3	7	5

größtes Element

Das erste Element ist das größte und wird mit dem letzten getauscht. Man erhält

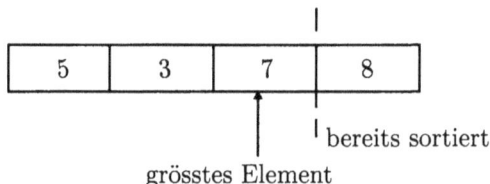

5	3	7	8

bereits sortiert

grösstes Element

Das vorletzte Element ist zufällig wieder das größte der Restmenge und steht schon an der richtigen Position. Man tauscht das Element quasi mit sich selbst. Man muss jetzt nur noch die beiden ersten Elemente sortieren.

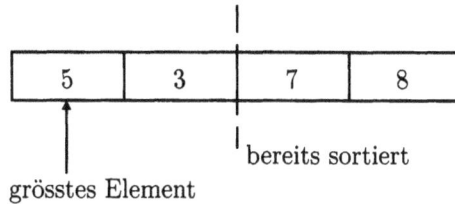

Diese letzte Vertauschung liefert schließlich das vollständig sortierte Feld:

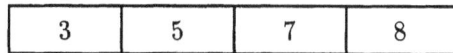

Eine zentrale Teilaufgabe bei diesem Verfahren ist das *Auffinden des größten Elements* in einem Teilfeld; diese Aufgabe soll in einem eigenen Unterprogramm formuliert werden.

□ **Beispiel 9.2.3**

Das folgende Unterprogramm `FindMax` bestimmt das Maximum eines Feldes von N Elementen, wobei die Feldindizes stets von 0 bis N-1 laufen. Als Parameter erwartet das Unterprogramm auf dem Keller

- die Anfangsadresse des Feldes,

- die Anzahl der Feldelemente.

Als Ergebnis liefert es den Byte-Index des maximalen Feldelements im Register si zurück. Alle anderen verwendeten Register werden sicherheitshalber zwischengespeichert.

```
FindMax proc
;--------------------------------------------------
; Finde Maximum im Feld zw. 0. bis N. Element
;    Feld-Adresse            <<-- bp+6
;    obere Grenze (in Byte) <<-- bp+4
;    Rückkehr-Adresse        <<-- bp+2
;    Zeiger auf Maximum in Register si
;--------------------------------------------------
Feld    equ    [bp+6]
bis     equ    [bp+4]

        push   bp
        mov    bp,sp
        SReg   <ax,bx,di>
```

```
          mov      bx,Feld
          mov      di,bis
          mov      si,di          ;Zeiger auf Maximum
          mov      ax,[bx+si]     ;Wert von Maximum
for0:     sub      di,2           ;Zähler für Schleife
          cmp      di,0
          jl       forend
          cmp      ax,[bx+di]
          jg       sonst
          mov      si,di          ;neuer Maximumzeiger
          mov      ax,[bx+si]     ;neuer Maximumwert
sonst:    jmp      for0
forend:                           ;si enthält Zeiger auf Maximum
          RReg     <di,bx,ax>
          mov      sp,bp
          pop      bp
          ret      4
FindMax endp                                                       ∎
```

Nach Erledigung dieses Zwischenschritts können wir uns an die Lösung des Problems machen, die geschilderte Auswahlsortierung zu programmieren.

☐ **Beispiel 9.2.4**

Zunächst wollen wir die Auswahlsortierung im Pseudocode formulieren:

>> Das zu sortierende Feld hat N Elemente.
>> Wiederhole für jede Position i zwischen N-1 und 1
>>   Finde Maximum der Elemente auf Position 0 bis i.
>>   Tausche i-tes Element mit dem Maximum aus.

Das Unterprogramm im Assembler lautet damit wie folgt:

```
SelSort proc
; --------------------------------
; Auswahl-Sortierung
;    Feld-Adresse        <<-- bp+6
;    Anzahl              <<-- bp+4
;    Rückkehr-Adresse    <<-- bp+2
;--------------------------------
Feld     equ      [bp+6]
Anzahl   equ      [bp+4]

          push     bp
          mov      bp,sp
          mov      bx,Feld
          mov      di,Anzahl ;di Schleifenzähler
```

```
         shl     di,1        ;Index für Wortfeld
for1:    sub     di,2
         cmp     di,0
         jle     forend1
         exec    FindMax,<Feld,di>
                 ; Maximumzeiger in si
         push    [bx+di]
         push    [bx+si]
         pop     [bx+di]
         pop     [bx+si]     ;Elemente vertauschen
         jmp     for1
forend1:mov      sp,bp
         pop     bp
         ret     4
SelSort endp                                                           ■
```

9.3   Lokale Marken und lokale Variable

In unseren beiden Unterprogrammen **FindMax** und **SelSort**, die wir im letzten Abschnitt besprochen haben, wurde peinlichst darauf geachtet, dass als Sprungziele verschiedene Namen verwendet wurden. Der Grund ist klar: Treten in den beiden Unterprogrammen gleiche Marken-Namen auf, gibt TMASM eine Fehlermeldung wegen Doppelvereinbarung aus.

Wollen wir die beiden Unterprogramme über eine **include**-Datei allgemein zur Verfügung stellen und verwendet das aufrufende Programm irgendeinen Marken-Namen, der in den Unterprogrammen verwendet wird, erfolgt ebenfalls eine Fehlermeldung.

Wir müssen die Marken-Namen wieder – ähnlich wie bei Makros – *lokal* zu dem Unterprogramm machen. Hier hilft uns eine Konvention über die Marken-Namen aus der Patsche: Nach der Direktive

```
    locals
```

interpretiert der Assembler alle Namen, die mit den Zeichen @@ beginnen, als lokal zu dem Unterprogramm, in dem sie definiert sind. Sollen die lokalen Marken mit einem anderen Zeichenpaar beginnen, kann man der **locals**-Direktive in einem optionalen Argument ein Zeichenpaar übergeben, das dann als Vorsilbe für die lokalen Marken herangezogen wird.

locals [*Vorsilbe*]	lokale Symbole aktivieren
nolocals	lokale Symbole deaktivieren

Wirkung:

- Nach der Direktive locals werden alle Marken, die mit der Vorsilbe @@ beginnen, als *lokale* Marken betrachtet.
  Ist die Marke in einem Unterprogramm definiert, ist ihr Gültigkeitsbereich das gesamte Unterprogramm.
  Ist die Marke außerhalb eines Unterprogramms definiert, erstreckt sich ihr Gültigkeitsbereich von der vorherigen bis zur darauf folgenden nichtlokalen Markendefinition.

- Nach nolocals werden die mit @@ beginnenden Marken wie normale Marken behandelt.

- Soll eine andere *Vorsilbe* als @@ für lokale Marken verwendet werden, kann man bei der locals-Direktive ein anderes Zeichenpaar als Vorsilbe für lokale Marken angeben.

□ **Beispiel 9.3.1**

Im folgenden Programm wird die Wirkungsweise der obigen Direktiven veranschaulicht.

```
        DOSSEG
        .MODEL  SMALL
        .STACK  100H
        .DATA
        .CODE


        locals
up1     proc
        ;......  ; <<-----+ Gültigkeits-
@@for:  nop             ; | bereich der
        ;......  ;         | in up1 defi-
        jmp     @@for   ; | nierten Marke
up1     endp    ; <<-----+ @@for

up2     proc
        ;......  ; <<-----+ Gültigkeits-
@@for:  nop             ; | bereich der
        ;......  ;         | in up2 defi-
        jmp     @@for   ; | nierten Marke
up2     endp    ; <<-----+ @@for

begin:  mov     ax,@Data
```

```
        mov     ds,ax

eins:   ;......  ; <<-----+ Gültigkeits-
        jmp     @@for   ;  | bereich der
@@for:  ;......          ;  | hier definier-
        jmp     @@for   ;  | ten Marke
        ;......  ; <<-----+ @@for
zwei:   ;......  ; <<-----+
        jmp     @@for   ;  | Gültigkeits-
@@for:  ;......          ;  | bereich der
                        ;  | hier definier-
        mov     ax,4c00h;  | ten Marke
        int     21h     ;  | @@for
        end     begin;<<--+                                            ■
```

Neben lokalen Marken braucht man in Unterprogrammen häufig auch *lokale Variablen* zur Aufnahme irgendwelcher Zwischen-Ergebnisse, die während der Abarbeitung des Unterprogramms anfallen. Hierbei handelt es sich um Speicherplatz, der nur innerhalb des Unterprogramms benötigt wird. Nach Verlassen des Unterprogramms soll dieser Speicherplatz wieder für andere Zwecke zur Verfügung stehen. Die Dauer der Speicherplatz-Belegung für lokale Variable ist also ebenso lang wie die für die Parameter. Folglich werden wir die lokalen Variablen auch auf den Keller legen. Dabei muss man aber aufpassen, dass man weder die übergebenen Parameter noch die Rückkehr-Adresse zerstört.

Wir wollen noch einmal die Aufruf-Technik von Unterprogrammen betrachten, wie wir sie in Abschnitt 9.2 diskutiert haben. Die aktuellen Parameter werden *vor* dem Unterprogramm-Aufruf auf den Keller gepusht. Der Unterprogramm-Aufruf legt die Rückkehr-Adresse ebenfalls auf den Keller, und mit

```
        push    bp
        mov     bp,sp
```

haben wir die Bezugsadresse für die Parameter im Register **bp**. Innerhalb des Unterprogramms wird der Keller mehr oder weniger intensiv benutzt, z.B. zum Sichern von Register-Inhalten oder für weitere Unterprogramm-Aufrufe.

Zuvor muss der Speicher für die lokalen Variablen auf dem Keller reserviert werden. Wenn wir in unserem Unterprogramm **expon** aus Abschnitt 9.1 z.B. für drei lokale Variable **var1**, **var2** und **var3** jeweils ein Wort brauchen, reservieren wir einfach drei Worte auf dem Keller und erhalten die in Abbildung 9.4 angegebene Kellersituation.

Der einzige Unterschied zu Abbildung 9.2 ist eigentlich nur der, dass **sp** um 3 Worte = 6 Byte nach unten gerutscht ist. Dadurch werden auf dem Keller die gewünschten drei Worte für die lokalen Variablen reserviert. Daneben müssen wir uns noch merken, wo die einzelnen lokalen Variablen auf dem Keller liegen. Das ist aber auch nicht schwierig: Innerhalb des Unterprogramms wird nämlich der Inhalt des Registers **bp** *nicht* verändert. Also können wir uns wieder an **bp** orientieren, um die lokalen Variablen wiederzufinden.

Basis	$bp_{neu}+6$
Exponent	$bp_{neu}+4$
Rückkehradresse	$bp_{neu}+2$
bp_{alt}	bp_{neu}
var1	$bp_{neu}-2$
var2	$bp_{neu}-4$
var3	$bp_{neu}-6$ ← sp

lokale Variable

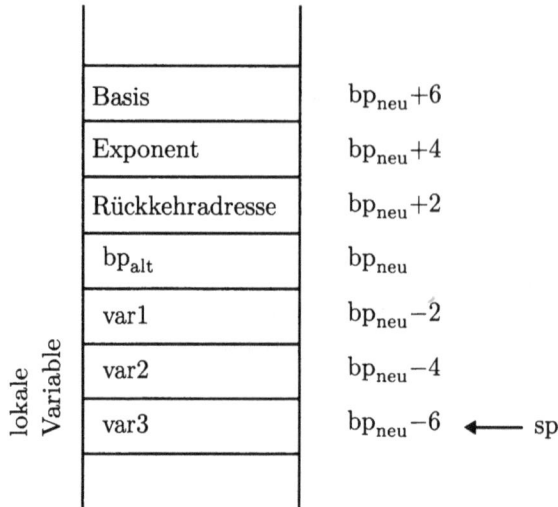

Abbildung 9.4: *lokale Variablen auf dem Keller*

Dies wurde bereits in Abbildung 9.4 angedeutet. Wir brauchen also folgenden Code:

```
        sub sp,6
        ;sp um 6 Byte nach unten verrutschen
var1    equ [bp-2]    ;Benennung
var2    equ [bp-4]    ;der lokalen
var3    equ [bp-6]    ;Variablen
```

Innerhalb des Unterprogramms kann man jetzt mit den Namen var1, var2 und var3 auf die lokalen Variablen zugreifen.

Nach dieser Technik gilt also folgende Regel:

> Die Parameter des Unterprogramms haben *positive Abstände* zu bp, beginnend mit bp+4; die lokalen Variablen haben *negative Abstände* zu bp, beginnend mit bp-2.

Wie löscht man nun beim Verlassen des Unterprogramms den Speicherplatz für die lokalen Variablen wieder? Offensichtlich muss man den Kellerzeiger sp wieder um 6 Byte hochheben. Dies geht aber nur dann gut, wenn am Ende des Unterprogramms der Kellerzeiger auf die letzte lokale Variable zeigt, wie es in Abbildung 9.4 dargestellt ist. Wir können uns die Sache aber auch wesentlich einfacher und sicherer machen: Das Register bp zeigt ja direkt auf die gewünschte Stelle im Keller. Der Befehl

```
        mov sp,bp
```

leistet somit bereits das Gewünschte.

Damit hat ein Unterprogramm, dessen Parameter und lokalen Variablen auf dem Keller verwaltet werden, folgenden allgemeinen Aufbau:

```
up      proc; Unterprogramm-Kopf
        push    bp  ; bp sichern
        mov     bp,sp ;Bezugsadresse in bp
        sub     sp,ANZ
;reserviere ANZ Bytes für lokale Var. auf stack
ParN    equ     [bp+4] ;letzter Parameter
ParN-1  equ     [bp+6] ;vorletzter Parameter
. . .
lok1    equ     [bp-2] ;erste lokale Variable
lok2    equ     [bp-4] ;zweite lokale Variable
. . .
        Code des Unterprogramms, in dem
        die Parameter (Par1 ...) und die lokalen
        Größen verwendet werden
. . .
        mov     sp,bp ;Kellerzeiger restaurieren
        pop     bp ;bp restaurieren
        ret     paranz
        ;Parameter belegten 'paranz' Bytes
up      endp
```

Der Aufruf des Unterprogramms lautet:

```
        mov     ax,aktPar1   ;1. akt. Parameter
        push    ax           ;auf Keller
        . . .
        mov     ax,aktParN   ;N. akt. Parameter
        push    ax           ;auf Keller
        call    UP           ;Unterprogramm-Aufruf
```

oder mit Hilfe des exec-Makros:

```
        exec    UP,<aktPar1,. . .,aktParN>
```

9.4 Ergebnisse aus Unterprogrammen

Unterprogramme können über Referenz-Parameter Ergebnisse an den Aufrufer zurückgeben. So erhielt unsere Sortierprozedur die Adresse des zu sortierenden Feldes als Parameter übergeben und veränderte seinen Inhalt, indem es indirekt auf die Feld-Elemente zugriff.

Manchmal ist es wünschenswert, dass ein Unterprogramm ein Ergebnis direkt zurück-

liefert. Beispiele hierfür sind die Funktionen, wie sie in Pascal und C definiert sind.
Wie wird diese Technik der Ergebnis-Rückgabe im Assembler am besten realisiert? Das
Ergebnis eines Unterprogramms kann auf dem Keller abgelegt werden, und zwar so,
dass der Aufrufer *nach* Abarbeiten des Unterprogramms noch darauf zugreifen kann.
Damit ist klar, dass

- der Speicherplatz für das Ergebnis *vor* den Parametern des Unterprogramms reserviert wird und

- dieser Speicherplatz beim **ret**-Befehl *nicht* freigegeben wird.

Der Aufrufer kann dann über einen **pop**-Befehl den Ergebniswert vom Keller abholen.

Dieses Vorgehen funktioniert auch dann, wenn das Unterprogramm mehr als ein Ergebnis über den Keller zurückgeben will: Man muss sich nur entsprechend viel Platz auf
dem Keller reservieren – und zwar vor den Parametern – und diese Werte nach dem
Aufruf der Reihe nach abholen.

☐ **Beispiel 9.4.1**

Das folgende Unterprogramm `MaxSum` berechnet für ein gegebenes Zahlenfeld `FFeld`

- die Summe der Feldelemente und

- das Maximum der Feldelemente.

Diese beiden Werte werden dann als Ergebnisse auf dem Keller zurückgegeben.

```
        DOSSEG
        .MODEL  SMALL
        .STACK  100H
;;;;;;; Konstante ;;;;;;;;;;;;;;;;;;;;;;;
ALge    EQU     5
RandMAx Equ     100
        %noincl
include macros.mac
include felder.asm
; ================================================
        .DATA
FFeld   dw      ALge dup (?)
; ================================================
        locals
;Lokale Marken-Namen mit
;Standardpräfix '@@' zugelassen ------------------
        .CODE
; ================================================
MaxSum  proc
; --------------------------------
Max     equ     [bp+10] ;Ergebniswert
Summe   equ     [bp+8]  ;Ergebniswert
```

```
Feld    equ     [bp+6]   ;1. Parameter
Anzahl  equ     [bp+4]   ;2. Parameter
;   Rückkehradresse  in [bp+2]
;---------------------------------
        push    bp
        mov     bp,sp    ;Standard-Befehle

        xor     bx,bx
        mov     Summe,bx;Summe initialisieren
        mov     Max,bx   ;Max initialisieren
        mov     bx,Feld
        mov     di,Anzahl;di Schleifenzähler
        shl     di,1     ;Wortadresse
@@for:  sub     di,2     ;Index dekrementieren
        cmp     di,0
        jl      @@fend   ;Schleifenabbruch
        mov     ax,[bx+di];hole Feldelement
        cmp     ax,Max
        jle     @@weiter
        mov     Max,ax   ;neues Maximum
@@weiter:
        add     Summe,ax;aufsummieren
        jmp     @@for    ;Schleifenwiederholung
@@fend: mov     sp,bp
        pop     bp       ;Standardbefehle
        ret     4        ;nur 2 Parameter freigeben
MaxSum  endp


.  .  .  .

; ========Unterprogramm-Aufruf==================
        sub     sp,4
        ;Platz für zwei Ergebnis-Werte
        mov     ax,Offset FFeld
        push    ax
        mov     ax,ALge
        push    ax
        call    MaxSum

        pop     ax
        print   "Summe =   "
        writeZ  ax
        nl
        pop     ax
        print   "Maximum = "
        writeZ  ax
        nl
; ==============================================

.  .  .  .
```

Man beachte, dass beim Aufruf von MaxSum *vor* der Ablage der aktuellen Parameter
auf dem Keller 4 Bytes = 2 Worte für die beiden Ergebnisse Max und Summe reserviert
werden.   ■

9.5   Spezielle Direktiven

Im bisherigen Verlauf dieses Kapitels haben wir uns detailliert damit beschäftigt, wie
ein Unterprogramm mit Parametern und lokalen Variablen umgeht. Dabei haben wir
bereits die Befehlssequenz, die für den Unterprogramm-Aufruf notwendig ist, durch das
Makro exec beschrieben. Dadurch wird der Unterprogramm-Aufruf im Assembler fast
so komfortabel wie in höheren Programmiersprachen.

Innerhalb der Unterprogramm-Definition fällt auch immer eine ganze Menge Verwal-
tungsarbeit an:

- Für die formalen Parameter haben wir Bezeichner eingeführt.

- Bei der Rückkehr über den ret-Befehl wurde der Speicherplatz auf dem Keller
  wieder freigegeben, der für die formalen Parameter reserviert war.

- Wir haben auch für die Ergebnisse Bezeichner eingeführt.

- Verwendete Register, deren Werte vom Unterprogramm nicht verändert werden
  dürfen, haben wir auf dem Keller zwischengespeichert.

- Schließlich wurden Bezeichner für lokale Variable eingeführt und der hierfür benötigte Speicherplatz reserviert.

TASM stellt spezielle Direktiven und Erweiterungen von Befehlen zur Verfügung, die
uns einige lästige Verwaltungsarbeiten beim Umgang mit Unterprogrammen abnehmen.

Nach dem dornenreichen Weg durch die push-, pop- und call-Befehle mit der indirekten Adressierung des Kellers über bp werden im Folgenden bequemere Sprachmittel
besprochen. Ihre Wirkungsweise können Sie aber nur dann vollständig verstehen, wenn
Ihnen der in den Abschnitten 9.2 bis 9.4 behandelte Stoff klar ist. Wir werden darauf
bei der Besprechung der neuen Konstruktionen Bezug nehmen müssen.

Wenn Sie mit einer älteren Version des Turbo Assemblers als Version 2.0 oder mit
einem anderen Assembler arbeiten, stehen Ihnen nicht alle der hier besprochenen Möglichkeiten zur Verfügung. Auch dann müssen Sie auf die Programmier-Methoden aus
den früheren Abschnitten zurückgreifen.

Im Folgenden behandeln wir die Sprachkonstrukte, die ab der Turbo Assembler Version
2.0 verfügbar sind.

Zur Einführung von Bezeichnern für lokale Variable kann man die local-Direktive
verwenden. Diese Direktive kennen wir schon von den Makros. Wenn sie innerhalb von
Unterprogrammen vorkommt, hat sie aber sowohl eine andere Syntax als auch eine
andere Bedeutung, wie die folgende Beschreibung zeigt.

---

local *lokDef* (, *lokDef*)* [= *Symbol*]

---

lokDef :

Bezeichner [: [[*Distanz*] Ptr] [*Typ* [: *Anz*]]]

Wirkung:

- Die eingeführten *Bezeichner* sind Namen für lokale Variablen, für die Speicher-platz auf dem Keller mit negativem Abstand zu bp reserviert werden muss. Die erste lokale Variable fängt an der Adresse bp-2 an.

- *Typ* legt den Datentyp der lokalen Variablen fest. Folgende Datentypen sind möglich:
  Für Daten: byte, word, dword, fword, qword, tbyte
  Für Zeiger auf Unterprogramme: proc, near, far
  Fehlt der Datentyp, wird word verwendet.

- *Anz* gibt an, wie viele Elemente des angegebenen Datentyps der *Bezeichner* enthält.

- Die optionalen Parameter Distanz und Ptr dienen nur dazu, dem Turbo De-bugger Zusatzinformationen über die lokalen Variablen zu geben.

- Wird die local-Direktive mit = und einem *Symbol* abgeschlossen, dann enthält dieses *Symbol* die Anzahl der Bytes, die von den lokalen Variablen benötigt werden.

Obwohl diese Definition der local-Direktive recht eindrucksvoll aussieht, tut sie doch nicht viel mehr, als wir in Abschnitt 9.3 besprochen haben: Sie definiert Bezeichner für den Zugriff auf lokale Variable eines Unterprogramms, für die wie besprochen Speicher-platz auf dem Keller reserviert wird. Wichtig ist, dass diese Direktive normalerweise selbst *keine* Speicherplatz-Reservierung vornimmt, also den Keller-Zeiger sp entspre-chend dem benötigten Platz nicht erniedrigt.

Muss man die Speicher-Reservierung selbst programmieren, hilft der letzte optionale Parameter der local-Direktive: Das Symbol hinter dem =-Zeichen enthält nämlich die Anzahl der Bytes, die für die lokalen Variablen benötigt werden.

□ Beispiel 9.5.1

Im Folgenden wird ein Unterprogramm beschrieben, das ein Feld in umgekehrter Rei-henfolge in ein zweites Feld kopiert. Die beiden Felder werden dem Unterprogramm als Referenz-Parameter übergeben. Da die beiden Parameter beim Aufruf möglicher-weise ein und dasselbe Feld sind, werden wir sicherheitshalber mit einem lokalen Feld arbeiten.

```
umdreh  proc
        local   LFeld:word:ALge=LokAnz
```

```
; ------------------------------------
EinFeld equ     [bp+6]  ;EingabeFeld-Adresse
AusFeld equ     [bp+4]  ;AusgabeFeld-Adresse
;    Rückkehradresse        <<<<-- bp+2
;------------------------------------
        push    bp
        mov     bp,sp        ;Standard-Vorspann
        sub     sp,LokAnz    ;Platz für lokales Feld

;EingabeFeld umgekehrt in LFeld kopieren
        mov     si,ALge*2
        sub     si,2    ;Index letztes Wort
        xor     di,di   ;Index erstes Wort
        mov     bx,EinFeld
@@for1: mov     ax,[bx+si]
        mov     LFeld[di],ax
        add     di,2;Ind. von LFeld erhöhen
        sub     si,2;Ind. von EinFeld erniedrigen
        cmp     si,0
        jge     @@for1
;LFeld in Ausgabefeld kopieren
        cld             ;aufwärts zählen
        mov     cx,ALge
        mov     ax,ss
        mov     ds,ax
        lea     si,LFeld;Stackadresse
        ;Adresse steht erst zur Laufzeit fest !!!
        mov     ax,@Data
        mov     es,ax
        mov     di,AusFeld;Datenadresse
        rep     movsw   ;Stack -->>>> Ausfeld

        mov     ax,@Data
        mov     ds,ax   ;ds restaurieren
        mov     sp,bp
        pop     bp      ;Standard-Nachspann
        ret     4
umdreh  endp
```

Bei der .MODEL-Direktive kann im Assembler neben dem Speichermodell ein zweiter Parameter, der Sprach-Parameter angegeben werden. Dieser Parameter veranlaßt TMASM dazu, bei Unterprogrammen automatisch einen solchen Code zu erzeugen, wie es der Compiler für die entsprechende Sprache tun würde. Als Sprach-Parameter sind u.a. pascal und C erlaubt. In Kapitel 12 werden wir weitere Details dazu besprechen.

Nehmen wir als Sprach-Parameter etwa `pascal`:

```
.MODEL   SMALL,pascal
```

und schauen uns einmal an, was TMASM aus dem Unterprogramm des letzten Beispiels macht.

☐ **Beispiel 9.5.2**

Der Einfachheit halber betrachten wir in diesem Beispiel das "leere" Unterprogramm

```
         .MODEL   SMALL,pascal
ALge     EQU      4
         .CODE
umdreh   proc
         local    LFeld:word:ALge=LokAnz
; Hier kommt der Rumpf hin
         ret
umdreh   endp

         end
```

Wenn wir dieses Assembler-Programm von TMASM mit Listing-Generierung assemblieren lassen, sieht das Listing folgendermaßen aus:

```
    1 0000                          .MODEL   SMALL,pascal
    2       = 0004          ALge     EQU      4
    3 0000                           .CODE
    4 0000                  umdreh   proc
    5       = 0008                   local    LFeld:word:ALge=LokAnz
    6                       ; Hier kommt der Rumpf hin
1   7 0000  55                       PUSH     BP
1   8 0001  8B EC                    MOV      BP,SP
1   9 0003  83 EC 08                 SUB      SP,0008h
2  10 0006  8B E5                    MOV      SP,BP
2  11 0008  5D                       POP      BP
2  12 0009  C3                       RET      0000h
   13 000A                  umdreh   endp
   14
   15                                end
```

Man sieht also, dass sämtliche Befehle des Standard-Vorspanns (markiert mit 1) und die des Standard-Nachspanns (markiert mit 2) automatisch hinzugeneriert werden.

Nochmals: Wenn man den Parameter `pascal` weglässt, ist diese automatische Code-Generierung ausgeschaltet. ∎

Zur bequemeren Lesbarkeit von Unterprogrammen haben wir für die formalen Parameter mit der Direktive **equ** Bezeichner eingeführt. Anstelle dieser Direktive kann man im Assembler die formalen Parameter direkt in einer Liste angeben, die durch die Direktive **arg** eingeleitet wird. Ähnlich wie bei den lokalen Größen kann man sich von TMASM die für die formalen Parameter benötigten Bytes berechnen lassen und diese Zahl mit einem Namen versehen. Dieser Name kann dann beim **ret**-Befehl benutzt werden, um den für die Parameter reservierten Kellerplatz wieder freizugeben. Die Syntax für die **arg**-Direktive hat folgenden Aufbau:

---

arg *Argument* (, *Argument*) * [= *Symbol*]
 [**returns** *Argument* (, *Argument*)*]

Argument:

Bezeichner [: [[*Distanz*] **Ptr**] *Typ*]

Wirkung:

- Die eingeführten *Bezeichner* sind Namen für die formalen Parameter eines Unterprogramms. Diese Parameter haben einen positiven Abstand von bp. Dabei wird vorausgesetzt, dass die Rückkehr-Adresse und der alte Wert von bp wie in Abschnitt 9.3 besprochen auf dem Keller abgelegt werden. Das erste *Argument* liegt ganz oben auf dem Keller. (Wegen sprachspezifischer Anpassungen siehe Kapitel 12.)

- *Typ* gibt den Datentyp des Arguments an. Folgende Datentypen sind möglich: `byte`, `word`, `dword`, `fword`, `qword`, `tbyte`.
 Fehlt der Datentyp, wird `word` verwendet.

- Die optionalen Parameter *Distanz* und `Ptr` dienen nur dazu, dem Turbo Debugger Zusatzinformationen über die lokalen Variablen zu geben.

- Wird die **arg**-Direktive mit = und einem *Symbol* abgeschlossen, dann enthält *Symbol* die Größe der Argument-Liste in Bytes.

- Die optionale **returns**-Liste spezifiziert die Ergebnis-Parameter des Unterprogramms. Diese werden bei Rückkehr ins Hauptprogramm nicht vom Keller gelöscht.

Es versteht sich wohl von selbst, dass die **arg**-Direktive nur in Unterprogrammen vorkommen darf.

☐ **Beispiel 9.5.3**

Es wird das Unterprogramm **umdreh** aus Beispiel 9.5.1 mit Hilfe der **arg**-Direktive umgeschrieben. Dabei ist lediglich zu beachten, dass die Argumente umgekehrt angegeben werden müssen wie bei unserem Makro **exec**; d.h. der aktuelle Parameter, der vor dem call-Befehl als letzter auf den Keller gelegt wurde, entspricht unserem ersten formalen Parameter.

```
umdreh proc
arg  AusFeld:word,EinFeld:word=ParAnz

local LFeld:word:ALge=LokAnz

  . . . .

         ret     ParAnz
umdreh  endp
```
■

Wenn wir wieder die Direktive

```
.MODEL  SMALL,pascal
```

angeben, passiert folgendes:

- Die formalen Parameter werden in der Reihenfolge wie beim Aufruf angegeben (Pascal-Reihenfolge).
- Die Komponente ParAnz braucht bei ret nicht angegeben zu werden; TMASM berechnet sie aus der Parameter-Liste und generiert sie selbst an den ret-Befehl.

In Beispiel 9.5.1 sind wir etwas sorglos mit unseren Registern umgegangen. Wenn im Hauptprogramm diese Register nicht verwendet werden, ist dies nicht weiter kritisch. Aber nehmen wir einmal an, vor dem Unterprogramm-Aufruf wird ein Wert in cx gespeichert, der nach dem Aufruf weiterverwendet wird – etwa wenn umdreh in einer Schleife steht, die mit loop kontrolliert wird. Dann muss zumindest dieses Register im Unterprogramm umdreh gesichert werden – und zwar am einfachsten wieder auf dem Keller.

Auch für diese Standard-Aufgabe sieht der Assembler eine spezielle Direktive vor, die allerdings nur wirkt, wenn entweder bei der .MODEL-Direktive oder bei der proc-Direktive (siehe unten) ein Sprach-Parameter angegeben ist.

uses *DatenElement* (, *DatenElement*) *
DatenElement:
Register | *Speicher*

Wirkung:
  • Die angegebenen *DatenElemente* werden zu Beginn des Unterprogramms auf den Keller gepusht und vor Verlassen des Unterprogramms wieder vom Keller gepopt.
Bemerkung:
  • Diese Direktive wirkt nur, wenn ein Sprach-Parameter eingestellt ist.

☐ **Beispiel 9.5.4**

Im Unterprogramm **umdreh** werden folgende Register verändert: **si, di, ax, bx, cx, ds**
und **es**. Die folgende Form des Unterprogramms sichert bei Unterprogramm-Eintritt
alle diese Register und restauriert sie wieder beim **ret**-Befehl, wenn man mit Sprach-
Parameter arbeitet. Schauen Sie sich im Assembler-Listing an, was TMASM macht,
wenn man den Unterprogramm-Kopf aus Beispiel 9.5.2 wie folgt ändert.

```
umdreh  proc
        local   LFeld:word:ALge=LokAnz
        uses    si,di,ax,bx,cx,ds,es                              ■
```

Man kann sich die Direktiven **arg** und **uses** sparen, wenn man die entsprechenden
Angaben direkt bei der **proc**-Direktive macht. Der Assembler stellt hierzu die folgende
proc-Direktive zur Verfügung.

Unterprogramm-Kopf:

Name proc [*Sprache*] [*Distanz*]
        [uses *DElem_Liste*] [, *Argument_Liste*]
 [returns *Argument_Liste*]

Sprache:

`C|CPP|pascal|basic|fortran|prolog|NoLanguage`

Distanz:

`near | far`

DElem_Liste:

DatenElement (*DatenElement*) *

Argument_Liste:

Argument (, *Argument*) *

Wirkung:
 • siehe unten

Bemerkung:
 • Man beachte, dass die Elemente der **uses**-Liste durch Zwischenraum getrennt
   werden und nicht wie bei der **uses**-Direktive durch Kommata.

Diese bombastische Direktive erlaubt es, einen Unterprogramm-Kopf so bequem und kompakt wie in einer Hochsprache zu schreiben. Die einzelnen – meist optionalen – Parameter haben folgende Bedeutung:

- Der *Name* ist ein Bezeichner und gibt an, wie die Prozedur heißt. Unter diesem Namen kann sie aufgerufen werden.

- Als Sprache kann man C, CPP, pascal, basic, FORTRAN, prolog oder NoLanguage wählen. Diese Angabe hebt für dieses Unterprogramm eine eventuell bei der .MODEL-Direktive angegebene Sprach-Einstellung auf. Der Sprach-Parameter veranlasst TMASM dazu, bei der Code-Generierung sprach-spezifische Eigenarten zu berücksichtigen:

  - Bezeichnung des Unterprogramm-Namens (z.B. in C: Voranstellen von '_');
  - Reihenfolge der Parameter auf dem Keller;
  - Generierung des Standard-Vorspanns und -Nachspanns.

  Diese Punkte werden in Kapitel 12 genauer behandelt.

- Die *Distanz* gibt an, wie das Unterprogramm aufgerufen wurde. So wird für **far** beim **ret**-Befehl eine **far**-Adresse (= 2 Worte), für **near** nur ein Wort vom Keller entfernt. Fehlt die Distanz, wird sie durch das gewählte Speicher-Modell festgelegt (siehe hierzu Kapitel 10).

- Hinter **uses** werden – wie bei der Direktive **uses** – die zu sichernden Daten-Elemente angegeben. Diese Liste wird durch Komma beendet. Die einzelnen Elemente der **uses**-Liste werden durch Zwischenraum getrennt.

- Die Argument-Listen vor und hinter **returns** haben dieselbe Bedeutung wie bei der **arg**-Direktive.

□ **Beispiel 9.5.5**

Wir formulieren den Unterprogramm-Rahmen aus Beispiel 9.5.2 mit der oben angegebenen **proc**-Direktive um. (Die **local**-Direktive wird nicht in die **proc**-Direktive integriert; in höheren Programmiersprachen werden die lokalen Variablen ja auch separat deklariert.)

```
umdreh  proc    uses si di, EinFeld, AusFeld
        local   LFeld:word:ALge=LokAnz
. . .
        ret
umdreh  endp                                              ■
```

Zum bequemeren Aufruf von Unterprogrammen haben wir das **exec**-Makro eingeführt. Der Turbo Assembler kennt eine entsprechende Erweiterung des **call**-Befehls.

Unterprogramm-Aufruf mit Parametern:

`call`   *AdressAusdruck* [*Sprache*] (*AktuellerParameter*) $^+$

AktuellerParameter:

Bezeichner | *Konstante* | *AdressAusdruck*

Wirkung:
- *Sprache* legt fest, in welcher Reihenfolge die aktuellen Parameter auf den Keller gepusht werden und wer diese wieder vom Keller entfernt (siehe Kapitel 12).
- Die aktuellen Parameter müssen in Typ und Anzahl zur Definition des Unterprogramms passen. TMASM führt hierzu keine Überprüfung durch.

☐ **Beispiel 9.5.6**

Das Unterprogramm aus den Beispielen 9.5.1 bis 9.5.5 kann wie folgt aufgerufen werden:

```
call umdreh, offset PFeld, offset AFeld
```
■

9.6   Rekursive Unterprogramme

Die aktuellen Parameter, die Rückkehr-Adresse sowie die lokalen Variablen eines Unterprogramms werden entsprechend der behandelten Programmier-Konvention stets auf dem Keller gespeichert. Dabei wird das Zeiger-Register bp stets als Bezugsadresse für den Zugriff auf die aktuellen Parameter und die lokalen Größen verwendet. Der alte Inhalt des Registers bp wird ebenfalls auf dem Keller gesichert, um später wieder auf diesen Wert zugreifen zu können. Dass diese Vorsichtsmaßnahme, den alten Wert von bp zu sichern, tatsächlich notwendig ist, sieht man spätestens dann, wenn Unterprogramme ineinander geschachtelt aufgerufen werden.

Zur Demonstration dieses Sachverhalts wollen wir im Folgenden ein Unterprogramm besprechen, das sich selbst wieder aufruft. Man nennt ein solches Unterprogramm ein *rekursives Unterprogramm*.

Das rekursive Unterprogramm soll eine Dezimalzahl in eine Oktalzahl konvertieren. Dazu müssen wir uns zunächst die Zahlenkonvertierung etwas genauer ansehen.

Man kann leicht nachrechnen, dass die Dezimalzahl 491 der Oktalzahl 753 entspricht, wenn man einfach die Ziffern der Oktalzahl mit ihren Stellenwerten multipliziert:

$$7*8^2 + 5*8^1 + 3*8^0$$
$$= 448 + 40 + 3 = 491$$

Wie kommt man nun aber von der Dezimalzahl 491 zur Oktalzahl 753? Fangen wir mit der Einerstelle an: Teilt man 491 ganzzahlig durch 8, so erhält man 3 als Rest. Das ist die Einerstelle unserer Oktalzahl. Betrachtet man die obige Summe der Produkte, ist dies auch klar: Die Summanden links von der Einerstelle bilden nämlich eine Achterzahl:

$$7*8^2 + 5*8^1 = (7*8 + 5)*8$$

Der ganzzahlige Quotient 61 wird ganz entsprechend weiterbehandelt: Der Achterrest 5 liefert die nächste Stelle der Oktalzahl. Insgesamt erhält man also folgendes Rechen-

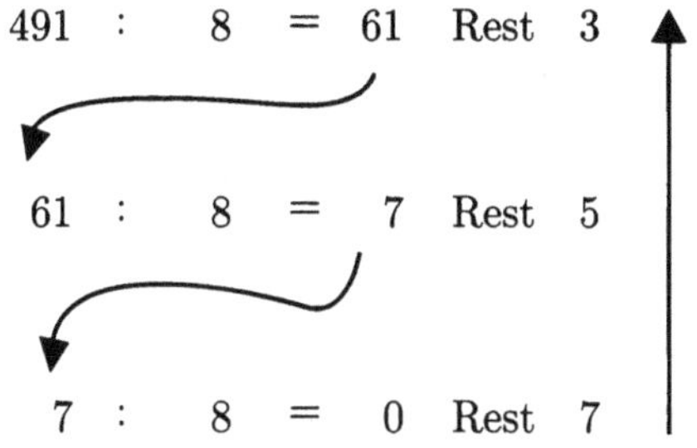

Abbildung 9.5: *Zahlenkonvertierung dezimal nach oktal*

schema: Das Verfahren bricht beim Wert 0 ab. Die Ziffern von unten nach oben gelesen ergeben dann die Oktalzahl.

Die Programmierung dieses Verfahrens ist nicht besonders schwierig. Das einzige Problem ist höchstens, die berechneten Ziffern in der umgekehrten Reihenfolge auszugeben. Man muss sich nämlich eine unbekannte Anzahl von Ziffern merken, bevor man die erste Ziffer auf dem Bildschirm ausgeben kann. Dies wollen wir mit einer etwas anderen Betrachtungsweise des Verfahrens in den Griff bekommen.

Wir müssen die Dezimalzahl 491 ins Oktale konvertieren. Der erste Rechenschritt ist dabei

    491 : 8 = 61 Rest 3

Jetzt argumentieren wir weiter: Zunächst muss jemand die Dezimalzahl 61 ins Oktale konvertieren und die erhaltenen Ziffern 75 auf dem Bildschirm ausgeben, dann hängen wir unseren Rest 3 einfach hinten dran und erhalten die Oktalzahl 753. Bei der Konvertierung einer Zahl ins Oktale wurde also wieder eine Konvertierung ins Oktale verwendet, allerdings mit einer kleineren Zahl. Das entspricht einem rekursiven Aufruf eines Unterprogramms. Das Verfahren bricht ab, wenn die Zahl 0 ins Oktale konvertiert werden soll.

Im Pseudocode wird der Algorithmus wie folgt beschrieben:

>> OktalKonvertierung von Zahl Z :
>>   Falls Z = 0, dann beende
>> Sonst berechne `Ganz = Z div 8` (ganzzahlige Division)
>>   berechne `Rest = Z mod 8` (ganzzahliger Rest)
>>   OktalKonvertierung von Zahl `Ganz`
>>   gib `Rest` auf Bildschirm aus

Bevor wir diesen Algorithmus im Assembler programmieren, wollen wir noch einmal unser Zahlenbeispiel durchspielen.

```
≫    OktalKonvertierung von Zahl 491
≫        berechne Ganz = 491 div 8 = 61
≫        berechne Rest = 491 mod 8 =  3
≫        OktalKonvertierung von Zahl 61
≫            berechne Ganz = 61 div 8 = 7
≫            berechne Rest = 61 mod 8 = 5
≫            OktalKonvertierung von Zahl 7
≫                berechne Ganz = 7 div 8 = 0
≫                berechne Rest = 7 mod 8 = 7
≫                OktalKonvertierung von Zahl 0 beende
≫                gib Rest = 7 auf Bildschirm aus
≫            gib Rest = 5 auf Bildschirm aus
≫        gib Rest = 3 auf Bildschirm aus
```

Die Einrückungen kennzeichnen jeweils einen neuen Aufruf von *OktalKonvertierung*. Jedesmal kommen dabei wieder die Größen Zahl, Ganz und Rest vor, aber jeweils mit anderen Werten. Jeder Aufruf von *OktalKonvertierung* hat nämlich seinen eigenen aktuellen Parameter Zahl und seine eigenen lokalen Größen Ganz und Rest. Diese werden, wie wir in den letzten Abschnitten gelernt haben, auf dem Keller abgelegt.

Im folgenden Beispiel werden wir diesen rekursiven Algorithmus im Assembler programmieren. Danach werden wir den Programmablauf mit Hilfe des Turbo Debuggers beobachten, wobei unser Augenmerk auf dem Keller liegen wird. Um dabei die Zugriffe auf den aktuellen Parameter und die lokalen Größen besser verfolgen zu können, wird auf die Direktiven local und arg verzichtet.

□ **Beispiel 9.6.1**

```
        DOSSEG
        .MODEL  SMALL
        .STACK  100H
        locals
include macros.mac
        .DATA
zahl    dw      ?
        .CODE
; ------------------------------------
OktKonv proc
Wert    equ     [bp+4]
Rest    equ     [bp-2]
; ------------------------------------
        push    bp
        mov     bp,sp       ;StdVorspann
        sub     sp,2        ;für lokale Größe
        mov     ax,Wert
```

```
        cmp     ax,0
        jbe     @@Ende   ;Ende,wenn 0
        xor     dx,dx
        mov     bx,8     ;Basis
        div     bx       ;Division mit Rest
        mov     Rest,dx ;merke Rest lokal
        push    ax       ;Parameter für OktKonv
        call    OktKonv ;rekursiver Aufruf
        mov     dx,Rest
        add     dx,30h   ;Umwandeln in Ziffer
        mov     ah,2
        int     21h      ;Rest ausgeben
@@Ende: mov     sp,bp
        pop     bp
        ret     2        ;Rückkehr
OktKonv endp

begin:  mov     ax,@Data
        mov     ds,ax

        print   "Gib positive ganze Zahl ein : "
        readZ   zahl
        push    zahl
        call    OktKonv ;UP-Aufruf
        nl

        mov     ax,4c00h
        int     21h
        end     begin
```

Wie erwähnt, wollen wir obiges Programm unter der Regie des Turbo Debuggers starten und dabei den Kellerinhalt sowie die Werte der Register **ax**, **bp** und **sp** beobachten. Nach der Übersetzung mit den Befehlen

```
    TASM /zi B9_6_1
    TLINK /v B9_6_1
    TD B9_6_1
```

führen wir das Programm zunächst bis zum Aufruf des Unterprogramms OktKonv aus. Dazu bewegen wir den Cursor bis in die Zeile

```
    push    zahl
```

die unmittelbar vor dem Aufruf von OktKonv steht, und drücken die Taste F4. Nach der Aufforderung auf dem Benutzer-Bildschirm geben wir die Dezimalzahl **491** ein. Jetzt schalten wir mit Alt V C in das CPU-Fenster um, in dem wir die Register und den Kellerinhalt genau beobachten können. Mit F5 kann man das CPU-Fenster so vergrößern, dass es den ganzen Bildschirm füllt. Nach dem Drücken von F7 wurde vor dem ersten Aufruf von `OktKonv` der Wert `491 = 01EBh` als aktueller Parameter des Unterprogramms auf den Keller gepusht; danach liegt dann z.B. folgende Situation vor (die in den Abbildungen angegebenen Adressen können sich von denen Ihrer Debug-Sitzung unterscheiden):

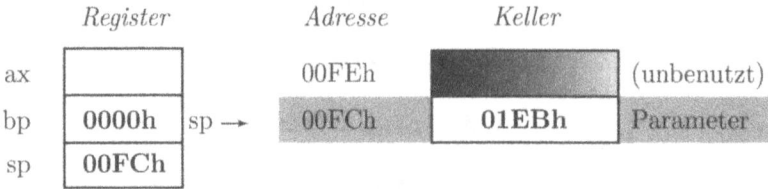

Register		Adresse	Keller	
ax		00FEh		(unbenutzt)
bp	0000h	sp → 00FCh	01EBh	Parameter
sp	00FCh			

Die Adresse des Befehls, der auf diesen Unterprogramm-Aufruf folgt, ist `0154h`. Dieser Wert wird vom `call`-Befehl auf dem Keller abgelegt, und wir erhalten:

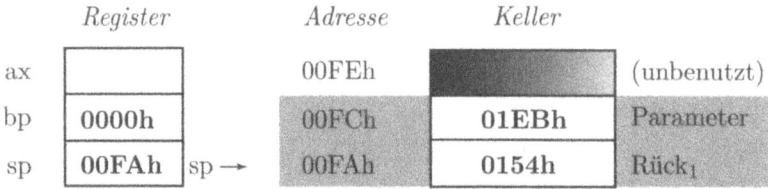

Register		Adresse	Keller	
ax		00FEh		(unbenutzt)
bp	0000h	00FCh	01EBh	Parameter
sp	00FAh	sp → 00FAh	0154h	Rück$_1$

Die ersten drei Befehle des Unterprogramms sichern in bekannter Manier den alten Wert von `bp` und reservieren Speicherplatz für die lokale Größe `Rest`. Nach einem weiteren Befehl wird folgende Situation erreicht:

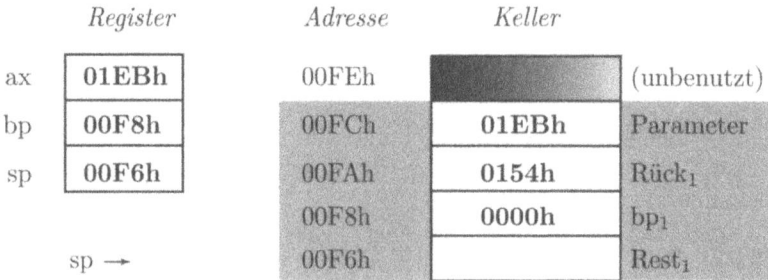

Register		Adresse	Keller	
ax	01EBh	00FEh		(unbenutzt)
bp	00F8h	00FCh	01EBh	Parameter
sp	00F6h	00FAh	0154h	Rück$_1$
		00F8h	0000h	bp$_1$
	sp →	00F6h		Rest$_1$

In den folgenden Befehlen wird der aktuelle Parameter durch **8** dividiert. Bekanntlich liefert dies in `ax` den ganzzahligen Quotienten und in `dx` den Rest. Dieser Rest wird in der lokalen Variablen auf dem Keller gespeichert. Die Situation vor dem Befehl

```
    push    ax
```

sieht folgendermaßen aus:

	Register	Adresse	Keller		
ax	003Dh	00FEh		(unbenutzt)	
bp	00F8h	00FCh	01EBh	Parameter	
sp	00F6h	00FAh	0154h	Rück$_1$	
		00F8h	0000h	bp$_1$	1. Aufruf
sp →		00F6h	0003h	Rest$_1$	

Jetzt wird das Unterprogramm **OktKonv** nochmals aufgerufen. Dabei wird erneut der eben besprochene Zyklus durchlaufen. Betrachten wir zunächst die Rückkehr-Adresse hinter dem **call**-Befehl: Sie lautet **005Fh**. Der aktuelle Parameter dieses Aufrufs ist der Inhalt von **ax**, nämlich **003Dh = 61**.

Wer jetzt am Rechner sitzt, sollte jeden einzelnen Schritt genau verfolgen, indem er die Taste F7 verwendet. Wir wollen aber eine großen Sprung machen: Durch Drücken der Taste F4 wird das Unterprogramm **OktKonv** zum zweiten Mal aufgerufen und gleich die Division ausgeführt.

Wir erhalten folgende Situation:

	Register	Adresse	Keller		
ax	0007h	00FEh		(unbenutzt)	
bp	00F0h	00FCh	01EBh	Parameter	
sp	00EEh	00FAh	0154h	Rück$_1$	1. Aufruf
		00F8h	0000h	bp$_1$	
		00F6h	0003h	Rest$_1$	
		00F4h	003Dh	Parameter	
		00F2h	005Fh	Rück$_2$	2. Aufruf
		00F0h	00F8h (bp$_1$)	bp$_2$	
sp →		00EEh	0005h	Rest$_2$	

Wie man sieht, existiert jetzt auf dem Keller ein zweiter Satz von 4 Worten, die für den zweiten Aufruf

- den aktuellen Parameter,

- die Rückkehr-Adresse,

- den gesicherten Wert von **bp** und

- die lokale Variable

aufnehmen. Gleichzeitig ist jetzt der neue Wert von **bp** die Bezugsadresse für Parameter und lokale Variable dieses Unterprogramm-Aufrufs. Das Kellerwort, auf das **bp** jetzt zeigt, enthält den vorigen Wert von **bp**. Dieser Wert wird wieder verwendet werden, wenn wir den zweiten Aufruf beendet haben und die Bearbeitung des ersten Aufrufs wieder aufnehmen.

Das Unterprogramm wird nochmals rekursiv aufgerufen. Wieder wollen wir mit F4 beim dritten Aufruf an dieser Stelle die Werte der Register und den Kellerinhalt betrachten:

	Register	*Adresse*	*Keller*		
ax	**0000h**	00FEh		(unbenutzt)	
bp	**00E8h**	00FCh	01EBh	Parameter	
sp	**00E6h**	00FAh	0154h	Rück$_1$	*1. Aufruf*
		00F8h	0000h	bp$_1$	
		00F6h	0003h	Rest$_1$	
		00F4h	003Dh	Parameter	
		00F2h	005Fh	Rück$_2$	*2. Aufruf*
		00F0h	00F8h (bp$_1$)	bp$_2$	
		00EEh	0005h	Rest$_2$	
		00ECh	0007h	Parameter	
		00EAh	005Fh	Rück$_3$	*3. Aufruf*
		00E8h	00F0h (bp$_2$)	bp$_3$	
sp →		00E6h	0007h	Rest$_3$	

Jetzt tasten wir uns vorsichtig mit der Taste F7 bis an den Befehl

```
jbe @@Ende
```

des nächsten Unterprogramm-Aufrufs vor und betrachten wieder Register und Keller.

	Register
ax	0000h
bp	00E0h
sp	00DEh

Adresse	Keller		Aufruf
00FEh	(unbenutzt)	(unbenutzt)	
00FCh	01EBh	Parameter	
00FAh	0154h	Rück$_1$	1. Aufruf
00F8h	0000h	bp$_1$	
00F6h	0003h	Rest$_1$	
00F4h	003Dh	Parameter	
00F2h	005Fh	Rück$_2$	2. Aufruf
00F0h	00F8h (bp$_1$)	bp$_2$	
00EEh	0005h	Rest$_2$	
00ECh	0007h	Parameter	
00EAh	005Fh	Rück$_3$	3. Aufruf
00E8h	00F0h (bp$_2$)	bp$_3$	
00E6h	0007h	Rest$_3$	
00E4h	0000h	Parameter	
00E2h	005Fh	Rück$_4$	4. Aufruf
00E0h	00E8h (bp$_3$)	bp$_4$	
sp → 00DEh	????	Rest$_4$	

Da der aktuelle Parameter jetzt 0 ist, wird dieser vierte Aufruf von OktKonv verlassen, und wir erhalten wieder die vorletzte Situation. Man beachte: In den Kellerworten, die mit Rest$_i$ markiert sind, stehen bereits die Ziffern der Oktalzahl, wenn man sie von unten nach oben liest. Die Ausgabe dieser Ziffern auf dem Bildschirm liefert die Befehlsfolge

```
mov dx,Rest ;lade Ziffer nach ds
add dx,30h  ;wandle in ASCII-Code
mov ax,09   ;Zeichen auf Bildschirm
int 21h     ;über DOS-Funktion ausgeben
```

die jetzt der Reihe nach für den dritten Aufruf, dann für den zweiten und schließlich für den ersten Unterprogramm-Aufruf in dieser Reihenfolge ausgeführt werden. Die Addition von 30h auf den Wert von Rest liefert den ASCII-Code der Ziffer, die auf den Bildschirm ausgegeben wird.

Nach diesen Überlegungen lohnt es sich, diesen Rückweg aus den Verschachtelungen mit dem Turbo Debugger Schritt für Schritt über F7 nochmals zu verfolgen.

9.7   Aufruf von Interrupt-Routinen

Die Kommunikation eines Programms mit dem Benutzer erfolgt im Wesentlichen über
Eingabe- und Ausgabe-Aktionen. Dabei erfolgt die Eingabe meist über die Tastatur,
die Ausgabe wird häufig an den Bildschirm oder den Drucker geschickt. In unseren
bisherigen Beispielen haben wir hierzu verschiedene Varianten der read- und write-
Makros verwendet, die in der Datei macros.mac definiert und in den Programmen
durch die Direktive

```
include macros.mac
```

zur Verfügung gestellt wurden. Wie wir wissen, können und müssen wir im Assembler
jedes Detail unseres Rechners programmieren. So muss man z.B. für die Ausgabe eines
ASCII-Zeichens auf dem Bildschirm einen recht aufwendigen Algorithmus durchlaufen:

- zuerst muss man feststellen, ob das Zeichen tatsächlich auf dem Bildschirm dargestellt werden soll oder ob es ein Steuerzeichen ist;

- anschließend muss man ermitteln, welche Grafikkarte der Rechner hat, um die
  richtige Anfangsadresse des Bildschirmspeichers zu finden;

- schließlich muss das Zeichen – falls es dargestellt werden soll – an der aktuellen
  Cursorposition im Bildschirmspeicher abgelegt werden.

Aufgaben wie diese müssen auch vom Betriebssystem MS-DOS an vielen Stellen erledigt werden. Im Betriebssystem sind also etliche Routinen programmiert, die häufig
verwendete Standard-Aufgaben verrichten. Diese Routinen stehen auch den Anwender-
Programmen zur Verfügung.

Der Zugriff auf die Betriebssystem-Routinen erfolgt allerdings anders als der auf selbst
geschriebene Unterprogramme. Die Betriebssystem-Routinen sind durchnummeriert – aus
historischen Gründen nicht lückenlos und auch nicht logisch sortiert. Jeder Nummer einer Routine werden an einem absolut festen Speicherbereich, dem *Interrupt-Vektor*,
zwei Worte zugeordnet, in denen die Anfangsadresse der eigentlichen Interrupt-Routine
steht. Der Interrupt-Vektor beginnt an der absoluten Adresse 0 und ist 1 KByte lang;
da jeder Eintrag 4 Byte = 2 Worte lang ist, kann er also 256 Anfangsadressen solcher Routinen aufnehmen. Diese Betriebssystem-Routinen werden wir im Folgenden
Interrupt-Routinen nennen.

Der Name *Interrupt* (= Unterbrechung) deutet darauf hin, dass hier irgendwie das laufende Programm *unterbrochen* wird. In der Tat verfügen die Prozessoren Intel 80x86
über ein recht praktisches Interrupt-Konzept, das auf Unterbrechungssignale schnell
und sicher reagieren kann. Solche Unterbrechungssignale werden im Normalfall von Pe-
ripheriegeräten an den Prozessor gesendet. Wenn z.B. eine Taste der Tastatur gedrückt
wird, erhält der Prozessor ein Unterbrechungssignal sowie eine Nummer n. Das löst
dann den Start der Interrupt-Routine mit der Nummer n aus. Da jede Adresse im
Interrupt-Vektor 4 Byte belegt, wird intern die Zahl n mit 4 multipliziert (bzw. um 2
Stellen nach links geschoben), und man erhält die Anfangsadresse der Speicherstelle, die
der Interrupt-Routine mit Nummer n zugeordnet ist. Wie oben erwähnt, steht dort die

Anfangsadresse der eigentlichen Interrupt-Routine, an die dann gesprungen wird. Zuvor werden noch automatisch das Status-Register sowie die aktuellen Werte der Register `cs` und `ip` auf dem Keller gesichert, damit nach der Rückkehr aus der Interrupt-Routine das Programm ordnungsgemäß fortgesetzt werden kann.

Wenn wir eine Routine des Betriebssystems aus unserem Assembler-Programm aufrufen möchten, müssen wir ebenfalls einen Interrupt auslösen. Dazu gibt es den Befehl

```
int Zahl
```

wobei `Zahl` die Nummer der gewünschten Interrupt-Routine ist.

int *Zahl*	Aufruf Interrupt-Routine
veränderte Flags: I=0, T=0	
Wirkung: <ul><li>Das Programm wird unterbrochen.</li><li>Das Interrupt-Flag und das Trap-Flag des Statusregisters `sr` werden auf 0 gesetzt.</li><li>Die aktuellen Inhalte der Register Status-Register, `cs` und `ip` werden in dieser Reihenfolge auf dem Keller gesichert.</li><li>Durch einen indirekten Sprung wird über den Interrupt-Vektor die Interrupt-Routine der Nr. *Zahl* angesprungen und abgearbeitet.</li></ul>	

Wenn die Interrupt-Routine vollständig abgearbeitet ist, kehrt sie an die Aufrufstelle zurück und setzt dort das unterbrochene Programm fort. Dabei wird auch das Status-Register, das beim `int`-Befehl auf den Keller gespeichert wurde, wieder vom Keller geholt und dabei auf den alten Stand zurückgesetzt.

Es stellt sich nun die Frage, welche Interrupt-Routinen zur Verfügung stehen und welche Nummern sie tragen.

Um eine einigermaßen klare Gliederung zu erhalten, wurden die ersten 32 Nummern 00h bis 1Fh für prozessorspezifische Interrupts reserviert. Dahinter können benutzerdefinierte Interrupt-Routinen angesiedelt werden. In diesem Bereich hat sich das Betriebssystem MS-DOS die nächsten 32 Nummern von 20h bis 3Fh reserviert.

Eine vollständige Behandlung aller Interrupt-Routinen würde den Rahmen dieses Buches sprengen. Wir wollen hier nur einige typische Routinen exemplarisch herauspicken und ihre Wirkung und Aufruf-Struktur besprechen.

Die Auswahl wurde so getroffen, dass zumindest alle Aufrufe der Interrupt-Routinen, die in unserer Makro-Bibliothek `macros.mac` vorkommen, ausführlich besprochen werden.

Für eine vollständige Beschreibung der Interrupt-Routinen sei auf die umfangreiche Spezial-Literatur verwiesen (z.B. [Hog88]).

In der folgenden Tabelle sind die Nummern der Interrupt-Routinen zusammengestellt, die für Assembler-Programmierer am wichtigsten sind.

Interrupt-Nummer	Wirkung
00h	Divisionsüberlauf
01h	Einzelschritt
02h	NMI
03h	Breakpoint
04h	Überlauf (O-Flag)
10h	Bildschirm-Ein/Ausgabe
11h	Gerätetest
12h	Speichertest
21h	DOS-Funktionsaufruf

Interrupt 0h – Divisionsüberlauf

Stellt der Prozessor bei der Division fest, dass versucht wird, durch 0 zu teilen, wird diese Interrupt-Routine automatisch angesprungen. Beim Booten von MS-DOS wird für den Interrupt 0h im Interrupt-Vektor die Anfangsadresse einer Routine eingetragen, die etwa die Meldung

        Divisionsüberlauf

auf dem Bildschirm ausgibt und das laufende Programm abbricht. Der genaue Wortlaut hängt von der Version des verwendeten MS-DOS ab.

Im nächsten Abschnitt werden wir sehen, wie man diese vordefinierte Routine durch eine benutzerfreundlichere Routine ersetzen kann (vgl. Beispiel 9.8.1).

Nicht nur bei der Division durch 0 gibt es Probleme. Bei der 16 Bit-Division steht ja bekanntlich der Dividend im Registerpaar dx:ax, der ganzzahlige Quotient muss nach der Division in das Register ax passen. Steht z.B. vor der Division im Register dx der Wert 1234h, im Register ax der Wert 1000h und man dividiert etwa durch 1, so ist der Quotient offensichtlich nicht in ax alleine darstellbar. Auch in einem solchen Fall wird die Interrupt-Routine 0h aufgerufen.

Ein Divisionsüberlauf kommt häufiger vor, als man zunächst annimmt: Wie oft vergißt man, das Register dx *vor* der Division richtig vorzubesetzen! Wir erinnern uns: Bei der vorzeichenlosen Division muss man

        xor dx,dx

wählen, bei der vorzeichenbehafteten den Befehl

        cwd

angeben.

Interrupt 1h – Einzelschritt

Ist im Status-Register das Trap-Flag gesetzt, so wird nach jedem Befehl die hier einge-
tragene Interrupt-Routine angesprungen. Mit diesem Interrupt arbeitet etwa der Turbo
Debugger im Einzelschritt-Modus.

Interrupt 2h – NMI

Ein Interrupt wird über den Interrupt-Vektor nur dann aufgerufen, wenn im Status-
Register das Interrupt-Flag gesetzt ist. Ist sein Wert gleich 0, so werden sämtliche
Interrupt-Signale ignoriert. Die einzige Ausnahme bildet hier der Interrupt 2h, der *immer* durchkommt, was auch durch seinen Namen in der Langform zum Ausdruck kommt:
nicht maskierbarer Interrupt, d.h. durch die Maske *Interrupt-Flag* kann dieser Interrupt
2h *nicht* abgeblockt werden.

Interrupt 3h – Breakpoint

Der Aufruf des Interrupts 3h über den Befehl

```
int 03h
```

ist im Gegensatz zu allen anderen Interrupt-Aufrufen nur ein Byte lang. Da ein so
kurzer Code leicht zwischen zwei Befehle eingeschoben werden kann, wird er häufig als
Breakpoint-Befehl verwendet.

Interrupt 4h – Overflow

Nach arithmetischen Operationen möchte man häufig über das Overflow-Flag überprüfen, ob ein arithmetischer Überlauf eingetreten ist und dann eine geeignete Aktion
starten. Dies kann man im Assembler sehr bequem mit dem folgenden Befehl realisieren:

into	Interrupt, falls Overflow
veränderte Flags: I=0, T=0	
Wirkung: • Falls das Overflow-Flag gesetzt ist, wird das laufende Programm unterbrochen und über den Interrupt-Vektor an die Interrupt-Routine Nr. 4 gesprungen. • Das Interrupt-Flag und das Trap-Flag des Statusregisters sr werden auf 0 gesetzt. • Die aktuellen Inhalte der Register sr, cs und ip werden in dieser Reihenfolge auf dem Keller gesichert.	

Interrupt 10h – Bildschirm-Ein/Ausgabe

Dieser Interrupt ist das erste Beispiel für eine so genannte BIOS-Funktion, aus denen
sich das Basis-Ein/Ausgabe-System unseres Rechners zusammensetzt. Die Abkürzung
BIOS bedeutet Basic-Input-Output-System. Das BIOS ist ein Programmpaket, das die
Ein- und Ausgabe auf unserem Rechner realisiert.

Die BIOS-Funktionen werden über die Interrupt-Nummern 10h bis 1Ah aufgerufen.
Die Befehle der BIOS-Funktionen sind in einem ROM-Baustein auf der Hauptplatine
gespeichert; sie werden also vom Rechnerhersteller gleich mitgeliefert. Da die Aufruf-
Schnittstelle – also die Interrupt-Nummer sowie weitere benötigte Parameter – stan-
dardisiert sind, stellen sich für uns alle Rechner als gleichartig dar, auch wenn sie unterschiedliche Hardware besitzen.

Über die Interrupt-Routine 10h kann u.a. ein Zeichen auf dem Bildschirm ausgegeben werden oder die Cursorform und Cursorposition geändert werden. Welche der verschiedenen Dienstleistungen aktiviert werden soll, wird der Interrupt-Routine über den
Wert eines Registers mitgeteilt. Für die Dienstleistungen oder kurz *Dienste* wird bei
allen Routinen das Register ah verwendet. Weitere Parameter werden gegebenenfalls in
zusätzlichen Registern übergeben.

Wir beschränken uns hier wie bei den folgenden Interrupt-Routinen auf eine tabella-
rische – manchmal lückenhafte – Übersicht. Die Auslieferungsdisketten des Assemblers
enthalten neben vielen Beispielen hierzu eine Datei bios.doc, die sämtliche Parame-
terwerte des Interrupts 10h enthält.

Die Bildschirm-Modi einer Grafik-Karte sind durchnumeriert. Die folgende Tabelle enthält eine Auswahl dieser Werte:

Modus-Nr	Bildschirm-Modus
00h	40 x 25 Schwarz-Weiß
01h	40 x 25 Farbe
0Dh	320 x 200 Punkte mit 16 Farben (EGA)
11h	640 x 480 Punkte mit 2 Farben (VGA)
12h	640 x 480 Punkte mit 16 Farben (VGA)

Die Dienste des Interrupts 10h zusammen mit den benötigten Parametern sind in der
folgenden Tabelle zusammengestellt.

Interrupt 10h (Bildschirm-Ein/Ausgabe)		
Dienst-Nr. in ah	Wirkung	Zusätzliche Parameter (Eingabe, Ausgabe)
00h	setze Bildschirm-Modus	E: `al`=Modus
01h	setze Cursor-Form	E: `ch`=Startzeile `cl`=Endzeile
02h	setze Cursor-Position	E: `dh`=Zeile `dl`=Spalte
03h	hole Cursor-Position	A: `dh`=Zeile, `dl`=Spalte `ch,cl`=Cursorform
06h	rolle Seite nach oben	E: `al`=Zeilenzahl `ch,cl`=Zeile, Spalte links oben `dh,dl`=Zeile, Spalte rechts unten
07h	rolle Seite nach unten	E: `al`=Zeilenzahl `ch,cl`=Zeile, Spalte links oben `dh,dl`=Zeile, Spalte rechts unten
08h	lese Attribut und Zeichen	A: `al`=gelesenes Zeichen `ah`=Attribut
09h	setze Attribut und Zeichen	E: `cx`=Anzahl der Zeichen `al`=Zeichen `bl`=Attribut des Zeichens
10h	setze Zeichen an Cursorposition	E: `cx`=Anzahl der Zeichen `al`=Zeichen
15h	ermittle Bild- schirm-Modus	A: `al`=Modus `ah`=Spaltenzahl

Das folgende Beispiel zeigt einige Anwendungen des Interrupts 10h.

☐ **Beispiel 9.7.1**

```
        DOSSEG
        .MODEL   SMALL
        .STACK   100H
        .DATA
        .CODE
gotoxy  macro    Zeile,Spalte
;Bildschirm positionieren (Dienst Nr.2)
```

```
          mov     bh,0     ;Grafikbildschirm
          mov     dh,Zeile
          mov     dl,Spalte
          mov     ah,2     ;setze Cursor-Position
          int     10h
          endm
schreib macro   Zeichen,Anzahl
;Zeichen ausgeben (Dienst Nr. 10)
          push    cx       ;cx sichern
          mov     al,Zeichen
          mov     cx,Anzahl ;wie oft
          mov     ah,10    ;Zeichen ausgeben
          int     10h
          pop     cx       ;cx restaurieren
          endm
begin:    mov     ax,@Data
          mov     ds,ax
;Bildschirm füllen
          xor     dh,dh    ;Zeilenzähler
          mov     al,'!'   ;1. Ausgabe-Zeichen
          mov     cx,23    ;23 Zeilen ausgeben
for:      gotoxy  dh,0     ;springe Zeilenanfang
          schreib al,80    ;schreibe Zeile
          inc     al       ;nächstes Ausgabe-Zeichen
          inc     dh       ;nächste Zeile
```

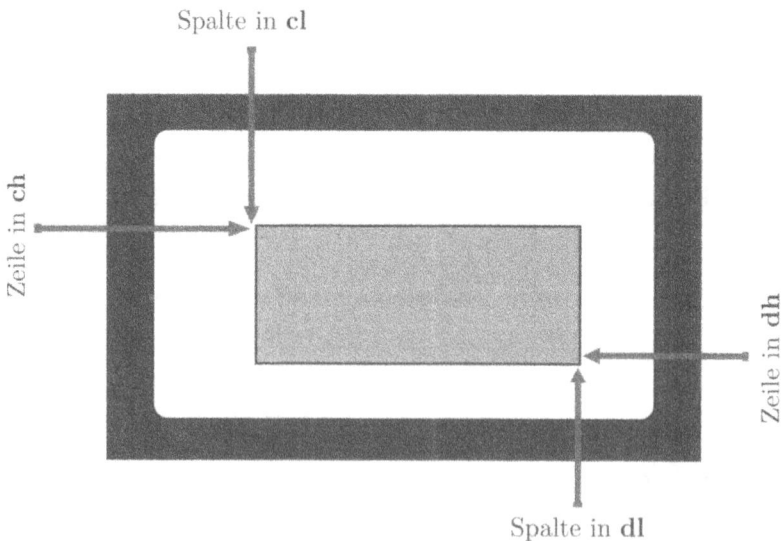

Abbildung 9.6: *zu Interrupt 10h und Dienst Nr. 6*

```
      loop    for     ;wiederhole
;Scrollen (Dienst Nr. 06)
      mov     al,10   ;10 Zeilen
      mov     ch,3    ;von (Z,Sp)
      mov     cl,10   ;links oben
      mov     dh,20   ;bis (Z,Sp)
      mov     dl,60   ;rechts unten
      mov     bh,17h  ;in weiß auf blau
      mov     ah,06h  ;nach oben
      int     10h     ;rollen

      mov     ax,4c00h;zurück
      int     21h     ;zu DOS
      end     begin
```

Die Schleife in obigem Programm belegt 23 Zeilen des Bildschirms mit aufeinanderfol-
genden ASCII-Zeichen, beginnend in der linken oberen Ecke des Bildschirms mit dem
Zeichen '!'. Dabei wird jeweils ein Zeichen über eine gesamte Zeile ausgegeben. Der
Dienst Nr. 06, der anschließend aufgerufen wird, rollt den Bidschirm nach oben. Entsprechend der übergebenen Parameter werden in einem Fenster 10 Zeilen nach oben
gerollt; das rechteckige Fenster wird dabei durch die linke obere Ecke, übergeben in
cx, sowie die rechte untere Ecke, übergeben in dx, festgelegt. Im Register bh schließlich
werden die Attribute für die gelöschten Zeichen festgelegt, im Beispiel mit

mov bh,17h

weiße Schrift auf blauem Grund (siehe Abschnitt 10.6). Die Bildschirm-Ausgabe hat
folgendes Aussehen:

```
!!!!!!!!!!!!!!!!!!!!!!!!!!!!!!!!!!!!!!!!!!!!!!!!!!!!!!!!!!!!!!!!!!!!!!!!!!!!!!!!!
"""""""""""""""""""""""""""""""""""""""""""""""""""""""""""""""""""""""""""""""""
###############################################################################
$$$$$$$$$$$...................................................$$$$$$$$$$$$$$$$$$$$
%%%%%%%%%%//////////////////////////////////////////////////////%%%%%%%%%%%%%%%%
&&&&&&&&&&000000000000000000000000000000000000000000000000 00000&&&&&&&&&&&&&&&&&
''''''''''11111111111111111111111111111111111111111111111 11111''''''''''''''''''
((((((((((((22222222222222222222222222222222222222222222222 22222((((((((((((((((((
)))))))))))))333333333333333333333333333333333333333333333 33333)))))))))))))))))))
**********44444444444444444444444444444444444444444444444 44444******************
++++++++++55555555555555555555555555555555555555555555555 55555++++++++++++++++++
'''''''''''                                                ''''''''''''''''''''''
----------                                                 --------------------
..........                                                 ..................
//////////                                                 /////////////////////
0000000000                                                 000000000000000000000
1111111111                                                 111111111111111111111
2222222222                                                 222222222222222222222
3333333333                                                 333333333333333333333
4444444444                                                 444444444444444444444
5555555555                                                 555555555555555555555
666666666666666666666666666666666666666666666666666666666 6666666666666666666666
7777777777777777777777777777777777777777777777777777777777 7777777777777777777777
```

Interrupt 11h – Gerätetest

Mit dieser Interrupt-Routine kann man die Konfiguration des Rechners ausgeben lassen. Der Ausgabewert steht im Register **ax** und hat den in Abbildung 9.7 angegebenen Aufbau.

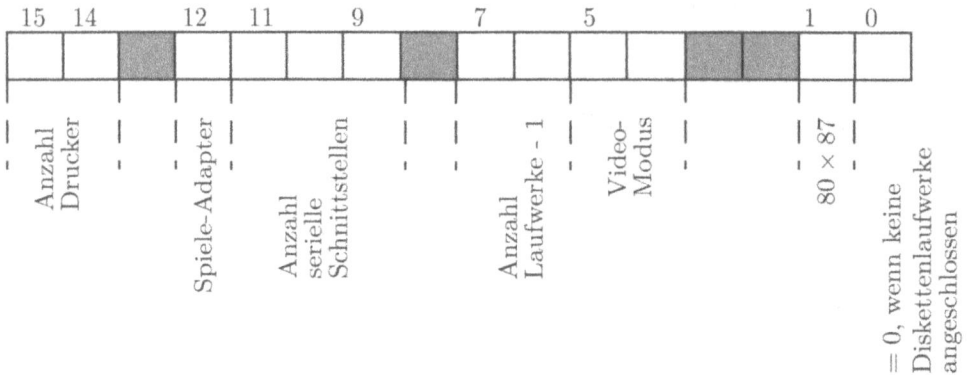

15 14   12 11   9   7   5   1   0

Anzahl Drucker | Spiele-Adapter | Anzahl serielle Schnittstellen | Anzahl Laufwerke - 1 | Video-Modus | 80×87 | = 0, wenn keine Diskettenlaufwerke angeschlossen

Abbildung 9.7: *Werte für Gerätetest*

Interrupt 12h – RAM-Größe bestimmen

Diese Interrupt-Routine liefert im Register **ax** die Größe des Arbeitsspeichers in KByte zurück. Da MS-DOS maximal 640 KByte verwaltet, ist dies auch der Maximalwert, den Interrupt-Routine **12h** zurückgibt. Speichererweiterungen über 640 KByte werden also hierbei nicht erkannt.

☐ **Beispiel 9.7.2**

Das folgende Programm gibt auf dem Bildschirm die oben angegebenen Parameter der Rechnerkonfiguration aus. Hierbei wird das Makro **dude** verwendet, das eine Dualzahl in eine Form konvertiert, die auf dem Bildschirm darstellbar ist. Das Makro ist in Anhang A beschrieben.

```
        DOSSEG
        .MODEL  SMALL
include macros.mac
        .STACK  100H
BDru    equ     14      ;RShift für Drucker
BGame   equ     12      ;RShift für Game-Port
BSer    equ     9       ;RShift für ser. Schn.st.
BLW     equ     6       ;RShift für Laufwerke
BVideo  equ     4       ;RShift für Video-Modus
BReal   equ     1       ;RShift für 80x87

SerM    equ     0E00h   ;Maske für ser. Schn.st.
```

```
LWM     equ     00C0h    ;Maske für Laufwerke
VideoM  equ     0030h    ;Maske für Video-Modus
RealM   equ     0002h    ;Maske für 80x87
        .DATA

modus   dw      ?

DRU     db      8 dup (?)
        db      " Drucker",10,13
GAME    db      8 dup (?)
        db      " Joystick",10,13
SERIELL db      8 dup (?)
        db      " serielle Schnittst.",10,13
FLOPPY  db      8 dup (?)
        db      " Floppy-Laufwerk(e)",10,13
VIDEO   db      8 dup (?)
        db      " als Videomodus ",10,13
        db      "        [0:keiner,1=40x25Color,"
        db      "2=80x25Color,"
        db      "3=80x25Monochrom]",10,13
REAL    db      8 dup (?)
        db      " Real-Arithmetik-Proz.",10,13
RAM     db      8 dup (?)
        db      " KByte RAM-Speicher",10,13,0


        .CODE
begin:  mov     ax,@Data
        mov     ds,ax
        print   "Ihr Rechner hat folgende "
        print   <"Konfiguration:",10,13>
        int     11h      ; Ausrüstungstest
        mov     modus,ax
;Anzahl der Drucker
        mov     cl,BDru
        shr     ax,cl
        dude    ax,DRU,8
;Anzahl Joystick
        mov     ax,modus
        mov     cl,BGame
        shr     ax,cl
        and     ax,1
        dude    ax,GAME,8
;Anzahl serielle Schnittstellen
        mov     ax,modus
        and     ax,SerM
        mov     cl,BSer
        shr     ax,cl
```

```
           dude    ax,SERIELL,8
;Anzahl der Floppy-Laufwerke
           mov     ax,modus
           and     ax,LWM
           mov     cl,BLW
           shr     ax,cl
           inc     ax
           dude    ax,FLOPPY,8
;Video-Modus (0:keiner ,1:40x25 Color
;         2:80x25 Color ,3:80x25 Monochrom)
           mov     ax,modus
           and     ax,VideoM
           mov     cl,BVideo
           shr     ax,cl
           dude    ax,VIDEO,8
;80x87 vorhanden
           mov     ax,modus
           and     ax,RealM
           jz      null
           mov     ax,1
           jmp     weiter
null:      xor     ax,ax
weiter: dude       ax,REAL,8

           writeS  DRU
           int     12h        ;RAM-Größe
           dude    ax,RAM,8
           writeS  RAM

           mov     ax,4c00h
           int     21h
           end     begin
```

Eine typische Bildschirm-Ausgabe dieses Programms könnte etwa wie folgt aussehen:

```
Ihr Rechner hat folgende Konfiguration:
        1 Drucker
        0 Joystick
        2 serielle Schnittst.
        2 Floppy-Laufwerk(e)
        2 als Videomodus
           [0:keiner,1=40x25Color,2=80x25Color,3=80x25Monochrom]
        0 Real-Arithmetik-Proz.
      640 KByte RAM-Speicher
```

Interrupt 21h – die DOS-Funktionen

Der Interrupt 21h vereinigt eine ganze Palette hilfreicher und nützlicher Dienste und ist das Kernstück des Betriebssystems MS-DOS. Die Nummern der Dienste reichen derzeit bereits bis über 60h = 96. Es ist klar, dass wir wieder stark auswählen müssen.

Interrupt 21h (DOS-Funktionen)		
Nr. in ah	Wirkung	Zusätzliche Parameter (Eingabe, Ausgabe)
01h	Tastatur-Eingabe mit Echo	A: al=eingegebenes Zeichen
02h	gib Zeichen aus	E: dl=auszugebendes Zeichen
2Ch	lies Zeit	A: ch=Stunden (0-23) cl=Minuten (0-59) dh=Sekunden (0-59) dl=100stel Sekunden(0-99)
25h	setze Interrupt-Vektor	E: al=Interrupt-Nummer ds:dx=Adresse Interrupt-Routine
35h	lies Interrupt-Vektor	E: al=Interrupt-Nummer A: es:bx=Adresse Interrupt-Routine

3Fh	lies aus Datei
	- Datei-Nr.:
	  0=Standard-Eingabe
	  (Tastatur)
		E: bx=Datei-Nummer
		cx=max. zu lesende Zeichen
		ds:dx=Zieladresse
		A: C-Flag=0: kein Fehler
		    ax=Anzahl gelesener Zeichen
		C-Flag=1: Fehler

40h	schreibe auf Datei
	- Datei-Nr.:
	  1=Standard-Ausgabe
	  (Bildschirm)
	  4=Drucker
		E: bx=Datei-Nummer
		cx=Anzahl zu schreibender Zeichen
		ds:dx=Adr. zu schreibender Puffer
		A: C-Flag=0: kein Fehler
		    ax=Anz. geschriebener Zeichen
		C-Flag=1: Fehler

4Ch	beende Programm und kehre ins DOS zurück	E: al=return-Code

Beispiele für die DOS-Funktionen 25h und 35h findet man im nächsten Abschnitt, für die anderen DOS-Funktionen in Anhang A bei der Beschreibung der Makro-Bibliothek.

9.8   Selbstgeschriebene Interrupt-Routinen

Bei einem Divisionsüberlauf wird die Interrupt-Routine 0h angesprungen. Die standardmäßig von MS-DOS eingebundene Routine gibt eine Fehlermeldung aus und beendet das
laufende Programm. Diese Routine wollen wir im Folgenden durch eine eigene Routine
ersetzen, die

- eine Fehlermeldung ausgibt,

- das Operationsergebnis auf einen sicheren Wert setzt, etwa ax = 0 und dx = 0,
  und

- das Programm hinter der kritischen Operation fortsetzt.

Das folgende Unterprogramm leistet das Gewünschte.

☐ **Beispiel 9.8.1**

```
; ----------------------------------
divNull proc    far
; ----------------------------------
; Div0-Interupt-Routine.
; Wird bei int 0 aufgerufen
; ----------------------------------
        mov     ah,09h  ;Text ausgeben
        mov     dx,offset div0
        int     21h
        xor     ax,ax   ;"Notergebnis"
        xor     dx,dx   ;"Notergebnis"
        pop     bx      ;Rückkehradresse
        add     bx,2    ;hinter div-Befehl
        push    bx      ;setzen
        iret            ;Interrupt-Return
divNull endp
```

Zwei Besonderheiten fallen bei dieser Unterprogramm-Definition auf:

- Der Unterprogramm-Kopf enthält das Schlüsselwort **far**. Damit wird im Assembler beschrieben, dass der Unterprogramm-Aufruf über ein Registerpaar erfolgt,
  nämlich die Segment-Adresse und die Offset-Adresse. Eben diese Werte werden
  auch im Interrupt-Vektor eingetragen, so dass eine Interrupt-Routine von überall her aufgerufen werden kann. Einzelheiten über Segment- und Offset-Adresse
  werden im nächsten Kapitel behandelt.

Wir halten fest:

> Interrupt-Routinen müssen mit
> `Name proc far`
> definiert sein.

- Der Rücksprung aus der eigenen Interrupt-Routine erfolgt nicht über `ret` wie bei Unterprogrammen, sondern über den Befehl `iret`. Wenn wir uns daran erinnern, dass bei einem Interrupt-Aufruf neben der Rückkehr-Adresse auch noch das Status-Register auf dem Keller gesichert wird, überrascht uns die folgende Beschreibung des Befehls nicht.

Zuvor halten wir fest:

> Interrupt-Routinen werden über den Befehl
>   `iret`
> verlassen.

`iret`	Interrupt-Return
veränderte Flags: alle	
Wirkung: <ul><li>Die drei obersten Keller-Elemente enthalten die in Abbildung 9.8 angegebenen Werte für die Fortsetzung des unterbrochenen Programms.</li><li>Die drei obersten Keller-Elemente werden vom Keller geholt und den in Abbildung 9.8 angegebenen Registern zugewiesen. Die Abarbeitung des Programms wird an der durch `cs:ip` bestimmten Stelle fortgesetzt.</li></ul>	

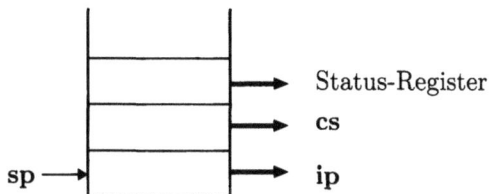

Abbildung 9.8: *Keller bei iret*

Welcher Wert des Programmzeigers `ip` wird nun bei einem Divisionsüberlauf auf dem Keller gesichert? Überraschenderweise wird hier nicht die Adresse des Befehls *nach* dem kritischen `div`-Befehl auf dem Keller gesichert, sondern die Adresse des `div`-Befehls selbst. Damit kann man den `div`-Befehl gegebenenfalls wiederholen. Wir wollen in unserem Beispiel – nach Zuweisung eines "sicheren" Ergebnisses **ax=0** und **dx=0** – hinter dem **div**-Befehl weitermachen. Die Befehle am Ende des Unterprogramms erledigen die hierfür notwendige Adresskorrektur.

Interrupt-Signale werden in der Regel als Notfall-Signale gesendet, um den Prozessor schnell auf mögliche Katastrophen aufmerksam zu machen. Beim Versuch, solche Katastrophen zu verhindern, werden Interrupt-Routinen aufgerufen. Häufig folgen einem Notfall-Signal weitere Signale, so dass der Prozessor dann nur noch auf diese Signale achten und die notwendige Interrupt-Routine nicht beendet werden kann. Um dieses Trommelfeuer von Interrupt-Signalen zu unterbinden, wird beim **int**-Befehl das Interrupt-Flag des Status-Registers auf 0 gesetzt. Danach empfängt der Prozessor kein Interrupt-Signal mehr – mit Ausnahme des NMIs (siehe Abschnitt 9.7).

Soll in einer längeren Interrupt-Routine weiterhin auf Interrupt-Signale reagiert werden, muss man das Interrupt-Flag wieder einschalten. Mit den beiden folgenden Befehlen kann man das Interrupt-Flag besetzen:

cli	Interrupt-Flag löschen
sti	Interrupt-Flag setzen

veränderte Flags: I=0 bzw. I=1

Wirkung:
- Das Interrupt-Flag im Status-Register wird auf 0 bzw. 1 gesetzt.

Damit lautet unser vollständiges Beispiel:

☐ **Beispiel 9.8.2**

```
DOSSEG
        .MODEL  SMALL
        .STACK  100H
include macros.mac
        .DATA
div0    db      "Divisionsüberlauf, ax und "
        db      "dx auf 0 gesetzt",10,13,"$"
        .CODE
; -----------------------------------
divNull proc    far
; -----------------------------------
; Div0-Interupt-Routine.
; Wird bei int 0 aufgerufen
; -----------------------------------
        sti                 ;Interrupt zulassen
        mov     ah,09h  ;Text ausgeben
        mov     dx,offset div0
        int     21h
```

```
           xor     ax,ax    ;"Notergebnis"
           xor     dx,dx    ;"Notergebnis"
           pop     bx       ;Rückkehradresse
           add     bx,2     ;hinter div-Befehl
           push    bx       ;setzen
           iret             ;Interrupt-Return
divNull endp

begin:     mov     ax,@Data
           mov     ds,ax

           push    ds       ;ds sichern
           mov     ax,cs
           mov     ds,ax
           mov     dx,offset divNull
;jetzt steht in ds:dx Adresse von divNull-Routine
           mov     ah,25h   ;Setze in Interruptvektor
           mov     al,00h   ;Adresse von int 0 um
           int     21h
           pop     ds       ;restauriere ds
; Division durch 0 !! -------------------------
           xor     dx,dx
           mov     ax,12
           mov     bx,0
           div     bx
; ---------------------------------------------
           print   "Jetzt Teilüberlauf : "
           mov     dx,256
           mov     ax,12
           mov     bx,1
           div     bx
           mov     ax,4c00h
           int     21h
           end     begin
```

10 Segmente und Segment-Anweisungen

Wie kann man mit 16 Bit-Zahlen einen Speicherbereich von 1 MByte adressieren? Das ist die Frage, der wir in diesem Kapitel nachgehen werden. Dazu muss zunächst geklärt werden, wie der 16 Bit-Prozessor 8086 eine Speicherstelle eindeutig adressiert. Das führt uns im Abschnitt 10.1 zur *physikalischen Adresse*. Die Abschnitte 10.2 bis 10.4 behandeln die so genannte Segmentierung mit den zugehörigen Assembler-Direktiven. Nach den vereinfachten Segment-Anweisungen, die wir in unseren bisherigen Beispielen schon immer benutzt haben, werden in 10.3 die Standard-Segment-Anweisungen eingeführt. Wie diese beiden Klassen von Segment-Anweisungen zusammenhängen, werden wir in 10.4 lernen. In den beiden abschließenden Abschnitten verwenden wir die Segment-Anweisungen für zwei typische Anwendungen: In Abschnitt 10.5 sehen wir, wie man Parameter aus der Kommandozeile an das aufgerufene Programm übergibt. Der Abschnitt 10.6 beschäftigt sich mit dem Bildschirm-Speicher: Wir schreiben ein Programm, das den Bildschirm-Inhalt löscht und drei farbige Balken auf den Bildschirm schreibt.

10.1 Die physikalische Speicheradresse

Die Adresse einer Speicherzelle haben wir bisher über den Operator `offset` erhalten und als 16 Bit-Adresse betrachtet. Damit konnten wir also $2^{16} = 65536$ verschiedene Byteadressen unterscheiden. Auf der anderen Seite kann unser Rechner unter DOS einen Speicher mit maximal 2^{20} Byte = 1 048 576 Byte = 1 MByte verwalten. Diese Kluft haben die Intel-Entwickler durch eine spezielle Adressierungstechnik überwunden: Eine Speicheradresse besteht immer aus zwei 16 Bit-Werten, nämlich dem Inhalt eines 16 Bit-Segment-Registers sowie einem 16 Bit-Offset-Wert. Im Assembler wird dies in folgender Schreibweise angegeben:

`Segment-Register:Offset-Wert`

Aus diesen beiden Werten wird nach folgendem Verfahren die eigentliche Speicheradresse, die so genannte *physikalische Speicheradresse*, gebildet:

- Der Wert des Segment-Registers wird um 4 Bit nach links geschoben, also mit 16 multipliziert.

- Auf den verschobenen Wert wird der Offset-Wert addiert. (Siehe hierzu Abb. 10.1 auf Seite 234.)

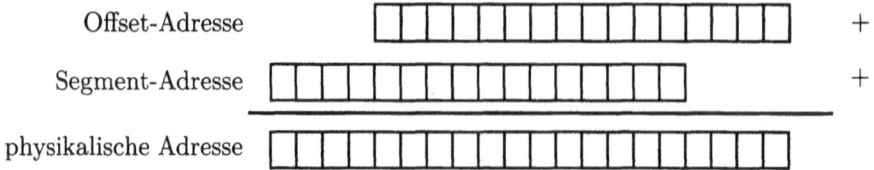

Abbildung 10.1: *Die physikalische Adresse*

Auf diese Art wird also eine 20 Bit-Adresse ermittelt, und wir haben unser Ziel erreicht, einen Speicherbereich von 1 MByte = 2^{20} Byte zu adressieren.

Da der Intel-Rechner nur 4 Segment-Register zur Verfügung stellt, können in einem Programm höchstens vier verschiedene Segmente gleichzeitig verwaltet werden. Die Speicherstellen innerhalb eines Segments werden über ein 16 Bit-Offset adressiert. Damit ist die Größe eines Segments auf 64 KByte begrenzt. Durch Umladen der Segment-Register kann man natürlich wieder jede beliebige Speicherstelle des 1 MByte-Speichers erreichen.

Als Anfangsadresse für ein Segment kommt – wegen der Verschiebung um 4 Bits nach links – nur eine Adresse in Betracht, die ohne Rest durch 16 teilbar ist. Solche Adressen heißen *Paragraphen-Adressen*.

Im folgenden Beispiel soll die Bildung der physikalischen Speicheradresse veranschaulicht werden.

□ **Beispiel 10.1.1**

Mit den Werten `ds=1735h` und `si=0123h` ergibt sich die physikalische Adresse `ds:si` wie folgt:

```
    17350h
  + 0123h

    -------
    17473h = 95347d
```

Mit den Werten `ds=1302h` und `di=4453h` ergibt sich die physikalische Adresse `ds:di` wie folgt:

```
    13020h
  + 4453h

    -------
    17473h = 95347d
```

Das Beispiel zeigt, dass man eine physikalische Adresse auf unterschiedliche Weise darstellen kann. Genauer gesagt gibt es i.a. 2^{12} = 4096 verschiedene Schreibweisen für eine bestimmte physikalische Adresse. Man kann nämlich die linken drei Hex-Ziffern des Offset-Wertes von 000h bis FFFh variieren und durch Ändern der Segment-Adresse stets die physikalische Adresse 17473h erhalten. Dieses Phänomen sollten wir beachten, wenn wir zwei Adressen vergleichen müssen.

Bisher haben wir uns in unseren Programmen nicht um die 20 Bit-Adressen gekümmert. Wir haben dabei ausgenutzt, dass der Assembler ein Standardverfahren kennt, nach dem er die 20 Bit-Adressen berechnet. Im Normalfall greift der Assembler auf Daten über das Daten-Segment-Register ds zu. Die Befehlsfolge

```
mov bx,34
mov si,13
mov ax,[bx+si]
```

lädt in das Register ax den Inhalt der Speicherzelle, die beim Offset 47 in dem Segment liegt, auf das ds zeigt. In ax wird also der Inhalt des Wortes mit der Adresse ds:2Fh geladen.

Nicht immer werden Daten über das ds-Register adressiert: Bei den String-Befehlen, die wir in Abschnitt 7.6 besprochen haben, wird auch mit dem es-Register gearbeitet. Eine weitere Ausnahme bildet der Speicherzugriff über das Register bp, bei dem alle Zugriffe über das Keller-Segment-Register ss gehen. Dies haben wir im vorigen Kapitel bei der Adressierung der Parameter ausgenutzt.

Diese standardmäßige Verwendung der Segment-Register ist allerdings nicht zwingend. Gibt man nämlich vor dem Speicheroperanden einfach ein anderes Segment-Register an, so wird bei der Adreßberechnung dieser Wert benutzt. In der Befehlsfolge

```
mov bx,34
mov si,13
mov ax,cs:[bx+si]
```

wird jetzt der Inhalt der Bytes Nummer 47 und 48 aus dem Codesegment nach ax geladen. Ebenso kann man auch die Register ss und es verwenden.

Bei der freizügigen Wahl der Segment-Register gibt es allerdings wieder einige Einschränkungen:

- Der Zugriff auf den Keller erfolgt immer über das ss-Register.

- Die Zielangaben bei den Stringbefehlen verwendet immer das es-Register.

Die folgende Tabelle stellt für die einzelnen Anwendungen die standardmäßig verwendeten Segment-Register zusammen und gibt in der letzten Spalte an, welche Segment-Register man alternativ dazu verwenden darf.

Aktion	Std-Register	Alternativ-Register
Holen eines Befehls (implizit)	cs	keine
Zugriff auf Daten	ds	alle anderen
Zugriff auf Keller	ss	keine
indirekt über bp	ss	alle anderen
indirekt über bx	ds	alle anderen

Werden bei den in der Tabelle angegebenen Aktionen die Standard-Register verwendet, genügt zur eindeutigen Angabe der Adresse allein die Offset-Adresse von 16 Bit Breite. Solche 16 Bit-Adressen heißen *NEAR-Adressen* oder *kurze Adressen*. Möchte man bei Datenzugriffen oder bei indirekter Adressierung mit Hilfe des Registers bx oder bp andere Segment-Register als die jeweiligen Standard-Register verwenden, muss man vor dem Operanden eine Segment-Vorgabe der Form

> **Segment-Register:**

angeben, wie wir sie bereits verwendet haben. Solche Adress-Angaben, die durch zwei 16 Bit-Werte beschrieben werden, heißen *FAR-Adressen* oder *lange Adressen*.

Bei den Adressierungsarten in Kapitel 7 haben wir über den Operator offset auf die 16 Bit-Adresse einer Variablen oder Marke zugegriffen. Wenn wir mehrere Daten- oder Code-Segmente in unserem Programm verwalten müssen, sollte man auch auf die Segment-Adresse einer Variablen oder Marke zugreifen können. Hierzu stellt der Assembler den Operator **seg** zur Verfügung.

---

seg *Ausdruck*

Wirkung:

- Liefert die Segment-Adresse der durch *Ausdruck* festgelegten Speicherstelle.

☐ Beispiel 10.1.2

Im folgenden Programmausschnitt werden 512 Worte ab quelle, die mit irgendwelchen Werten besetzt wurden, mit movs nach ziel kopiert. Dazu braucht man in es die Segment-Adresse von ziel. Diese erreicht man mit dem Operator seg.

```
...     ;hier wird quelle initialisiert

        ;kopiere quelle nach ziel1
        mov     ax,seg quelle
        mov     ds,ax
        mov     si,offset quelle
        mov     ax,seg ziel1
        mov     es,ax
        mov     di,offset ziel1
        mov     cx,FeldLge
        cld
        rep     movsw
...                                                   ■
```

Eine FAR-Adresse kann im Speicher in zwei aufeinander folgenden Worten abgespeichert werden. Ist dabei die Offset-Adresse in der niederwertigen Speicherstelle, die Segment-Adresse in der höherwertigen Speicherstelle abgelegt, kann man über einen der folgenden Befehle gleichzeitig ein Segment-Register und ein Allzweck- oder Index-register laden.

lds	r,s	W	r:=s; ds:=(s+2)
les	r,s	W	r:=s; es:=(s+2)
veränderte Flags:		keine	

Das folgende Beispiel zeigt eine typische Verwendung dieser beiden Befehle.

☐ **Beispiel 10.1.3**

Das Kopieren zweier Datenbereiche, wie wir es im vorigen Beispiel vorgestellt haben, soll nun durch ein Unterprogramm realisiert werden. Dieses Unterprogramm braucht als Parameter die Adressen des Quell- und Ziel-Bereichs. Diese beiden Bereiche können in verschiedenen Segmenten liegen; also müssen dem Unterprogramm die langen Adressen übergeben werden.

```
kopiere proc
        arg ziel:dword,quelle:dword,lge:word=Arglge
        push    bp
        mov     bp,sp
        push    ds          ;sicher ist sicher
        lds     si,quelle
        les     di,ziel
        mov     cx,lge
        cld
        rep     movsw

        pop     ds
        pop     bp
        ret     Arglge
kopiere endp
```

Beim Aufruf des Unterprogramms werden die Parameter auf dem Keller wie in Abbildung 10.2 angegeben erwartet.

Ein Aufruf dieses Unterprogramms könnte wie folgt aussehen:

```
;hier wird quelle initialisiert
  . . .


;kopiere quelle nach ziel1
        mov     ax,FeldLge
        push    ax
        mov     ax,seg quell
        push    ax
```

Keller

Länge

seg Quelle

offset Quelle

seg Ziel

offset Ziel

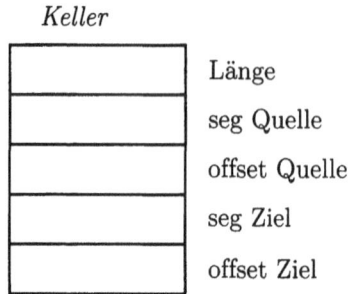

Abbildung 10.2: *Kellerinhalt von Beispiel 10.1.3*

```
mov    ax,offset quell
push   ax
mov    ax,seg ziel1
push   ax
mov    ax,offset ziel1
push   ax
call   kopiere
```

Die Offset-Adresse einer Speicher-Variablen oder einer Marke kann man über den **offset**-Operator bestimmen. Diese Offset-Adresse wird – wie jeder mit Operatoren gebildete Ausdruck – zur Assemblierzeit berechnet und im übersetzten Programm als Konstante abgelegt. Die Offset-Adresse eines indizierten oder indirekten Operanden

```
mov bx,feld[si]
mov bp,[bx]
```

kann dagegen noch nicht zur Assemblierzeit bestimmt werden, da der aktuelle Wert von **si** bzw. **bx** erst zur Laufzeit des Programms festliegt. Die Offset-Adresse muss man in diesen Fällen über den Befehl **lea** zur Laufzeit berechnen.

lea	r,s	B&W	r:=Offset-Adresse von s
veränderte Flags:		keine	

Bemerkungen:
- Berechnet und überträgt die effektive Adresse zur Laufzeit in das angegebene Register (lea ist Abkürzung von load effective address).
- Dieser Befehl sollte nur benutzt werden, wenn die Offset-Adresse erst zur Laufzeit bestimmt werden kann.

10.2 Die vereinfachten Segment-Anweisungen

In diesem und dem nächsten Abschnitt wollen wir besprechen, wie man im Assembler die Aufteilung des Programms in Segmente beschreiben kann. Die hier besprochenen vereinfachten Segment-Anweisungen haben wir in unseren bisherigen Programmen immer verwendet.

Die drei folgenden Direktiven sind uns schon bekannt:

.STACK zahl	Stackgröße definieren
.DATA	Umschalten in Daten-Segment
.CODE [*Name*]	Umschalten in Code-Segment

Diese drei Direktiven legen fest, welcher Programmteil in welchem Segment abgelegt werden soll. Der optionale *Name* bei der .CODE-Direktive wird in Abschnitt 10.4 erklärt werden. Wie werden aber nun die Segment-Register initialisiert?

Unsere bisherigen Programme hatten alle zu Beginn die folgenden Befehle:

```
begin:   mov ax,@Data
         mov ds,ax
```

Der Assembler generiert ein Symbol @Data, das die Anfangsadresse des Daten-Segments enthält. Mit den obigen Befehlen wird also explizit das ds-Register mit der richtigen Segment-Adresse belegt.

Da das cs-Register für den Zugriff auf die einzelnen Befehle des Programms zuständig ist, muss es schon vor der Ausführung des ersten Befehls den richtigen Inhalt haben. Wir können es also sicherlich nicht in unserem Programm besetzen, das wäre zu spät. In der Tat wird das cs-Register vom Betriebssystem besetzt, wenn es das Programm in den Arbeitsspeicher lädt.

Auch das ss-Register wird beim Programmstart vom Betriebssystem geladen und wird normalerweise während des Programmlaufs nicht mehr verändert.

Das es-Register wird nicht vorbesetzt, da es keine Standardaufgaben in einem Programm übernehmen muss. Will man es zur Adressierung verwenden, muss man ihm explizit einen Wert zuweisen. Dies ist besonders bei den Stringbefehlen zu beachten, die dieses Register verwenden.

Woher weiß nun das Betriebssystem, mit welchem Wert es die beiden Segment-Register zu initialisieren hat? Dazu müssen noch zwei Eigenschaften des Programmaufbaus beschrieben werden:

- wie groß die einzelnen Segment werden können und

- in welcher Reihenfolge sie im Arbeitsspeicher abgelegt werden sollen.

Letzteres kann man mit der uns bereits vertrauten Direktive `DOSSEG` definieren, die ganz am Anfang des Programms stehen muss.

DOSSEG	Segment-Reihenfolge festlegen

Wirkung:

- Die Direktive teilt dem Linker mit, dass die Segmente auf dieselbe Weise angeordnet werden sollen, wie es die Hochsprachen-Compiler von Microsoft tun.
- Die Segmente erscheinen in folgender Reihenfolge:

  1. Alle Segmente mit dem Klassen-Namen CODE.
  2. Alle Segmente, die nicht den Klassen-Namen CODE tragen und nicht in der Gruppe DGROUP zusammengefasst sind.
  3. Die Segmente in DGROUP werden wie folgt angeordnet:
     (a) Segmente der Klasse BEGDATA.
     (b) Alle Segmente, die nicht zu den Klassen BEGDATA, BSS oder STACK gehören.
     (c) Die Segmente der Klasse BSS.
     (d) Die Segmente der Klasse STACK.

Bemerkung:

- Die Gruppen- und Klassen-Namen werden im nächsten Abschnitt genauer behandelt.

Wie groß ein Segment werden kann, wird durch die `.MODEL`-Direktive bestimmt. Hierdurch wird das *Speichermodell* festgelegt. Abhängig vom gewählten Speichermodell benötigt man zur Adressierung von Daten und Programmstellen zwei verschiedene Arten von Adressen:

- die NEAR-Adresse, bei der die Offset-Adresse schon vollständig die Speicherstelle beschreibt;

- die FAR-Adresse, bei der die vollständige 32 Bit-Angabe aus `Segment:Offset` notwendig ist.

.MODEL *Speichermodell* .MODEL TPASCAL	Speichermodell festlegen

- Das Model TPASCAL unterstützt die Speicherverwaltung von Turbo Pascal (siehe Kapitel 12).
- Für *Speichermodell* kann eines der folgenden Speichermodelle stehen:

TINY	Programm-Code und Daten müssen zusammen in ein 64 KByte-Segment passen. Code und Daten sind NEAR.
SMALL	Programm-Code und Daten müssen in je ein 64 KByte-Segment passen. Code und Daten sind NEAR.
MEDIUM	Programm-Code kann größer als 64 KByte sein; Daten müssen in ein 64 KByte-Segment passen. Code ist FAR, Daten sind NEAR.
COMPACT	Programm-Code muss in ein 64 KByte-Segment passen; Daten können größer als 64KByte sein, aber kein Datenbereich darf für sich allein größer als 64 KByte sein. Daten und Code sind FAR.
LARGE	Programm-Code und Daten können beide größer als 64 KByte sein, aber kein Datenbereich darf für sich allein größer als 64 KByte sein. Daten und Code sind FAR.
HUGE	Programm-Code und Daten können beide größer als 64 KByte sein, auch einzelne Datenbereiche dürfen größer als 64 KByte sein. Daten und Code sind FAR.

Nach einer solchen Fülle von Auswahlmöglichkeiten stellt sich natürlich die Frage, welches Modell man für sein Programm verwenden soll. Hier gibt es eine wirkungsvolle und einfache Lösung:

Verwende ein möglichst einfaches (weit oben stehendes) Modell.

Der Grund ist einfach: Mit NEAR-Adressen kann man schneller auf Daten und Code zugreifen. Ferner wird auch der Programm-Code kürzer, da man in diesem Fall keine Segment-Register umladen muss – was ja bekanntlich recht umständlich ist – und bei den Operanden keine Segment-Angabe benötigt, was den erzeugten Maschinencode kürzer macht.

Abschließend wollen wir noch einige weitere vereinfachte Segment-Anweisungen besprechen, die hauptsächlich beim Einbinden von Assembler-Moduln mit höheren Programmiersprachen von Interesse sind.

.DATA?	Umschalten in nicht initialisiertes Daten-Segment

Wirkung:

- Zusammen mit den vereinfachten Segment-Anweisungen wird mit dieser Direktive in einen Datenbereich umgeschaltet, in dem nicht initialisierte Daten deklariert werden. Diese Direktive ist nur im Zusammenhang mit höheren Programmiersprachen interessant.

Bemerkung:

- Man kann beliebig viele .DATA?-Direktiven verwenden. Alle diese Daten-Segmente werden von TMASM so behandelt, wie wenn sie hinter *einer einzigen* .DATA?-Direktive angegeben worden wären.

.FARDATA [*Name*] .FARDATA? [*Name*]	Umschalten in FAR-Daten-Segment

Wirkung:

- Zusammen mit den vereinfachten Segment-Anweisungen wird mit dieser Direktive in einen Datenbereich umgeschaltet, auf den mit FAR-Adressen zugegriffen werden muss. Die Daten-Segment-Adresse muss zuvor in ein Segment-Register geladen werden. Wird .FARDATA verwendet, werden die Daten initialisiert; nach .FARDATA? werden sie nicht initialisiert.
- Werden mehrere FAR-Daten-Segmente benötigt, müssen sie durch *Name* unterschieden werden.

Bemerkung:

- Man kann beliebig viele dieser Direktiven verwenden. Alle Daten-Segmente *mit demselben Namen* werden von TMASM so behandelt, wie wenn sie in *einem* Segment angegeben worden wären.

.CONST	Umschalten in Daten-Segment mit Konstanten

Wirkung:

- Zusammen mit den vereinfachten Segment-Anweisungen wird mit dieser Direktive in einen Datenbereich umgeschaltet, in dem Konstanten deklariert werden. Diese Direktive ist nur im Zusammenhang mit höheren Programmiersprachen interessant.

Bemerkung:

- Man kann beliebig viele .CONST-Direktiven verwenden. Alle diese Daten-Segmente werden von TMASM so behandelt, wie wenn sie hinter *einer* .CONST-Direktive angegeben worden wären.

10.3 Die Standard-Segment-Anweisungen

Mit den vereinfachten Segment-Anweisungen werden die Segmente nach einem Standard-Verfahren im Speicher abgelegt, das wir detailliert in Abschnitt 10.4 besprechen werden. Möchte man selber bis ins Kleinste beschreiben können, wie die Segmente zusammengefasst und im Speicher abgelegt werden sollen, muss man die so genannten Standard-Segment-Anweisungen verwenden. Sie sind komplizierter anzuwenden als die vereinfachten Segment-Anweisungen, bieten aber die volle Flexibilität über die Speicher-Ausnutzung. Das kann für manche Assembler-Anwendungen sehr nützlich sein.

Ein Segment wird durch die Direktiven **segment** und **ends** gemäß folgender Syntax geklammert:

Definition eines Segments
Name **segment** *[Ausricht] [Komb] ['Klasse']*   *(Befehleszeile | Direktivenzeile)* * *[Name]* **ends**
Wirkung: • Der *Name* legt den Segment-Namen fest. Falls *Name* in der **ends**-Direktive verwendet wird, muss dieser mit *Name* in der zugehörigen **segment**-Direktive übereinstimmen. • Die *Ausricht* (Ausrichtung) legt die Anfangsadresse des Segments fest. • Die *Komb* (Kombination) legt fest, wie die Segmente mit gleichem Namen zusammengefasst werden können. • Mit *Klasse*, die immer in Apostroph (') oder Anführungszeichen (") eingeschlossen sein muss, kann man die Anordnung der Segmente im ausführbaren Programm beeinflussen.

Die optionalen Zusätze zur Segment-Direktive werden in den folgenden Tabellen detailliert beschrieben.

Die Ausrichtung *Ausricht* legt die Adresse fest, an der das Segment beginnen soll.

Ausrichtungstyp	beginnt an der nächsten ...
byte	Adresse
word	(durch 2 teilbaren) Wort-Adresse
dword	(durch 4 teilbaren) Doppelwort-Adresse
para	(durch 16 teilbaren) Paragraphen-Adresse
page	(durch 256 teilbaren) Seiten-Adresse
Voreinstellung: Wird kein Ausrichtungstyp angegeben, wird para verwendet.	

In einem Assembler-Programm können mehrere Segmente mit demselben Namen vorkommen. Dies haben wir bei den vereinfachten Segment-Anweisungen schon verwendet,
wenn wir mehrfach die Direktiven .DATA und .CODE benutzt haben. Treten gleichnamige Segmente in einem Assembler-Programm oder -Modul auf, hängt TMASM diese
gleichnamigen Segmente wie gewünscht einfach hintereinander. Bei größeren Programm-
Paketen ist es sinnvoll, mehrere Module zu verwenden. Das sind getrennt übersetzba-
re Teile des Gesamtprogramms, die der Binder zum ablauffähigen Programm zusammenbindet. Wir werden darauf in Kapitel 11 zurückkommen. Der Binder kann nun
gleichnamige Segmente auf unterschiedliche Weise anordnen. Der Operand *Komb* der
segment-Direktive legt dies gemäß der folgenden Tabelle fest:

Kombination	Bedeutung
public	Alle Segmente mit gleichem Namen werden zu einem grö-ßeren Segment hintereinandergehängt.
memory	Die Gesamtlänge ergibt sich als Summe der einzelnen Segment-Längen. Sie darf 64 KByte nicht übersteigen. Die Kombinationen public und memory sind gleichbedeutend.
stack	Alle Segmente mit gleichem Namen werden zu einem grö-ßeren Segment hintereinander gehängt. Es kann darauf nur über ss:sp zugegriffen werden. Der Binder initialisiert ss mit dem Segment-Anfang und sp mit der Gesamtlänge des Segments. Das Segment darf nicht größer als 64 KByte sein.
common	Alle Segmente mit dem gleichen Namen werden an dieselbe Speicheradresse gelegt; sie überlappen sich. Die Länge des erzeugten Segments ist gleich der Länge des größten Einzel-Segments.
at *adresse*	Das Segment beginnt an der durch *adresse* gegebenen Paragraphen-Adresse.
private (oder nichts)	Ein solches Segment wird mit keinem anderen (namensglei-chen) Segment kombiniert.

Der Kombinationstyp **at** wird immer dann verwendet, wenn man auf Speicherbereiche
mit absoluten Adressen zugreifen will, etwa auf den Bildschirm-Speicher (siehe Beispiel
10.6.1).

Der Operand *Klasse* regelt die Reihenfolge, in der der Binder die Segmente im ausführbaren Programm ablegt. Dabei werden alle Segmente, die denselben Klassen-Namen
haben, in einem zusammenhängenden Speicherbereich abgelegt. Diese Option wird erst
dann interessant, wenn wir ein Programm aus mehreren Moduln zusammenbinden. Wir
kommen darauf in Kapitel 11 noch einmal zurück.

Wie wir wissen, benutzt jeder Speicherzugriff ein Segment-Register. Man könnte nun
denken, dass man auf alle Speicherstellen einer Klasse über ein einziges Segment-
Register zugreifen kann. Dem ist aber nicht so.

Nur wenn man einzelne Segmente mit der **group**-Anweisung zu einer Gruppe kombiniert, kann man die Speicherstellen dieser Gruppe über ein gemeinsames Segment-Register adressieren.

Definition einer Segment-Gruppe

Name group *SegName* (, *SegName*)*

Wirkung:

- Es wird eine Segment-Gruppe mit dem Namen *Name* eingeführt, die aus den nachfolgend angegebenen *SegNamen* besteht.
- Der Gruppen-Name *Name* bezeichnet die Anfangsadresse der Gruppe. Alle Marken und Variablen, die in den Segmenten der Gruppe vorkommen, werden relativ zu diesem Gruppen-Anfang adressiert.

☐ **Beispiel 10.3.1**

```
...
;; Gruppen-Einteilung fuer Datensegmente
dgroup  group   aseg,cseg
; -- Datensegment aseg ----------------
aseg    segment para public 'DATA'
var1    db      12h dup (1)
testa   dw      123
aseg    ends
; -- Datensegment bseg ----------------
bseg    segment para public 'DATA'
var2    db      20h dup (2)
testb   dw      321
bseg    ends
; -- Datensegment cseg ----------------
cseg    segment para public 'DATA'
var3    db      30h dup (3)
testc   dw      444h
cseg    ends
...
```

Im obigen Programm-Ausschnitt werden drei Segmente vereinbart, die alle zu einer Klasse 'DATA' gehören. Die **group**-Anweisung fasst das erste und dritte Segment zu einer Gruppe zusammen.

Bei Zugriffen auf Variable der Segmente **aseg** und **cseg** wird stets relativ zum Gruppen-Anfang adressiert, im Segment **bseg** dagegen relativ zum Segment-Anfang (vgl. Abbildung 10.3). ∎

niedere Adresse

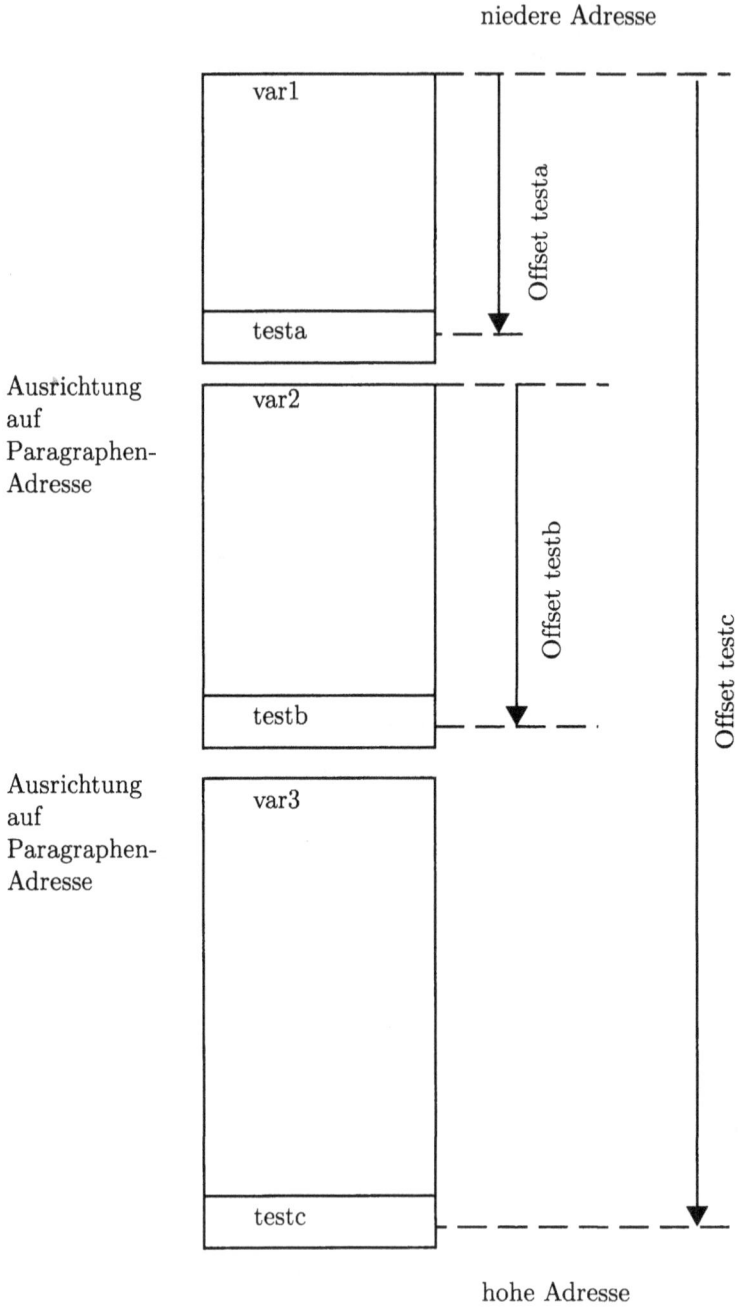

Ausrichtung
auf
Paragraphen-
Adresse

Ausrichtung
auf
Paragraphen-
Adresse

hohe Adresse

Abbildung 10.3: *Segmentgruppen zu Beispiel 10.3.1*

Wir haben gesehen, dass jeder Speicherzugriff auf Daten, Befehle und den Keller immer mit einem Segment-Register arbeitet. Wenn wir mehr Segmente in unserem Programm verwendet haben als Segment-Register zur Verfügung stehen, kann es leicht passieren, dass wir auf eine Speicherstelle mit einem falschen Segment-Wert zugreifen wollen. Wenn immer bekannt ist, welche Werte den einzelnen Segment-Registern zugeordnet sind, kann TMASM bei der Assemblierung überprüfen, ob ein Speicherzugriff legal ist. Betrachten wir dazu die Segmente von Beispiel 10.3.1. Wenn das **ds**-Register auf den Anfang der Gruppe **dgroup** zeigt, kann man auf die Variablen der Segmente **aseg** und **cseg** zugreifen. Die Variablen des Segments **bseg** sind dagegen nicht erreichbar. Um TMASM immer auf dem Laufenden zu halten, welchen Segment-Registern welche Werte zugeordnet sind, gibt es die Direktive **assume**.

Wertzuordnung der Segment-Register

assume *SegReg:Name* (, *SegReg:Name*)*
assume NOTHING

Wirkung:

- *SegReg* ist eines der Segment-Register **cs**, **ds**, **ss** und **es**, dem die Anfangsadresse des durch *Name* bezeichneten Speicherbereichs zugeordnet wird.

- *Name* kann sein:

  1. der Name eines Segments, das mit der **segment**-Direktive eingeführt wurde,

  2. der Name einer Gruppe, der mit der **group**-Direktive eingeführt wurde,

  3. das Schlüsselwort NOTHING,

  4. ein Ausdruck, der mit dem **seg**-Operator eingeleitet wird.

- Der Parameter NOTHING entfernt die Verbindung zwischen dem angegebenen Segment-Register und einer Segment- oder Gruppen-Bezeichnung.

- Die Direktive
       assume   NOTHING
  löst alle Zuordnungen an Segment-Register.

- In einem Programm können mehrere **assume**-Anweisungen vorkommen. Diese initialisieren, aktualisieren oder lösen die Wertzuordnung an die angegebenen Segment-Register.

Um gleich einem nahe liegenden Missverständnis vorzubeugen, sei ausdrücklich auf folgendes hingewiesen:

Die **assume**-Direktive übergibt TMASM lediglich eine Information darüber, welche Wert-Zuordnung für die Segment-Register gelten soll. Die wirkliche Wert-Zuordnung wird damit *nicht* getroffen. Diese erfolgt für die Register **cs** und **ss** automatisch beim Programm-Start, das Register **ds** und – falls nötig – auch **es** müssen explizit mit **mov**-Befehlen initialisiert werden.

Für das cs-Register muss man gleich am Anfang des Programm-Codes eine assume-Direktive angeben, damit TMASM weiß, auf welches Segment sich die Sprungbefehle und Unterprogramm-Aufrufe beziehen sollen. Insbesondere ist erst hierdurch auch die Anfangsadresse des Programms, die mit der end-Direktive angegeben wurde, vollständig definiert.

Um in unserem Beispiel etwa das ds-Register mit der Anfangsadresse der Gruppe dgroup zu initialisieren und für TMASM die korrekte Zuordnung zu treffen, braucht man folgende Anweisungen:

```
assume  ds:dgroup    ;Information an TMASM
mov     ax,dgroup    ;eigentliche Wertzuordnung
mov     ds,ax        ;über ax ausführen
```

Das folgende Beispiel demonstriert die Verwendung der assume-Anweisung. Anschliessend werden wir diskutieren, welche Fehler TMASM erkennen kann, wenn einige assume's fehlen.

□ **Beispiel 10.3.2**

```
;; Gruppen-Einteilung für Datensegmente
dgroup  group   aseg,cseg
; -- Datensegment aseg ----------------
aseg    segment para public 'DATA'
var1    db      12h dup (1)
testa   dw      123
aseg    ends
; -- Datensegment bseg ----------------
bseg    segment para public 'DATA'
var2    db      20h dup (2)
testb   dw      321
bseg    ends
; -- Datensegment cseg ----------------
cseg    segment para public 'DATA'
var3    db      30h dup (3)
testc   dw      444h
cseg    ends
; -- Stacksegment --------------------
stapel  segment para stack 'stack'
        db      20 dup (?)
stapel  ends
; -- Codesegment ---------------------
code    segment
        assume  cs:code
        assume  ss:stapel;Std.Zuordnungen
; .......................................
begin:  mov     ax,dgroup
        mov     ds,ax       ;ds zeigt auf dgroup
```

```
        assume  ds:dgroup ;TASM wird informiert
;  ............................................................
        jmp     weiter
        mov     ax,testa  ;Zugriff über ds=dgroup
        mov     testc,ax  ;Zugriff über ds=dgroup
weiter:
        mov     ax,bseg
        mov     es,ax     ;Reg. es zeigt auf bseg
        assume  es:bseg   ;TASM wir informiert
;  ............................................................
        mov     ax,testb  ;Zugriff über es=bseg
        ;von TASM wird automatisch Register es
        ;statt Register ds benutzt

        mov     testc,ax  ;Zugriff über ds=dgroup

        mov     bp,offset testa
        mov     ds:[bp],1234
        ;auf testa wird über Reg. ds zugegriffen

        mov     bp,offset testb
        mov     es:[bp],4567
        ;auf testb wird über Reg. es zugegriffen

        mov     bx,offset dgroup:testc
        ;offset von testc relativ zu dgroup
        ;nach bx-Register
        mov     [bx],1234h
        ;testc wird mit Wert 1234h überschrieben

        mov     ax,4c00h
        int     21h  ;Programm-Ende
code    ends
        end     begin
```

Hier einige Erläuterungen zu diesem Programm.

Nach der Initialisierung von ds wird testc mit dem Wert von testa überschrieben. Die nächsten Befehle besetzen es mit der Anfangsadresse des Segments bseg. Die assume-Direktive teilt dies auch TMASM mit. Den nächsten Befehl

```
        mov     ax,testb
```

wollen wir etwas genauer betrachten: Der Datenzugriff erfolgt bekanntlich über das ds-Register. TMASM stellt fest, dass die Variable testb nicht über ds erreichbar ist, da sie nicht zur Gruppe dgroup gehört (vgl. Abbildung 10.3). Jetzt versucht TMASM, ob die Variable testb über eines der anderen Segment-Register adressiert werden kann. Im Beispiel wurde dem Register es die Anfangsadresse des Segments bseg zugewiesen, über die testb adressiert werden kann. Also erzeugt TMASM automatisch einen zusätzlichen Befehl, der bewirkt, dass der Zugriff auf testb nicht über ds, sondern über es erfolgen soll. Diesen zusätzlichen Befehl kann man im Assembler-Listing erkennen.

In der folgenden Befehlsfolge wird die Offset-Adresse von testa dem Register bp zugewiesen. Bekanntlich erfolgt eine indirekte Adressierung über das Register bp standardmäßig mit dem Segment-Register ss. Da wir hier das Segment-Register ds benötigen, müssen wir ds explizit angeben.

```
mov     bp,offset testa
mov     ds:[bp],1234
;auf testa wird über Reg. ds zugegriffen
```

Der daran anschließende Zugriff auf testb erfolgt analog über die explizite Angabe des Segment-Registers es.

Abschließend soll testc mit dem Wert 1234h überschrieben werden. Um die Offset-Adresse dieser Variablen relativ zum Gruppenanfang der Gruppe dgroup ins bx zu laden, *muss* man vor der Variablen den Gruppennamen dgroup angeben. Andernfalls wird der unbrauchbare Offset relativ zum Segment-Anfang erwischt. ■

Was passiert nun im Einzelnen, wenn wir mit den assume-Anweisungen zu lasch oder fehlerhaft umgehen? Wir wollen dies an Hand des Beispiels 10.3.2 betrachten.

Fehlt die Anweisung

```
assume  cs:code
```

so fehlt TMASM bei der Adressberechnung von Marken im Codeteil – also z.B. bei Sprungzielen – eine Zuordnung für des cs-Register, und er beschwert sich mit einer Fehlermeldung etwa der Form

```
Near jump or call to different CS
```

Fehlt die Anweisung

```
assume  ds:dgroup
```

kann man auf keine Variablen aus der Gruppe dgroup zugreifen; TMASM würde folgende Fehlermeldung ausgeben:

```
Can't access with currently ASSUMEd segment registers
```

Wir sehen also, dass ein Programm immer legale Zuordnungen an cs und ds benötigt. Wenn man nur

```
assume  es:bseg
```

vergisst, erhält man die obige Fehlermeldung bei jedem Zugriff auf testb und var2.

Man beachte: Diese Fehlermeldungen kommen auch dann, wenn man mit den angegebenen mov-Befehlen die Segment-Register korrekt besetzt hat! TMASM orientiert sich bei der Assemblierung ausschließlich an den über die `assume`-Anweisungen festgelegten Zuordnungen. Umgekehrt kann natürlich ein Assembler-Programm fehlerfrei assembliert werden, wenn die `assume`-Anweisungen stimmen, aber die entsprechenden `mov`-Befehle zur Zuordnung der Segment-Register fehlen oder falsch sind. Wir sollten also Segment-Register nur über eine feste Befehlsfolge besetzen, die wir im folgenden Makro angeben:

```
ass_SegReg   macro    Reg,Wert
             mov      ax,Wert
             mov      Reg,ax
             assume   Reg:Wert
             endm
```

Vielleicht ist Ihnen aufgefallen, dass die Direktive

```
    assume  ss:stapel
```

noch nicht behandelt wurde. In der Tat ist es in unserem Programm aus Beispiel 10.3.2 unkritisch, wenn wir diese Direktive vergessen. Der Grund ist einfach: TMASM muss beim Assemblieren unseres Programmes nie nachschauen, welcher Wert dem `ss`-Register zugeordnet wurde, da `ss` bei keiner Adress-Berechnung verwendet wird.

10.4 Die Segmente der vereinfachten Segment-Anweisungen

In Abschnitt 10.2 haben wir besprochen, wie man die vereinfachten Segment-Anweisungen verwendet. Diese Anweisungen werden von TMASM in `segment`-, `assume`- und `ends`-Direktiven mit standardmäßigen Zuordnungen expandiert, mit denen wir uns im Folgenden beschäftigen wollen. Normalerweise braucht man sich darum nicht zu kümmern. Wenn man aber vereinfachte und Standard-Segment-Anweisungen gemischt verwenden will, muss man sich die folgenden Tabellen genau ansehen.

Abhängig vom gewählten Speichermodell werden den einzelnen Segmenten spezielle Namen und Attribute zugewiesen, wie sie in den folgenden Tabellen zusammengestellt sind.

In der Überschrift der Tabellen sind die zugehörigen Speichermodelle angegeben. Daneben sind jeweils noch die maximalen Speichergrenzen für den Code- und Datenbereich aufgeführt. Sind für einen Bereich mehr als 64 KByte erlaubt, muss man auf diesen mit FAR-Adressen zugreifen; andernfalls reicht die Offset-Adresse aus. Diese Information ist in der Tabellen-Überschrift zusätzlich vermerkt.

| Speichermodell TINY | | Daten und Code zusammen max. 64 KByte | | | |
| | | Daten NEAR Code NEAR | | | |

Direktive	Name	Ausricht.	Komp.	Klasse	Gruppe
.CODE	_TEXT	word	public	'CODE'	DGROUP
.FAR_DATA	FAR_DATA	para	private	'FAR_DATA'	
.FAR_DATA?	FAR_BSS	para	private	'FAR_BSS'	
.DATA	_DATA	word	public	'DATA'	DGROUP
.CONST	CONST	word	public	'CONST'	DGROUP
.DATA?	_BSS	word	public	'BSS'	DGROUP
.STACK	STACK	para	stack	'STACK'	DGROUP

Speichermodell SMALL		Daten und Code jeweils max. 64 KByte			
		Daten NEAR Code NEAR			
Speichermodell COMPACT		Daten > 64 KByte, Code max. 64 KByte			
		Daten FAR Code NEAR			

Direktive	Name	Ausricht.	Komp.	Klasse	Gruppe
.CODE	_TEXT	word	public	'CODE'	
.FAR_DATA	FAR_DATA	para	private	'FAR_DATA'	
.FAR_DATA?	FAR_BSS	para	private	'FAR_BSS'	
.DATA	_DATA	word	public	'DATA'	DGROUP
.CONST	CONST	word	public	'CONST'	DGROUP
.DATA?	_BSS	word	public	'BSS'	DGROUP
.STACK	STACK	para	stack	'STACK'	DGROUP

Speichermodell MEDIUM		Daten max. 64 KByte, Code > 64 KByte			
		Daten NEAR Code FAR			
Speichermodelle LARGE und HUGE		Daten und Code jeweils > 64 KByte			
		Daten FAR Code FAR			

Direktive	Name	Ausricht.	Komp.	Klasse	Gruppe
.CODE	name_TEXT	word	public	'CODE'	
.FAR_DATA	FAR_DATA	para	private	'FAR_DATA'	
.FAR_DATA?	FAR_BSS	para	private	'FAR_BSS'	
.DATA	_DATA	word	public	'DATA'	DGROUP
.CONST	CONST	word	public	'CONST'	DGROUP
.DATA?	_BSS	word	public	'BSS'	DGROUP
.STACK	STACK	para	stack	'STACK'	DGROUP

Bei den Modellen MEDIUM, LARGE und HUGE können in einem Assembler-Programm mehrere Code-Segmente vorkommen. Um diese unterscheiden zu können, müssen sie in der .Code-Direktive mit einem Namen versehen werden. Der Segment-Name für diese Code-Segmente wird aus diesem Namen, gefolgt von _TEXT, gebildet.

Abhängig von dem gewählten Speichermodell führt die Direktive .MODEL automatisch die richtigen assume-Anweisungen aus, wobei die in den obigen Tabellen verwendeten Segment-Namen und Segment-Attribute verwendet werden. Gleichzeitig wird auch eine group-Anweisung ausgeführt, welche die angegebenen Segmente zur Gruppe DGROUP zusammenfügt.

Wie wir wissen, müssen die Segment-Register entsprechend den assume-Anweisungen initialisiert werden. Um dabei auf die korrekten Segment- oder Gruppen-Namen zugreifen zu können, definiert der Assembler automatisch einige Symbole, die mit dem Zeichen @ beginnen.

Will man z.B. über das Register es das Segment FARDATA adressieren, kann man die folgende Befehlssequenz verwenden:

```
mov ax,@FarData
mov es,ax
```

In der folgenden Tabelle sind die vordefinierten Symbole zusammengestellt und erläutert.

vordefinierte Symbole für Datensegmente	
@Code	Liefert den Namen des Code-Segments.
@Data	Liefert den Gruppen-Namen der Daten-Segmente.
@FarData	Liefert den Namen des mit .FARDATA eingeführten Segments.
@FarData?	Liefert den Namen des mit .FARDATA? eingeführten Segments.
@CurSeg	Liefert den Namen des aktuellen Segments.

Bemerkung:
- Diese vordefinierten Symbole können nur im Zusammenhang mit den vereinfachten Segment-Anweisungen verwendet werden.

Je nach gewähltem Speichermodell muss man auf Daten oder Unterprogramme mal mit NEAR-Adressen, mal mit FAR-Adressen zugreifen. Mit Hilfe der bedingten Assemblierung kann man in diesen Fällen Code schreiben, der für jedes Speichermodell die korrekten Befehle generiert. Voraussetzung hierfür ist, dass man zur Assemblierzeit des Programms das gewählte Speichermodell abfragen kann. Die folgenden vordefinierten Symbole liefern diese Informationen.

weitere vordefinierte Symbole	
@CodeSize	Liefert eine Zahl, die den Typ für die Adressierung im Code-Segment festlegt: = 0 : NEAR-Adressen (SMALL und COMPACT) = 1 : FAR-Adressen (übrige Modelle)
@DataSize	Liefert eine Zahl, die den Typ für die Adressierung im Code-Segment festlegt: = 0 : NEAR-Adressen (SMALL und MEDIUM) = 1 : FAR-Adressen (übrige Modelle)

Bemerkung:

- Diese vordefinierten Symbole können nur im Zusammenhang mit den vereinfachten Segment-Anweisungen verwendet werden.

□ **Beispiel 10.4.1**

Im folgenden Beispiel wird abhängig vom gewählten Speichermodell unterschiedlicher Code für einen Datenzugriff generiert:

```
if @DataSize eq 0   ; also 16 Bit-Adresse
    mov      di,offset Datum
else                ;also 32 Bit-Adresse
    push     ds
    lds      di,Datum
endif
```

■

10.5   Kommandozeilen-Parameter

Dem Programm TMASM kann man beim Aufruf Parameter mitgeben, die den Assemblierungsvorgang steuern und die zu übersetzenden Dateien angeben. Ebenso kann man DOS-Befehlen Parameter mitgeben, etwa beim Kommando `dir` Parameter zur Auswahl und Darstellung:

```
dir *.asm /p /w
```

Auch DOS-Befehle sind nur Programme. Wie die Übergabe solcher Kommandozeilen-Parameter von der Betriebssystem-Ebene an ein Programm funktioniert, wollen wir im Folgenden besprechen.

Wenn ein Programm gestartet wird, erhält es einen Speicherbereich von 256 Byte, das sogenannte *Programm-Segment-Präfix* ode kurz *PSP*. Dieses PSP hat eine ganz

Offset	Größe	ProgrammSegmentPräfix (PSP)	
00h	2		Int 20h
02h	2		Endadresse des Programms
04h	1		reserviert
05h	5		FAR call von INT 21h
0Ah	4		lange Adresse von INT 22h
0Eh	4		lange Adresse von INT 23h
12h	4		lange Adresse von INT 24h
16h	16h		reserviert
2Ch	2		Segmentadresse des Environment
2Eh	2Eh		reserviert
5Ch	10h		File Control Block #1
6Ch	10h		File Control Block #2
7Ch	4		reserviert
80h	1		Anzahl Zeichen in Parameter
81h	7Fh		Kommandozeilen-Parameter
100h			

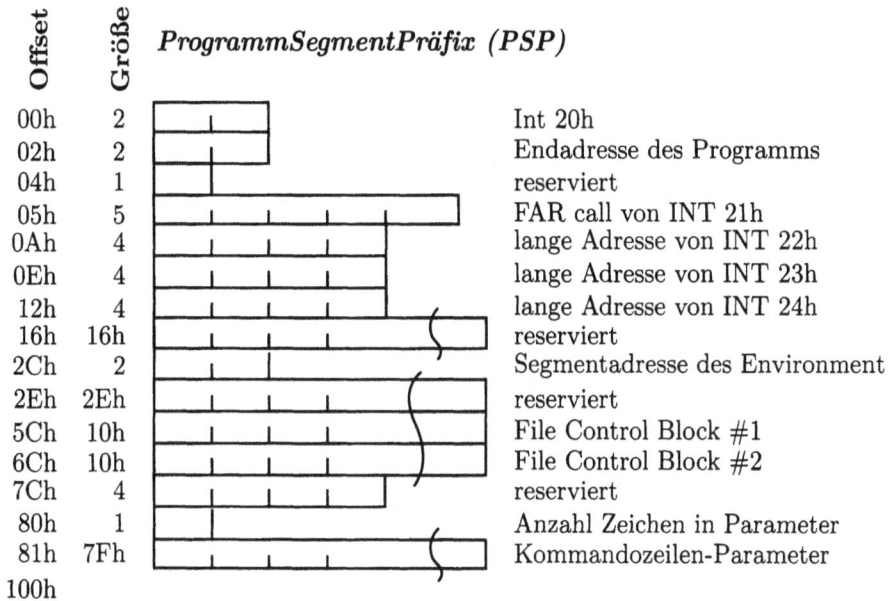

Abbildung 10.4: *Programm-Segment-Präfix*

feste Struktur, in der programmspezifische Informationen abgelegt werden. Nach dem Programmstart zeigen die langen Adressen

```
cs:0000h
es:0000h
```

auf den Anfang dieses Speicherbereichs.

Der Aufbau des PSP ist in Abbildung 10.4 dargestellt. Dort sehen wir, dass das PSP hauptsächlich Adressen von einigen wichtigen Interrupt-Routinen sowie die Programmlänge enthält. An der Adresse 05h ist sogar der komplette Befehlscode für den Aufruf des Interrupts 21h abgelegt. Neben einigen für DOS reservierten Bereichen erkennt man noch

- die Segment-Adresse des Environments,
- zwei so genannte File Control Blöcke, die die ersten beiden Parameter der Aufrufzeile aufnehmen können; sie sind noch ein Relikt aus dem Betriebssystem CP/M, dem Vorgänger von DOS.
- Die beiden letzten Komponenten sind für die Parameter aus der Kommandozeile zuständig. Die erste Komponenten auf Adresse 80h speichert in einem Byte die Buchstaben-Anzahl der Parameter; ab der Adresse 81h werden schließlich die Parameter als ASCII-Zeichenreihen abgelegt. Die Parameter dürfen insgesamt maximal 127 Zeichen lang sein.

Wie kann man nun auf dieses PSP zugreifen? Zunächst müssen wir im Assembler die Datenstruktur des PSP beschreiben, die wir als ein eigenes Segment betrachten wollen.

□ **Beispiel 10.5.1**

```
psp       segment                ;PSP als Segment
Int20     db        2 dup (?)    ;Adresse von Int 20h
EndAdr    db        2 dup (?)    ;Endadr. des Programms
res1      db        ?            ;reserviert
Int21     db        5 dup (?)    ;Aufruf Int 21h
Int22     db        4 dup (?)    ;Adresse von Int 22h
Int23     db        4 dup (?)    ;Adresse von Int 23h
Int24     db        4 dup (?)    ;Adresse von Int 24h
res2      db        22 dup (?)   ;reserviert
EnvBl     db        2 dup (?)    ;SegAdr. v. Environment
res3      db        46 dup (?)   ;reserviert
FCB1      db        10h dup (?)  ;File Control Block #1
FCB2      db        10h dup (?)  ;File Control Block #2
res4      db        4 dup (?)    ;reserviert
ComAnz    db        ?            ;Anzahl der Zeichen in den
                                 ;Parametern der Kommandozeile
ComLine db          127 dup (?)  ;Kommandozeile
;; GesamtLänge des PSP = 256 Byte
psp       ends
```

Die Längen der einzelnen Bereiche wurden durch entsprechende **dup**-Direktiven gemäß Abbildung 10.4 dargestellt.   ■

Für den Zugriff auf diesen Datenbereich verwenden wir die Tatsache, dass beim Programmstart das Segment-Register **es** auf den Anfang des PSP zeigt. Wenn wir also auf **ComLine** relativ zu **es** zugreifen, kommen wir genau an die gewünschte Stelle. Hierbei nützen wir aus, dass TMASM die Zuordnung der Segment-Register zu den Segmenten aus den **assume**-Anweisungen entnimmt. Also liefert die Direktive

```
    assume es:psp
```

genau das Gewünschte. Dabei dürfen wir natürlich keine echte Zuweisung an **es** machen, da es schon den richtigen Wert hat.

Hier nun das vollständige Beispiel, das die beim Aufruf angegebenen Kommandozeilen-Parameter auf dem Bildschirm ausgibt.

□ **Beispiel 10.5.2**

```
ausg      macro    Adr
          mov      ah,09h ;String-Ausgabe $-begrenzt
          mov      dx,offset Adr
          int      21h    ;Ausgabe starten
          endm
stapel    segment para stack 'STACK'
          db       100h dup (?)
stapel    ends
```

```
psp       segment              ;PSP als Segment
. . .
   siehe voriges Beispiel
. . .
psp       ends

daten     segment word 'DATA'
; Daten
nwl       db        10,13,"$"
daten     ends

code      segment
          assume   cs:code,ds:daten
          assume   ss:stapel,es:psp
begin:    mov      ax,daten
          mov      ds,ax
          mov      bl,ComAnz          ;ComLine
          xor      bh,bh
          mov      si,bx
          mov      ComLine[si],'$'
          push     ds        ;altes ds sichern
          push     es        ;es nach
          pop      ds        ;ds laden
          ausg     ComLine ;Ausg. über ds:dx
          pop      ds        ;ds restaurieren
          ausg     nwl
          mov      ax,4c00h
          int      21h     ; ist sicher
code      ends
          end      begin
```

Wird das Programm unter dem Namen B10_5_2.asm abgespeichert und von TMASM und dem Binder nach B10_5_2.exe übersetzt, so gibt der Aufruf

    B10_5_2 Hallo Turbo Assembler Fan

den Text

    Hallo Turbo Assembler Fan

aus.   ■

Wenn wir, wie im vorigen Beispiel, vom PSP nur die beiden Felder ComAnz und ComLine verwenden, ist es eigentlich unnötig, alle anderen Komponenten zu beschreiben. Andererseits liegt erst durch die davorliegenden Deklarationen die exakte Lage dieser Felder fest. Der Assembler kennt die Direktive org, mit der man die Position innerhalb eines Segments explizit angeben kann.

Damit lässt sich der benötigt Ausschnitt des PSP wie folgt beschreiben:

☐ **Beispiel 10.5.3**

```
psp     segment     ;PSP als Segment
        org    80h ;Beginn Parameter
ComAnz  db      ?   ;Zeichen in Kommandozeile
                    ;ohne Carriage Return
ComLine db      127 dup (?) ;Kommandozeile
;; GesamtLänge des PSP = 256 Byte
psp     ends
```
■

10.6   Der Bildschirm-Speicher

Im folgenden Beispiel wollen wir den Bildschirm löschen und drei große waagrechte Farbstreifen ausgeben. Der einfachste und schnellste Weg hierfür ist, direkt in den Bildschirm-Speicher zu schreiben. Das ist ein Speicherbereich, der an einer festen Stelle im Arbeitsspeicher angelegt wird und für jedes darzustellende Zeichen zwei Byte vorsieht:

- Das zweite Byte enthält den ASCII-Code des darzustellenden Zeichens.

- Das erste Byte, das so genannte Attribut-Byte, enthält Informationen darüber, wie das Zeichen dargestellt wird.

Bei Farb-Bildschirmen, die über Graphik-Adapter der Typen CGA, EGA oder VGA im Farbmodus betrieben werden, sind im Attribut-Byte die Farbe des darzustellenden Zeichens und die Hintergrund-Farbe enthalten, bei monochromen Bildschirmen enthält das Attribut-Byte Informationen wie z.B. helle Darstellung und Unterstreichen (siehe Abbildung 10.5). Die folgende Tabelle stellt die Attributwerte für die Farben zusammen.

Wert	Farbe	monochrom
000h	schwarz	schwarz
001h	blau	unterstrichen
010h	grün	-
011h	türkis	-
100h	rot	-
101h	magenta	-
110h	braun	-
111h	grau	weiß
Bit 3 schaltet die Zeichenausgabe auf hell. Dabei ist hellschwarz = dunkelgrau hellgrau = weiß		

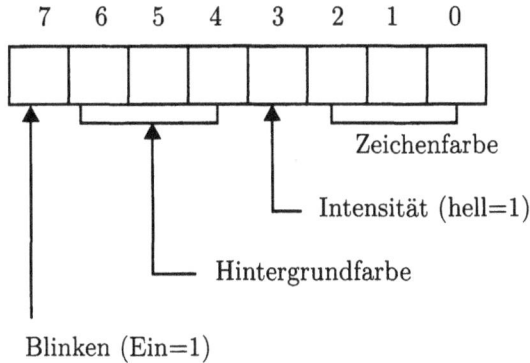

Abbildung 10.5: *Zeichendarstellung*

Die Lage des Bildschirm-Speichers im Arbeitsspeicher hängt vom Bildschirmtyp ab:

- Im Farbmodus beginnt der Bildschirm-Speicher an der Speicher-Adresse B800h:0000h.

- Der Bildschirm-Speicher für monochrome Bildschirme beginnt an der Speicher-Adresse B000h:0000h.

In beiden Fällen können im Textmodus auf dem Bildschirm 25 Zeilen mit je 80 Zeichen dargestellt werden. Da pro Zeichen zwei Byte benötigt werden, ist der Bildschirm-Speicher 2*25*80 Byte = 4000 Byte lang. Je nach Bildschirm-Karte kann es auch noch andere Möglichkeiten der Zeichen-Darstellung geben, auf die wir nicht weiter eingehen wollen.

Mit Hilfe der Direktive **segment** at kann man im Assembler ein Segment definieren, das an einer festen Speicheradresse liegt. Anschließend braucht man nur noch das Attribut- und Zeichen-Byte über Stringbefehle in den Bildschirm-Speicher zu schreiben. Im Beispiel geben wir stets das Zeichen *Zwischenraum* mit dem ASCII-Code 20h aus, im Attribut-Byte wird nur noch die Hintergrund-Farbe eingestellt, wie es im Kommentar angegeben ist.

☐ **Beispiel 10.6.1**

```
; Bildschirm einfärben; Bsp. für "segment at"
; --------------------------------------------
Bilds   segment at 0B800h
; lege Bildschirm-Bereich fest
L0      label   byte
Bilds   ends

StackSeg segment para stack 'Stack'
         db      512 dup (0)
StackSeg ends
```

```
Code     segment
         assume  cs:Code,ds:nothing
         assume  es:Bilds,ss:StackSeg
begin:   mov     ax,Bilds
         mov     es,ax
         mov     di,offset L0
         mov     cx,8*80
         mov     ax,7020h   ;schreibt graues Blank
         cld
         rep     stosw
         mov     cx,8*80
         mov     ax,1020h   ;schreibt blaues Blank
         rep     stosw
         mov     cx,8*80
         mov     ax,4020h   ; schreibt rotes Blank
         rep     stosw

         mov     ax,4c00h
         int     21h
Code     ends
         end     begin
```

■

11 Modularisierung von Programmen

In den vorigen Kapiteln haben wir verschiedene Möglichkeiten kennen gelernt, wie man Assembler-Programme strukturieren kann:

- Als Makros definierte Code-Stücke kann TMASM beim Assemblieren an den Aufrufstellen einkopieren (Kapitel 8).

- Unterprogramme sind Befehlsfolgen, die über einen `call`-Aufruf angesprungen und ausgeführt werden können (Kapitel 9).

- Die Definition von Segmenten erlaubt es schließlich, Daten und Code

  - textuell zusammenzufassen und
  - in bestimmten Gruppierungen im Speicher anzuordnen (Kapitel 10).

Bei all diesen Möglichkeiten haben wir immer mit *einer* Assembler-Quelldatei gearbeitet. Bei realistisch großen Programmier-Aufgaben erreicht man leicht einige tausend Quellzeilen – insbesondere wenn man Assembler als Programmiersprache wählt. Solche Aufgaben werden fast immer von einem Team bearbeitet, wobei verschiedene Programmierer gleichzeitig an klar umrissenen Teilaufgaben des Gesamt-Projekts arbeiten. Es ist wohl klar, dass jeder Programmierer in einer eigenen Quell-Datei, einem *Modul*, arbeitet. Dabei wird man heutzutage nie ausschließlich in Assembler programmieren. Vielmehr wird man soweit wie möglich höhere Programmiersprachen wie Pascal, C oder C++ verwenden. Kritische Aufgaben wird man aber nach wie vor im Assembler lösen. Die im Folgenden besprochene Modularisierung von Assembler-Programmen liefert die Grundlage dafür, ein Projekt in verschiedenen Programmiersprachen zu realisieren.

Im nächsten Kapitel 12 werden wir besprechen, wie man Assembler-Module mit Modulen zusammenbindet, die in höheren Programmiersprachen geschrieben sind.

In Abschnitt 11.1 werden die Sprachmittel eingeführt, die der Assembler zur Modularisierung von Programmen bereitstellt. Im zweiten Abschnitt besprechen wir die Arbeitsweise des Binders, der aus den einzelnen Moduln ein ausführbares Programm erzeugt. Gruppen von Moduln können bereits vorab in spezielle Dateien, so genannte Bibliotheken, zusammengebunden werden. Hierfür ist die Bibliotheksverwaltung zuständig, die in Abschnitt 11.3 besprochen wird. Zum Lieferumfang des Assemblers gehören ein Binder und eine Bibliotheksverwaltung. In diesem Kapitel verwenden wir diese beiden Programme, die beim Turbo Assembler TLINK und TLIB heißen.

Die verschiedenen Möglichkeiten bei der Modularisierung von Programmen und der Bildung von Bibliotheken werden anhand eines einfachen Beispiels vorgestellt.

☐ Beispiel 11.0.1

Das Programm gibt Buchstaben, eine Zeichenreihe und eine Dezimalzahl auf dem Bildschirm aus.

```
            DOSSEG
            .MODEL  SMALL
            .STACK  100H
            .DATA
text        db      " Turbo Assembler",10,13,"$"
zahl        dw      ?
include macros.mac ; enthält u.a. exec-macro
            .CODE
; Deklaration der Unterprogramme
; ================================================
writeB  proc                  ;Ausgabe eines Buchstabens
            arg     Char:Byte
; ----------------------
            push    bp
            mov     bp,sp   ;Standard-Vorspann

            mov     dl,Char ;Buchstaben laden
            mov     ah,02h  ;Funktionsnummer
            int     21h     ;DOS-Funktion

            mov     sp,bp
            pop     bp
            ret             ;Standard-Nachspann
writeB  endp
; ================================================
write$  proc
            ;Ausgabe $-begrenzte Zeichenreihe
            arg     Adresse:word
; ----------------------
            push    bp
            mov     bp,sp   ;Standard-Vorspann

            mov     dx,Adresse;lade Adresse
            mov     ah,09h  ;Funktionsnummer
            int     21h     ;DOS_Funktion

            mov     sp,bp
            pop     bp
            ret             ;Standard-Nachspann
write$  endp
; ================================================
            .DATA
```

```
_buffer db      8 dup (0)
        .CODE
writeN  proc
        ;Ausgabe einer 2-stelligen positiven Zahl
        arg     Number:word
; ----------------------
        push    bp
        mov     bp,sp   ;Standard-Vorspann

        mov     ax,Number
        xor     ah,ah   ;vorbereiten für Division
        mov     cl,10   ;Division durch 10
        div     cl      ;Zehner in al,Einer in ah
        add     ax,3030h;nach ASCII
        mov     _buffer,al
        mov     _buffer+1,ah
        mov     _buffer+2,'$' ;mit $ begrenzen
        exec    write$,<offset _buffer>
                ;Ausgabe der Zeichenreihe
        mov     sp,bp
        pop     bp
        ret             ;Standard-Nachspann
writeN  endp

begin:  mov     ax,@Data
        mov     ds,ax

        exec    writeB,'A'
        exec    writeB,'h'
        exec    write$,<Offset text>
        mov     zahl,13
        exec    writeN,zahl

        mov     ax,4c00h
        int     21h
        end     begin
```

Der Aufwand, den wir in den folgenden Abschnitten treiben müssen, um dieses einfache Programm in Module zu zerlegen und dann zu einem lauffähigen Programm zusammenzubinden, ist – gemessen an der Programm-Länge – unverhältnismäßig hoch. Modularisierung ist ja auch nur für sehr große Programm-Pakete sinnvoll. Stellen wir uns also vor, die Unterprogramme aus dem obigen Beispiel seien viele Programmseiten lang und würden im Hauptprogramm öfters aufgerufen.

11.1   Sprachmittel des Assemblers zur Modularisierung

Unser kleines Projekt wollen wir in folgende Module zerlegen:

- Ausgabe-Routinen für Buchstaben und Zeichenreihen;

- Ausgabe-Routine für Dezimalzahlen;

- das Hauptprogramm.

Beginnen wir mit dem Modul Hauptprogramm. Er könnte wie folgt aussehen:

☐ **Beispiel 11.1.1**

```
        DOSSEG
        .MODEL  SMALL
        .STACK  100H
include macros.mac
        .DATA
text    db      " Turbo Assembler",10,13,"$"
zahl    dw      ?


        .CODE

begin:  mov     ax,@Data
        mov     ds,ax

        exec    writeB,'0'
        exec    writeB,'h'
        exec    write$,<<Offset text>>
        mov     zahl,13
        exec    writeN,zahl

        mov     ax,4c00h
        int     21h
        end     begin
```

Bei der Assemblierung dieses Programms stellt TMASM fest, dass die Namen der Unterprogramme undefiniert sind. Damit wird das erste Problem sichtbar: Wir wollen Unterprogramme verwenden, die woanders definiert sind. Die Tatsache, dass die Unterprogramme *außerhalb* dieses Moduls definiert sind, muss man TMASM mitteilen. Hierzu gibt es die folgende Direktive.

---

extrn *Definition* (*,Definition*)*

Definition:

Name : *Typ* [: *Anz*]

Wirkung:

- Der *Name* ist ein Symbol, das in einem anderen Modul definiert sein muss.
- *Typ* legt den Datentyp des Symbols fest. Folgende Datentypen sind möglich:

  - proc, near, far (für Unterprogramme und Marken) (proc ergibt abhängig vom verwendeten Speichermodell entweder near oder far.)
  - byte, word, dword, fword, qword, tbyte (für Variable)
  - abs (für Absolutkonstante, die mit equ deklariert sind)

- *Anzahl* beschreibt, wie viele Datenobjekte des angegebenen Typs das Symbol belegt.

Nach dieser Angabe kennt TMASM die Datentypen der extern definierten Namen. Diese bezeichnen, sofern sie nicht Konstanten-Namen sind, Adressen. Über welches Segment-Register die Namen adressiert werden, erkennt TMASM daran, an welcher Stelle die extrn-Anweisung steht:

- Wird eine extrn-Anweisung innerhalb eines Segments bzw. hinter .CODE oder .DATA angegeben, dann behandelt TMASM die zugehörigen Namen so, als seien die externen Bezeichner in diesem Segment definiert.
- Wird eine extrn-Anweisung außerhalb eines Segments angegeben, dann geht TMASM davon aus, dass die angegebenen Variablen über das ds-Register erreicht wird.

Unser Hauptprogramm sieht jetzt also folgendermaßen aus:

☐ **Beispiel 11.1.2**

```
        DOSSEG
        .MODEL   SMALL
        .STACK   100H
include macros.mac
        .DATA
text    db       " Turbo Assembler",10,13,"$"
zahl    dw       ?

        .CODE
        extrn    writeB:proc,write$:proc,writeN:proc
```

```
begin:   mov      ax,@Data
         mov      ds,ax

         exec     writeB,'0'
         exec     writeB,'h'
         exec     write$,<Offset text>
         mov      zahl,13
         exec     writeN,zahl

         mov      ax,4c00h
         int      21h
         end      begin
```
■

Die **extrn**-Definitionen beschreiben die so genannte *Import-Schnittstelle* des Moduls. Sie enthält alle Namen, die in diesen Modul von außerhalb importiert werden müssen und in dem Modul nur verwendet werden. Umgekehrt kann ein Modul eine *Export-Schnittstelle* besitzen, in der alle Namen aufgeführt sind, die irgendein anderer Modul verwenden darf. Die Export-Schnittstelle wird mit folgender Direktive beschrieben:

---

public *Name* (, *Name*) *

Wirkung:

- Die angegebenen *Namen* können von anderen Moduln verwendet werden, wenn sie dort in der Import-Schnittstelle aufgeführt sind.
- Jeder *Name* muss im aktuellen Modul definiert werden.
- Folgende Namen können als **public** definiert werden:

  - Variablen-Namen,
  - Unterprogramm-Namen,
  - Marken im Programm,
  - konstante Zahlenwerte, die mit **equ** definiert wurden.

In den folgenden drei Beispielen sind die eingangs erwähnten Module zusammengestellt.

□ **Beispiel 11.1.3**

Der folgende Modul enthält die Unterprogramme zur Ausgabe von Buchstaben und Zeichenreihen. Ihre Namen müssen **public** vereinbart werden.

```
         DOSSEG
         .MODEL SMALL
         public  writeB,write$
         .CODE
writeB   proc              ;Ausgabe eines Buchstabens
```

```
        arg     Char:Byte
; ------------------------
        push    bp
        mov     bp,sp    ;Standard-Vorspann

        mov     dl,Char  ;Buchstaben laden
        mov     ah,02h   ;Funktionsnummer
        int     21h      ;DOS-Funktion

        mov     sp,bp
        pop     bp
        ret              ;Standard-Nachspann
writeB  endp

write$  proc
        ;Ausgabe $-begrenzte Zeichenreihe
        arg     Adresse:word
; ------------------------
        push    bp
        mov     bp,sp    ;Standard-Vorspann

        mov     dx,Adresse;lade Adresse
        mov     ah,09h   ;Funktionsnummer
        int     21h      ;DOS_Funktion

        mov     sp,bp
        pop     bp
        ret              ;Standard-Nachspann
write$  endp
        end
```

Manchmal kann es sinnvoll sein, in einem Modul nur Daten zu deklarieren – etwa bei der Verwendung sehr komplexer Datenstrukturen. Wir wollen dies in unserem kleinen Projekt an dem extrem einfachen Beispiel des Puffers _buffer demonstrieren, der von writeN benutzt wird.

☐ **Beispiel 11.1.4**

```
        DOSSEG
        .MODEL  SMALL
        public  _buffer
        .DATA
_buffer db      8 dup (0)
        end
```

Das Unterprogramm writeN ruft das in Beispiel 11.1.3 definierte Unterprogramm write$ auf, wobei der Puffer _buffer verwendet wird. Es ist klar, dass diese beiden Namen über eine extrn-Liste importiert werden müssen. Damit auf die Variable _buffer über ds zugegriffen wird, muss die zugehörige extrn-Anweisung hinter der Direktive .DATA oder ganz am Anfang des Programms stehen.

□ **Beispiel 11.1.5**

```
        DOSSEG
        .MODEL  SMALL
include macros.mac
        public  writeN

        .DATA
        extrn   _buffer:byte:8
        .CODE
        extrn   write$:proc
writeN  proc
        ;Ausgabe einer Zahl
        arg     Number:word
; -------------------------
        push    bp
        mov     bp,sp    ;Standard-Vorspann
        mov     ax,Number
        xor     ah,ah    ;vorbereiten für Division
        mov     cl,10    ;Division durch 10
        div     cl       ;Zehner in al,Einer in ah
        add     ax,3030h;nach ASCII
        mov     _buffer,al
        mov     _buffer+1,ah
        mov     _buffer+2,'$' ;mit $ begrenzen
        exec    write$,<offset _buffer>
                ;Ausgabe der Zeichenreihe
        mov     sp,bp
        pop     bp
        ret              ;Standard-Nachspann
writeN  endp
        end
```

Es wäre sehr bequem, wenn wir alle Namen, die in den Schnittstellen vorkommen, in einer Datei beschreiben und diese dann in jedem Modul über eine include-Anweisung einlesen könnten. Das Problem dabei ist nur, dass diese Namen mal in einer extrn-Anweisung *importiert*, mal in einer public-Anweisung *exportiert* werden, je nachdem, ob sie in dem jeweiligen Modul nur verwendet oder definiert werden.

Der Assembler enthält eine Direktive global, die je nach Kontext die Wirkung von public oder extrn übernimmt.

<table>
<tr><td>global Definition (, Definition) *</td></tr>
<tr><td>Definition:</td></tr>
<tr><td>Name : Typ [: Anz]</td></tr>
</table>

Wirkung:

- Die Direktive ist eine Kombination der Direktiven `public` und `extrn`.
- Wird der *Name* in der aktuellen Quelldatei definiert, wirkt `global` genauso wie `public`.
- Wird der Name in der aktuellen Quelldatei nur verwendet, wirkt `global` genauso wie `extrn`.

Bemerkung:

- Die Komponenten von *Definition* sind genauso wie bei der Direktive `extrn` definiert.

Anstelle der `public`- und `extrn`-Anweisungen können wir in unseren Moduln die folgende Datei über `include` einlesen:

□ **Beispiel 11.1.6**

```
; Schnittstellenbeschreibung
; ------------------------
        .data
        global   _buffer:byte:8
        .code
        global   writeB:proc,write$:proc
        global   writeN:proc
```
■

Die vier Module unseres kleinen Projekts, die wir in den Beispielen 11.1.2 bis 11.1.5 vorgestellt haben, sollen in den Quell-Dateien B11_1_2.ASM bis B11_1_5.ASM abgespeichert sein. Mit dem Befehl

```
TASM    B11_1_2+B11_1_3+B11_1_4+B11_1_5
```

werden die Quell-Dateien in Objekt-Dateien übersetzt, aus denen eine lauffähiges Programm gebildet werden muss. Hierzu brauchen wir den Binder.

11.2   Der Binder

Im Folgenden benutzen wir den Binder TLINK des Turbo Assemblers. Er wird aufgerufen, um aus einer oder mehreren Objekt-Dateien ein lauffähiges Programm zu binden

(siehe auch Abbildung 2.1). Wir werden TLINK dazu benutzen, unsere vier Module aus
dem vorigen Abschnitt zu binden. Mit den oben gewählten Datei-Namen verwenden wir
den Befehl

```
TLINK /s B11_1_2+B11_1_3+B11_1_4+B11_1_5
```

Dieser Befehl liefert das lauffähige Programm B11_1_2.EXE, das wir einfach mit

```
B11_1_2
```

starten können. Der Parameter /s erzeugt ein detailliertes Binder-Protokoll namens
B11_1_2.MAP, das folgendes Aussehen hat:

```
Start  Stop   Length Name              Class

00000H 0011CH 0011DH _TEXT             CODE
00120H 00446H 00327H _DATA             DATA
00450H 0054FH 00100H STACK             STACK


Detailed map of segments

0000:0000 0010 C=CODE   S=_TEXT   G=(none)  M=B11_1_2A.ASM ACBP=48
0000:0010 007B C=CODE   S=_TEXT   G=(none)  M=B11_1_2A.ASM ACBP=48
0000:008C 001C C=CODE   S=_TEXT   G=(none)  M=B11_1_3A.ASM ACBP=48
0000:00A8 0000 C=CODE   S=_TEXT   G=(none)  M=B11_1_4A.ASM ACBP=48
0000:00A8 0075 C=CODE   S=_TEXT   G=(none)  M=B11_1_5A.ASM ACBP=48
0012:0000 019A C=DATA   S=_DATA   G=DGROUP  M=B11_1_2A.ASM ACBP=48
0012:019A 0000 C=DATA   S=_DATA   G=DGROUP  M=B11_1_3A.ASM ACBP=48
0012:019A 0008 C=DATA   S=_DATA   G=DGROUP  M=B11_1_4A.ASM ACBP=48
0012:01A2 0185 C=DATA   S=_DATA   G=DGROUP  M=B11_1_5A.ASM ACBP=48
0012:0330 0100 C=STACK  S=STACK   G=DGROUP  M=B11_1_2A.ASM ACBP=74

   Address         Publics by Name

0000:009A        WRITE$
0000:008C        WRITEB
0000:00F7        WRITEN
0012:019A        _BUFFER

   Address         Publics by Value

0000:008C        WRITEB
0000:009A        WRITE$
0000:00F7        WRITEN
0012:019A        _BUFFER


Program entry point at 0000:005F
```

In der detaillierten Segment-Liste findet man:

- die Anfangsadressen der Beiträge, die die einzelnen Module zu den jeweiligen Segmenten liefern,
- die zugehörigen Längen inByte,
- hinter C= den Klassen-Namen,
- hinter S= den Segment-Namen,
- hinter G= den Gruppen-Namen,
- hinter M= den Modul-Namen und
- hinter ACBP= die Ausrichtung und Kombinationsart. Die Zahlenwerte sind in der folgenden Tabelle beschrieben.

Feld	Wert	Bedeutung
A-Feld	00	absolutes Segment
	20	Anfangsadresse auf Byte-Grenze
	40	Anfangsadresse auf Wort-Grenze
	60	Anfangsadresse auf Paragraphen-Grenze
	80	Anfangsadresse auf Seiten-Grenze
	A0	absoluter Speicherbereich ohne Bezeichnung
C-Feld	00	Segment darf nicht kombiniert werden
	08	Segment darf kombiniert werden, ist PUBLIC
B-Feld (Größe)	00	Segment kleiner 64 KByte
	02	Segment genau 64 KByte

Da wir alle unsere Programme mit der Direktive DOSSEG übersetzt haben, wird die von Microsoft festgelegte Standard-Reihenfolge der Segmente gewählt (vgl. die Beschreibung von DOSSEG in Abschnitt 10.2). Ferner erkennt man, dass die Code- und Daten-Segmente der einzelnen Module in der Reihenfolge aneinander gehängt werden, in der sie in der Kommando-Zeile von TLINK angegeben wurden. Versuchen Sie einmal, diese Reihenfolge zu ändern und das Ergebnis in der MAP-Datei zu verfolgen. Beachten Sie dabei, dass sowohl die EXE- wie auch die MAP-Datei den Namen der zuerst angegebenen Objekt-Datei erhält.

Normalerweise ist es uninteressant zu wissen, wie die einzelnen Segment-Teile im ausführbaren Programm, der so genannten EXE-Datei, vom Binder angeordnet werden. In ganz wenigen Spezialfällen oder bei der Suche nach sehr vertrackten Fehlern kann es sein, dass man auf die Segment-Reihenfolge Einfluß nehmen will. Deshalb wollen wir im Folgenden besprechen, wie TLINK die Reihenfolge festlegt. In diesem Zusammenhang werden wir auch die Bedeutung des Klassen-Namens nachtragen, der bei der segment-Anweisung angegeben werden kann.

Wenn die Direktive DOSSEG nicht verwendet wird, ergibt sich die Reihenfolge der Seg-

mente aus der Anordnung der Objekt-Dateien in der Kommando-Zeile von TLINK.
Dabei geht TLINK wie folgt vor:

- Die Klassen, deren Namen in der **segment**-Anweisung angegeben werden können, werden in der Reihenfolge in der EXE-Datei angeordnet, in der TLINK die
  Objekt-Dateien findet. Alle Segmente, die denselben Klassen-Namen tragen, werden hintereinander abgelegt. Fehlt in der **segment**-Anweisung der Klassen-Name,
  wird der Segment-Name als Klassen-Name verwendet; d.h. es wird eine Klasse mit
  genau einem Segment gebildet.

- Innerhalb einer Klasse werden die Segmente in der Reihenfolge angeordnet, in der
  TLINK sie in den Objekt-Dateien antrifft.

- Innerhalb eines Moduls können mehrere Segmente eingeführt werden, die alle zu
  einer Klasse gehören. Solche Segmente können auf zweierlei Arten in der EXE-
  Datei angeordnet werden:

  - Wird in der Quell-Datei die Direktive .seq angegeben, werden die Segmente
    sequentiell angeordnet, also in der Reihenfolge, wie sie im Modul stehen.

  - Wird in der Quell-Datei die Direktive .alpha angegeben, werden die Seg-
    mente des Moduls alphabetisch in die EXE-Datei übernommen.

  - Kommt keine der beiden Angaben vor, wird sequentiell angeordnet.

  - Mit den Kommandozeilen-Optionen /s bzw. /a kann beim Start von TMASM
    diese Reihenfolge auch beeinflusst werden.

An unserem kleinen Projekt sollen diese Unterschiede demonstriert werden. Unter Ver-
wendung der Standard-Segment-Anweisungen wollen wir das Hauptprogramm und die
Unterprogramme in zwei Module zusammenfassen, wobei die Parameter für die **segment**-
Anweisungen gemäß der folgenden Tabelle gewählt werden:

Unterprogramm	Segment	Klasse	Modul-Datei
write$	string	'ascii'	B11_2_1.ASM
writeB	buchstabe	'ascii'	B11_2_1.ASM
writeN	auszahl	'rest'	B11_2_1.ASM
Hauptprogramm	main	'rest'	B11_2_2.ASM

In den folgenden Beispielen werden die Module skizziert. Da sich an den Rümpfen nichts
ändert, werden wir nur die Unterprogramm-Rahmen angeben. Die Rümpfe können direkt aus den Beispielen 11.1.2 bis 11.1.5 übernommen werden.

☐ Beispiel 11.2.1

Hier wird der Modul skizziert, der die Unterprogramme enthält. Die Segment- und
Klassen-Namen sind gemäß der obigen Tabelle gewählt.

```
          public  write$,writeb,writen
dgroup  group   daten

daten   segment
_buffer db      8 dup (?)
daten   ends

code    group   string,buchstabe,auszahl
        assume  cs:code,ds:daten
string  segment 'ascii'
write$  proc
          ...
write$  endp
string  ends

buchstabe segment 'ascii'
writeB  proc                ;Ausgabe eines Buchstabens
          ...
writeB  endp
buchstabe ends

auszahl segment 'rest'
writeN  proc
          ...
writeN  endp
auszahl ends

        end
```

Das Hauptprogramm hat folgenden Aufbau:

☐ Beispiel 11.2.2

```
        extrn   write$:proc,writeb:proc,writen:proc

stapel  segment stack 'STACK'
        db      8 dup (?)
stapel  ends

daten   segment
text    db      " Turbo Assembler",10,13,"$"
zahl    dw      ?
daten   ends

code    group   main
        assume  cs:main,ds:daten,ss:stapel
```

```
main      segment 'rest'

begin:    mov       ax,daten
          mov       ds,ax

          call      writeb pascal,'0'
          call      writeb pascal,'h'
          call      write$ pascal,Offset text
          mov       zahl,13
          call      writeN pascal,zahl

          mov       ax,4c00h
          int       21h

main      ends

          end       begin                                          ■
```

Wenn die angegebenen Quell-Dateien wieder unter den Namen

> B11_2_1.ASM, B11_2_2.ASM

abgespeichert sind, erzeugt die folgende Befehlsfolge das ausführbare Programm
B11_2_2.EXE:

> TASM   B11_2_1+B11_2_2
> TLINK   /s   B11_2_2+B11_2_1

Die einzelnen Segmente des Programms werden, wie oben ausführlich geschildert, in der
folgenden Reihenfolge abgelegt:

Programm-Teil	Segment	Klasse	Modul-Datei
Keller	stapel	'stack'	B11_2_2.ASM
Daten	daten	'daten'	
Daten	daten	'daten'	B11_2_1.ASM
Hauptprogramm	main	'rest'	B11_2_2.ASM
writeN	auszahl	'rest'	
writeS	string	'ascii'	B11_2_1.ASM
writeB	buchstabe	'ascii'	

Die genauen Adressen und Längen kann man der Datei B11_2_2.MAP, die von TLINK
erzeugt wird, entnehmen. Die Segmente werden innerhalb der Module und Klassen
sequentiell angeordnet.

Wird in den Moduln die Direktive .alpha verwendet oder rufen wir TMASM mit der
Option /a auf, so werden die Segmente alphabetisch sortiert.

11.3 Die Bibliotheksverwaltung

Die drei Ausgabe-Routinen, die wir in den vorigen Abschnitten verwendet haben, decken
nur die allernotwendigsten Grunddienste für die Ausgabe ab. So wird sicherlich bald der
Wunsch laut, komfortablere Ausgabe-Routinen zur Verfügung zu haben – etwa für die
formatierte Ausgabe, wie sie die Programmiersprachen Pascal und C bereitstellen. Auch
haben wir uns bisher in unserem Projekt überhaupt nicht um die Eingabe gekümmert.
So können im Laufe der Zeit etliche Module für die Ein- und Ausgabe entstehen, die
man dann beim Binden eines Programmes alle angeben muss. Weitere Modul-Pakete
für mathematischen Funktionen oder ähnliches werden folgen. Es liegt auf der Hand,
dass hierdurch die Anzahl der Module, die man beim Start des Binders angeben muss,
immer größer wird. Es wäre bequem, wenn man eine Menge von Objekt-Dateien in eine
spezielle Datei *vorbinden* könnte, aus der der Binder dann nur die Unterprogramme,
die gerade gebraucht werden, in das ausführbare Programm einbindet.

Die Bibliotheksverwaltung TLIB des Turbo Assemblers erledigt genau diese Aufgabe.
Sie erstellt aus einer Menge von Objekt-Dateien eine so genannte *Bibliotheksdatei*, die
standardmäßig die Erweiterung .LIB erhält. Ferner kann man mit TLIB auch existie-
rende Bibliotheken verwalten.

12   Assembler und Hochsprachen

Nun haben wir alle Grundlagen gelernt, um uns mit der wohl interessantesten Anwendung der Assembler-Programmierung zu beschäftigen: der Einbindung von Assembler-Moduln in Programm-Pakete, die in einer höheren Programmiersprache wie Pascal, C oder C++ geschrieben sind. Auf diese Art kann man die Vorteile von höheren Programmiersprachen und Assembler optimal kombinieren.

In höheren Programmiersprachen braucht man sich um keine Speicherklassen zu kümmern, wie wir es in den letzten Kapiteln getan haben. Komplexe Datenstrukturen lassen sich einfach manipulieren. Und schließlich ist der Programmtext mit seinen Kontrollstrukturen wie `if ... then ... else` oder `while... do` sehr leicht lesbar.

Werden jedoch besondere Anforderungen an die Ausführungsgeschwindigkeit von Programmteilen gestellt, kann man die Vorteile des Assemblers nutzen; man denke nur an die sehr mächtigen String-Befehle. Auch wenn hardware-nah programmiert werden muss, bietet der Assembler meist die einzige Möglichkeit, das Problem zu lösen.

Standard-C und -C++ kennen so genannte inline-Assembler-Anweisungen, mit denen man einzelne Assembler-Befehle in C- und C++-Programme einstreuen kann. Auch einige Pascal-Dialekte – wie z.B. Turbo Pascal – verfügen über Assembler-Anweisungen. Diese Möglichkeiten werden hier nicht weiter diskutiert; es sei auf die einschlägige Literatur verwiesen (z.B. [HeDi00], [Die00]).

Eine zweite Basis für einen solchen gemischt-sprachigen Programmierstil bildet das Modulkonzept, wie wir es im vorigen Kapitel besprochen haben. Die einzige Voraussetzung hierfür ist, dass der Compiler für die höhere Programmiersprachen

- das Modulkonzept unterstützt und

- die einzelnen Module in Objekt-Dateien übersetzt.

Die Sprachen C und C++ sowie alle ihre Compiler erfüllen diese Voraussetzung. Im nächsten Abschnitt werden wir besprechen, wie sich Assembler-Module in C++-Programme einbinden lassen. Die Vorgehensweise wird dabei so allgemein behandelt, dass der Leser nach dem Studium dieses Abschnitts in der Lage sein sollte, Assembler-Module in Programme einzubinden, die auch in anderen Hochsprachen geschrieben wurden. Technische Details entnimmt man der Schnittstellen-Beschreibung des verwendeten Compilers.

Auch wenn die oben angegebenen Voraussetzungen nicht erfüllt sind, kann man manchmal Assembler-Module in Hochsprachen-Programme einbinden. Als Beispiel hierfür betrachten wir in Abschnitt 12.3 die Schnittstelle zu Turbo Pascal.

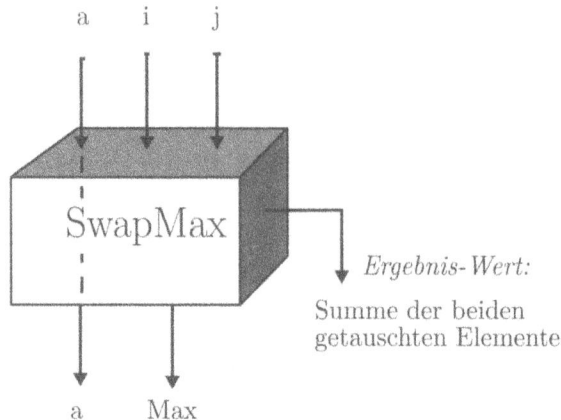

Abbildung 12.1: *Unterprogramm SwapMax*

Die Sprache Pascal, wie sie von Jensen und Wirth definiert wurde [JeWi85], kennt keine
Module. Nikolaus Wirth hat diesen Mangel einfach dadurch behoben, dass er eine neue
Programmiersprache MODULA entworfen hat, die ein klares Modulkonzept enthält.
Um dennoch in Pascal modular programmieren zu können, haben schon sehr früh viele
Hersteller von Pascal-Compilern Sprachmittel für die Modularisierung zu ihrem Pascal-
Dialekt hinzudefiniert. Was hierbei zu beachten ist, wird in Abschnitt 12.2 besprochen.
Turbo Pascal hat statt des universellen Modul-Konzepts so genannte Units eingeführt.
Wie hierbei der Turbo Pascal-Compiler und der Assembler zusammenarbeiten, bespre-
chen wir in Abschnitt 12.3.

Die Verbindung von Assembler-Moduln mit Hochsprachen-Programmen wird in diesem
Kapitel am folgenden einfachen Beispiel demonstriert:

□ **Beispiel 12.0.1**

Im Assembler schreiben wir ein Unterprogramm `SwapMax`, das in einem Feld ganzer
Zahlen zwei Elemente vertauscht. In einem Parameter `max` wird das größere der beiden
Elemente zurückgegeben. Als Ergebnis-Wert liefert das Unterprogramm die Summe der
beiden Elemente. Die Parameter von `SwapMax` sind:

- Adresse des Feldes ganzer Zahlen (Parameter `a`),

- die Adresse der Variablen, in der das Maximum zurückgegeben wird (Parameter
  `Max`),

- die Indizes der beiden Elemente, die vertauscht werden sollen (Parameter `i` und
  `j`).

Die Aufruf-Schnittstelle von `SwapMax` ist in Abbildung 12.1 veranschaulicht:

- Der Parameter `Max` ist ein Ergebnis-Parameter, der in Pascal als VAR-Parameter,
  in C als Zeiger und in C++ als Referenz-Parameter zu vereinbaren ist.

- Die Parameter i und j sind Eingabe-Parameter, die als Wert-Parameter zu vereinbaren sind.

- Der Parameter a fungiert sowohl als Eingabe-Parameter (das Feld wird dem Unterprogramm bekannt gemacht) wie auch als Ergebnis-Parameter (das Feld ist danach verändert). Dieser Parameter ist ein VAR-Parameter (in Pascal) bzw. ein Zeiger-Parameter (in C und C++).

- Der Ergebnis-Wert ist die Summe der beiden Elemente.

Die Test-Umgebung für dieses Unterprogramm wird in der Hochsprache geschrieben. Im Pseudocode kann es wie folgt formuliert werden:

≫ Bildschirm löschen,
≫ Initialisierung des Feldes,
≫ Ausgabe des Feldes auf dem Bildschirm,
≫ Einlesen der Indizes der Tausch-Elemente,
≫ Aufruf von SwapMax,
≫ Ausgabe von Maximum und Summe,
≫ Ausgabe des geänderten Feldes auf dem Bildschirm.

Wie wir im vorigen Kapitel besprochen haben, werden in der Export- bzw. Import-Schnittstelle die Bezeichner aufgeführt, die nach außen bekannt gemacht bzw. von außen importiert werden. Mit diesen Schnittstellen hat unser Mini-Projekt in der ersten Ausbaustufe folgendes Aussehen:

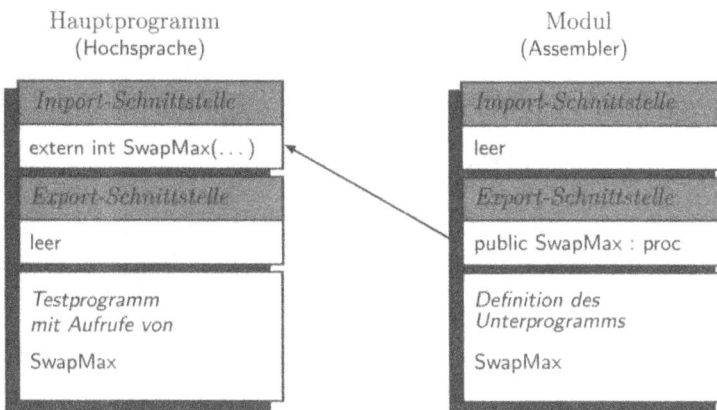

Hauptprogramm (Hochsprache)	Modul (Assembler)
Import-Schnittstelle	*Import-Schnittstelle*
extern int SwapMax(...)	leer
Export-Schnittstelle	*Export-Schnittstelle*
leer	public SwapMax : proc
Testprogramm mit Aufrufe von SwapMax	*Definition des Unterprogramms* SwapMax

Abbildung 12.2: Aufbau des Miniprojekts

Wir werden das Projekt schrittweise dahingehend ausbauen, dass

- ein Unterprogramm aus der Hochsprache in den Assembler-Modul importiert wird,

- auch Daten exportiert und importiert werden. ∎

Im Verlauf dieses Kapitels müssen folgende zentrale Fragen beantwortet werden:

- Wie erfolgt die Adressierung von Bezeichnern aus anderen Moduln? Dies wird beim jeweiligen Compiler durch das Speichermodell festgelegt. Bei der Assembler-Programmierung müssen wir uns nach dieser Festlegung richten.

- Wie werden in Assembler geschriebene Unterprogramme aus der Hochsprache aufgerufen? Dabei werden wir auf die Parameter-Übergabe zurückkommen, die in Abschnitt 9.2 besprochen wurde.

- Wie kann man umgekehrt im Assembler Prozeduren und Funktionen aus der Hochsprache aufrufen?

- Wie werden gemeinsame Daten verwendet?

Die folgenden Abschnitte 12.1 und 12.3 behandeln diese Fragen in der hier angegebenen Reihenfolge.

12.1 Die Schnittstelle zu C++ und C

In diesem Abschnitt behandeln wir die Schnittstelle zwischen Assembler einerseits und einem C- oder C++-Compiler andererseits. C und C++ unterscheiden sich wesentlich bei der internen Namenswahl von Funktionen, die wir in unseren Assembler-Moduln verwenden müssen. Darüber hinaus kennt C++ Referenz-Parameter, die in unserem kleinen Projekt vorkommen. Dementsprechend werden wir für unser Beispiel sowohl ein C-Programm wie auch ein C++-Programm besprechen, die jeweils nach den sprach-spezifischen Konventionen übersetzt werden.

12.1.1 Die Speichermodelle

Ein C- oder C++-Compiler unter DOS ist in der Lage, Daten und Code auf verschiedene Arten im ausführbaren Programm anzuordnen. Dabei verwendet er eines der sechs Speichermodelle, die wir in Abschnitt 10.4 bei der Behandlung der vereinfachten Segment-Anweisungen besprochen haben. Die Auswahl des Speichermodells erfolgt über eine Option des Compilers. Danach liegen sämtliche Parameter fest, die man bei der Segment-Definition wählen kann (siehe Tabellen in Abschnitt 10.4). Um einen zum C++- oder C-Programm passenden Assembler-Modul zu schreiben, verwendet man am besten die vereinfachten Segment-Anweisungen. Dabei muss man natürlich in der .MODEL-Direktive des Assembler-Moduls dasselbe Speichermodell wählen wie im Hochsprachen-Programm.

Man kann aber auch die Standard-Segment-Anweisungen verwenden, wobei man bei den segment-Direktiven *genau* die Angaben wählen muss, die in den Tabellen des Abschnitts 10.4 angegeben wurden. Da in C und C++ zwischen Groß- und Kleinschreibung unterschieden wird, müssen im Assembler die Segment- und Klassen-Namen groß geschrieben werden.

Im Folgenden werden wir nur die vereinfachten Segment-Anweisungen behandeln. Wer es vorzieht, mit den Standard-Segment-Anweisungen zu arbeiten, kann dies leicht tun: In den Beispielen muss er nur die in Kapitel 10 angegebenen Segment- und Klassen-Namen benutzen.

12.1.2   C++ oder C ruft ein Assembler-Unterprogramm auf

Soll das Assembler-Unterprogramm von C++ aus aufgerufen werden, muss es im Assembler-Modul in der Export-Schnittstelle aufgeführt sein. Der Bezeichner des Unterprogramms muss in das C++-Programm importiert werden. Dies geschieht ähnlich wie im Assembler: Man schreibt vor die Vereinbarung des Bezeichners das Schlüsselwort extern. Da wir hier ein Unterprogramm oder – wie es in C++ heißt – eine Funktion importieren wollen, entfällt natürlich der Rumpf der Funktion; man gibt in der extern-Definition nur den vollständigen Funktionskopf an.

Im Assembler-Modul müssen wir die *Namenskonvention* für die Funktionen berücksichtigen, die der C++-Compiler verwendet. Hier unterscheiden sich die Festlegungen für C- und C++-Programme.

Die Namenskonvention für C ist einfach: Funktionsnamen erhalten am Anfang einen Unterstrich.

In C++ wurde für Funktionen ein strenges Typkonzept eingeführt, bei dem die Anzahl und die Datentypen der Parameter beim Funktionsaufruf genau mit den entsprechenden Angaben der Funktionsdefinition verglichen werden. Dieses Typkonzept wirkt sich auf die interne Namenskonvention der Funktionen aus. Am einfachsten erhält man die internen Namen, wenn man die Funktionen mit leerem Funktionsrumpf vom C++-Compiler mit der Option übersetzt, eine Assembler-Datei zu erzeugen. Dort findet man dann die internen Funktionsnamen.

Der C++-Compiler generiert für Funktionsnamen in C++-Programmen folgende interne Namen:

@Funktionsname$qParameterbeschreibung[S]

Das optionale S wird bei statischen Funktionen verwendet. In der Parameterbeschreibung wird für jeden Parameter eine Abkürzung angegeben, eventuell gefolgt von einer Zusatzinformation. Sie sind in der folgenden Tabelle für die Standard-Datentypen zusammengestellt.

Parameter-Datentyp		Zusatzinformation	
v	void	w	const
zc	char	x	volatile
i	int	p	near pointer
s	short int	n	far pointer
l	long int	r	near reference
f	float	m	far reference
d	double		
e	ellipse		

Danach ergibt sich für unsere Beispielfunktion

```
int SwapMax(int *a,int& max,int i,int j)
```

folgender interne Name:

```
@SwapMax$qpiriii
```

Will man auf den typsicheren internen Namen verzichten, kann man die Funktion im
C++-Programm folgendermaßen vereinbaren:

```
extern "C" int SwapMax(int *a,int& max,int i,int j);
```

Dann wird intern der einfacheName _SwapMax gemäß der C-Konvention verwendet. Die
Funktion SwapMax kann dann allerdings nicht mehr überladen werden!

In den folgenden beiden Beispielen stellen wir das Hauptprogramm in C bzw. in C++
vor und geben jeweils den Rahmen des zugehörigen Assembler-Moduls an.

☐ **Beispiel 12.1.1**

Das folgende C-Programm beschreibt den Test-Rahmen für das Assembler-Unterprogramm SwapMax. Die Import-Schnittstelle ist unterstrichen.

```
/* C_HP.C */
/* Assembler- und C-Routinen mischen  */

#include <stdio.h>
#include <conio.h>
#include <string.h>

#define N 10

extern int SwapMax(int *a,int *max,int i,int j);
/* --------------------------------------------- */

int liste[N];
int maximum;
int i,von,nach,summe;

void drucke_feld(int f[],int l)
{
   for (i=0;i<l;i++)
      printf("%8d",f[i]);
   printf("\n");
}

void main()
{ clrscr();
```

```
   for (i=0;i<N;i++)
      liste[i]=i;
   printf("Feld vorher\n");
   drucke_feld(liste,N);

   printf("Gib ersten Index ein : ");scanf("%i",&von);
   printf("Gib zweiten Index ein: ");scanf("%i",&nach);
   printf("Summe ist   %d\n",
         SwapMax(liste,&maximum,von,nach));
   printf("Maximum ist %d\n",maximum);

   printf("\nFeld nachher\n");
   drucke_feld(liste,N);
}
```

Der Rahmen des Assembler-Moduls hat folgenden Aufbau:

```
      .MODEL SMALL
      .CODE
      public  _SwapMax
_SwapMax Proc  Near
; . . . Rumpf siehe Beispiel 12.1.3
      RET      ; Parameter bleiben in C im Stack
_SwapMax  ENDP
; ========================================================
         end     ; Ende des Moduls                            ■
```

□ Beispiel 12.1.2

Im folgenden C++-Programm ist der zweite Parameter von SwapMax ein Referenz-Parameter. Ferner verwenden wir für die Ein/Ausgabe die Strom-Variablen cout und cin.

```
/* C_HPP.CPP  */
/* Assembler- und C++-Routinen mischen  */

#include <iostream.h>
#include <iomanip.h>
#include <conio.h>
#include <string.h>

#define N 10

extern int SwapMax(int* a,int& max,int i,int j);
/* --------------------------------------------------- */

int liste[N];
```

```
int maximum;
int i,von,nach;

void drucke_feld(int f[],int l)
{
   for (i=0;i<l;i++)
      cout << setw(8) << f[i];
   cout << '\n';
}

void main()
{ clrscr();
  for (i=0;i<N;i++)
     liste[i]=i;
  cout << "Feld vorher\n";
  drucke_feld(liste,N);

  cout << "Gib ersten Index ein : ";
  cin  >> von;
  cout << "Gib zweiten Index ein: ";
  cin  >> nach;
  cout << "Summe ist    "
       << SwapMax(liste,maximum,von,nach)
       << '\n';
  cout << "Maximum ist " << maximum << '\n';

  cout << "\nFeld nachher\n";
  drucke_feld(liste,N);
}
```

Der Rahmen des zugehörigen Assembler-Moduls hat folgenden Aufbau:

```
        .MODEL SMALL
        .CODE
        public  @SwapMax$qpiriii
@SwapMax$qpiriii Proc  Near
; . . . Rumpf siehe Beispiel 12.1.3
        RET      ; Parameter bleiben im Stack
@SwapMax$qpiriii  ENDP
; ==========================================
        end      ; Ende des Moduls              ■
```

In beiden Beispielen können wir die Dateien schon einmal probeweise übersetzen. Es ist klar, dass dabei das Unterprogramm SwapMax seiner Aufgabe noch nicht gerecht wird. Zum Testen unerer Module verwenden wir die Kommandozeilen-Version BCC des Borland C++-Compilers, mit dem man sowohl das C- bzw. C++-Programm wie auch den Assembler-Modul übersetzen kann, die dann – nach fehlerfreier Übersetzung – gleich

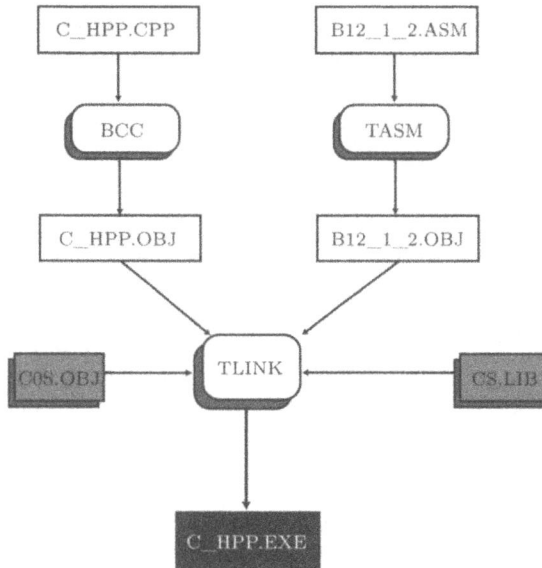

Abbildung 12.3: *Abarbeitung des Projekts*

gebunden werden. Sind die Hauptprogramme in den Dateien `C-HP.C` bzw. `C_HPP.CPP` und die Assembler-Module in `B12_1_1.ASM` bzw. `B12_1_2.ASM` abgespeichert, so werden sie durch folgende Aufrufe übersetzt und gebunden:

```
BCC    C_HP.C    B12_1_1.ASM
BCC    C_HPP     B12_1_2.ASM
```

Wird keine Endung angegeben, sucht BCC nach der entsprechenden Datei mit der Endung CPP. Der erste Aufruf übersetzt also nach C-Konvention, der zweite nach C++-Konvention. Hinter dem zweiten Aufruf der Kommandozeilen-Version des Borland C++-Compilers verbergen sich folgende Aktivitäten (siehe Abbildung 12.3):

- `C_HPP.CPP` wird nach `C_HPP.OBJ` übersetzt.

- `B12_1_2.ASM` wird nach `B12_1_2.OBJ` übersetzt. Dass diese Quelle nur assembliert werden muss, erkennt BCC an der Datei-Erweiterung ASM.

- Die beiden Objekt-Dateien werden mit dem Start-Modul C0S.OBJ und der Bibliothek CS.LIB zum ausführbaren Programm `C_HPP.EXE` gebunden. Start-Modul und Bibliothek sind im Borland C++-System enthalten.

BCC übersetzt standardmäßig mit dem Speichermodell SMALL, wie wir es auch im Assembler-Modul angegeben haben. In Abschnitt 12.1.5 besprechen wir, wie man mit anderen Speichermodellen umgeht.

Wenn das Programm `C_HPP.EXE` gestartet wird, passiert zunächst nichts Überwältigendes, da der Rumpf von `SwapMax` noch fehlt: Die beiden Ausgaben des Feldes vor bzw.

nach der Vertauschung sind identisch, egal, welche Index-Werte wir eingeben. Die Werte
für die Summe und das Maximum sind noch nicht zugewiesen, deshalb sind ihre Werte
im Moment auch etwas seltsam.

Bevor wir den Rumpf unseres Unterprogramms schreiben können, müssen wir wissen,

- wie der C++-Compiler beim Funktionsaufruf die Parameter übergeben hat und
- wo er den Ergebnis-Wert des Unterprogramms erwartet.

Parameter-Übergabe und Ergebnis-Wert

In C++ werden die Parameter auf dem Keller übergeben. Die aktuellen Parameter
werden dabei in der umgekehrten Reihenfolge auf den Keller gespeichert, wie sie in der
Aufrufzeile stehen, also von rechts nach links. Nach dem Aufruf der Funktion

```
SwapMax(liste,maximum,von,nach);
```

hat der Keller den in Abbildung 12.4 angegebenen Aufbau. Dabei wird auch für einen
Referenz-Parameter eine Adresse übergeben. Im Rumpf des Unterprogramms werden
wir auf die Parameter über das Register bp so zugreifen, wie wir es in Kapitel 9 besprochen haben. Dazu muss man mit den beiden Befehlen

```
push    bp
mov     bp,sp
```

den alten Inhalt von bp sichern und bp auf den richtigen Wert setzen. Entsprechend
muss man vor der Rückkehr aus dem Unterprogramm den alten Wert von bp wieder
herstellen, was mit dem Befehl

```
pop bp
```

erledigt wird.

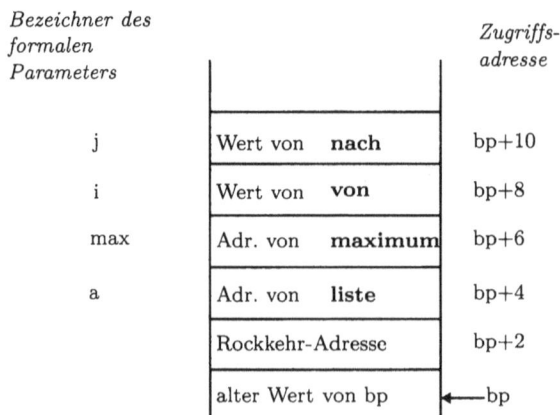

Bezeichner des formalen Parameters		Zugriffs-adresse
j	Wert von **nach**	bp+10
i	Wert von **von**	bp+8
max	Adr. von **maximum**	bp+6
a	Adr. von **liste**	bp+4
	Rockkehr-Adresse	bp+2
	alter Wert von bp	←—bp

Abbildung 12.4: Kellerinhalt

In C++ werden die aktuellen Parameter *hinter der Aufrufstelle* vom Keller entfernt; in unserem Assembler-Modul dürfen wir uns also darum nicht kümmern. Man kann einfach mit `ret` das Unterprogramm verlassen. In Abbildung 12.4 wurde bereits angedeutet, dass die vier Parameter von `SwapMax` jeweils ein Wort auf dem Keller belegen, obwohl sie in C++ unterschiedliche Datentypen haben. Die folgende Tabelle zeigt, wie sich die Datentypen von C++ und Assembler entsprechen:

Datentyp in C++	Datentyp in Assembler
unsigned char, char	byte
enum	word
unsigned short, short	word
unsigned int, int	word
unsigned long, long	dword
near *	word
far *	dword
Bemerkung:	

- Da auf den Keller jeweils 16 Bit-Werte geschrieben werden können, belegt ein formaler Parameter vom Typ `char` auf dem Keller ein 16 Bit-Wort. Als gewöhnliche Variable (vgl. 12.1.4) belegt ein `char` nur ein Byte.

Für unser Beispiel müssen wir noch ein weiteres Problem lösen: Wie wird aus dem Unterprogramm ein Ergebnis-Wert an die Aufruf-Stelle im C++-Programm zurückgegeben? Die Antwort lautet pauschal: Er wird über Register zurückgegeben, wobei je nach Datentyp ein oder zwei Register verwendet werden. Die folgende Tabelle beschreibt die Details:

Datentyp des Ergebnis-Wertes	Ergebnis-Wert in Register
unsigned char, char	ax
enum	ax
unsigned short, short	ax
unsigned int, int	ax
unsigned long, long	dx:ax
near *	ax
far *	dx:ax

Jetzt können wir uns an die Programmierung des vollständigen Assembler-Moduls machen. Da sich die Versionen für C und C++ lediglich im Funktionsnamen unterscheiden, behandeln wir beide gemeinsam. Dabei verwenden wir die C++-Namen; die C-Namen sind als Kommentar angegeben.

☐ **Beispiel 12.1.3**

```
         .MODEL SMALL
         .CODE
;;        public  _SwapMax      <<-- C-Konvention
;;_SwapMax Proc   Near          <<-- C-Konvention
         public  qSwapMax$qpiriii
@SwapMax$qpiriii  Proc  Near
; ================= ===========================
; oben
;   Param4    j              <<<<--- BP+10
;   Param3    i              <<<<--- BP+8
;   Param2    OFFSET von max<<<<--- BP+6
;   Param1    OFFSET von a  <<<<--- BP+4
;   Rückkehradresse         <<<<--- BP+2
;   Basis-Pointer           <<<<--- BP
;       lokale Größe  summe <<<<--- BP-2
; -----------------------------------------------
         push    bp
         mov     bp,sp    ; Standard-Vorspann
         sub     sp,2     ; Platz für lokale Größe
summe    EQU     [bp-2]

         push    si
         push    di           ; Index-Register retten
         mov     di,[bp+10] ; Index j
         shl     di,1         ; als Wort-Index
         mov     si,[bp+8]  ; Index i
         shl     si,1         ; als Wort-Index
         mov     bx,[bp+4]  ; Adresse von a in bx
         mov     cx,[bx+si] ; cx:=a[si]
         mov     summe,cx     ; summe:=cx
         mov     dx,[bx+di] ; dx:=a[di]
         add     summe,dx     ; summe:=summe+dx
         mov     [bx+si],dx ; beide Werte
         mov     [bx+di],cx ; vertauschen

         cmp     cx,dx        ; Maximum
         jg      weiter       ;
         mov     cx,dx        ; berechnen
weiter:                       ; in cx ist Maximum
         mov     di,[bp+6]  ; di zeigt auf max

         mov     [di],cx      ; Zuweisung an max
         mov     ax,summe     ; Rückgabe-Wert

         pop     di           ; Indexregister
```

```
        pop       si

        mov       sp,bp       ; Standard-Nachspann
        pop       bp

        RET       ; Parameter bleiben im Stack
;;_SwapMax  ENDP          <<-- C-Konvention
@SwapMax$qpiriii  ENDP
; ========================================
        end       ; Ende des Moduls                          ■
```

Die Verwaltung und Benennung der formalen Parameter kann man auch von der Direktive **arg** erledigen lassen. Den Ergebnis-Wert können wir aber *nicht* mit Hilfe der
Komponente

>   returns

zurückgeben. Wenn Sie bei der Definition der **arg**-Direktive in Abschnitt 9.5 nachlesen,
ist die einzige Wirkung von **returns**, die angegebenen Parameter nicht vom Keller
zu entfernen. Bei C++ dürfen aber überhaupt keine Parameter vom Keller entfernt
werden. Außerdem wurde oben gerade gesagt, dass die Ergebnisse von Funktionen, die
von C++ aufgerufen werden, *immer* in Registern zurückgegeben werden.

Ferner kann die lokale Variable **summe** über die Direktive **local** verwaltet werden (siehe
Abschnitt 9.5).

Weitere Routine-Tätigkeiten sind beim Schreiben von Unterprogrammen auf die Dauer
lästig:

- Die Befehle des Standard-Vorspanns und Standard-Nachspanns werden in jedem
  Unterprogramm benötigt, das mit Parametern arbeitet.

- Der Speicherplatz von lokalen Variablen muss auf dem Keller reserviert werden.
  Vor Rückkehr aus dem Unterprogramm muss der Kellerzeiger **sp** entsprechend
  zurückgesetzt werden.

In der Tat erledigt TMASM diese Routine-Aufgaben, wenn man folgende Direktive
verwendet:

>   .MODEL SMALL,C

für C-Programme bzw.

>   .MODEL SMALL,CPP

für C- und C++-Programme. Beim Sprachen-Parameter C wird vor jedem Bezeichner
der Unterstrich angefügt.

Neben C und CPP kann als Parameter auch eine andere Sprache angegeben werden;
so erlaubt der Assembler BASIC, FORTRAN, PROLOG und PASCAL. Der Sprach-Parameter
PASCAL bezieht sich allerdings nicht auf Turbo Pascal (siehe Abschnitt 12.2). Damit
vereinfacht sich unser Assembler-Modul wie folgt:

□ **Beispiel 12.1.4**

```
;  mit arg, local und Sprach-Parameter
;;        .MODEL SMALL,C      ; <<-- C-Notation
        .MODEL SMALL,CPP
        .CODE
;;        public  SwapMax     ; <<-- C-Notation
;;SwapMax Proc  Near          ; <<-- C-Notation
        public  @SwapMax$qpiriii
@SwapMax$qpiriii Proc Near
        arg     a:ptr,max:ptr,i:word,j:word
        local   summe:word = LokAnz
; Standard-Vorspann und
; Speicherplatz-Reservierung für lokale Größen
; wird automatisch erledigt


        push    di si
        mov     di,j        ; Index j
        shl     di,1        ; als Wort-Index
        mov     si,i        ; Index i
        shl     si,1        ; als Wort-Index
        mov     bx,a        ; Adresse von a in bx
        mov     cx,[bx+si]  ; cx:=a[si]
        mov     summe,cx    ; summe:=cx
        mov     dx,[bx+di]  ; dx:=a[di]
        add     summe,dx    ; summe:=summe+dx
        mov     [bx+si],dx  ; beide Werte
        mov     [bx+di],cx  ; vertauschen

        cmp     cx,dx       ; Maximum
        jg      weiter      ;
        mov     cx,dx       ; berechnen
weiter:                     ; in cx ist Maximum
        mov     di,max      ; di zeigt auf max

        mov     [di],cx     ; Zuweisung an max
        mov     ax,summe    ; Ergebnis


        pop     si di
; Standard-Nachspann wird automatisch erledigt
        RET     ; Parameter bleiben im Stack
;;SwapMax endp               ; <<-- C-Notation
@SwapMax$qpiriii endp
; ==========================================
        end     ;  Ende des Moduls
```

In der Listing-Datei kann man sich davon überzeugen, dass TMASM die im Kommentar erwähnten Befehle automatisch generiert.   ■

Retten von Registern

In unserem Assembler-Unterprogramm haben wir einige Register verwendet. Wir erinnern uns an die Diskussion aus Kapitel 8, wo es darum ging, alle in einem Makro verwendeten Register vorsichtshalber am Makro-Anfang zu sichern und vor Makro-Ende
zu restaurieren. Der Grund war klar: Wird vor dem Makro-Aufruf der Wert eines Registers besetzt und soll dieser Wert nach dem Makro-Aufruf wieder verwendet werden,
darf das Makro den Inhalt dieses Registers nicht verändern.

Wird ein Assembler-Unterprogramm von C++ aus aufgerufen, müssen wir der folgenden Frage nachgehen: Bei welchen Registern erwartet C++, dass sie vor und nach dem
Unterprogramm denselben Wert haben? Dies kann von Compiler zu Compiler verschieden sein; Details findet man in der jeweiligen Compiler-Dokumentation. Borland C++
beschränkt sich dabei auf das Notwendigste:

- Die Segment-Register cs, ds und ss dürfen durch den Unterprogramm-Aufruf
  nicht verändert werden. Muss eines von diesen Registern innerhalb des Unterprogramms geändert werden – etwa für einen Stringbefehl –, muss man seinen Inhalt
  vorher zwischenspeichern und vor dem Rücksprung restaurieren.

- Der Kellerzeiger sp und das Register bp müssen beim Verlassen des Unterprogramms denselben Wert haben wie beim Aufruf. Darauf haben wir aber schon
  immer geachtet: Die Befehle des Standard-Vorspanns und Standard-Nachspanns
  erledigen dies.

- Borland C++ verwendet normalerweise die Register si und di für Zählvariablen
  und als Indizes von Vektoren. Deshalb sollte man diese beiden Register sichern,
  falls man sie im Unterprogramm verwenden will.

Die anderen Register ax, bx, cx, dx und es dürfen im Unterprogramm frei verwendet
werden. Das Status-Register wird ohnehin durch fast jeden Befehl modifiziert.

Verwendung der erweiterten proc-Direktive

Mit der erweiterten Form der proc-Direktive, die in Abschnitt 9.5 eingeführt wurde,
können wir den Kopf unseres Unterprogramms fast wie in einer Hochsprache formulieren. Die uses-Direktive erledigt das Sichern und Restaurieren der beiden Register si
und di. Wie in C und C++ kann eine Zeile mit \ auf der nächsten Zeile fortgesetzt
werden, auch wenn der Assembler erwartet, dass der Text auf *einer* Zeile steht.

□ **Beispiel 12.1.5**

```
; mit Sprach-Parameter und erweitertem proc
        .MODEL SMALL
        .CODE
;;         public  C SwapMax              ; <<-- C-Notation
;;SwapMax Proc    C near uses si di,\     ; <<-- C-Notation
        public  CPP @SwapMax$qpiriii
@SwapMax$qpiriii Proc  CPP near uses di,di,\
                a:ptr,max:ptr,i:word,j:word
```

```
        local    summe:word=Lok_Platz
; Standard-Vorspann und
; Speicherplatz-Reservierung für lokale Größe
; wird automatisch erledigt

. . . Rumpf wie Beispiel 12.1.4

; Standard-Nachspann wird automatisch erledigt
        RET      ; Parameter bleiben im Stack
;;SwapMax endp                              ; <<-- C-Notation
@SwapMax$qpiriii endp
; ===================================================================
        end      ; Ende des Moduls
```
∎

12.1.3   Assembler ruft C++-Funktion auf

Im folgenden Beispiel wird vom Assembler-Modul aus eine C++-Funktion aufgerufen.
Wir wollen bei unserem einfachen Beispiel bleiben und die Berechnung des Maximums
von einer C++-Funktion **groesste** realisieren lassen – auch wenn dies nicht sehr elegant
ist!

In diesem Fall wird dann die Funktion **groesste** aus dem C++-Programm exportiert
und im Assembler-Modul importiert (siehe Abbildung 12.5). Fangen wir mit lezterem
an: Wir schreiben einfach

```
extrn      @groesste$qii:proc  ;   für C++
```

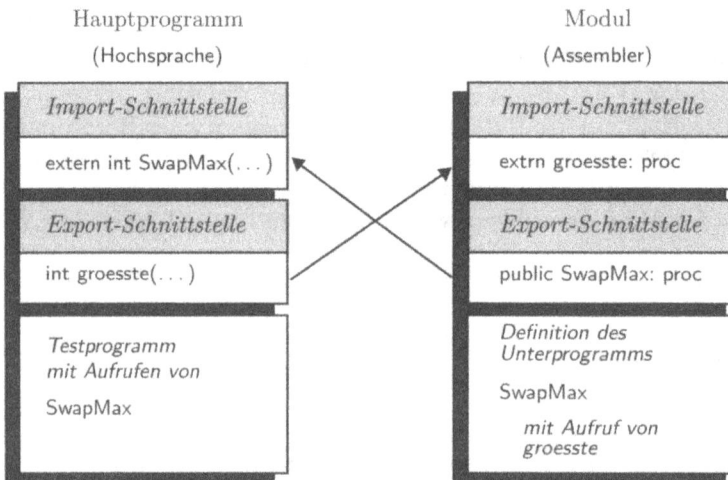

Hauptprogramm (Hochsprache)		Modul (Assembler)
Import-Schnittstelle		*Import-Schnittstelle*
extern int SwapMax(. . .)		extrn groesste: proc
Export-Schnittstelle		*Export-Schnittstelle*
int groesste(. . .)		public SwapMax: proc
Testprogramm mit Aufrufen von SwapMax		*Definition des Unterprogramms* SwapMax *mit Aufruf von* groesste

Abbildung 12.5: Assembler ruft C++ auf

bzw.

```
extrn    _groesste:proc    ; für C
```

an den Anfang unseres Assembler-Moduls. Für die Export-Schnittstelle fehlt in C und
C++ ein Schlüsselwort, das unserem public im Assembler entspricht. Stattdessen kann
man in C und C++ alle Bezeichner, die *nicht* innerhalb einer Funktion deklariert sind,
in einen anderen Modul exportieren; der C++-Compiler betrachtet alle diese Bezeichner
als public.

Damit sind die Schnittstellen beschrieben. Nun zur Programmierung des Funktions-
aufrufs: Im Assembler müssen wir den Funktionsaufruf so programmieren, wie ihn der
C++-Compiler generiert hätte:

- Die aktuellen Parameter der Funktion werden auf den Keller gespeichert, und
  zwar nicht in der angegebenen Reihenfolge, sondern *von rechts nach links*.

- Der Funktionsaufruf erfolgt über den call-Befehl.

- Nach Rückkehr aus der Funktion werden die Parameter vom Keller entfernt.

- Der Ergebnis-Wert der Funktion groesste ist vom Typ int und steht jetzt im
  Register ax zur Verfügung. Er kann im Assembler-Programm verwendet werden.

Damit lautet unser geändertes Beispiel wie folgt:

☐ **Beispiel 12.1.6**

Im C++-Programm wird folgende Funktion eingefügt:

```
/* wird vom Assembler aus aufgerufen */
int groesste(int a,int b)
{
  if (a>b) return (a);
  else     return (b);
}
```

Der Funktionsname groesste ist automatisch public.

Im Assembler-Modul ändert sich nur folgendes: Am Anfang wird der Funktionsname
importiert:

```
        .MODEL SMALL,C
extrn   groesste:proc    ; ohne '_'
```

bzw. für C++

```
        .MODEL SMALL,CPP
extrn   @groesste$qii:proc
```

Die drei Zeilen vor der Marke `weiter` in Beispiel 12.1.4 werden ersetzt durch

```
;; Aufruf der C- bzw. C++-Funktion
;;      groesste(dx,cx)
        push    cx      ; 2. Parameter
        push    dx      ; 1. Parameter
;;      call    groesste; Aufruf C-Funktion
        call    @groesste$qii ; Aufruf C++-Funktion
        add     sp,4    ; Parameter vom Keller
```

Das Funktionsergebnis aus der Funktion wird im Register `ax` zurückgegeben. ∎

Das Makro `exec` oder die erweiterte Form des `call`-Befehls können bei diesem Aufruf natürlich auch eingesetzt werden (vgl. Beispiel 12.1.8).

12.1.4   Verwendung gemeinsamer Daten

Daten können sowohl im C++-Programm als auch im Assembler-Modul deklariert werden. Nur an der Deklarationsstelle wird ihnen Speicherplatz zugewiesen. In die Moduln, in denen diese Daten nur verwendet werden, müssen sie importiert werden. In C++ werden externe Daten wieder einfach durch Voranstellen des Schlüsselwortes `extern` bei der Deklaration gekennzeichnet. Dagegen können alle Daten, die außerhalb von Funktionen (einschließlich der Funktion `main`) deklariert sind, ohne besondere Kennzeichnung exportiert werden.

Im Assembler-Modul werden bekanntlich die Export-Daten mit der Direktive `public` gekennzeichnet, während die importierten Größen hinter der Direktive `extrn` anzugeben sind. Dabei achte man auf die implizite Zuordnung der Segment-Register, die in Abschnitt 11.1 bei der Behandlung der Direktive `extrn` erklärt wurde. Wie die Datentypen von C++ und Assembler zusammenhängen, wurde bereits in der Tabelle auf Seite 287 angegeben.

Im Zusammenhang mit C++ unter DOS spielen die verschiedenen Segment-Anweisungen zur Daten-Definition eine wichtige Rolle:

- Initialisierte Daten werden hinter der Direktive `.DATA` vereinbart; sie liegen im Segment mit dem Namen `_DATA`.

- Nicht-initialisierte Daten werden hinter der Direktive `.DATA?` vereinbart und liegen im Segment `_BSS`.

Zur Demonstration der Verwendung gemeinsamer Daten wird unser Mini-Projekt ein letztes Mal modifiziert (siehe Abbildung 12.6):

- Die Variable `maximum` wird im Assembler-Modul deklariert und in C++ als `extern` spezifiziert. Da sie nicht initialisiert ist, wird sie hinter `.DATA?` angegeben.

Hauptprogramm   Modul
(Hochsprache)   (Assembler)

```
┌─────────────────────────┐      ┌─────────────────────────┐
│ Import-Schnittstelle    │      │ Import-Schnittstelle    │
├─────────────────────────┤      ├─────────────────────────┤
│ extern int maximum      │      │ extrn passwort:dword    │
│ extern int SwapMax(...) │      │ extrn ausgabe:byte      │
│                         │      │ extrn groesste:proc     │
├─────────────────────────┤      ├─────────────────────────┤
│ Export-Schnittstelle    │      │ Export-Schnittstelle    │
├─────────────────────────┤      ├─────────────────────────┤
│ long int passwort = ... │      │                         │
│ char ausgabe[60]        │      │ public maximum : word   │
│ int groesste(...)       │      │ public SwapMax : proc   │
├─────────────────────────┤      ├─────────────────────────┤
│ Testprogramm            │      │ Definition des          │
│ mit Aufrufen von        │      │ Unterprogramms          │
│ SwapMax                 │      │ SwapMax                 │
│                         │      │   mit Ausgabe von       │
│ und Definition von      │      │   ausgabe, passwort     │
│ groesste                │      │ und Aufruf von          │
│                         │      │   groesste              │
└─────────────────────────┘      └─────────────────────────┘
```

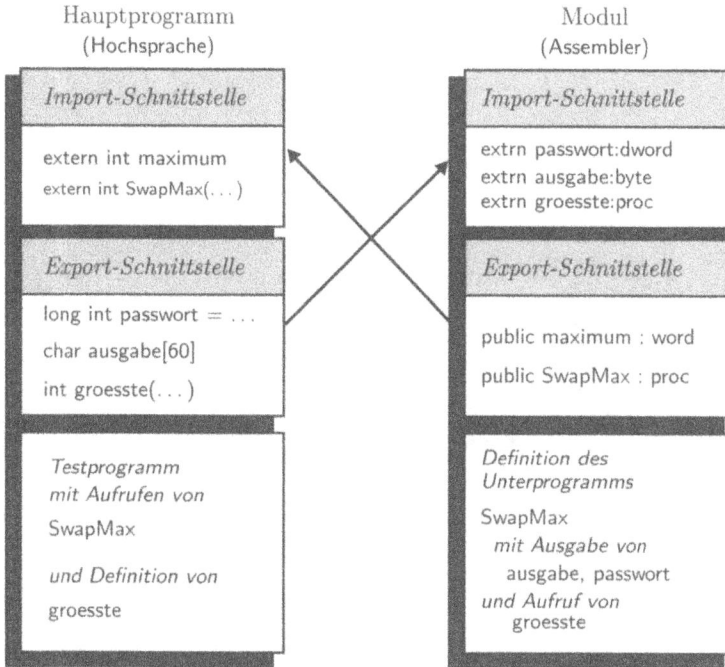

Abbildung 12.6: *Verwendung gemeinsamer Daten*

- Eine initialisierte Variable **passwort** wird in C++ als **long int** deklariert; sie liegt also im Segment **_DATA**. Der hexadezimale Anfangswert

  0x2461644FL

  entspricht der ASCII-Folge **Oha$**. Man beachte, dass die Bytes gemäß der Intel-Konvention in umgekehrter Reihenfolge abgespeichert werden. In **SwapMax** soll der Inhalt dieser Variablen über die DOS-Funktion 09h ausgegeben werden.

- Eine nicht-initialisierte Zeichenreihen-Variable **ausgabe** erhält in C++ mit Hilfe der Funktion **strcpy** einen Wert zugewiesen. Diese Variable liegt also im Segment **_DATA?**. Sie wird im Assembler als externe Größe vom Typ **byte** vereinbart. Im Assembler müssen nämlich externe Vektoren immer durch die Größe eines einzelnen Elements vereinbart werden.

☐ Beispiel 12.1.7

Das folgende C++-Programm wurde um die oben diskutierten externen und öffentlichen Daten erweitert.

```
/* C_HPD2.CPP  */
/* Assembler- und C++-Routinen und -Daten mischen  */

#include <iostream.h>
#include <iomanip.h>
#include <conio.h>
#include <string.h>

#define N 10
/*  EXTERNE Bezeichner  */
extern int SwapMax (int *a,int &max,int i,int j);
extern int maximum,summe;

/*  ÖFFENTLICHE Daten  */
long int passwort = 0x2461684fl; /*initialisiert */
        /* als ASCII : "Oha"  */

.  .  .

void main()
{ clrscr();
  for (i=0;i<N;i++)
     liste[i]=i;
  strcpy(ausgabe,"\n\rSie haben eine gute Wahl getroffen!\n\r$");
.  .  .
  summe=SwapMax(liste,maximum,von,nach);
  cout << "\n\nSumme ist     "
       << summe << '\n';
       << '\n';
}
```

Im Assembler-Modul wird maximum exportiert und die beiden String-Variablen werden importiert und auf dem Bildschirm ausgegeben.

```
    .MODEL SMALL,CPP
        .DATA   ;initialisierte Daten
        ;---------------------------
        extrn   _passwort:dword  ; 4Byte: "Oha$"
                ; wird über DOS-Fkt. 09h ausgegeben
        .DATA?  ;nicht-initialisierte Daten
        ;---------------------------------
        public  _maximum
_maximum dw      ?
```

```
        extrn    _ausgabe:byte    ;  String !!!
        .CODE
        extrn    @groesste$qii:proc
        public   @SwapMax$qpiriii
@SwapMax$qpiriii Proc    near uses si di,a:ptr,max:ptr,i:word,j:word
        local    summe:word=Lok_Platz

        mov      ah,09h      ; $-term. String ausgeben
        mov      dx,offset _passwort
        int      21h         ; Ausgabe

        ; externe Variable verwenden: String ausgeben
        mov      ah,09h      ; $-term. String ausgeben
        mov      dx,offset _ausgabe
        int      21h         ; Ausgabe

        mov      di,j        ; Index j
        shl      di,1        ; als Wort-Index
        mov      si,i        ; Index i
        shl      si,1        ; als Wort-Index
        mov      bx,a        ; Adresse von a in bx
        mov      cx,[bx+si]  ; cx:=a[si]
        mov      summe,cx    ; summe:=cx
        mov      dx,[bx+di]  ; dx:=a[di]
        add      summe,dx    ; summe:=summe+dx
        mov      [bx+si],dx  ; beide Werte
        mov      [bx+di],cx  ; vertauschen

        call     @groesste$qii,  dx cx
weiter:                      ; in ax ist Maximum
        mov      di,max      ; di zeigt auf max

        mov      [di],ax     ; Zuweisung an max
        mov      ax,summe    ; Ergebnis

        RET      ; Parameter bleiben in C++ auf dem Stack
@SwapMax$qpiriii  ENDP
; ========================================================
        end      ; Ende des Moduls
```
■

12.1.5   Ein Beispiel mit dem Speichermodell LARGE

Zum Abschluss soll eine Fassung unseres Mini-Projekts mit dem Speichermodell
LARGE programmiert werden. In diesem Speichermodell werden sowohl die Daten als
auch die Unterprogramme mit **far**-Zeigern adressiert.

☐ **Beispiel 12.1.8**

Im C++-Programm sollte man in der Extern-Vereinbarung der Funktion `SwapMax` die
Parameter `a` und `max` mit dem Zusatz `far` angeben. Allerdings erkennt der C++-
Compiler an der Angabe, dass bezüglich des Speichermodells LARGE compiliert werden
soll, von alleine, dass alle externen Adressen und Referenzen `far`-Adressen sind.

```
extern void far SwapMax
   (int far *a,int far & max,int i,int j); /* <<-- */
int i,von,nach;
extern int far maximum;
int liste[N];
```

Im Assembler-Modul muss man bei der Parameter-Übergabe (2 Worte pro Adress- bzw.
Referenz-Parameter) und beim Zugriff auf diese Parameter aufpassen (am einfachsten
über `les` das Register `es` benutzen).

```
        .MODEL  LARGE,CPP
        extrn   @groesste$qii:far
;Diese extrn-Spezifikation MUSS hier draußen stehen !!!
        .DATA   ;initialisierte Daten
        ;----------------------------
        extrn   _passwort:dword  ; 4Byte: "Oha$"
                ; wird über DOS-Fkt. 09h ausgegeben
        .DATA?  ;nicht-initialisierte Daten
        ;--------------------------------
        public  _maximum
_maximum dw      ?
        extrn   _ausgabe:byte   ;  String !!!
        .CODE

        public @SwapMax$qnimiii ;far pointer,far ref.
        ;       ----------------
@SwapMax$qnimiii  Proc    far uses si di, \
        a:far ptr dword,max:far ptr dword,i:word,j:word
        ; ------------------------------------------------
        local   summe:word
 . . .
        les     bx,a        ; Adresse von a in es:bx
        ;------------
        mov     cx,es:[bx+si] ; cx:=a[si]
        ;       --------------
 . . .
        push    cx
        push    dx
        call    far ptr @groesste$qii
        add     sp,4
weiter:                     ; in ax ist Maximum
```

```
        les     di,max      ; es:di zeigt auf max
        ;-------------------
        mov     es:[di],ax    ; Zuweisung an max
        ;               ----------
        mov     ax,summe    ; Ergebnis

        RET     ;Parameter bleiben in C++ auf dem Stack
@SwapMax$qnimiii  ENDP ;
===========================================================
        end     ;  Ende des Moduls
```

Die beiden Dateien übersetzt man mit dem Befehl

```
    BCC    -ml    C_HPL2    B12_1_8A.ASM
```

Die Option -ml wählt das Speichermodell LARGE aus; dadurch wird entsprechend dem
Speichermodell der Start-Modul C0L.OBJ und die Bibliothek CL.LIB hinzugebunden.
(Der letzte Buchstabe in den beiden Datei-Namen bezeichnet jeweils das Speichermo-
dell.)   ∎

12.2 Die Schnittstelle zu Pascal

Wenn Ihr Pascal-Compiler das Modul-Konzept beherrscht, können Sie Pascal- und
Assembler-Module so mischen, wie wir es im vorigen Abschnitt behandelt haben, allerdings mit dem Unterschied, dass die aktuellen Parameter – anders als in C und C++ –
von links nach rechts auf den Keller gelegt werden (siehe Seite 303). Sie erleichtern sich
diese Aufgabe, wenn Sie im Assembler-Modul den auf Seite 289 vorgestellten Sprachen-
Parameter PASCAL verwenden.

12.3 Die Schnittstelle zu Turbo Pascal

Turbo Pascal kennt kein Modul-Konzept. Ersatzweise wurde das Unit-Konzept erfun-
den. Die Einbindung von Units erfolgt dabei *nicht* über Objekt-Module und einen
Binder; der Turbo Pascal-Compiler erledigt die Binder-Aufgabe nebenbei, ohne dabei
Objekt-Module zu erstellen. Damit ist uns der Weg versperrt, Assembler-Unterprogram-
me mit Hilfe eines Binders in ein Turbo Pascal-Programm einzubinden. Stattdessen
öffnen Direktiven des Turbo Pascal-Compilers und strikte Vorgaben beim Schreiben
von Turbo Assembler-Moduln eine Hintertür, wie man dennoch Programm-Teile, die in
Assembler und Turbo Pascal geschrieben sind, mischen kann.

Der Turbo Pascal-Compiler verwendet ein festes Speichermodell, nach dem sich jeder Assembler-Modul strikt zu richten hat. Ferner ist im Turbo Pascal-Compiler ein
Binder integriert, der das Einbinden von Turbo Pascal-Units erledigt. Über eine spezielle Compiler-Direktive können auch Objekt-Dateien eingebunden werden. Die Details

werden weiter unten behandelt. Jedenfalls kann man einen externen Binder, wie etwa
TLINK, nicht dazu verwenden, ein Turbo Pascal-Programm zu binden, da der Compiler
keine Objekt-Dateien erzeugt.

12.3.1   Das Speichermodell von Turbo Pascal

Beim Schreiben von Assembler-Modulen, die in ein Turbo Pasal-Programm eingebunden
werden sollen, muss man im wesentlichen wissen, in welchen Segmenten die Daten und
der Code abgelegt werden müssen und wie man auf externe Bezeichner zugreift – über
far- oder über near-Adressen.

Dazu müssen wir uns zunächst das vom Turbo Pascal-Compiler verwendete Speichermodell genauer betrachten. Der folgenden Diskussion legen wir die Turbo Pascal-Version
6.0 zugrunde.

Die Einzelheiten des Speichermodells sind leicht aufgesagt (siehe Abbildung 12.7):

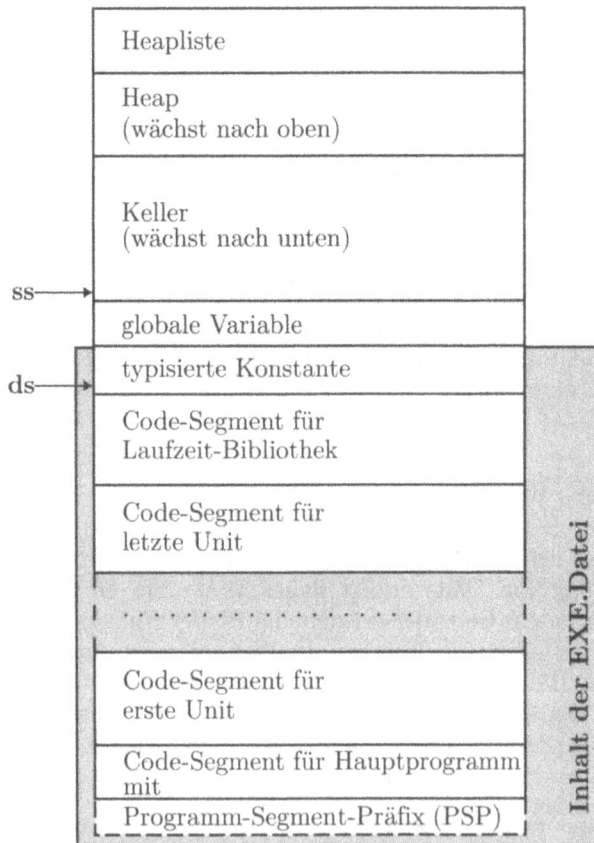

Abbildung 12.7: Das Speichermodell von Turbo Pascal

- Es gibt nur *ein* Daten-Segment, in dem die globalen Daten und typisierten Konstanten untergebracht sind. Der Zugriff auf das Daten-Segment erfolgt über das Register `ds`.

- Jede Unit wird in einem eigenen Code-Segment abgelegt. Das Hauptprogramm und die Laufzeit-Bibliothek bilden jeweils eigene Code-Segmente. Am Anfang des Hauptprogramms ist das Programm-Segment-Präfix (PSP) abgelegt, dessen Struktur in Abschnitt 10.5 besprochen wurde.

- Oberhalb des Daten-Segments liegt der Speicherplatz für den Keller, der in Richtung abnehmender Adressen gegen das Daten-Segment wächst. Die Größe des Kellers kann man über die Compiler-Direktive `$M` zwischen 1KByte und 64KByte einstellen. Standardmäßig hat der Keller eine Größe von 16KByte.

- Der restliche Teil des Speichers steht dem Heap zur Verfügung, in dem die dynamischen Variablen von Turbo Pascal abgelegt werden. Solche Variablen werden im Pascal-Programm zur Laufzeit über die Prozedur `new` erzeugt. Der reservierte Speicherplatz kann mit der Prozedur `dispose` wieder freigegeben werden. Diese freigegebenen Speicherstücke werden in der Heap-Liste verwaltet, die am oberen Ende des Heap steht und eine Länge von maximal 64KByte erreichen darf.

Welche Konsequenzen hat nun dieses Speichermodell für unsere Assembler-Module?

- Da der Turbo Pascal-Compiler kein Standard-Speichermodell kennt, können im Assembler-Modul auch keine vereinfachten Segment-Anweisungen verwendet werden. Wir müssen die umständlicheren Standard-Segment-Anweisungen benutzen. (In Abschnitt 12.3.5 werden wir ein speziell für Turbo Pascal entwickeltes Speichermodell kennen lernen.)

- Da es nur ein Daten-Segment gibt, müssen Daten, die von Pascal und Assembler gemeinsam benutzt werden, in diesem Daten-Segment abgelegt werden. Es hat den Namen `DATA`. Synonym dazu kann man auch den Namen `DSEG` verwenden.

- Alle Assembler-Module verwenden ein Code-Segment namens `CODE` oder `CSEG`.

Die Assembler-Module, die in Turbo Pascal-Programme eingebunden werden, haben also folgenden Aufbau:

```
DATA    segment word public
        assume  ds:DATA
; hier stehen nur extrn-Vereinbarungen
; (siehe 12.3.4)
DATA    ends

CODE    segment byte public
        assume  cs:CODE
; hier folgen
; - extrn-Vereinbarungen für Unterprogramme
```

```
;  -  public-Vereinbarungen für Unterprogramme
;  -  Definition von Unterprogrammen,
;        die public vereinbart sind
;     oder
;        nur im Modul aufgerufen werden
CODE  ends
      end
```

12.3.2   Turbo Pascal ruft ein Assembler-Unterprogramm auf

Ein Assembler-Unterprogramm, das von Turbo Pascal aus aufgerufen werden soll, muss im Assembler-Modul in der Export-Schnittstelle beschrieben werden. Anders als Borland C++ übernimmt Turbo Pascal die Namen unverändert; man braucht – wie in Turbo Pascal üblich – nicht einmal auf Groß- und Kleinschreibung zu achten. Der Prozedur-Bezeichner muss dem Turbo Pascal-Programm bekannt gemacht werden. Mehr noch: Da der Binder im Turbo Pascal-Compiler integriert ist, muss unserem Pascal-Programm über eine Direktive der Name der Objekt-Datei genannt werden, die die Definition der externen Prozedur enthält. Im Einzelnen muss man im Turbo Pascal-Programm folgendes schreiben:

- Der Prozedur-Bezeichner wird in das Turbo Pascal-Programm importiert, indem man an den Prozedurkopf das Schlüsselwort **external** anhängt. Für unser Mini-Projekt brauchen wir also folgende Zeilen:

```
CONST N = 9;
TYPE Feld = array [0..N] of integer;
function SwapMax(Var A:Feld;Var Max:Integer;
                 i,j:integer):integer;
external;
```

- Die einzubindende Objekt-Datei, die vor der Übersetzung des Pascal-Programms von TMASM erzeugt werden muss, wird über

      {$L Datei-Name}

  im Pascal-Programm angegeben. Wird der Assembler-Modul, der das Unterprogramm **SwapMax** definiert, von TMASM in die Objekt-Datei **B12_3_1.OBJ** übersetzt, so wird der Turbo Pascal-Compiler durch die Direktive

      {$LB12_3_1}

  dazu veranlasst, die angegebene Objekt-Datei einzubinden.

Vor der Programmierung des Assembler-Unterprogramms müssen wir wissen,

- wie der Turbo Pascal-Compiler beim Aufruf die Parameter übergeben hat,
- wie er das Unterprogramm aufruft (mit **near**- oder **far**-Adressen) und
- wo der Ergebnis-Wert erwartet wird.

Parameter-Übergabe, Aufruf-Konvention und Ergebnis-Wert

Auch in Turbo Pascal werden die Parameter auf dem Keller übergeben. Aber anders als in C++ werden die aktuellen Parameter *genau in der Reihenfolge* auf den Keller gelegt, *wie sie beim Aufruf angegeben wurden.* Der erste Parameter liegt also unten im Keller, der letzte ganz oben. Nach dem Aufruf der Funktion

```
SwapMax(liste,maximum,von,nach)
```

sieht der Keller wie in Abbildung 12.8 aus.

Im Rumpf des Unterprogramms werden wir auf die Parameter in gewohnter Weise über das Register **bp** zugreifen. Man beachte, dass man dazu den Standard-Vorspann

```
push    bp
mov     bp,sp
```

zum Initialisieren von **bp** benötigt. Vor dem Rücksprung muss der Standard-Nachspann

```
mov     sp,bp    ; falls lokale Größen da pop      bp
```

die Register **bp** und **sp** wieder zurücksetzen.

Der Turbo Pascal-Compiler erwartet, dass das Unterprogramm die Parameter selbst vom Keller entfernt.

In Abbildung 12.8 wurde bereits skizziert, wie viel Speicherplatz die einzelnen Parameter auf dem Keller belegen. Die folgende Tabelle gibt an, wie sich die Datentypen von Turbo Pascal und Assembler entsprechen.

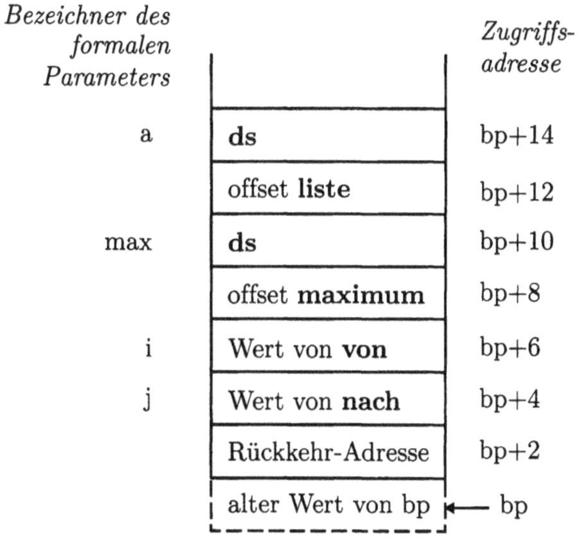

Bezeichner des formalen Parameters		Zugriffs- adresse
a	**ds**	bp+14
	offset **liste**	bp+12
max	**ds**	bp+10
	offset **maximum**	bp+8
i	Wert von **von**	bp+6
j	Wert von **nach**	bp+4
	Rückkehr-Adresse	bp+2
	alter Wert von bp	◂— bp

Abbildung 12.8: Parameteruebergabe von SwapMax

Datentyp in Turbo Pascal	Datentyp in Assembler
`char, boolean, byte, shortint`	`byte`
`integer, word`	`word`
`longint`	`dword`

Bemerkungen:
- Da auf den Keller jeweils 16 Bit-Werte geschrieben werden können, belegt ein formaler Parameter vom Typ `char` auf dem Keller ein 16 Bit-Wort. Als gewöhnliche Variable belegt ein `char` nur ein Byte.
- Turbo Pascal kennt – anders als C++ – nur `far`-Zeiger.

Als nächstes gehen wir der Frage nach:

- Werden Prozeduren und Funktionen über **near**- oder über **far**-Adressen aufgerufen?

Die Antwort lautet: Es gibt beides. Es kommt nur darauf an, wo die Prozedur bzw. Funktion im Programmtext steht. Dabei wird nach folgender Regel verfahren:

- Ein Unterprogramm, das im **interface**-Teil einer Unit vereinbart ist, kann von anderen Code-Segmenten aus aufgerufen werden. Es muss also über eine **far**-Adresse aufgerufen werden.

- Ein Unterprogramm, das im Pascal-Hauptprogramm oder ausschließlich im **implementation**-Teil einer Unit vorkommt, kann über eine **near**-Adresse aufgerufen werden. In Turbo Pascal kann man dies explizit ändern und mit der Direktive {$F+} ein Unterprogramm als **far** deklarieren; dann muss es natürlich auch über eine **far**-Adresse aufgerufen werden.

Schließlich müssen wir noch wissen, wie Turbo Pascal die zurückgegebenen Funktionswerte behandelt. Die folgende Tabelle stellt die Möglichkeiten zusammen.

Datentyp des Ergebnis-Wertes	Ergebnis-Wert in
char, boolean, byte, shortint	al
integer, word	ax
longint	dx:ax
string	far-Zeiger
Zeiger	dx:ax

Bemerkung:

- Der Ergebnis-Typ string wird als far-Zeiger auf dem Keller vor dem ersten Parameter abgelegt. Diesen Zeiger darf das Unterprogramm nicht vom Keller entfernen.

Damit können wir unser Mini-Projekt programmieren.

☐ Beispiel 12.3.1

Das Hauptprogramm mit der Test-Umgebung für die Funktion SwapMax wird wie besprochen in Pascal formuliert. Zusammen mit der Extern-Deklaration und der Binde-Direktive hat das Pascal-Programm folgendes Aussehen:

```
program pas1;
{ Beispiel mit Standard-Segment-Anweisungen }

uses crt;

CONST N = 9;
TYPE Feld = array [0..N] of integer;

Function SwapMax (Var A:Feld;Var Max:Integer;
                  i,j:integer):integer;
        external;
{$L B12_2_1}

VAR von,nach,maximum,i : integer;
    Liste :Feld;

procedure druck_Feld(Var A:Feld;l:integer);
var i:integer;
begin
  for i:=0 to l do
    write(A[i]:8);
  writeln;
end;
```

```
begin
   clrscr;
   for i:=0 to N do
      Liste[i]:=i;

   writeln('Feld vorher');
   druck_Feld(Liste,N);

   write('Gib ersten Index : ');readln(von);
   write('Gib zweiten Index: ');readln(nach);
   writeln('Summe ist      ',
           SwapMax(Liste,Maximum,von,nach));

   writeln('Feld nachher');
   druck_Feld(Liste,N);
   writeln('Maximum ist ',Maximum);
end.
```

Der Assembler-Modul enthält ausführliche Kommentare bezüglich der übergebenen Parameter.

```
; Beispiel mit Standard-Segment-Anweisung
CODE    segment byte public
        assume  cs:CODE


SwapMax Proc  Near
        PUBLIC  SwapMax
; ==========================================
;  Funktion SWAP_MAX
;    Parameter liegen nach Pascal-Manier auf dem Stack
; ..........................................
; oben
;   Param1    ds                <<<<--- BP+14
;             OFFSET von A  <<<<--- BP+12
;   Param2    ds                <<<<--- BP+10
;             OFFSET von Max<<<<--- BP+8
;   Param3    i                 <<<<--- BP+6
;   Param4    j                 <<<<--- BP+4
;   Rückkehradresse         <<<<--- BP+2
;   Basis-Pointer           <<<<--- BP
;   lokale Größe   summe    <<<<--- BP-2
; Ergebnis in ax
; ------------------------------------------
        push    bp        ; bp sichern
        mov     bp,sp     ; sp=bp  zeigt auf altes BP
        sub     sp,2      ; Platz für lokale Größe
```

```
summe    EQU      [bp-2]  ; lokale Größe

         mov      di,[bp+4]      ; hole j
         shl      di,1           ; Wortadresse
         mov      si,[bp+6]      ; hole i
         shl      si,1           ; Wortadresse
         mov      bx,[bp+12]     ; Adresse von Feld A
         mov      cx,[bx+si]     ; cx:=A[si]
         mov      summe,cx       ; summe:=cx
         mov      dx,[bx+di]     ; dx:=A[di]
         add      summe,dx       ; summe:=summe+dx
         mov      [bx+si],dx     ; beide Werte
         mov      [bx+di],cx     ; vertauschen

         cmp      cx,dx          ; Maximum
         jg       weiter         ; von cx und dx
         mov      cx,dx          ; bestimmen
Weiter:                         ; in cx ist Maximum
         mov      di,[BP+8]      ; di zeigt auf
         mov      [di],cx        ; Zuweisung an
         mov      ax,summe       ; <<- gebnis
         mov      sp,bp          ;stack-ptr
         pop      bp
         RET      12             ;Par.-Platz freigeben
SwapMax ENDP
; ==========================================
CODE    ENDS
         end     ;  Ende des Moduls
```

Verwendet man zur Verwaltung der formalen Parameter die Direktive arg, so müssen diese in der *umgekehrten* Reihenfolge wie beim Aufruf angegeben werden. Das Unterprogramm kann bis auf diese Änderung wie in Beispiel 12.1.4 geschrieben werden.

Retten von Registern

Das Problem des Register-Rettens wurde bei der Behandlung der Schnittstelle zu C++ ausführlich erörtert (siehe Seite 291). In Turbo Pascal haben wir hier noch mehr Freiheit als in C++:

- Nur die beiden Segment-Register ss und ds dürfen durch den Unterprogramm-Aufruf nicht verändert werden.

- Der Kellerzeiger sp und das Register bp müssen beim Verlassen des Unterprogramms dieselben Werte haben wie beim Aufruf.

Die anderen Register ax, bx, cx, dx, si, di und es sind frei verfügbar.

12.3.3   Assembler ruft Turbo Pascal-Funktion auf

Wie bei der Behandlung der Schnittstelle zu C++ soll auch hier das Maximum der
beiden Tausch-Elemente von einer Pascal-Funktion **groesste** realisiert werden (siehe
Abschnitt 12.3.3 und Abbildung 12.5). Da die Funktion im Pascal-Hauptprogramm
definiert ist, wird sie über eine **near**-Adresse aufgerufen und muss als

```
extrn    groesste:near
```

in den Assembler-Modul importiert werden.

Die Export-Schnittstelle von Turbo Pascal-Programmen und -Units ist wie in Borland
C++ implizit festgelegt: Alle Bezeichner von Variablen, typisierten Konstanten, Prozeduren und Funktionen, die auf der äußersten Ebene vereinbart sind, sind öffentlich,
ohne dass man dazu ein Schlüsselwort braucht. Sie können von Assembler-Moduln mit
Hilfe der **extrn**-Direktive importiert werden.

Nun zur Implementierung das Aufrufs von **groesste**. Dazu schauen wir uns an, wie der
Turbo Pascal-Compiler den Funktionsaufruf generiert hätte:

- Die aktuellen Parameter der Funktion werden auf den Keller gespeichert, und
  zwar in der beim Aufruf angegebenen Reihenfolge.

- Der Funktionsaufruf erfolgt über den **call**-Befehl.

- Bei der Rückkehr aus dem Unterprogramm müssen die Parameter vom Keller
  entfernt werden.

- Der Ergebnis-Wert der Funktion **groesste** ist vom Typ **integer** und steht im
  Register **ax** zur Verfügung. Er kann im Assembler-Programm verwendet werden.

Damit sieht unser geändertes Beispiel wie folgt aus:

☐ **Beispiel 12.3.2**

```
program p12_3_2;
{ Aufruf Pascal-> Assembler -> Pascal }

uses crt;

CONST N = 9;
TYPE Feld = array [0..N] of integer;

function SwapMax (Var A:Feld;Var Max:Integer;
                  i,j:integer):integer; external;
{$L b12_2_2}

VAR von,nach,maximum,i : integer;
    A :Feld;
```

```
procedure druck_Feld(Var A:Feld;l:integer);
var i:integer;
begin
  for i:=0 to l do
     write(A[i]:8);
  writeln;
end;

{ Diese Funktion wird vom Assembler aufgerufen }
function groesste(a,b:integer):integer;
begin
   if a>b then groesste:=a
   else        groesste:=b
end;

begin
   clrscr;
   for i:=0 to N do
     A[i]:=i;

   writeln('Feld vorher');
   druck_Feld(A,N);

   write('Gib ersten Index : ');readln(von);
   write('Gib zweiten Index: ');readln(nach);
   writeln('Summe ist    ',
           SwapMax(A,Maximum,von,nach));

   writeln('Feld nachher');
   druck_Feld(A,N);
   writeln('Maximum ist ',Maximum);
end.
```

Den Assembler-Modul muss man in die Datei B12_3_2.OBJ übersetzen (vgl. \$L-Direktive in obigem Pascal-Programm). Hier ändern sich im Vergleich zu Beispiel 12.3.1 nur die Zeilen um die Marke **weiter:** wie folgt:

```
; B12_3_2.ASM
;===============
; Beispiel mit Standard-Segment-Anweisung
CODE    segment byte public
        assume  cs:CODE

        extrn   groesste:near
        public  SwapMax
SwapMax Proc  Near
```

. . .

```
; Aufruf von groesste(cx,dx)
        push    cx
        push    dx
        call    groesste
Weiter:                         ; in ax ist Maximum
        mov     di,[BP+8]       ; di zeigt auf Maximum
        mov     [di],ax         ; Zuweisung an Maximum
        mov     ax,summe        ; <<-- Funktions-Ergebnis
        mov     sp,bp           ; stack-pointer zurücksetzen
        pop     bp
        RET     12              ; Platz für Parameter freigeben
SwapMax ENDP
; ==========================================================
CODE    ENDS
        end     ; Ende des Moduls                              ■
```

Die Code-Sequenz für den Aufruf kann man unter Verwendung des Makros **exec** aus
unserer Makro-Bibliothek oder der erweiterten Form des **call**-Befehls stark vereinfa-
chen.

☐ **Beispiel 12.3.3**

Mit dem Makro **exec** sieht der Aufruf wie folgt aus:

```
; Aufruf von groesste(cx,dx)
        exec    groesste,<cx,dx>                              ■
```

In Beispiel 12.3.5 wird der erweiterte **call**-Befehl verwendet.

12.3.4   Verwendung gemeinsamer Daten

In Turbo Pascal ist das Schlüsselwort **external** nur bei Prozeduren und Funktionen
erlaubt. Es gibt keine Möglichkeit, Daten als **external** zu kennzeichnen. Daraus folgt
unmittelbar, dass *alle* gemeinsam verwendeten Daten in Turbo Pascal deklariert werden
müssen, also im Hauptprogramm oder in einer Unit. Im Assembler-Modul werden diese Daten dann importiert, wobei die **extrn**-Anweisungen unbedingt im Segment **DATA**
stehen müssen.

Diese Daten-Schnittstelle wird im folgenden Beispiel demonstriert, in dem eine String-
Variable **ausgabe** als gemeinsames Datum verwendet wird. Die Variable wird im Pascal-
Hauptprogramm als $-terminierter String initialisiert. So kann sie im Unterprogramm
SwapMax einfach mit der DOS-Funktion 09h auf den Bildschirm ausgegeben werden.

☐ **Beispiel 12.3.4**

Im Pascal-Programm wird die Deklaration

`VAR ausgabe : string[40];`

sowie die Initialisierung

```
ausgabe := 'Sie haben eine gute Wahl getroffen:  $';
```

eingeführt, die irgendwo vor dem Aufruf von `SwapMax` stehen muss. Die folgende Befehlssequenz, die man am Anfang des Unterprogramm-Rumpfs von `SwapMax` einfügen soll, gibt den String `ausgabe` aus (vgl. auch Beispiel 12.3.5).

```
; Ausgabe der externen Variablen "ausgabe"
        mov     ah,09h      ; $-term. String ausgeben
        mov     dx,offset ausgabe
        inc     dx          ; wegen Pascal-String
        int     21h         ; Ausgabe
```

12.3.5   Das Speichermodell TPASCAL

Da Turbo Pascal eine eigene Speicher-Organisation verwendet, wurde der Turbo Assembler um das speziell hierauf zugeschnittene Speichermodell `TPASCAL` erweitert. Verwendet man dieses Speichermodell, indem man den Assembler-Modul mit

`.MODEL    TPASCAL`

beginnt, so erledigt TASM – wie bei der Verwendung der anderen Sprach-Parameter – die folgenden sprachspezifischen Aufgaben:

- Die globalen Bezeichner werden sprachspezifisch behandelt: Bei Turbo Pascal wird nicht zwischen Groß- und Kleinschreibung unterschieden.

- Standard-Vorspann und Standard-Nachspann werden im Unterprogramm generiert, falls in der `proc`- oder `arg`-Direktive Parameter angegeben sind.

- Für lokale Größen wird Speicherplatz auf dem Keller reserviert und im Standard-Nachspann wieder freigegeben, falls sie über die Direktive `local` vereinbart wurden.

- Beim `ret`-Befehl werden die Parameter vom Keller entfernt. Dazu wird beim `ret`-Befehl die Anzahl der von den Parametern belegten Bytes angehängt. Diesen Zahlenwert berechnet TASM aus den angegebenen Parametern.

Es versteht sich wohl von selbst, dass man beim Speichermodell `TPASCAL` auch die vereinfachten Segment-Anweisungen

```
.DATA
.CODE
```

verwenden muss. Ferner kann man die Parameter in der **arg**-Direktive oder der erweiterten **proc**-Direktive wieder in der Reihenfolge wie beim Aufruf angeben.

Zum Abschluss zeigen wir, wie unser Assembler-Modul im Speichermodell TPASCAL und
mit dem erweiterten **call**-Befehl aussieht.

□ **Beispiel 12.3.5**

```
; Modell TPASCAL
        .MODEL   TPASCAL
        .DATA
        extrn    ausgabe:byte      ;string
        .CODE
        extrn    groesste:near
        PUBLIC   SwapMax
SwapMax Proc  Near  a:far ptr,max:far ptr,i:word,j:word
        local    summe:word
; ==================================================
;  Funktion SWAP_MAX
; --------------------------------------------------
; Standard-Vorspann automatisch generiert
; Ausgabe der externen Variablen "ausgabe"
        mov      ah,09h      ; $-term. String ausgeben
        mov      dx,offset ausgabe
        inc      dx          ; wegen Pascal-String
        int      21h         ; Ausgabe
; --------------------------------------------------
        mov      di,i           ; hole i
        shl      di,1           ; Wortadresse
        mov      si,j           ; hole j
        shl      si,1           ; Wortadresse
        mov      bx,offset a    ; Adresse von Feld A
        mov      cx,[bx+si]     ; cx:=A[si]
        mov      summe,cx       ; summe:=cx
        mov      dx,[bx+di]     ; dx:=A[di]
        add      summe,dx       ; summe:=summe+dx
        mov      [bx+si],dx     ; beide Werte
        mov      [bx+di],cx     ; vertauschen

        call     groesste,      cx dx
Weiter:                         ; in ax ist Maximum
        mov      di,offset Max  ; di zeigt auf
        mov      [di],ax        ; Zuweisung an
        mov      ax,summe       ;<<<<- Funktions-Ergebnis
; Standard-Nachspann automatisch generiert
        ret
SwapMax ENDP
; =========================================
        end      ;  Ende des Moduls
```

13 Zusammengesetzte Datentypen

Aus den Basis-Datentypen kann man im Assembler komplexere Datentypen aufbauen. Mit der Direktive struc lassen sich Strukturen aufbauen, die aus Komponenten unterschiedlicher Datentypen zusammengesetzt sein können. Sie werden in Abschnitt 13.1 besprochen. Solche Datenstrukturen kennt man aus den höheren Programmiersprachen: In C++ und C heißen sie wie hier Strukturen, in Pascal sind dies die Records. Ebenfalls von den höheren Programmiersprachen sind variante Strukturen bekannt, bei denen die einzelnen Komponenten je nach Anwendung unterschiedliche Datentypen haben können. Im Assembler kann man solche variante Strukturen mit der Direktive union vereinbaren, die in Abschnitt 13.2 behandelt wird.

Das Selektieren von Bit-Mustern aus einer Folge von Bits gehört zu einer der Standard-Aufgaben der System-Programmierung. Man erinnere sich an Beispiel 9.7.2, in dem wir aus bestimmten Bit-Kombinationen die Rechner-Konfiguration abgelesen haben. Für solche Aufgaben kennt der Assembler die Direktive record, die in Abschnitt 13.3 vorgestellt wird.

Obwohl der Vergleich zu höheren Programmiersprachen sehr nahe liegt, soll bereits an dieser Stelle darauf hingewiesen werden, dass die Konstruktionen im Assembler wesentlich eingeschränkter sind als die vergleichbaren Sprachmittel aus C++, C oder Pascal.

Bei vielen Puristen unter den Assembler-Programmierern sind die in diesem Kapitel vorgestellten Sprachkonstrukte umstritten oder sogar verpönt: Man kann nämlich alle diese komplexen Datenstrukturen bereits mit den uns bekannten Sprachmitteln programmieren. Trotzdem sollte man von den zusammengesetzten Datentypen immer Gebrauch machen, wenn dies möglich ist. Dadurch wird nämlich zumindest die Lesbarkeit der Programme erhöht, und das ist besonders bei der Assembler-Programmierung ein äußerst wichtiger Gesichtspunkt.

13.1 Strukturen

Eine Struktur ist eine Konstruktion, in der der Assembler-Programmierer Komponenten verschiedener Datentypen zu einem neuen Datentyp zusammenfassen und mit einem geeigneten Bezeichner versehen kann. Dazu betrachten wir zunächst das folgende Kartei-Blatt aus einer Literatur-Kartei:

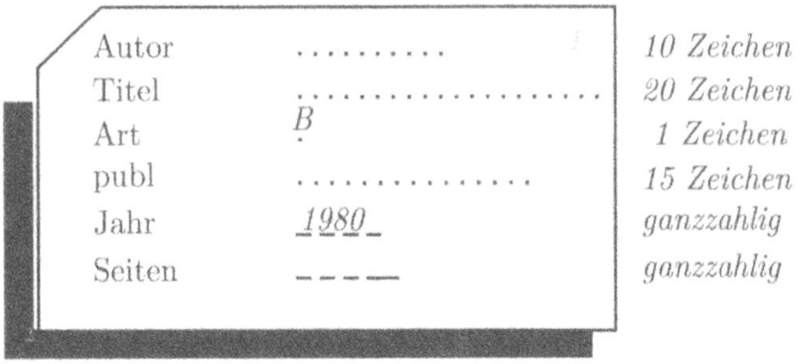

Abbildung 13.1: *Struktur*

Das Kartei-Blatt hat 6 *Komponenten*, die mit Bezeichnern benannt sind. Die Komponente Art soll in einer späteren Erweiterung Kartei-Blätter für Bücher, Zeitschriften, Filme usw. unterscheiden. In jeder Komponente dürfen nur Einträge eines bestimmten Datentyps und einer maximalen Länge erfolgen, was in der Abbildung außerhalb des Kartei-Blattes angegeben ist. Eine Komponente kann mit einem Eintrag vorbesetzt sein, der gegebenenfalls überschrieben werden kann. Diese letzte Option ist beim klassischen Kartei-Blatt in papierener Form allerdings unüblich. Im Assembler kann die Form eines solchen Kartei-Blattes wie folgt beschrieben werden:

```
KarteiBlatt    struc
      Autor    db     "1234567890"
      Titel    db     "12345678901234567890"
      Art      db     "B"
      Publ     db     15 dup ('P')
      Jahr     dw     1980
      Seiten   dw     ?
KarteiBlatt    ends
```

Der neu eingeführte Datentyp erhält den Namen KarteiBlatt. Vielleicht wundern Sie sich über die Vorbesetzung der beiden ersten Komponenten. Der Grund für diese etwas seltsame Vorbesetzung ist folgender: Wir wollen für die Komponente Autor 10 Byte und für die Komponente Titel 20 Byte reservieren. Die angegebenen Zeichenreihen informieren den Assembler über die Anzahl der Bytes, die für die beiden Komponenten zu reservieren sind. Alternativ kann man dies im Turbo Assembler auch mit der dup-Direktive tun, wie dies bei der Komponente Publ gemacht wurde. Wie wir gleich noch sehen werden, kann der vordefinierte Wert auch als Standard-Anfangswert einer Komponente hergenommen werden.

Der Microsoft Assembler kennt diese Konstruktion nicht.

Der neu eingeführte Bezeichner für die Datenstruktur `KarteiBlatt` kann jetzt bei Vereinbarungen genauso verwendet werden wie die bekannten Speicher-Direktiven `dw`, `dt` usw. Durch die Zeilen

```
Buch1    KarteiBlatt      <>
Buch2    KarteiBlatt      <'Dieterich',"Assembler"\
                          ,, "Oldenbourg"\
                          2005,381>
Buch3    KarteiBlatt      <,,,'Selbst-Verlag'>
```

wird Speicherplatz für drei Variablen vom Typ `KarteiBlatt` reserviert. Wie bei den bisherigen Speicherplatz-Reservierungen wird jeweils ein Anfangswert angegeben, der – wie bei `Seiten` – auch undefiniert sein kann. In unserem Beispiel sehen wir, dass bei Strukturen die Anfangswerte komponentenweise in spitzen Klammern angegeben werden. Ein leeres Paar spitzer Klammern bedeutet, dass die einzelnen Komponenten die Anfangswerte übernehmen, die in der Typ-Definition angegeben sind. Also hat die Variable `Buch1` folgende Vorbesetzung:

```
"1234567890"                    (für Autor)
"12345678901234567890"          (für Titel)
'B'                             (für Art)
"PPPPPPPPPPPPPPP"               (für Publ)
1980                            (für Jahr)
0                              (für Seiten)
```

Für undefinierte Zahlen ? (wie z.B. bei der letzten Komponente) wird der Zahlenwert 0 eingesetzt.

Im zweiten Beispiel wurden für `Autor`, `Titel`, `Publ`, `Jahr` und `Seiten` andere Anfangswerte definiert. Die beiden aufeinander folgenden Kommata bedeuten, dass für die Komponente `Art` kein neuer Anfangswert definiert wird. Es wird also wieder der Standardwert `'B'` verwendet.

Bei der Variablen `Buch3` werden außer für die Komponente `Publ` wieder die Voreinstellungen gewählt.

Noch einige wichtige Bemerkungen zur Behandlung von Zeichenreihen innerhalb von Strukturen:

- Falls eine Komponente mit mehr Zeichen besetzt wird als in der Struktur-Definition angegeben, erfolgt beim Assemblieren eine Fehlermeldung.

- Falls eine Komponente mit weniger Zeichen besetzt wird als in der Definition angegeben, werden die nicht benutzten Stellen mit Leerzeichen besetzt.

- Wurde die Komponente allerdings mit der `dup`-Direktive vereinbart, werden die nicht benutzten Zeichen unverändert aus der Struktur-Definition übernommen. Die Komponente `Publ` von `Buch2` enthält also den Wert:

```
"OldenbourgPPPPP"
```

Die formale Definition für eine Struktur lautet wie folgt:

Definition einer Struktur:

Name **struc**
    (*Komponenten*) *
[*Name*] **ends**

Wirkung:

- *Name* ist der Bezeichner einer Struktur, die aus Komponenten besteht. Jede *Komponente* ist wie eine Speicherplatz-Reservierung aufgebaut (siehe Abschnitt 4.4). Der dabei angegebene Name ist der *Komponenten-Name*.

- Der *Name* der Struktur kann wie eine Speicherplatz-Direktive verwendet werden. In Strukturen können also wieder Strukturen vorkommen.

- Die bei den Komponenten angegebenen Werte legen Standard-Initialisierungen fest. Bei Zeichenreihen wird dadurch auch die Größe des Speicherplatzes festgelegt.

Bemerkung:

- Der bei **ends** optional angegebene *Name* muss der Name sein, der bei der zugehörigen **struc**-Direktive angegeben wurde.

An allen Stellen in einem Assembler-Programm, an denen Speicher-Direktiven auftreten können, dürfen auch Struktur-Bezeichner vorkommen. So kann z.B. in der **arg**-Direktive (siehe Abschnitt 9.5) als *Typ* auch ein Struktur-Bezeichner verwendet werden.

Eine Struktur-Definition belegt noch keinen Speicherplatz; sie führt nur einen neuen Datentyp ein. Mit der folgenden Konstruktion können Struktur-Variable deklariert werden.

Deklaration einer Struktur-Variablen:

[*Name*] *StrukurBez* < [*InitWert* (, [*InitWert*]) * >

Wirkung:

- Es wird Speicherplatz für eine Struktur reserviert, die vorher mit dem Namen *StrukturBez* definiert wurde.
- Der *Name* zeigt auf den Anfang dieses Speicherbereichs.
- Den Komponenten kann über *InitWert* ein Anfangswert zugewiesen werden. Die Zuweisung erfolgt positionsgerecht, d.h. der *InitWert* vor dem ersten Komma wird der ersten Komponente zugewiesen usw.
- Fehlt ein *InitWert*, so wird für die betreffende Komponente der zugehörige Wert aus der Struktur-Definition als Anfangswert genommen.
- Die Schreibweise <> bedeutet, dass alle Anfangswerte aus der Struktur-Definition übernommen werden.

Um auf die einzelnen Komponenten einer Struktur-Variablen zuzugreifen, muss man auf die Anfangsadresse der Struktur-Variablen den Offset der Komponente innerhalb der Struktur addieren. Diesen Offset muss man nicht selbst berechnen, man kann dazu die Komponenten-Namen benutzen. Die zugehörige Notation ist bei den höheren Programmiersprachen abgeschaut: Man verwendet einen Punkt.

Komponenten-Zugriff:

StrukturBez.KompName

Wirkung:

- *StrukturBez* muss der Variablen-Name für eine Struktur sein.
- *KompName* muss der Name einer Komponente dieser Struktur sein. Der obige Ausdruck bezeichnet dann die Anfangsadresse dieser Komponente.

Im folgenden Beispiel soll der Inhalt der oben angegebenen Kartei-Blätter auf dem Bildschirm ausgegeben werden. Dabei können wir unser Makro `writeS` nicht verwenden, da die String-Komponenten der Struktur nicht mit dem NUL-Byte abgeschlossen sind. Stattdessen wird direkt über die DOS-Funktion 40h ausgegeben, die in `cx` die String-Länge erwartet. Die einzelnen Längen der Komponenten kann TMASM für uns ausrechnen: Die Komponenten-Namen sind ja die Offsets innerhalb der Struktur. Man beachte, dass diese Offsets bereits zur Assemblierzeit festliegen und daher in konstanten Ausdrücken verwendet werden dürfen.

□ Beispiel 13.1.1

Aus Platzgründen wird im folgenden Programm nur die Komponente `Titel` ausgegeben;
die anderen Komponenten können analog bzw. mit Hilfe des Makros `writeZ` ausgegeben
werden.

```
        DOSSEG
        .MODEL  SMALL
        .STACK  100H
        jumps
include macros.mac

KarteiBlatt     struc
        Autor   db      "1234567890"
        Titel   db      "12345678901234567890"
        Art     db      "B"
        Publ    db      15 dup ('P')
        Jahr    dw      1980
        Seiten  dw      ?
KarteiBlatt     ends

        .DATA

Buch1   KarteiBlatt     <>
Buch2   KarteiBlatt     <'Dieterich',"Turbo  Assembler",\
                        ,"Oldenbourg",1991,418>
Buch3   KarteiBlatt     <,,,'Selbst-Verlag'>

        .CODE
begin:  mov     ax,@Data
        mov     ds,ax

        mov     bx,1            ;auf Bildschirm
        mov     cx,Art-Titel    ;Länge von Titel
        mov     dx,offset Buch2.Titel;Anf.Adresse
        mov     ah,40h
        int     21h             ;Ausgabe

        mov     ax,4c00h
        int     21h
        end     begin
```

13.2 Variante Strukturen

Das Kartei-Blatt für die Literatur-Kartei, das wir im vorigen Abschnitt vorgestellt haben, hat einen gravierenden Nachteil: Es ist speziell auf Bücher ausgerichtet. Wollen wir auch Zeitschriften aufnehmen, müssen wir den Aufbau des Kartei-Blattes ein wenig ändern: Statt der Gesamt-Seitenzahl brauchen wir hier etwa Einträge für die Heft-Nummer des Zeitschriften-Jahrgangs, die Anfangs- und die End-Seite des Artikels (siehe Abbildung 13.2).

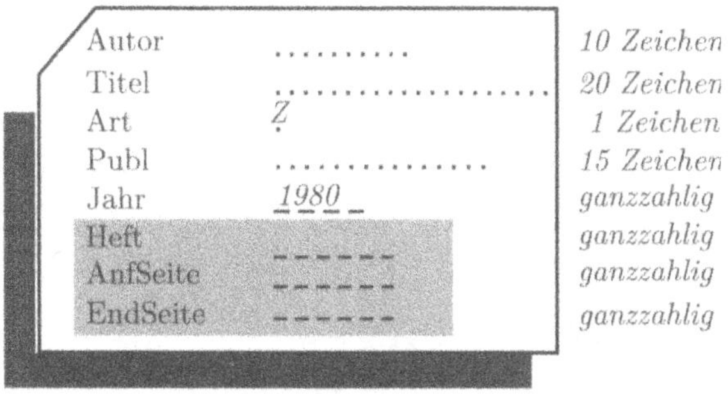

Abbildung 13.2: *variante Struktur*

In einer Kartei mit Kartei-Blättern aus Papier würde man sicher alles daransetzen, dass die Kartei-Blätter für Bücher und Zeitschriften die gleiche Größe haben. Allenfalls im Aufdruck und in der Farbe könnten sie variieren.

Auch beim Programmieren legt man bei solchen Anwendungen großen Wert darauf, dass die Datenstrukturen gleich groß sind. Dadurch wird z.B. der Zugriff auf die Blätter in einer Kartei einfacher, insbesondere wenn sie in einer Datei stehen. Stellen wir noch einmal die unterschiedlichen Teile der beiden Kartei-Blätter einander gegenüber:

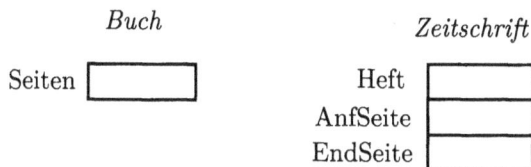

Abbildung 13.3: *Die varianten Teile*

Wir brauchen also eine Datenstruktur, die *entweder* einen Eintrag `Seiten` hat *oder* eine Struktur mit den drei Einträgen `Heft`, `AnfSeite` und `EndSeite`. Eine solche Datenstruktur mit Alternativen kann man im Assembler als variante Struktur mit der Direktive `union` definieren.

Definition einer varianten Struktur:

Name **union**
        (*Alternative*) *
[*Name*] **ends**

Wirkung:

- Es wird eine variante Struktur (kurz: Variante) als ein neuer Datentyp eingeführt. *Name* ist der Bezeichner der Varianten. Er kann bei Variablen-Deklarationen als Typ verwendet werden.
- Alle angegebenen *Alternativen* beginnen mit Offset 0 am Anfang der varianten Struktur.
- Die Länge der varianten Struktur ist gleich der Länge ihrer größten *Alternative*.

Auf die Alternativen der varianten Struktur greift man – wie bei den Komponenten der gewöhnlichen Strukturen – mit dem Punkt-Operator und dem Alternativen-Name zu. Sind die Strukturen geschachtelt, braucht man für jede Ebene einen Punkt-Operator.

Im folgenden Beispiel wird jeweils ein Kartei-Blatt für ein Buch und eine Zeitschrift deklariert sowie die Zugriffe auf die Komponenten der varianten Unterstruktur demonstriert.

☐ **Beispiel 13.2.1**

```
        DOSSEG
        .MODEL   SMALL
        .STACK   100H
        jumps
include macros.mac


; Alternative zur Komponente Seite
Zeitsch struc
 Heft       dw        ?
 AnfSeite   dw        ?
 EndSeite   dw        ?
Zeitsch ends
; variante Teilstruktur
BuZei    union
 Seite   dw        ?
 journ   Zeitsch <>
BuZei    ends
;Struktur mit Variante BuZei
KarteiBlatt       struc
        Autor    db      "1234567890"
        Titel    db      "12345678901234567890"
```

```
          Art      db       "B"
          Publ     db       15 dup (?)
          Jahr     dw       1980
          Var      BuZei    ?
KarteiBlatt        ends


          .DATA
Buch1     KarteiBlatt       <'Dieterich',\
                            "Turbo Assembler",\
                            ,"Oldenbourg",1991>
Zeit      KarteiBlatt       <'Müller',"Kritik",'Z',\
                            "Spektrum",1991>
          .CODE
begin:    mov      ax,@Data
          mov      ds,ax
;Besetze Seiten-Nummer von Buch1
          mov      ax,418
          mov      Buch1.Var.Seite,ax
;Besetze Heft-Nummer von Zeit
          mov      ax,6                    ; (*)
          mov      Zeit.Var.journ.Heft,ax  ; (*)

          mov      ax,4C00h
          int      21h
          end      begin                                        ∎
```

Strukturen und Varianten sind bequeme Hilfsmittel bei der Assembler-Programmierung. Man sollte aber ihre Leistungsfähigkeit nicht überschätzen. Anders als in höheren Programmiersprachen hat der Assembler keine Chance zu überprüfen, ob der Zugriff auf eine Komponente oder Alternative korrekt ist. Es sei noch einmal betont, dass die Komponenten- bzw. Alternativen-Namen nichts anderes sind als Zahlenkonstante, und der Punkt-Operator ist nur eine andere Schreibweise für die Addition. So ist der Ausdruck

```
    Buch1.Var.Seite
```

gleich bedeutend mit

```
    Buch1+Var+Seite
```

oder gar, wenn man Zahlen verwendet,

```
    Buch1+48+0
```

Es ist klar, dass auch ein verkrüppelter Ausdruck wie

```
    Zeit.EndSeite
```

für TMASM formal korrekt ist. Die beiden mit (*) versehenen Befehle aus Beispiel 13.2.1 speichern den Zahlenwert 6 als Heftnummer der Zeitschrift `Zeit` ab.

13.3   Records

Häufig sind bestimmte Informationen in einzelnen Bits eines Wortes verschlüsselt. Um diese Bits leichter isolieren zu können, kann man von der Direktive **record** Gebrauch machen. Damit wird eine Datenstruktur definiert, in der Bit-Gruppen in einem Byte, Wort oder Doppel-Wort benannt werden können. Diese Namen kann man dann beim Zugriff auf die Bit-Gruppen verwenden. Zwei spezielle Operatoren **width** und **mask** erleichtern das Selektieren der Bits.

Definition eines Record-Typs:

[*Name*] record *Gruppe* (, *Gruppe*)*

Gruppe:

GName : *Breite* [= *InitWert*]

Wirkung:

- Der *Name* ist der Name des Record-Typs, mit dem man später Variablen deklarieren kann.

- Jede *Gruppe* hat einen Namen *GName* und eine *Breite*, die eine Zahl zwischen 1 und 32 ist und die Anzahl der Bits in dieser Gruppe angibt.

- Der optionale Wert *InitWert* ist eine Standard-Vorbesetzung für diese Gruppe.

- Die Summe der Breiten, die 32 nicht übersteigen darf, legt die Größe des Records fest:

1 bis 8 :	1 Byte
9 bis 16 :	1 Wort (2 Byte)
17 bis 32 :	1 Doppelwort (4 Byte)

- Die Bit-Gruppen werden rechtsbündig abgelegt.

☐ **Beispiel 13.3.1**

In Abbildung 9.7 auf Seite 224 wurde die Struktur eines 16 Bit-Wortes angegeben, aus der die Rechner-Konfiguration abgelesen werden kann. Diese Struktur kann als Record wie folgt beschrieben werden:

```
Konfig  record  BDru:2,dummy1:1,BGame:1,BSer:3,\
                dummy2:1,BLW:2,BVideo:2,dummy3:2,\
                BReal:1,BDsk:1
```
■

Mit der Direktive **record** wird nur ein Datentyp definiert. Speicherplatz für einen solche Datentyp kann man mit folgender Variablen-Deklaration reservieren, wobei die einzelnen Bit-Gruppen auch vorbesetzt werden können.

Deklaration einer Record-Variablen:

[*Name*] *RecordBez* < [*InitWert*] (, [*InitWert*])* >

Wirkung:

- Es wird Speicherplatz für einen Record reserviert, der vorher mit dem Namen *RecordBez* definiert wurde. Je nach Bit-Breite wird 1 Byte, 1 Wort oder 1 Doppelwort reserviert (siehe oben).
- Der *Name* zeigt auf den Anfang dieses Speicherbereichs.
- Den Gruppen kann über *InitWert* ein Anfangswert zugewiesen werden. Die Zuweisung erfolgt positionsgerecht, d.h. der *InitWert* vor dem ersten Komma wird der ersten Gruppe zugewiesen usw.
- Fehlt ein *InitWert*, so wird für die betreffende Gruppe der zugehörige Wert aus der Record-Definition als Anfangswert genommen.
- Die Schreibweise <> bedeutet, dass alle Anfangswerte aus der Gruppen-Definition übernommen werden.

Bei der Assemblierung ordnet TMASM jedem Namen einer Bit-Gruppe eine ganze Zahl zu, die angibt, um wie viele Bit-Stellen der Inhalt der Record-Variablen nach rechts geschoben werden muss, damit das Bit-Feld ganz rechts steht.

Für Record-Variable stellt der Assembler die beiden folgenden Operatoren bereit.

width *BitGruppe*
width *RecordVariable*

Wirkung:

- Der Operator liefert die Anzahl der Bits für eine *BitGruppe* bzw. eine *Record-Variable*.

mask *BitGruppe*
mask *RecordVariable*

Wirkung:

- Der Operator liefert ein Bitmuster, dessen Bits an den Stellen auf 1 gesetzt sind, die die angegebene *BitGruppe* bzw. *RecordVariable* belegt. Die anderen Bits sind 0.

Damit können wir leicht aus einer Record-Variablen eine beliebige Bit-Gruppe herausfiltern. Im folgenden Beispiel wird aus dem oben beschriebenen Konfigurationswort die

Anzahl der seriellen Schnittstellen bestimmt. Man vergleiche dazu auch Beispiel 9.7.2.

☐ **Beispiel 13.3.2**

```
          DOSSEG
          .MODEL  SMALL
include macros.mac
          .STACK  100H
Konfig  record  BDru:2,dummy1:1,BGame:1,BSer:3,\
                dummy2:1,BLW:2,BVideo:2,dummy3:2,\
                BReal:1,BDsk:1
SerM     equ     mask BSer
          .DATA

modus   Konfig  <>

          .CODE
begin:  mov     ax,@Data
        mov     ds,ax
        int     11h      ; Ausrüstungstest nach ax

;Anzahl serielle Schnittstellen
        mov ax,modus
        and     ax,SerM
        mov     cl,BSer
        shr     ax,cl
;jetzt steht in ax die Anzahl der seriellen Schnittstellen
        mov     ax,4c00h
        int     21h
        end     begin
```

14 Andere Prozessoren

Alles, was wir bisher besprochen haben, bezieht sich auf die Programmierung der Prozessoren 8088 und 8086, die bis auf die Datenbus-Breite identisch sind. Der 8086 besitzt 16 Daten-Leitungen, der 8088 nur 8. Damit kann der 8086 ein 16 Bit-Wort in einem Arbeitsschritt von und zum Arbeitsspeicher bewegen, während der 8088 dies in zwei Arbeitsschritten mit jeweils einem Byte tun muss.

Zur schnelleren Bearbeitung von gebrochenen Zahlen gibt es parallel zur der Familie 80x86 die Coprozessoren 80x87, deren Befehle wir hier nicht betrachten.

Seit der Einführung des 8086 im Jahre 1978 blieb die Hardware-Entwicklung natürlich nicht stehen. Bei jeder Weiterentwicklung hat die Firma Intel strikt darauf geachtet, dass die Prozessoren aufwärts kompatibel sind. Ein neuer Prozessor versteht also den *gesamten* Befehlssatz seines Vorgängers, kann aber noch ein bisschen mehr. Damit können alle Programme, die wir bis hierher besprochen haben, auf allen Prozessoren der Familie 80x86 laufen bis hin zur jüngsten Entwicklung, dem Pentium.

Der erste Nachfolger des 8086, der Prozessor 80186, erhielt einige interessante Befehle, die die Programmierung der Schnittstelle zu Hochsprachen erleichtern. Sie werden in Abschnitt 14.2 vorgestellt, nachdem wir in Abschnitt 14.1 besprochen haben, wie der Prozessor im Assembler ausgewählt wird.

Der 80286, der 1983 auf den Markt kam und in allen Personal Computern der AT-Klasse zu finden ist, kann in zwei verschiedenen Betriebsarten laufen: Im *real mode* arbeitet er wie ein schneller 80186, im *protected mode* kann die magische Grenze des Arbeitsspeichers von 1 MByte, die durch das Betriebssystem MS-DOS und die Rechner-Architektur des 8086 vorgegeben war, auf 16 MByte hochgeschraubt werden. Ferner können im protected mode mehrere Programme gleichzeitig laufen. Da die Behandlung des protected mode den Rahmen dieses Buches sprengen würde, werden wir die speziell für diesen Modus definierten Befehle nicht behandeln.

Der nächste Entwicklungsschritt wurde 1985 mit der Auslieferung des 80386 erreicht. Dieser Prozessor ist ein 32 Bit-Prozessor mit einem 32 Bit-Datenbus und einem Satz von 32 Bit-Registern. Damit kann der 80386 einen Adreßbereich von 2^{32} Byte $= 4$ Giga-Byte (GByte) adressieren. Neben der Erweiterung der 8086-Befehle auf 32 Bit-Operanden erhielt der 80386 eine Menge neuer Befehle, die in Abschnitt 14.3 besprochen werden. Als großer Bruder des 80286 kennt auch dieser neue Prozessor die beiden Betriebsarten real mode und protected mode. Aus den oben angegebenen Gründen werden aber nur die Befehle des real mode behandelt.

Eine kleinere Version des 80386 kam 1988 mit dem 80386SX auf den Markt, der ein 80386 mit einer Busbreite von nur 16 Bit ist. Ansonsten ist er genauso leistungsfähig wie der 80386; deshalb brauchen die beiden Prozessoren bei der Programmierung auch nicht unterschieden zu werden.

Die nächste Stufe der 80x86-Familie ist der 1989 vorgestellte Prozessor 80486. Seine Weiterentwicklung betrifft vor allem die Integration des Coprozessors für Dezimalbrüche direkt auf dem Chip. Ferner besitzt er einen Cache-Speicher; das ist ein extrem schneller Arbeitsspeicher von einigen KByte, in dem häufig verwendete Befehlsfolgen gespeichert werden.

Die Pentium-Prozessoren integrieren den Cache-Speicher; sie haben im real mode keine neuen Befehle, so dass sich hier die Behandlung dieses Prozessortyps erübrigt.

14.1   Einstellung des Prozessors

Der Assembler akzeptiert in der Standard-Einstellung ausschließlich Befehle, die der 8086 kennt. Alle Befehle der Nachfolge-Prozessoren werden mit einer entsprechenden Fehlermeldung zurückgewiesen.

Um die neuen Befehle verwenden zu können, muss man mit einer der folgenden Prozessor-Direktiven den gewünschten Prozessor angeben, damit der Assembler diese Befehle akzeptiert. Aus Gründen der Kompatibilität zum Microsoft Assembler gibt es für sämtliche Direktiven mehrere Schreibweisen.

Prozessor-Direktive			Befehlssatz zugelassen für Prozessor
.186	P186		80186
.286	.286C	P286N	80286 im real mode
.286P	.P286	P286P	80286 im protected mode
.386	.386C	P386N	80386 im real mode
.386P	P386	P386P	80386 im protected mode
.486	.486C	P486N	80486 im real mode
.486P	P486		80486 im protected mode
.8086			8086 (Voreinstellung)

In einem Programm können mehrere Prozessor-Direktiven vorkommen. Es gilt dann jeweils die textuell letzte Direktive. Wenn am Programm-Anfang noch keine Prozessor-Direktive angegeben wurde, wird nur der 8086-Befehlssatz akzeptiert.

14.2 Die neuen und erweiterten Befehle des 80186 und 80286

Ein sehr wichtiges Thema bei der Assembler-Programmierung ist der Anschluss von Unterprogrammen an Hochsprachen. Wir haben in Kapitel 9 dieses Thema ausführlich besprochen. Eine ganz entscheidende Rolle haben dabei immer der Keller und das Register **bp** gespielt.

Die Prozessor-Familie ab 80186 kennt die beiden Befehle **enter** und **leave**, die einen Teil der Routine-Arbeit bei Aufruf und Verlassen eines Unterprogramms übernehmen.

```
enter lokPlatz, Nest
          Befehle
leave
```

Wirkung von **enter** :

- Auf dem Keller werden *lokPlatz* Bytes für lokale Variablen reserviert.
- *Nest* gibt die Verschachtelungstiefe (0 bis 31) des Unterprogramms an. Ist *Nest* > 0, wird der Keller-Bereich mit dem umgebenden verzeigert.
- bp wird auf dem Keller gesichert.

Innerhalb des Unterprogramms kann man auf die lokalen Variablen über bp mit positivem Offset zugreifen (siehe Kapitel 9).

Wirkung von **leave** :

- Nach der Abarbeitung der Befehle wird der alte Wert von bp wieder hergestellt und der auf dem Keller reservierte Platz freigegeben.

Bemerkung:

- enter und leave müssen immer paarweise verwendet werden.

☐ **Beispiel 14.2.1**

```
        .186
        DOSSEG
        .MODEL  SMALL
        .STACK  100H


        .CODE
up      proc    ; mit 2 Byte für lokale Variable
        enter   2,0     ;<<----
; wirkt wie folgende Befehlssequenz:
;       push    bp
;       mov     bp,sp
;       sub     sp,2
```

```
; ... Befehle des Unterprogramms
        leave                ;<<----
; wirkt wie folgende Befehlssequenz
;       mov     sp,bp
;       pop     bp
        ret
up      endp
. . . .                                                                    ■
```

Das Sichern und Restaurieren der Register wird durch die beiden folgenden Befehle erleichtert.

| pusha | alle Allzweckregister auf Keller speichern |
| popa | bzw. vom Keller holen |

Wirkung:

- pusha speichert die folgenden acht Register in der angegebenen Reihenfolge auf dem Keller: ax, cx, dx, bx, sp, bp, si und di
- popa holt die obigen acht Register in der umgekehrten Reihenfolge wieder vom Keller herunter.

Ein häufiger Fehler beim Arbeiten mit Feldern ist der indizierte Zugriff auf ein Feld-Element mit einem unzulässigen Index-Wert. Diese Fehler kommen auch häufig in Pascal-, C- oder C++-Programmen vor, wenn der Index-Wert erst zur Laufzeit berechnet wird. Um ganz sicher zu gehen, muss man für jeden Zugriff auf ein Feld überprüfen, ob der verwendete Index-Wert zulässig ist, d.h. ob er einen Wert zwischen dem ersten und letzten Index des Feldes besitzt. Der Befehl bound realisiert diese Überprüfung.

| bound *Reg, Grenzen* | Grenzen überprüfen |

Wirkung:

- Es wird überprüft, ob der Wert des Registers *Reg* in dem in *Grenzen* angegebenen Bereich liegt.
- Grenzen ist ein Doppelwort. Im high-Teil ist die untere Grenze unten und im low-Teil die obere Grenze oben abgelegt (vgl. Abbildung 14.1).
- Gilt unten $\leq$ *Grenzen* $\leq$ oben, wird beim folgenden Befehl weitergemacht.
- Andernfalls wird der Interrupt 5 aufgerufen.

Das Programm von Beispiel 14.2.2 realisiert einen sicheren Zugriff auf ein Feld von 20 Worten. Wenn über das Index-Register si indiziert auf Feld zugegriffen werden soll, muss si einen Wert zwischen 0 und 38 enthalten. si ist ja ein *Byte*-Index, das

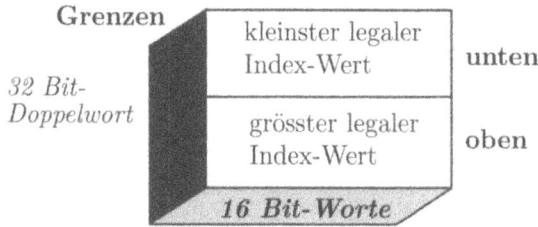

Abbildung 14.1: *Grenzen für bound*

Feld besteht aber aus *Worten*. Ist der Inhalt von **si** unzulässig, wird automatisch die Interrupt-Routine 5 aufgerufen. Dabei müssen zwei Punkte berücksichtigt werden:

- Unter MS-DOS enthält der Interrupt 5 eine Routine zum Ausdrucken des Bildschirm-Inhalts. Wir müssen uns also selbst eine geeignete Interrupt-Routine schreiben und unter der Nummer 5 installieren.

- Nach dem Interrupt-Aufruf zeigt der Programm-Zeiger **ip** noch immer auf den bound-Befehl; d.h. nach der Rückkehr aus der Interrupt-Routine wird dieser bound-Befehl erneut durchlaufen. Die Interrupt-Routine muss also den Fehler beheben, etwa **si** auf 0 setzen, oder das Programm beenden.

Im folgenden Beispiel beendet die Interrupt-Routine das Programm. In Abschnitt 9.8 wurde beschrieben, wie man eine eigenen Interrupt-Routine installiert.

☐ **Beispiel 14.2.2**

```
        .186
        DOSSEG
        .MODEL  SMALL
        .STACK  100H
        .DATA
GUebl   db      "Illegalen Feld-Index verwendet, Abbruch ",10,13,"$"

LGE     =       20
Feld    dw      LGE dup (?)
Grenzen label dword
von     dw      0
bis     dw      von-Feld        ; Feldlänge in Byte

        .CODE
; ---------------------------------------------
GrenzUeb proc   far
; ---------------------------------------------
; int 5 verbiegen
; ---------------------------------------------
        sti                     ;Interrupt zulassen
```

```
        mov     ah,09h  ;Text ausgeben
        mov     dx,offset GUebl
        int     21h
        mov     ax,4cFFh
        int     21h     ;Programm-Ende <<---
        iret            ;Interrupt-Return
GrenzUeb endp

begin:  mov     ax,@Data
        mov     ds,ax
; Interrupt-Routine installieren
        push    ds      ;ds sichern
        mov     ax,cs
        mov     ds,ax
        mov     dx,offset GrenzUeb
;jetzt steht in ds:dx Adresse von GrenzUeb-Routine
        mov     ah,25h  ;Setze in Interruptvektor
        mov     al,05h  ;Adresse von int 5 um
        int     21h
        pop     ds      ;restauriere ds
; . . . . . . .
        mov     si,55
        shl     si,1    ;Wort-Adresse
        bound   si,Grenzen
        mov     ax,[Feld+si]

        mov     ax,4c00h
        int     21h
        end     begin
```

Man beachte, dass alle diese neuen Befehle nur dann vom Assembler akzeptiert und korrekt abgearbeitet werden, wenn man

- die Direktive .186 (oder größer) angegeben hat und

- das Programm auf einem Prozessor 80186 (oder größer) ablaufen lässt.

Die folgenden 8086-Befehle sind beim 80186 erweitert worden:

- push ist auch mit Konstanten erlaubt.

- Bei den Schiebe-Befehlen muss man die Schiebezahl nicht mehr erst ins Register cl laden, sondern kann sie direkt beim Befehl angeben.

- Bei imul dürfen Konstante vorkommen, wie folgende Befehlsbeschreibung zeigt.

Multiplikation für vorzeichenbehaftete Operanden (mit Konstanten)			
imul	r,a	W	r:=r*a
imul	r,rs,a	W	r:=rs*a

veränderte Flags: S=?,Z=?,A=?,P=?,O,C

Bemerkung:

- Das Produkt steht in beiden Fällen in einem 16 Bit-Register. Ist es nicht in 16 Bit darstellbar, gehen die überzähligen Stellen verloren; es werden dann die Flags O und C gesetzt.

14.3   Der 32 Bit-Prozessor 80386

Der 80386 ist der erste Prozessor der Familie 80x86, der ein echter 32 Bit-Prozessor ist mit einem 32 Bit-Daten-Bus, einem 32 Bit-Adress-Bus, einem 32 Bit-Befehlsformat und einem 32 Bit-Register-Satz. Alles, was in diesem Abschnitt besprochen wird, gilt auch für den Prozessor 80386SX, der lediglich eine Busbreite von 16 Bit hat. Seine Register- und Befehlsstruktur ist identisch zu der des 80386.

Der 32 Bit-Register-Satz ist in Abbildung 14.2 angegeben (neue Register und Register-teile sind grau unterlegt).

Man beachte, dass die linken 16 Bit der 32 Bit-Register nicht als 16 Bit-Register ange-sprochen werden können: Sie haben keinen eigenen Namen. Mit 32 Bit-Adressen kann man 2^{32} Byte = 4 GByte adressieren. Das ist mehr, als beim 80286 oder früher möglich war. In Kapitel 10 haben wir besprochen, dass die Adressierung über zwei 16 Bit-Werte, die Segment-Adresse und die Offset-Adresse, erfolgt. Wegen der Kompatilität zu den Vorgänger-Modellen muss der 80386 diese Adressierungsart über den 32 Bit-Wert Seg-ment:Offset auch unterstützen, mit dem 2^{20} Byte = 1 MByte adressiert werden können. Auf der anderen Seite kann man einen 32 Bit-Wert auch als 32 Bit-Adresse in einem linearen 32 Bit-Adress-Raum von 0 bis $2^{32} - 1$ betrachten. Welche Interpretation einer 32 Bit-Adresse gemeint ist, legen die neuen Segment-Typen des 80386 fest.

14.3.1   Segment-Typen des 80386

Bei der **segment**-Direktive kann man im 80386-Modus **use16** oder **use32** angeben. Nach **use16** wird die Adressierung mit 16 Bit-Offset-Adressen gewählt; **use32** gibt an, dass 32 Bit-Offset-Adressen verwendet werden. Wird bei der **segment**-Direktive keine dieser Angaben gemacht, werden 32 Bit-Adressen verwendet, wenn vorher mit **.386** der 80386-Modus eingeschaltet wurde. Andernfalls arbeitet der Assembler ja im 8086-Modus, in dem natürlich 16 Bit-Offsets verwendet werden – auch wenn das Programm auf einen 80386-Rechner abläuft.

Ganz entsprechend sieht es bei der Verwendung der vereinfachten Segment-Adressen

Allzweck-Register				
allgemeine Register	eax	ax		Akkumulator
		ah	al	
	ebx	bx		Basisregister
		bh	bl	
	ecx	cx		Zählregister
		ch	cl	
	edx	dx		Datenregister
		dh	dl	
Index-Register	esi	si		source index
	edi	di		destination index
Zeiger-Register	ebp	bp		base pointer
	esp	sp		stack pointer
Segment-Register		cs		Codesegment
		ds		Datensegment
		es		Extra-Segment
		fs		
		gs		
		ss		Stacksegment
	eip	ip		Befehlszeiger
				Status-Register (Flag-Register)

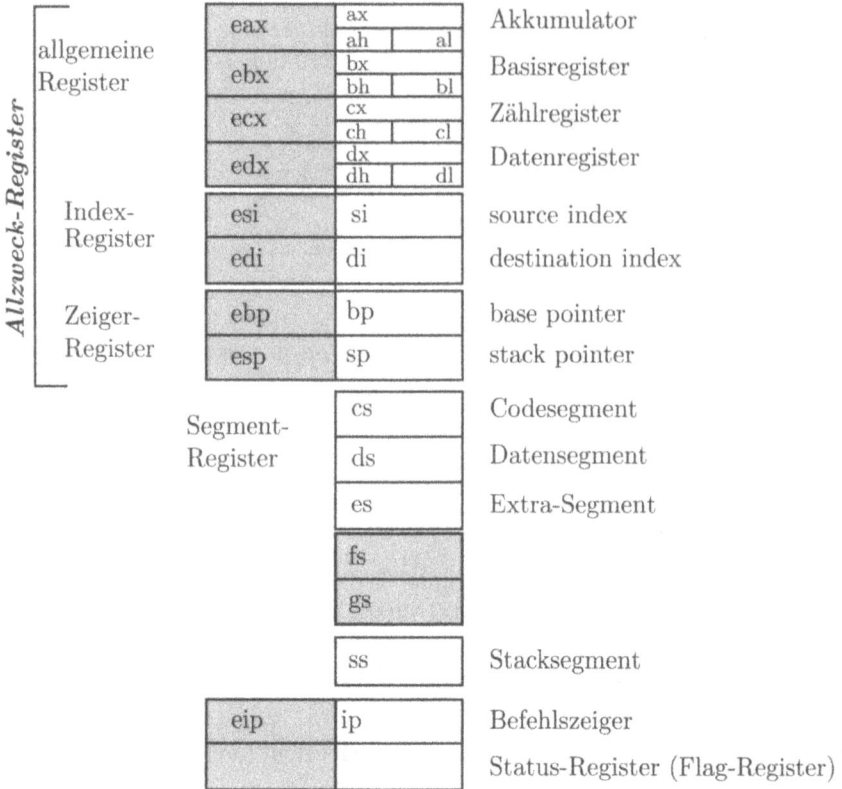

Abbildung 14.2: *Die 32-Bit-Register*

aus: Steht die Direktive `.386` vor der `.MODEL`-Anweisung, werden `use32`-Segmente erzeugt, andernfalls `use16`-Segmente.

Eine 32 Bit-Offset-Adresse zusammen mit einer Segment-Adresse umfasst 48 Bit. Um mit solchen 48 Bit-Zeigern leichter arbeiten zu können, kann man den Datentyp `fword` verwenden, der 6 Byte groß ist. Variable dieses Typs können mit der Speicher-Direktive

```
df (define fword)
```

vereinbart werden.

14.3.2 Erweiterte Verwendung der Register bei den Adressierungsarten

Wie wir bei der Behandlung der Adressierungsarten (Kapitel 7) gesehen haben, lässt der 8086 bei der Bildung von Adress-Ausdrücken nur ganz bestimmte Register-Kombinationen zu: Als Basis-Register sind nur `bp` und `bx` erlaubt; als Index darf man nur die Index-Register `si` und `di` verwenden (siehe Abbildung 7.3 auf Seite 123).

Diese Einschränkungen gelten beim 80386 nicht mehr: Bei der Adressierung können alle Allzweck-Register als Basis und – mit Ausnahme von **esp** – auch als Index verwendet werden. Bei der Indizierung von Feldern, deren Elemente mehr als ein Byte groß sind, mussten wir den Index vor seiner Verwendung mit der Byte-Breite der Elemente multiplizieren. Beim 80386 kann der Index direkt im Ausdruck mit der Konstante 2 (für Worte), 4 (für Doppelworte) oder 8 (für Quadworte) multipliziert werden.

□ **Beispiel 14.3.1**

Im folgenden Programm-Ausschnitt wird in einem Doppelwort-Feld auf ein Element zugegriffen, wobei der Index in **ebx** steht. Da alle verwendeten Komponenten beim **mov**-Befehl denselben Datentyp (hier Doppelwort) haben müssen, braucht man tatsächlich **ebx**.

```
        .DATA
FELD    dd      1,2,3,4,5,6,7,8,9,10
        .CODE
.   .   .   .
        mov     eax,[Feld+ebx*4]                                    ■
```

14.3.3   Neue Befehle des 80386

Die meisten neuen Befehle des 80386 kümmern sich um die Manipulation von einzelnen Bits in Worten oder Doppelworten.

bt	rs,ra	B&W&D	siehe Abbildung 14.3
btc	rs,ra	B&W&D	
btr	rs,ra	B&W&D	
bts	rs,ra	B&W&D	

veränderte Flags: C

Wirkung:

- Alle vier Befehle kopieren das Bit von **rs**, dessen Nummer in **ra** angegeben ist, in das Carry-Flag C.
- Die drei letzten Befehle verändern zusätzlich das angegebene Bit in **rs** wie folgt:
    - btc komplementiert es;
    - btr setzt es auf 0;
    - bts setzt es auf 1.

Double Word (D)

31		16 15	8 7	0

Byte (B)

Word (W)

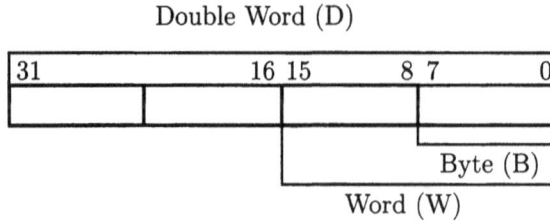

Abbildung 14.3: zu den Befehlen bt ...

□ **Beispiel 14.3.2**

Im folgenden Programm-Ausschnitt wird an die Programm-Stelle `fehler` gesprungen, wenn in der Speicherstelle `FFlags` das Bit Nr. 9 gesetzt ist. Gleichzeitig wird das Bit 9 auf 0 gesetzt.

```
        .DATA
FFlags  dd      ?
        .CODE
. . . .
        btr     FFlags,9    ;Bit 9 testen und löschen
        jc      fehler
. . . . fehler:
```

Die folgenden beiden Befehle suchen in einem 16 oder 32 Bit-Wert die Position der Eins, die am weitesten rechts bzw. links steht.

| bsf | r,rs | W&D | r:=Position der ersten Eins in rs |
| bsr | r,rs | W&D | r:=Position der letzten Eins in rs |

veränderte Flags: Z

Wirkung:

- bsf (*bit scan forward*) sucht in rs von rechts her die erste Eins.
- bsr (*bit scan reverse*) sucht in rs von links her die erste Eins.
- Sind alle Bits in rs gleich 0, wird Z=0, sonst Z=1, und r enthält die Position der gefundenen Eins.

□ Beispiel 14.3.3

In `Bit_Muster` wird die ganz linke und ganz rechte Eins gesucht. Da `Bit_Muster` ein 32 Bit-Wort ist, verlangt der Assembler als ersten Operanden auch ein 32 Bit-Register.

```
            DOSSEG
           .MODEL  SMALL
           .STACK  100H
           .386
           .DATA
Bit_Muster         dd       2f0h
           .CODE
begin:  mov     ax,@Data
        mov     ds,ax
; Bit suchen und Bit-Position liefern
        bsf     eax,Bit_Muster; erste 1 von rechts: 4
        bsr     ebx,Bit_Muster; erste 1 von links : 9

        mov     ax,4c00h
        int     21h
        end     begin
```

Die Schiebe-Befehle des 80386 können auch auf 32 Bit-Operanden angewendet werden, wobei als Schiebezahl direkt eine Konstante oder das Register `cl` verwendet werden kann. Ferner gibt es zwei neue Schiebe-Befehle, bei denen man noch angeben kann, wie die nachgezogenen Bits aussehen.

shld	rs,r,a	W&D	Links-Shift
shrd	rs,r,a	W&D	Rechts-Shift
			siehe Abbildung 14.4

veränderte Flags: O=?,S,Z,A=?,P,C

Bemerkungen:

- Die ersten beiden Operanden müssen gleiche Bit-Breite haben (16 oder 32).
- Als dritten Operanden kann man statt einer Konstanten auch das Register `cl` verwenden, dessen Wert dann die Schiebe-Zahl bestimmt.

Bei der Bearbeitung komplizierter Bedingungen ist es manchmal praktisch, in einer Variablen abzuspeichern, ob die Bedingung erfüllt war oder nicht. Der 80386 kennt einige Befehle, die diese Arbeit erleichtern.

shld

1. Operand   2. Operand

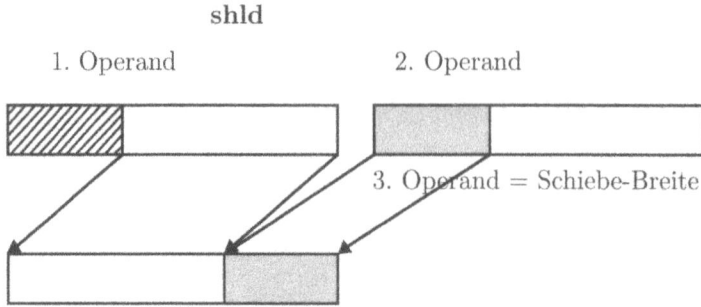

3. Operand = Schiebe-Breite

Abbildung 14.4: Der Befehl shld

setnz	rs	B	rs:=0, falls Z=0 rs:=1, falls Z=1
veränderte Flags: keine			
Bemerkung: • Anstelle der Bedingung **nz** kann jede andere Bedingung stehen, die bei den bedingten Sprüngen (siehe Abschnitt 6.1) vorkommen darf. Das Byte wird auf 1 gesetzt, falls die angegebene Bedingung zutrifft, sonst auf 0.			

Vor einer Division muss der Zähleroperand in ein doppelt-langes Register expandiert werden. Je nachdem, ob dabei Werte mit oder ohne Vorzeichen betrachtet werden, wird mit 0 oder dem Vorzeichen erweitert (siehe Abschnitt 5.5).

Folgende neuen Befehle berücksichtigen die größere Wortbreite des 80386 bei den Vorzeichen-Erweiterungen.

cwde		W	Vorzeichen-Erweiterung von ax nach eax
veränderte Flags: keine			

cdq		D	Vorzeichen-Erweiterung von eax nach edx:eax
veränderte Flags: keine			

Mit folgenden erweiterten mov-Befehlen kann man den höherwertigen Teil des Ziel-Operanden mit lauter Nullen oder lauter Einsen füllen.

movzx	r,rs	B&W	
movsx	r,rs	B&W	

veränderte Flags: keine

Wirkung:

- Der Wert von rs wird in das doppelt-lange Register r gespeichert, wobei im linken Teil mit dem Vorzeichenbit (bei movsx) bzw. mit Null (bei movzx) erweitert wird.

- Ist rs ein Byte, muss r ein 16 Bit-Register sein. Ist rs ein 16 Bit-Wort, muss r ein 32 Bit-Register sein.

14.3.4 Erweiterung vorhandener Befehle

Die Befehle des 8086 sind für den 80386 derart erweitert worden, dass sie auch mit 32 Bit-Operanden arbeiten. Fast alle Befehle verwenden den unveränderten Befehlsnamen.

Die String-Befehle, bei denen ja schon bisher zwischen Byte- und Wort-Befehlen durch das Suffix b bzw. w unterschieden wurde, können beim 80386 auch als Doppelwort-Befehle durch Anhängen von d verwendet werden.

Die Befehle, die ohne Angabe von Argumenten auf Register zugreifen, müssen wegen der Kompatibilität zu den Vorgänger-Prozessoren nach wie vor mit den 16 Bit-Registern arbeiten. Zu diesen Befehlen gehören:

- pushf, popf sichern und restaurieren das 16 Bit breite Status-Register.

- pusha, popa sichern und restaurieren die acht Allzweck-Register.

- iret holt das Status-Register, den Wert des Code-Segment-Registers sowie den Wert des Befehlszählers ip vom Keller.

Diese fünf Befehle arbeiten auch beim 80386 in der beschriebenen Weise, wobei jeweils die 16 Bit-Register verwendet werden. Sollen die obigen Aktionen aber mit den 32 Bit-Registern erfolgen, so hängt man an den jeweiligen Befehl einfach ein d an. So entstehen die 80386-Befehle pushfd, popfd, pushad, popad und iretd.

Anhang

A   Die verwendeten Makros

```
        %pushlctl    ;Einstellung sichern
        %nolist      ;nicht ins Listing Übernehmen
        %noCref      ;nicht in Crossreferenz Übernehmen
        %NoSyms      ;nicht in Symboltabelle ausgeben
;;    *******************************************
;;    *   MACRO-Sammlung zum Buch TURBO ASSEMBLER *
;;    *  Inhalt:                                 *
;;    *      SReg     : Register sichern         *
;;    *      RReg     : Register restaurieren    *
;;    *      ReadS    : String einlesen          *
;;    *      ReadZ    : Zahl einlesen            *
;;    *      Laenge   : Länge von String berechnen *
;;    *      Write    : allg. Ausgabe            *
;;    *      WriteZ   : Zahl schreiben           *
;;    *      WriteS   : String schreiben         *
;;    *      print[ln]: Stringkonstante schreiben *
;;    *      nl       :  (new line)              *
;;    *      randomize: Zufallszahlengen. initial. *
;;    *      Random   : Zufallszahlengenerator   *
;;    *      dude     : wandle dual nach ASCII   *
;;    *      dedu     : wandle ASCII nach dual   *
;;    *      exec     : Prozedur aufrufen        *
;;    *******************************************
;; Darstellung von STRINGs immer NUL-terminiert
;; ------------------------------------------------
SReg    macro   regs
;; ------------------------------------------------
        irp     reg,<regs>
        push    reg
        endm
        ENDM
;; ------------------------------------------------
RReg    macro   regs
;; ------------------------------------------------
        irp     reg,<regs>
        pop     reg
        endm
```

```
        ENDM
;; =========== Hilfsdaten ========================
        .DATA
_puffer db      256 dup (0)
_gr     dw      255
        .CODE
;; ---------------------------------------------------
ReadS   macro   StringOfs,ELnge,ALnge
        Local   weiter
;; ---------------------------------------------------
;; Einlesen von Tastatur nach StringOfs
;; NUL-begrenzter String
;; ELnge:maximale Länge für Eingabe (default:255)
;; ALnge:wirkliche Länge der Eingabe
;; ---------------------------------------------------
        SREG    <ax,bx,cx,dx,es,si,di>
        IFNB    <ELnge>
        mov     ax,ELnge
        mov     _gr,ax
        ELSE
        mov     _gr,255
        ENDIF
        mov     bx,0       ;; handle für Standardeingabe
        mov     cx,255     ;; Anzahl zu lesender Bytes
        mov     dx,Offset _puffer ;; Lesen in Puffer
        mov     ah,03Fh    ;; Lesen aus einer Datei
        int     21h
        dec     ax         ;; Carriage Return /Line Feed
        dec     ax         ;; gleich abziehen
        cmp     ax,_gr     ;; Vergl. mit gelesenen Zeichen
        jle     weiter     ;; falls OK, weiter
        mov     ax,_gr     ;; sonst: auf ELnge abschneiden
        mov     di,_gr
        mov     _puffer[di],0
weiter:
        IFNB    <ALnge>        ;; falls ALnge angegeben,
        mov     ALnge,ax;; gelesene Länge zurückgeben
        ENDIF
        mov     cx,ax      ;; Vorbereitung für Kopie
        inc     ax         ;; des Strings aus Hilfspuffer
        cld                ;; in angeg. Speicherbereich
        mov     ax,ds
        mov     es,ax
        mov     si,Offset _puffer
        mov     di,Offset StringOfs
        rep     movsb      ;; Kopieren des Hilfspuffers
        RREG    <di,si,es,dx,cx,bx,ax>
        endm
```

```
;;      -------------------------------------------------
readZ   macro   Zahl
;;      -------------------------------------------------
;;  Einlesen einer 16-Bit-Zahl von der Tastatur
;;  - Wandeln in Dual auf lokalem Puffer
;;  - Zahl kann Speicher oder Register sein
;;      -------------------------------------------------
        readS   _puffer,8,_gr
        dedu    Zahl,_puffer,_gr
        ENDM
;;      -------------------------------------------------
laenge  macro   Text
        Local   SuchSchleife,gefunden,M_Ende
;;      -------------------------------------------------
;;  Laengenberechnung des NUL-terminierten Textes
;;  Ergebnis in ax --->>>>
;;  Fehlerergebnis:
;;     ax = -1, wenn keine NUL gefunden
;;      -------------------------------------------------
        SReg    <bx,cx,dx,es,di>
        mov     ax,ds
        mov     es,ax   ;; es auf Datenbereich
        mov     di,Text
        mov     bx,di
        xor     al,al   ;; Null-Byte Suchen
        mov     cx,256  ;; maximal 256 Zeichen
        cld
Suchschleife:
        scasb           ;; Suche nach NUL
        je      gefunden
        loop    Suchschleife
;; nicht gefunden
        mov     ax,-1   ;; Fehlerwert nach ax
        jmp     M_Ende
gefunden:
        dec     di      ;; wegen Zeigervorlaufs
        mov     ax,di
        sub     ax,bx   ;; Längenberechnung in Byte
M_Ende: RReg    <di,es,dx,cx,bx>
        ENDM
;;      -------------------------------------------------
write   macro   Text,Ausgabe
;;      -------------------------------------------------
        SReg    <ax,bx,cx,dx>
     ifb        <Text>
        %out    >> WRITE: 1. Parameter fehlt
        .err
     endif
```

```
        IFB     <Ausgabe>
         mov     bx,1    ;;Ausgabe auf Bildschirm
        ELSE
         ifdif   <Ausgabe>,<bx>
         mov     bx,Ausgabe    ;;PRN für Drucker
         endif
        ENDIF
         Laenge  <Text>
         mov     cx,ax   ;; Länge in cx
        ifdif   <Text>,<dx>
         mov     dx,Text ;; String-Adresse in dx
        endif
         mov     ah,40h  ;; Ausgabe auf Datei
         int     21h
         RReg    <dx,cx,bx,ax>
         ENDM
;; ---------------------------------------------------
writeZ  macro   Zahl,Lnge,Ausgabe
;; ---------------------------------------------------
         push    di
        IFB <Lnge>
         dude    Zahl,_puffer,8 ;; Zahl nach ASCII wandeln
         mov     di,8
        ELSE
         dude    Zahl,_puffer,Lnge;;Zahl nach ASCII wandeln
         mov     di,Lnge
        ENDIF
         mov     _puffer[di],0   ;; Stringende
         write   <Offset _puffer>,Ausgabe;; Zahl ausgeben
         pop     di
         ENDM
;; ---------------------------------------------------
writeS  macro   Text,Ausgabe
;; ---------------------------------------------------
         write   <Offset Text>,Ausgabe
         ENDM
;; ---------------------------------------------------
print   macro   Text,Ausgabe
         local   _T
;; ---------------------------------------------------
         .DATA
_T       db      Text,0
         .CODE
         write   <Offset _T>,Ausgabe
         ENDM
;; ---------------------------------------------------
println macro   Text,Ausgabe
         local   _T
```

```
;;       -------------------------------------------------
         .DATA
_T       label byte
   ifnb <Text>
         db      Text
   endif
         db      10,13,0
         .CODE
         write   <Offset _T>,Ausgabe
         ENDM
;;       -------------------------------------------------
nl       macro                ;; neue Zeile auf Bildschirm
;;       -------------------------------------------------
         SReg    <ax,dx>
         mov     ah,2    ;; Character direkt ausgeben
         mov     dl,10   ;; Line Feed
         int     21h
         mov     dl,13   ;; Carriage Return
         int     21h
         RReg    <dx,ax>
         ENDM
;;       -------------------------------------------------
         .DATA
RandSeed dw              1h   ;; StartWert für Random-Gen.
;;       -------------------------------------------------
randomize macro
;;       ================================================
;; =    Zufallszahlengenerator                       =
;; =      berechnen des Startwertes über             =
;; =      Uhrzeit (Fct. 2C von int 21h)              =
;; =    benutzt sec/bruch im dx                      =
;;       ================================================
         SReg    <ax,cx,dx>
         mov     ah,2ch
         int     21h      ;; Uhrzeit lesen
                          ;; ch=Std,cl=Min,dh=sec,dl=100stel sec
         mov     RandSeed,dx ;; Initialisiere RandSeed
         RReg    <dx,cx,ax>
         ENDM
;;       -------------------------------------------------
random   macro   von,bis
         local   alles
;;       ================================================
;; =    Zufallszahlengenerator                       =
;; =    Ergebnis in dx --->>                         =
;;       ================================================
         SReg    <ax,bx,cx>
         mov     ax,RandSeed
```

```
        mov     bx,32719
        mul     bx
        add     ax,3
        mov     bx,32749
        div     bx
        mov     RandSeed,dx
        xor     ax,ax  ; es wird dx:0000h dividiert
        div     bx
;; jetzt steht in ax das vorläufige Ergebnis
;; Normieren auf von ... bis
        mov     bx,bis
        sub     bx,von
        inc     bx
        jz      alles    ; falls gesamter Bereich
        xor     dx,dx
        div     bx
        add     dx,von
alles:  RReg    <cx,bx,ax>
        ENDM
;; ---------------------------------------------------
exec    macro   procedure,parameterliste
;; ---------------------------------------------------
        irp     param,<parameterliste>
        mov     ax,param
        push    ax
        endm
        call    procedure
        endm
;; ---------------------------------------------------
dude    macro   INT,ZAHLSTR,ANZ
;; ---------------------------------------------------
;; Umwandeln der Binärzahl INT mit Vorzeichen
;;      in ASCII-String, der unter der Adresse
;;      ZAHLSTR steht. ANZ gibt an, wieviele
;;      Zeichen der Ergebnis-Strings haben soll
;; ---------------------------------------------------
    ifb     <INT>
       %out "> dude: 1.Parameter fehlt!"
        .err
    endif
    ifb     <ZAHLSTR>
       %out "> dude: 2. Parameter fehlt!"
        .err
    endif
        SReg    <ax,bx,cx,dx,si>
        mov     ax,INT
        mov     bx,OFFSET ZAHLSTR
    ifnb    <ANZ>
```

```
        mov     cx,ANZ-1
     else
        mov     cx,7
     endif
        add     bx,cx    ;; auf letztes Zeichen zeigen
        call    _text:dude_p ;; <<-- Prozedur-Aufruf
        RReg    <si,dx,cx,bx,ax>
        ENDM
;; ----------------------------------------------
        .CODE
        locals
dude_p  proc    near
;; Prozedur für dude (über Register)
;;   Parameter:
;;     in ax   : INT
;;     in ds:bx : ZAHLSTR
;;     in cx   : Anzahl Zeichen
;; ----------------------------------------------
        .DATA
@@vz    db      ?
        .CODE
        mov     dl,' '
        mov     @@vz,dl
;; negative Zahl abfragen und Flag setzen
        cmp     ax,0
        jns     @@pos
        mov     dl,'-'
        mov     @@vz,dl
        neg     ax
@@pos:  mov     si,10    ;; Teiler durch 10
        sub     dx,dx    ;; oberes Wort löschen
        div     si       ;; Dividieren
        add     dl,'0'   ;; Rest in ASCII-Ziffer umwandeln
        mov     [bx],dl  ;; speichern
        dec     bx       ;; Zeiger auf nächste Ziffer
        dec     cx
        js      DudeAbr  ;; Abbr,wenn cx negativ oder
        jz      DudeAbr  ;; 0, sonst Schleifen-Überlauf
Umwand: sub     dx,dx    ;; oberes Wort löschen
        div     si       ;; Dividieren
        cmp     ax,0
        jnz     Stelle
        cmp     dx,0     ;; vorn mit Blanks auffüllen
        jnz     Stelle
        mov     dl,' '
        jmp     Ausgabe
Stelle: add     dl,'0'   ;; Rest nach ASCII umwandeln
Ausgabe:mov     [bx],dl  ;; speichern
```

```
            dec     bx              ;; Zeiger auf nächste Ziffer
            loop    Umwand
            mov     dl,@@vz
            mov     [bx],dl
            ret
DudeAbr:mov         dx,offset Fehlermeldung
            mov     ah,09h
            int     21h
            ret
            .data
Fehlermeldung db 10,13,"---->>>>",7,7
            db    "LAUFZEIT-FEHLER beim Zahlenwandeln",10,13
            db    "Wahrscheinlich Längen-Parameter"
            db    " zu klein bei "
            db    "DUDE- oder writeZ-Aufruf !!! "
            db    7,7,7,10,13,"$"
            .code
dude_p  endp
;; ------------------------------------------------
dedu    macro   NUMERIC,STRING,SIZE
            local   NeuesZeichen,Weiterschalten
            local   Positiv,Vz,Weiter,Ende
;; ------------------------------------------------
;; ASCII-String in 16-Bit-Zahl umwandeln
;;   Parameter:
;;     NUMERIC 16-Bit-Zahl (kann auch Register sein)
;;     STRING  Anfangsadresse des ASCII-Strings, der
;;                die zu wandelnde Zahl enthält
;;     SIZE    Länge des zu lesenden Strings
;; ------------------------------------------------
            .DATA
vz      dw      +1
            .CODE
;; Fehlerbehandlung für Parameter
        ifb     <NUMERIC>
            %out  ">> dude: 1.Parameter fehlt!"
            .err
        endif
        ifb     <STRING>
            %out  ">> dedu: 2. Parameter fehlt!"
            .err
        endif
            SReg    <ax,bx,cx,dx,di>
            mov     vz,+1    ;; Vorzeichen vorbesetzen
            xor     ax,ax
            mov     di,10    ;; Zahlenbasis (Dezimal)
;; Länge nach cx
        ifb     <SIZE>
```

```
        mov     cx,8      ;; Default-Wert
    else
        mov     cx,SIZE   ;; Parameter-Wert
    endif
        xor     si,si
NeuesZeichen:
        mov     bl,[si+STRING]
        cmp     bl,0
        je      Ende      ;; NUL-Terminator
        mul     di        ;; nächste Zehnerstelle
        cmp     bl,'-'    ;; neg. Vorzeichen gelesen
        jne     Weiter
        mov     [vz],-1   ;; Vorzeichen merken
        jmp     Weiterschalten
Weiter: cmp     bl,'0'    ;; ist gelesenes Zeichen
        jl      Weiterschalten
        cmp     bl,'9'    ;; eine Dezimalziffer ??
        jg      Weiterschalten
        and     bx,15     ;; Ziffernwert = rechter Nippel
        add     ax,bx     ;; aufaddieren
Weiterschalten: ;; keine Ziffer -> überlesen
        inc     si        ;; nächstes Zeichen
        loop    NeuesZeichen
Ende:   ;; hierher kommt man einem NUL-Bytes
        ;; oder beim Erreichen der vorgegebenen Länge
        cmp     vz,-1     ;; Vorzeichenbehandlung
        jne     Positiv
        neg     ax
Positiv: ;;falls Register, Erg. zwischenspeichern
    if  ((.type Numeric) and 16) gt 0
        mov     vz,ax     ;; Ergebnis zwischenspeichern
    else
        mov     Numeric,ax
    endif
        RReg    <di,dx,cx,bx,ax>
    if  ((.type Numeric) and 16) gt 0
        mov     Numeric,vz;; Ergebniswert zurückspeichern
    endif
        ENDM
;; --------------------------------------------------
        %poplctl
        %nomacs
```

B   ASCII-Tabelle

Dez	Hex	Strg	Zei	Dez	Hex	Zei	Dez	Hex	Zei	Dez	Hex	Zei
0	00	^@	NUL	32	20	Spc	64	40	@	96	60	`
1	01	^A	SOH	33	21	!	65	41	A	97	61	a
2	02	^B	STX	34	22	"	66	42	B	98	62	b
3	03	^C	EXT	35	23	#	67	43	C	99	63	c
4	04	^D	EOT	36	24	$	68	44	D	100	64	d
5	05	^E	ENQ	37	25	%	69	45	E	101	65	e
6	06	^F	ACK	38	26	&	70	46	F	102	66	f
7	07	^G	BEL	39	27	'	71	47	G	103	67	g
8	08	^H	BS	40	28	(	72	48	H	104	68	h
9	09	^I	HAT	41	29	)	73	49	I	105	69	i
10	0A	^J	LF	42	2A	*	74	4A	J	106	6A	j
11	0B	^K	VT	43	2B	+	75	4B	K	107	6B	k
12	0C	^L	FF	44	2C	,	76	4C	L	108	6C	l
13	0D	^M	CR	45	2D	-	77	4D	M	109	6D	m
14	0E	^N	SOH	46	2E	.	78	4E	N	110	6E	n
15	0F	^O	SI	47	2F	/	79	4E	O	111	6F	o
16	10	^P	DLE	48	30	0	80	50	P	112	70	p
17	11	^Q	DC1	49	31	1	81	51	Q	113	71	q
18	12	^R	DC2	50	32	2	82	52	R	114	72	r
19	13	^S	DC3	51	33	3	83	53	S	115	73	s
20	14	^T	DC4	52	34	4	84	54	T	116	74	t
21	15	^U	NAK	53	35	5	85	55	U	117	75	u
22	16	^V	SYN	54	36	6	86	56	V	118	76	v
23	17	^W	EBT	55	37	7	87	57	W	119	77	w
24	18	^V	CAN	56	38	8	88	58	X	120	78	x
25	19	^Y	EM	57	39	9	89	59	Y	121	79	y
26	1A	^Z	SUB	58	3A	:	90	5A	Z	122	7A	z
27	1B	^[	ESC	59	3B	;	91	5B	[	123	7B	{
28	1C	^\	FS	60	3C	<	92	5C	\	124	7C		
29	1D	^]	GS	61	3D	=	93	5D	]	125	7D	}
30	1E	^^	RS	62	3E	>	94	5E	^	126	7E	~
31	1F	^_	US	63	3F	?	95	5F	_	127	7F	DEL

Erweiterte ASCII-Tabelle

Dez	Hex	Zei	Dez	Hex	Zei	Dez	Hex	Zei	Dez	Hex	Zei
128	80	Ç	160	A0	á	192	C0	└	224	E0	α
129	81	ü	161	A1	í	193	C1	┴	225	E1	β
130	82	é	162	A2	ó	194	C2	┬	226	E2	Γ
131	83	â	163	A3	ú	195	C3	├	227	E3	π
132	84	ä	164	A4	ñ	196	C4	─	228	E4	Σ
133	85	à	165	A5	Ñ	197	C5	┼	229	E5	σ
134	86	å	166	A6	ª	198	C6	╞	230	E6	µ
135	87	ç	167	A7	º	199	C7	╟	231	E7	τ
136	88	ê	168	A8	¿	200	C8	╚	232	E8	Φ
137	89	ë	169	A9	⌐	201	C9	╔	233	E9	Θ
138	8A	è	170	AA	¬	202	CA	╩	234	EA	Ω
139	8B	ï	171	AB	½	203	CB	╦	235	EB	δ
140	8C	î	172	AC	¼	204	CC	╠	236	EC	∞
141	8D	ì	173	AD	¡	205	CD	=	237	ED	Ø
142	8E	Ä	174	AE	«	206	CE	╬	238	EE	∈
143	8F	Å	175	AF	»	207	CF	╧	239	EF	∩
144	90	É	176	B0	░	208	D0	╨	240	F0	≡
145	91	æ	177	B1	▒	209	D1	╤	241	F1	±
146	92	Æ	178	B2	▓	210	D2	╥	242	F2	≥
147	93	ô	179	B3	│	211	D3	╙	243	F3	≤
148	94	ö	180	B4	┤	212	D4	╘	244	F4	⌠
149	95	ò	181	B5	╡	213	D5	╒	245	F5	⌡
150	96	û	182	B6	╢	214	D6	╓	246	F6	÷
151	97	ù	183	B7	╖	215	D7	╫	247	F7	≈
152	98	ÿ	184	B8	╕	216	D8	╪	248	F8	°
153	99	Ö	185	B9	╣	217	D9	┘	249	F9	•
154	9A	Ü	186	BA	║	218	DA	┌	250	FA	·
155	9B	¢	187	BB	╗	219	DB	█	251	FB	√
156	9C	£	188	BC	╝	220	DC	▄	252	FC	ⁿ
157	9D	¥	189	BD	╜	221	DD	▌	253	FD	²
158	9E	₧	190	BE	╛	222	DE	▐	254	FE	■
159	9F	ƒ	191	BF	┐	223	DF	▀	255	FF	□

Literaturverzeichnis

[Bor90]   Borland: Turbo Assembler-Dokumentation, Version 2.0, 1990

- Benutzerhandbuch,496 Seiten
- Referenzhandbuch, 374 Seiten

[Bor91]   Borland: Turbo Assembler-Dokumentation, Version 2.5, 1991

- Benutzerhandbuch, 186 Seiten
- Referenzhandbuch, 396 Seiten

[Bor92]   Borland: Turbo Assembler-Dokumentation, Version 3.0 1992

- Benutzerhandbuch, 340 Seiten
- Referenzhandbuch, 328 Seiten

[Die00]   Dieterich, E.-W.: C++, 3. Auflage, Oldenbourg-Verlag, 375 Seiten, 2000

[Hog88]   Hogan, T.: Die PC-Referenz für Programmierer, Systhema Verlag, 536 Seiten, 1988

[HeDi00] Herschel, R. und E.-W. Dieterich: Turbo Pascal 7.0, 2. Auflage, Oldenbourg-Verlag, 415 Seiten, 2000

[JeWi85] Jensen, K. und N. Wirth: Pascal. User manual and report, Springer-Verlag, 3. Auflage, 1985

Index

Beispiele zu diesem Buch

Die Beispiele zu diesem Buch können Sie ich (kostenlos) über das Internet wie folgt kopieren:

- Aus dem ftp-Server **ftp.fh-ulm.de**:
  Anmelden über Ihren Internet-Browser oder einen ftp-Client an obigen ftp-Server, User-Name: **anonymous**.
  Die Beispiele liegen im Verzeichnis **pub/tasm** unter dem Namen `tasm4.zip`.

- Beim Oldenbourg-Verlag unter der Adresse
  http://www.oldenbourg.de/verlag/index.htm
  über Titelsuche